옆집의
나르시시스트

THE NARCISSIST NEXT DOOR
by Jeffrey Kluger

이 도서의 국립중앙도서관 출판시도서목록(CIP)은 서지정보유통지원시스템 홈페이지(seoji.nl.go.kr)와 국가자료공동목록시스템(http://www.nl.go/koilsnet)에서 이용하실 수 있습니다.
(CIP제어번호: CIP2016005507)

The Narcissist Next Door

옆집의 나르시시스트

집, 사무실, 침실, 우리 주변에 숨어 있는 괴물 이해하기

제프리 클루거 지음 | 구계원 옮김

문학동네

시대에 뒤처지지 않는 사람이 되기를—나에게

일러두기

주석은 모두 옮긴이 주이다.

The Narcissist Next Door

차례

1장

전지전능한 나

The Narcissist Next Door

매일 아침 눈을 뜨면서 자신이 아직도 도널드 트럼프Donald Trump라는 사실을 깨닫는 것은 결코 견디기 쉬운 일이 아닐 것이다. 여러분은 어제도 트럼프였고, 오늘도 트럼프이며, 천지개벽할 일이 일어나지 않는 한 내일도 트럼프일 것이다.

물론 도널드 트럼프가 되면 상당한 혜택이 따른다. 엄청나게 돈이 많으며, 나이가 들어갈수록 점점 더 젊은 아내를 맞게 되므로 마치 나이를 거꾸로 먹는 벤자민 버튼이 된 것처럼 부러움을 사는 동시에 기괴한 체험을 할 수 있다. 맨해튼과 팜비치, 업스테이트 뉴욕, 샬러츠빌, 버지니아, 캘리포니아의 랜초 팔로스 베르데스에 자택을 소유하고 있으며, 트럼프 깃발을 날리는 호텔, 아파트, 리조트라면 세계 어디서나 공짜로 머물 수 있다. 게다가 그런 시설은 한둘이 아니다.

그러나 이러한 모든 장점에도 불구하고 매일 아침 욕실 거울을 들여다보면 도널드 트럼프의 얼굴이 비친다는 현실은 변하지 않는다. 헤어스타일 이야기가 아니다.* 대부분의 사람들에게는 난해하게 느껴질

* 도널드 트럼프는 독특한 헤어스타일을 고수하기로 유명하며, 이는 종종 조롱의 대상이 되곤 했다.

지 몰라도 헤어스타일은 어디까지나 선택의 문제이며, 트럼프가 그런 헤어스타일을 유지하는 것은 뭔가 엄청난 확신이 있기 때문이다. 트럼프의 진짜 문제는 다음과 같은데, 이 문제점들은 동시에 그가 어마어마한 명성과 성공을 거머쥐게 해준 원동력이기도 하다. 트럼프는 노골적으로 욕심을 드러내며, 좀처럼 수치심을 느끼지 않을 만큼 뻔뻔스럽다. 또한 그는 어디에서나 가장 중요하고, 가장 목소리가 크고, 가장 눈에 잘 띄는 인물, 즉 누구나 우러러보는 위대한 트럼프가 되고자 하는 끝없는 열망을 가지고 있는데, 그것은 아마 다른 사람들이 생각하기에 그다지 유쾌하지 않을 것이다.

삶에 만족하는 사람, 현실을 명확히 인식하는 사람, 정서가 안정된 사람은 절대 트럼프처럼 행동하지 않는다. 특히 자신이 이룬 성과에 대해 이야기할 때 좀처럼 최고라는 표현을 사용하지 않는다. 설사 자신이 건설하거나 판매하고 있는 것이 실제로 가장 뛰어나고, 가장 위대하고, 가장 거대하고, 가장 엄청난 것이라 해도, 자화자찬하기보다는 상품 그 자체가 인정받을 수 있도록 노력한다. 만약 제대로 인정받지 못한다면 실제로는 그 상품이 별로 뛰어나지 않을지도 모른다. 또한 보통 사람들은 상품에 자기 이름을 사용하는 경우가 드물고, 심지어 자신을 하나의 브랜드로 바꾸어놓을 수 있는 기업가들조차도 그렇게 하지 않았다. 게이츠웨어GatesWare라는 소프트웨어나 베조스북스닷컴BezosBooks.com이라는 것은 없으며, 여러분이 하루에도 수십 번은 더 로그인하는 것은 저커북Zuckerbook이 아니라 페이스북이다.* 하지만 트럼프 월드에서는 그가 소유한 건물이나 헬리콥터, 심지어는 한때 이스턴 에어 셔틀Eastern Air Shuttle이었다가 1989년에 트럼프가 인수한 이후 트럼프 셔틀로 이름이 변경된 항공사의 모든 항공기 옆면에 이르기까지 어디서나 트럼프의 이름을 찾아볼 수 있다. 트럼프 모기지, 트럼프 파이낸셜, 트럼프 세일즈 앤드 리싱, 트럼프 레스토랑, 트럼프 보드카, 트럼프 초콜릿, 도널드 트럼프 향수, 트럼프 생수, 트럼프 실내 장식, 트럼프 의류, 트럼프 서적, 트럼프 골프, 트럼프 대학교, 하물며 트럼프 보드게임도 있다.

높은 시청률을 기록했던 리얼리티 프로그램 〈백수탈출 성공기The Apprentice〉의 상징 문구가 된 "넌 해고야You're fired"를 상표로 만들고자 했던 일이나, 오바마가 자신에게 대학 성적표를 공개한다면 500만 달러를 오바마 대통령이 선택하는 자선단체에 기부하겠다고 제안했던 일을 생각하면 트럼프의 페르소나에는 건방진 태도도 존재한다. 로지 오도널Rosie O'Donnell("처참한 패배자"), 세스 메이어스Seth Meyers("말더듬이"), 로버트 드니로("알베르트 아인슈타인으로 취급할 필요는 없다"), 아리아나 허핑턴("내면과 외면 모두 못난 여자다. 왜 전남편이 그 여자를 버리고 남자를 찾아갔는지 이해하고도 남는다")과의 공개적인 설전을 보면 무례하기까지 하다.

뿐만 아니라 스스로에 대한 자부심을 나타낼 때 사용하는 원시적인 방법을 보면 어처구니가 없다못해 귀여울 정도다. 트럼프는 사진을 찍을 때 양복 재킷을 활짝 열고, 손을 엉덩이에 올리고, 검지와 약지를

* 게이츠, 베조스, 저커버그는 각각 마이크로소프트, 아마존, 페이스북의 창업자다.

당연히 사타구니 쪽으로 향한 자세를 취하는데, 유인원이 건강함과 생식기를 자랑하는 모습이나 다를 바 없다. 뉴욕 시 콜럼버스 서클에 있는 허름한 걸프앤드웨스턴Gulf+Western 빌딩을 매입해 건물 벽면을 벗겨내고 황금색 유리로 덮어 호화로운 호텔·주거시설로 개조하는 한편, 철근과 콘크리트로 강화해 바람에 덜 흔들리도록 조치한 다음, 트럼프는 뉴욕타임스에 이 빌딩이 "뉴욕에서 가장 단단한 건물"이 될 것이라며 자랑스럽게 말했다. 이 말에 내재된 심리적인 의미를 본인이 인식하고 있는지는 알 수 없었다.

도널드 트럼프가 처음부터 화제를 몰고 다니는 인물이었던 것은 아니다. 그는 아버지 회사에서 일을 시작했으며 브루클린, 퀸스, 스태튼 아일랜드에 적당한 가격의 임대 건물을 지었는데, 뉴욕 부동산업계에서 그가 지은 건물은 마치 고급 레스토랑업계에서 와플 하우스*가 차지하는 위상 정도였다. 트럼프는 1971년에 맨해튼에 진출했으며, 비록 본인의 관심사와 취향은 천박할 정도로 화려한 쪽이었지만 나름대로 서민들을 잘 이해하는 사람이라는 자부심 비슷한 것을 가지고 있었다. 뉴욕 시가 센트럴 파크에 있는 울먼 링크**를 제때에 보수하지 못하자, 트럼프는 그 프로젝트를 자신이 맡겠다고 자청해 몇 달 만에 보수를 끝낸 후 원래 예산에서 사용하지 않고 남은 돈을 시에 돌려주었다. 물론 아이스링크를 둘러싼 벽면의 눈에 띄는 곳마다 트럼프의 이름이 영원히 새겨지게 되었지만, 그 정도로 뛰어난 시민의식을 갖춘

* Waffle House. 미국 남부를 중심으로 한 대중식당 체인.
** Wollman Rink. 센트럴 파크에 있는 공공 아이스링크.

좋은 사람이라면 약간이나마 인정받을 자격이 있지 않을까? 트럼프는 첫번째 부인과 15년간 결혼생활을 하면서 세 아이를 낳았는데, 당연히 그래야 한다는 듯 첫째에게 도널드라는 이름을 지어주었다 한들 그게 뭐 대수로운가? 조지 부시도 자신의 이름을 아들에게 물려주었고, 존 애덤스John Adams도 아들에게 자신의 이름을 붙여주지 않았나? 트럼프는 사회적, 정치적으로 온건파였다. 낙태를 찬성하며, 자금이 별다른 규제 없이 선거운동에 흘러들어가는 것을 마땅치 않게 생각하고, 단일 의료보험 체계를 옹호했다. 그는 이렇게 말했다. "우리는 목표를 분명히 해야 합니다. 국민이 가장 큰 자산입니다."

시간이 지나면서 그런 트럼프의 모습은 사라지고, 항상 자신이 이룬 것에 대해 큰 소리로 떠들어대는 사람, 뛰어난 사업 감각은 부인하기 어려우나 대중 앞에서의 모습은 너무나 많은 사람에게 참을 수 없을 정도의 불쾌감을 유발하는 사람이 그 자리를 대체했다. 도널드 트럼프를 나르시시스트라고 부르는 것은 콩으로 메주를 쑨다는 말처럼 너무나 당연하게 들릴 정도다. 그는 나르시시즘의 특징인 자기중심적 사고방식, 과장된 태도, 사회적인 둔감함을 전부 갖추고 있다. 물론 트럼프에게도 지지자들은 있다. "호불호는 있을 수 있겠지만, 트럼프가 자신이 원하는 것을 확실히 알고 있으며 어떤 수단을 동원해서도 그것을 손에 넣고자 하는 사람인 것만은 분명하다." 혹자는 이렇게 말한다. "여성들은 트럼프의 재력만큼이나 그의 권력에 매력을 느낀다." 그러나 이렇게 칭찬하고 다니는 사람이 트럼프 자신이기 때문에 그런 말들이 우스운 동시에 불편하게 느껴지는 것이다.

많은 사람이 트럼프를 비난하지만, 사실 어떤 면에서 그는 동정심을 불러일으키는 존재이기도 하다. 나르시시즘은 결코 단순하지 않으며, 즐겁지도 않고, 나르시시스트 본인만을 괴롭히는 개인적인 단점으로 치부해버릴 수도 없다. 알코올 의존증자나 바람둥이, 도박 중독자를 보면 그 사람의 미래에 닥쳐올 슬픔이나 파멸을 떠올릴 수밖에 없는 것과 마찬가지다. 트럼프가 그런 비극적인 운명을 맞을 가능성은 적지만, 수많은 나르시시스트들에게는 비참한 미래가 기다리고 있으며, 심지어 그런 사람들이 점점 늘어나는 것처럼 보인다.

나르시시스트는 부패한 공무원일 수도 있고, 청렴한 공무원일 수도 있다. 교도소에 수감된 범죄자 중에도 나르시시스트가 있으며, 그 범죄자를 체포한 경찰관 중에도 나르시시스트는 있다. 재계, 언론계, 금융계, 연예계에서도 찾아볼 수 있다. 예술가, 디자이너, 요리사, 학자도 예외는 아니다. 직장 동료나 직장 상사 중에도 있으며, 우리가 사랑하고 함께 잠자리에 드는 사람 중에도 있다. 나르시시스트는 우리가 고용하거나 결혼하거나 친구가 되고는 금세 해고하거나 이혼하거나 친구 관계를 끊고 싶어지는 사람들이다. 뿐만 아니라 우리를 사랑하는 사람들이기도 하다. 배신하고 떠나버리기 전까지는.

한때 그리스 신화와 심리학 서적에 등장했던 나르시시스트라는 말은 이제 모든 유형의 불쾌한 인물들을 간단하게 지칭하는 문화적 용어가 되었으며, 우리는 그런 사람을 쉽게 알아볼 수 있다. 저녁 내내 자기 자신과 자신의 일, 새로 뽑은 차와 새로 산 집에 대해 떠들다가 내가 이야기를 시작하는 순간 따분하다는 눈빛으로 딴생각을 하기 시작하는 수다쟁이 술친구가 여기에 해당한다. 자기 옷이라면 바느질 한 땀까지 보여주고 자랑하면서 정작 나는 원피스를 입었는지, 제일 아끼는 정장을 입었는지, 아니면 거대한 쓰레기봉투를 뒤집어쓰고 있는지 전혀 신경 쓰지 않고 언급하지도 않는 거울공주 친구도 마찬가지다. 추수감사절 저녁 식탁에 앉아 호박 수프 전채에서 호박 파이 디저트가 나올 때까지 장황하게 정치 이야기를 늘어놓으며 분위기를 축 처지게 만들고 누가 끼어들거나 반박하는 것을 용납하지 않는 거만한 친척도 마찬가지다. 간과 쓸개까지 빼줄 것처럼 비위를 맞추다가 그 후에는 전화를 걸어도 연락조차 없는 애인은 말할 것도 없다.

나르시시스트는 어디에나 존재한다. 나르시시스트가 자신은 엄청나게 특별한 존재라고 여긴다는 점을 생각했을 때, 그런 나르시시스트가 흔하게 발견되며, 삶의 모든 순간마다 불쑥불쑥 모습을 드러낸다는 사실은 얼마나 역설적인가. 그러나 우리는 주변 사람들보다 오히려 가장 큰 무대에서 가장 큰 목소리를 내는 유명한 사람들에게서 나르시시스트의 증세를 가장 먼저 발견한다. 그도 그럴 것이, 유명한 사람들은 그들이 미칠 수 있는 부정적인 영향을 고려해 철저한 검증 작업을 거쳐야 할 뿐만 아니라 눈길을 끄는 돌출 행동을 하기 때문이다. 그리고 우리는 최근 미국에서 그런 사례를 많이 보아왔다.

텍사스 주 출신의 신진 상원의원 테드 크루즈Ted Cruz를 예로 들어보자. 그는 2013년 건강보험법에 반대하기 위해 21시간에 걸친 의사진행 방해 연설을 했는데, 이는 아마도 민주주의 역사상 가장 거창하게 "나를 좀 봐 주세요!"라고 외친 광경이었을 것이다. 크루즈가 이렇게 한 이유는 조용히 앉아서 자신이 폐지할 수도, 예산안을 철회할 수도 없는 건강보험법의 법안 개정과 개선을 위해 노력할 생각이 없었기 때문이다. 그러려면 몇 주, 몇 달 동안 카메라도 없고 뉴스거리도 안 나오는 회의실에서 협업을 해야 하는데 그게 무슨 재미가 있겠는가? 크루즈의 정치 쇼 이후 그를 도와 2주 반에 걸친 연방정부 부분 폐쇄를 이끌어냈던 하원의원 말린 스터츠먼Marlin Stutzman은 국가에 미치는 엄청난 손실에도 불구하고 그와 그가 속한 당파 의원들이 왜 주장을 굽히지 않는지에 대한 질문을 받자 이렇게 대답했다. "우리는 무례한 태도를 참지 않을 것입니다. 우리는 이 일로 틀림없이 무언가를 얻어낼 것입니다. 그게 무엇인지는 잘 모르겠지만 말입니다." 80만 명의 연방 공무원이 직장에 나가지 못하고, 식품 검수가 취소되고, 전국적으로 하루에 15억 달러씩 손해가 발생하고 있는데도, 이 정치인들이 가장 중요하게 생각한 것은 자신들이 존중을 받는지 여부였다.

오랫동안 정계에서 영향력을 행사해온 뉴저지 주의 주지사 크리스 크리스티Chris Christie는 어떤가. 그는 조지 워싱턴 다리로 가는 접근로 대부분을 차단해 나흘간 뉴저지 주의 포트 리Port Lee라는 마을 전체를 엄청난 교통 정체에 빠뜨렸다. 이것은 포트 리의 민주당 출신 시장이 재선에 출마하는 크리스티에게 당파를 초월한 지지를 던지지 않겠다고 선언한 데 따른 업무상 보복 행위였으며, 어차피 시장의 지지 여부와 상관없이 크리스티가 재선에서 압도적인 표차로 승리할 것이 확실한 상황이었다. 이 사건이 보도된 후 무려 109분에 걸쳐 진행된 크리스티의 기자회견은 '잘못'에 대한 시인이라기보다는 그 일 때문에 자신이 어떤 고통을 받아야 했는지 줄줄이 늘어놓는 개인적 탄식에 가까웠다.

"저는 오늘 무척 슬픕니다." 크리스티는 말을 이었다. "그게 제가 느끼는 감정입니다. 가까운 사람이 저를 배신했습니다. (…) 언젠가는 이 일을 생각하면 화도 치밀어오르겠지만, 솔직히 말하면 지금은 슬픈 생각뿐입니다." 크리스티는 또한 이 스캔들 이후 잠을 제대로 이루지 못했으며 "모욕감"을 느끼고, "뒤통수"를 맞았으며, "사람들이 나를 이런 식으로 실망시켰다는 점이 너무나도 안타깝다"는 견해를 밝혔다. 워싱턴포스트는 크리스티가 카메라 앞에서 장황하고 두서없는 말을 늘어놓는 와중에 1인칭 단어를 몇 번이나 사용했는지 일일이 센 결과 "나"라는 말을 692번, "나를, 나의, 내 것"을 217번, "내가"를 186번 반복했다고 보도했다. 수천 명의 포트 리 주민이 불편을 겪었지만 크리스 크리스티에게 무엇보다 중요한 것은 자기 자신, 그리고 자신이 받은 큰 상처였다. 폴리티코닷컴Politico.com에 따르면 공화당의 한 자금 담당자는 이렇게 말했다. "기부자 한 명이 이런 말을 하더군요. '도대체 누가 그 작자에게 신경을 쓴다는 거지? 다리 위에서 꼼짝 못하고 발이 묶인 그 많은 사람은 다 어쩌고?'"

마일리 사이러스Miley Cyrus도 빼놓을 수 없다. 유명인의 딸로, 사실상 카메라 앞에서 태어난 것이나 다름없는 마일리는 어렸을 때부터 자연스럽게 카메라와 관중 앞에 서게 되었다. 생방송 TV 무대에서 발포 고무로 만든 손가락을 낀 채 트워킹twerking을 하고, 엉덩이를 비비대고, 몸을 어루만지는 마일리의 모습에 평론가와 팬들 모두 경악할 수밖에 없었다. 대다수 사람들은 마일리 사이러스가 이 무대를 통해 팬들에게 자신이 성장했으며 더이상 어린아이가 아니라는 사실을 보여주려 했다는 결론을 내렸다. 누구도 피해갈 수 없는 일종의 통과의례였지만, 그것이 마일리였기 때문에 화제가 되었다고 말이다. 같은 해 여름에 레이디 가가도 비슷한 일로 화제의 중심에 섰다. 가가는 패션의 관점에서 어느 정도 가치가 있는지는 차치하더라도 눈길을 끄는 것만은 분명한 고기 드레스를 입고서 〈어플로즈Applause, 박수갈채〉라는 노래를 발표했는데, 이 노래에서는 "나는 박수, 박수, 박수를 위해 살아요"라는 가사가 무수히 반복된다. 나르시시즘의 시대를 더없이 솔직하게 인정하고 열렬히 찬양하는 노래가 아닐 수 없다.

버니 메이도프Bernie Madoff는 또 어떤가. 메이도프는 수십 년간 폰지 사기*를 통해 엄청난 부를 쌓아올렸는데, 정부 기록에 따르면 피해자 명단이 무려 165페이지였으며 피해액도 650억 달러에 달했다. 피해자 대부분은 동정받기 힘든 헤지펀드와 은행이었지만, 그중에는 연금기금과 자선단체, 그리고 콜로라도의 롱몬트에 사는 잭 커터Jack Cutter와 같은 개인 투자자도 있었다. 석유업계에서 일하다가 은퇴해 아내와 함께 백만 달러(약 10억 원)의 퇴직 연금으로 살아가던 79세의 커터는 메이도프에게 위탁했던 저축이 모두 날아가버리자 슈퍼마켓 선반에 상품을 진열하는 일자리를 구해야 했다. 개인적으로는 커터를 알지 못했을지 모르지만 다단계 사기의 특성상 자신의 피해자 중에 커터와 같

* Ponzi. 신규 투자자의 돈으로 기존 투자자에게 이자나 배당금을 지급하는 방식의 다단계 금융 사기.

은 사람이 수백, 수천 명에 달한다는 사실을 몰랐을 리 없는데도 메이도프는 매일 아침 잠자리에서 일어나며 "그래, 괜찮아. 옳은 결정이야" 라고 말할 수 있는 사람이었다.

나르시시스트를 언급할 때 허영심에 가득 찬 대통령 후보자들을 빼놓을 수 없다. 허먼 케인Herman Cain이나 H. 로스 페로H. Ross Perot와 같은 사람은 통치능력보다는 돈과 인지도로 승부하지만, 그럼에도 불구하고 자신은 세계에서 가장 막강한 권력자가 될 자격이 충분하다고 자부한다. 왜 아니겠는가? 심지어 반드시 돈이 많아야만 "한 표를 부탁합니다. 최소한 저를 좀 봐 주세요"라며 선거운동을 펼칠 수 있는 것도 아니다. 론 폴Ron Paul이나 데니스 쿠시니치Dennis Kucinich가 백악관의 주인이 될 가능성이 있다고 생각해본 사람이 있을까? 하다못해 본인들은 그렇게 믿었을까? 아니면 단순히 대선 무대에 나가보고 싶다는 적나라한 열망 때문에 출마했던 것일까? 2000년에 랠프 네이더Ralph Nader는 녹색당 후보로 출마해 전국적으로 280만 표, 플로리다에서만 9만 7,488표를 얻었는데, 그중 대부분은 분명 민주당 앨 고어에게 향할 표였다. 고어는 고작 537표 차로 조지 W. 부시에게 뒤져 플로리다 주 전체를 빼앗기고 결과적으로 대통령 선거에서도 낙선했는데, 네이더가 플로리다에서 잠식한 표만 가져왔어도 결과를 뒤집기에 충분했을 것이다. 하지만 훗날 네이더는 자신 때문에 고어가 선거에서 패배했다고 생각하느냐는 질문을 받자 이런 간단한 대답을 내놓았다. "앨 고어 때문에 제가 패배했다고 생각합니다."

나르시시스트 운동선수들의 행태는 사실 정치가보다 더욱 심각하다. 이들은 굳이 겸손함을 가장할 필요가 없기 때문에 거리낌 없이 자신의 패거리들과 번쩍거리는 귀금속, SUV를 뽐내며 스스로를 근엄하게 3인칭으로 지칭하는 습관에 푹 빠져버린다. 자기 이름을 소리 높여 부를 기회가 있다면, 평범한 대명사 따위가 성에 찰 리 없기 때문이다. 르브론 제임스LeBron James는 2010년에 클리블랜드 캐벌리어스Cleveland Cavaliers에서 마이애미 히트Miami Heats로 이적하겠다는 결정에 대해 "글쎄요, 저는 르브론 제임스에게 최선의 길, 르브론 제임스가 행복해질 수 있는 길을 선택하고 싶었습니다"라고 말했으며, "저의 재능을 사우스 비치로 가져가고 싶습니다"라는 유명한 발언도 남겼다.

시카고 컵스Chicago Cubs와 계약 협상을 하고 있던 투수 카를로스 삼브라노Carlos Zambrano는 이렇게 말했다. "만약 팀이 저와 계약을 하지 않는다면, 유감스럽지만 떠나야겠지요. 그게 카를로스 삼브라노의 생각입니다." 명예의 전당에 오른 야구선수인 리키 헨더슨Rickey Henderson은 커리어가 거의 끝날 무렵 다른 팀 단장에게 전화를 걸어서 이렇게 말했다. "리키는 한 해 더 뛰고 싶은데, 그쪽 팀에서 뛰고 싶어합니다." 당시 리키는 소속 팀을 찾고 있었다.

르브론이나 메이도프, 마일리, 크루즈 수준의 엄청난 자기애에 빠지는 사람은 극소수겠지만, 이들을 괴롭히고 있는 나르시시즘이라는 병폐가 우리와 무관하다고 생각한다면 그것은 우리 자신을 기만하는 것이다. 무려 10억 명의 사람이 페이스북에 근황을 업데이트하고 저녁에 먹은 음식처럼 아무도 관심을 두지 않을 세세한 내용을 게시한다. 후추와 새우를 곁들인 방금 만든 파르팔레farfalle 파스타의 근사한 사진을 보고 싶어하지 않을 친구들이 어디 있겠는가? "나를 좀 봐 주세요!"라는 외침이 울려퍼지는 곳은 페이스북뿐만이 아니다. 5억여 명의 트위터 사용자들은 아무런 의미 없는 140글자를 재빨리 포스팅하는 데 달인이 되어 있다("방금 크리스피크림 도넛을 먹었다! 맛있어!"). 어디에 가더라도 체크인을 할 수 있기 때문에 차를 타고 펜웨이 파크*, 게이트웨이 아치**, 또는 졸업한 옛 초등학교를 지나면서 따끈따끈한 근황을 알릴 수 있는 포스퀘어Fourquare도 있다. 스리워즈닷미Threewords.me라는 귀류법 사이트는 어떤가.*** 초대받은 친구들이 로그인을 한 후 여러분을 가장 잘 표현하는 단어 세 개를 선택하고, 다시 여러분도 친구들에게 잘 어울리는 단어를 선택하는 사이트다. 정말로 그 이상은 없다. 만약 이 사이트에서 하이픈을 허용한다면 "자기밖에 모르는 멍청이self-absorbed twit"라는 말이 얼마나 많이 업로드되겠는가?

우리의 나르시시즘은 리얼리티 프로그램에 공생하는 노출증과 관음증이라는 다른 형태로 발현되기도 한다. "음, 저지 쇼어****의 집에 사는 제 모습을 지켜보세요. 언젠가는 여러분도 리얼리티 프로그램에 출연해서 사람들이 여러분이 사는 모습을 지켜보게 될지도 모르잖아요!" 물론 리얼리티 스타가 되면 돈을 벌 수 있다. 문화란 가치 있게 여기는 대상을 지원하고 촉진시키기 마련이라는 것은 상업적으로

* Fenway Park. 보스턴 레드 삭스의 홈구장.

** Gateway Arch. 미주리 주의 세인트루이스에 있는 아치형 조형물.

*** 현재 이 사이트는 폐쇄된 것 같다.

**** Jersey Shore. 뉴저지 주의 해안가 지역. 이곳을 배경으로 남녀 8명이 함께 살아가는 모습을 담은 리얼리티 프로그램 〈저지 쇼어〉가 미국 MTV에서 방영됐다.

단순한 진리이며, 21세기 미국에서는 카메라 앞에서 살아가는 것이 소비자와 출연자 모두 기꺼이 참여하고자 하는 엄연한 성장 산업이 되었다.

심지어 이러한 카메라를 꼭 TV 프로그램 제작자들이 설치할 필요도 없다. 다행히 우리는 직접 훌륭하게 카메라를 설치할 수 있으며, 동영상과 휴대전화 사진을 찍어 영원히 저장하거나 공유할 수 있게 됨으로써 문화 전반에 걸쳐 섹스팅sexting이라는 행위가 만연해졌다. 다른 사람들이 지켜보지 않으면 격렬한 성행위가 무슨 소용이겠으며, 다른 사람들과 함께 볼 수 없다면 잔뜩 흥분한 자신의 국부를 들여다보는 것이 무슨 재미가 있겠는가? 섹스팅의 대표주자 또는 전문가라면 수치스러운 스캔들에 휩싸였던 전 하원의원 앤서니 위너*를 꼽을 수 있겠지만, 학생의 80퍼센트가 성적인 문자를 주고받으며 나머지 인구의 20퍼센트 역시 섹스팅을 한다고 인정하는 상황이라면 앤서니 위너 같은 사람은 소수가 아니라고 봐야 한다.

이렇게 자신을 과시하는 동시에 스스로에게 도취되는 성향은 마치 유행병처럼 번져 점점 더 어렸을 때부터 나타나기 시작하며, 참가한 모든 학생에게 상을 준다는 취지의 초등학교 달리기 대회나 〈프레르 자크Frère Jacques〉의 동요 음악에 맞춰 좋은 의도로 유치원생들에게 가르치는 "나는 특별해, 나는 특별해, 나를 바라봐, 나를 바라봐"라는 노래 가사에서도 엿볼 수 있다. 글쎄, 여러분은 그렇게 생각할지 몰라도,

* Anthony Weiner. 트위터로 여성들과 부적절한 사진을 교환한 일 때문에 의원직을 사임했다.

모든 사람이 특별하다면 사실 아무도 특별하지 않은 것이다. 1981년에 실시한 연구에서는 82퍼센트의 응답자가 자신은 상위 33퍼센트의 운전자에 속한다고 답변했는데, 그건 통계상으로 불가능한 일이니까 말이다. 모든 아이가 평균 이상인 것은 워비곤 호수에서나 가능한 일이다.* 로저스 아저씨**도 수십 년 전에 미취학 아동의 특별함이라는 똑같은 개념을 주창했지만, 한 가지 중요한 차이점이 있었다. 로저스는 "너는 내 친구야, 너는 특별해, 너는 내 친구야, 너는 나에게 특별해"라는 노래를 불렀다. 이 노래에서 말하는 특별함에는 이 특별함이 로저스 아저씨와의 관계, 더 나아가 아이가 앞으로 맺게 될 다른 모든 친구와의 관계 안에 존재한다는 암시가 담겨 있었다. 모든 사람이 똑같이 갖고 있는 뛰어난 점에서 특별함을 찾아서는 안 된다는 의미다.

아이들은 어느 정도 선천적으로 이런 성향을 가지고 있다. 오하이오 주립대학의 심리학 및 커뮤니케이션 교수인 브래드 부시먼Brad Bushman은 이렇게 설명한다. "교실에서 '너희 중에 누가 수학을 잘하니?'라고 물어본다면 여덟 살이 안 된 아이들은 수학을 못하더라도 손을 들 겁니다. 노래나 다른 능력에 대해서도 마찬가지고요. 여덟 살 미만의 아동은 자기가 무엇이든 잘한다고 생각하니까요." 그러나 일종의 순진한 자신감으로 시작된 것이 점점 부풀어올라 엄청난 자만심으로 발전하는 경우가 많다.

* 미국 라디오 쇼에서 유래한 말로, 자신이 평균보다 더 낫다고 착각하는 경향을 워비곤 호수 효과라고 한다.
** 〈로저스 아저씨네 동네〉라는 어린이 프로그램을 오랫동안 진행한 프레드 로저스.

미국인들이 언제부터 자기애love-me-ism라는 신앙에 완전히 빠져들게 되었는지, 아니면 적어도 공개적으로 이를 인식하게 되었는지 명확히 지적하기는 어렵지만, 2006년 12월이 중요한 분기점으로 언급되는 경우가 많다. 그달에 『타임』지가 선정한 올해의 인물은 선정 역사상 가장 화제를 모았던 올해의 인물들 중 하나로 꼽을 수 있다. 창간 이후 수십 년 동안 『타임』은 린드버그, 간디, 아이젠하워, 사다트, 고르바초프, 처칠(두 차례), 프랭클린 루스벨트(세 차례) 등 역사적으로 위대한 사람들에게 올해의 인물이라는 영광을 안겨주었다. 물론 좋은 방향이든 나쁜 방향이든 한 해 동안 세계 정세에 가장 큰 영향을 미친 인물을 선정한다는 유일한 자체 기준에 따라 히틀러, 스탈린, 호메이니 등의 독재자가 표지를 장식하는 경우도 있었다. 1956년의 헝가리 자유 투사들, 1966년의 베이비붐 세대, 1975년의 미국 여성들처럼 집단이 선정된 적도 있다. 1988년에는 환경의 심각한 상태를 인식해 지구가 올해의 행성으로 선정되었다. 1982년에는 개인용 컴퓨터가 올해의 기계로 뽑혔는데, 당시에는 대중이 사용할 수 있는 인터넷조차 없었다는 점을 감안하면 그야말로 선견지명이 담긴 선택이었다고 할 수 있다.

그러나 2006년에는 모든 사람에게 영광이 돌아갔다. 『타임』이 발표한 올해의 인물은 한마디로 '당신'이었다. 표지에는 '당신, 당신, 당신'이라는 문구가 적혀 있었다. "정보화 시대를 좌우하는 것은 당신입니다. 당신의 세계에 오신 것을 환영합니다." 이용자가 콘텐츠를 만들어 내는 시대를 맞아 이제는 우리 모두가 문화를 이끌어나가게 되었다는 것이 선정 취지였다. 『타임』은 이렇게 적었다. "글로벌 미디어의 주도권을 잡고, 새로운 디지털 민주주의를 설립하고 구축하며, 아무런 대가 없이 노력함은 물론, 해당 분야의 전문가들보다 훌륭한 성과를 올렸다는 점에서 『타임』은 2006년 올해의 인물로 당신을 선정합니다."

축하 메시지를 더욱 분명하게 전달하기 위해, 표지에는 반사되는 마일라Mylar 필름을 부착하여 기사의 자기 찬양적 취지에 걸맞은 손거울 역할을 하도록 했다.

오랫동안 『타임』에 몸담았고 뉴욕 양키스 선수들이 가는 세로 줄무늬 유니폼에 익숙한 것처럼 『타임』의 붉은 테두리에 익숙한 사람으로서, 나는 그 결정에 의문을 제기했으며 그것이 진정으로 우리가 전달하고자 하는 메시지냐는 의견을 적극적으로 개진했다고 말할 수 있으면 좋겠다. 하지만 그러지 않았다. 사실 나는 조심스럽게 그 선택을 지지했으며, 그 결정이 새롭고 흥미로운 방식으로 시대정신을 반영했다고 생각했다. 물론 지금도 그 생각은 변하지 않았다. 문제는 『타임』의 선택이 그 시대정신을 지지하고 승인하는 셈이 되었으며, "나는 특별해, 나를 바라봐"라는 후렴구를 단순한 노래 가사 이상으로 생각하는 사람들에게 정당성을 부여했다는 점이다. 그들의 삶에 날개를 달아준 것이나 다름없었다.

그 이후 자기 자신을 사랑하는 풍조는 확산일로를 걸었다. 정성 들여 꾸미는 페이스북 페이지는 문화 예술의 한 형태가 되었고, 우리는 가장 예쁜 사진, 가장 신나는 소식, 가장 재미있는 일들만 게시하며 말로는 전혀 신경 쓰지 않는다는 팔로어를 의식하며 스스로 이미지를 가꾼다. 우리는 한 팔로 멀찌감치 스마트폰을 들고 자기 사진을 찍는

'셀카'의 달인이 되었으며, 누가 봐도 무엇을 하고 있는지 알 수 있는 이 자세는 향후에 우리 시대를 상징하게 될지도 모른다. 동영상용 트위터라고도 부를 수 있을 법한 바인Vine에는 여기에 11초짜리 짧은 동영상을 올릴 수 있는데, 여기에 온 세상 사람들이 보고 싶어한다고 굳게 믿는 자신의 온갖 행동을 동영상으로 업로드할 수도 있다.

아마존에는 현재 '자부심'이라는 분류 기준 아래에 7만 권의 책이 등록되어 있으며, 이것도 페이퍼백만을 집계한 것이다. 그중에서 3,700종 이상이 아이들을 대상으로 한 것이고, 믿기 힘든 일이지만 신생아에서 두 살까지의 영유아를 대상으로 하는 책도 300종이 넘는다. 그 정도 연령대라면 주변의 도움이 없어도 우주가 나를 중심으로 돌아간다고 철석같이 믿고 있을 텐데 말이다. '나는 내가 좋아' '나의 가장 훌륭한 점' '너는 중요해' '나라서 다행이야!' '나라는 왕국의 사랑스러운 아이' 등 제목은 약간씩 다르지만 전부 자존감을 고양시키는 내용이 담겨 있는 책들이다. 물론 자부심이 중요하다는 점을 부인할 수는 없으며, 특히 힘겹게 살아가거나 정신적으로 어려움을 겪고 있는 아이들을 비롯해 격려가 필요한 사람이 많은 것도 사실이다. 그러나 격려하는 책이 7만 종이나 필요할 정도는 아니다.

앞서 소개한 현상들을 전부 나르시시즘으로 치부해버리는 것은 다소 지나친 일일지도 모른다. 심리적, 감정적 상태도 어느 정도 유행을 타는 경향이 있으며, 스스로와 다른 사람에 대한 진단을 제멋대로 내리는 경우도 부지기수다. 미국 국립보건원에 따르면 실제로 조울증을 앓고 있는 사람은 세계 인구의 2.6퍼센트에 불과한데도 기분 변화가 심한 친구에게 쉽사리 '조울증'이라는 낙인을 찍어버리는 경우가 얼마나 많은가. 강박성 장애obsessive compulsive disorder, OCD도 마찬가지다. 지구상의 모든 사람이 자신에게 어느 정도는 강박증 성향이 있다고 생각하는 것 같은데, 그 이유를 들어보면 단순히 책상을 깨끗하게 정리하는 것을 좋아하기 때문이란다. 게다가 이 말을 형용사처럼 줄여서 쓰기도 한다("나는 너무 강박적이야!"). 그러나 실제로 임상에서 강박증 진단을 받을 만한 2퍼센트에 속하지 않는다면 여러분은 아마도 그냥 깔끔한 성격일 가능성이 높다. 저혈당증이라고? 설마. 당뇨병이 있고 방금 인슐린 주사를 맞은데다 식사까지 거른 경우가 아니라면 그냥 피곤하고, 배고프고, 간식 먹을 구실을 찾고 있을 가능성이 크다. 그러니까 초콜릿 바 하나 먹고 입을 다물어라.

나르시시즘도 마찬가지다. 진짜로 자기애성 성격장애narcissistic personality disorder, NPD를 가지고 있는 사람은 일반 대중의 1퍼센트에 불과하며, 삶의 어려움과 좌절을 겪으면서 어느 정도 겸허함을 갖추게 되기 전의 20대처럼 특정 집단의 경우에는 그 비율이 최고 3퍼센트까지 올라가기도 한다. 감정적인 문제 때문에 이미 심리 치료를 받고 있는 선별된 집단에서는 그 비율이 훨씬 더 높게 나타나며, 일반적인 심리 치료 환자들은 2퍼센트, 입원 환자들은 16퍼센트까지 치솟기도 한다.

자기애성 성격장애에서 특징적으로 나타나는 행동은 『정신장애 진단 및 통계 편람Diagnostic and Statistical Manual, DSM』이라는 널리 사용되는 정신질환 지침서에 분명하게 기술되어 있으며, 이 편람에서는 자기애성 장애를 한마디로 과장된 자의식, 충족시킬 수 없는 존경에 대한 갈증, 타인이 자신을 바라보는 방식에 대한 전면적일 정도의 무지라는 세 가지 증상이 위험하게 결합된 형태로 정의한다. 그러나 이것은 가장 폭넓게 나타나는 특징일 뿐이다. 나르시시스트는 공감 능력도 결여되어 있기 때문에 다른 사람의 감정을 파악하지 못할뿐더러, 특히 피해를 주는 입장이 되면 왜 자기 때문에 타인이 좋지 않은 감정을 느끼는지 전혀 이해하지 못한다.

또한 나르시시스트는 인정, 관심, 영광, 보상에 대한 채울 수 없는 욕구에 시달린다. 그리고 이것은 제로섬 게임이다. 나르시시스트에게는 파티에 참석한 다른 사람의 이야기를 듣고 있는 매 순간이 무대를 빼앗긴 시간으로 느껴진다. 대다수 사람들은 서로 의견을 주고받는 것을 환영하며, 그것이 사교의 사회적인 측면이기도 하다. 또한 타인의 말을 경청하는 시간은 무언가 이야기를 하거나 상대방을 즐겁게 해주어야 한다는 부담감에서 벗어나 달콤한 휴식을 취할 수 있는 기회이기도 하다. 삶이라는 노래방에서 우리는 누구나 마이크 잡을 기회를 갖기도 하고 관중의 입장이 되기도 한다. 그러나 나르시시스트는 자신이 조명을 받지 못하면 위축되며 분노를 느낀다.

나르시시스트가 가지고 있는 또하나의 특징은 주변의 관심과 보답을 기대할 뿐만 아니라 그런 대접을 받는 것이 당연하다고 느끼는 특권의식이며, 이들은 그것을 얻지 못할 경우 언제든 분노를 터뜨린다. "아마도 나르시시즘이 가장 고약한 형태로 발현되는 것이 바로 이 특권의식일 겁니다." 미시간 대학의 연구 심리학자 로빈 에델스타인Robin Edelstein의 말이다. "특권의식을 가진 사람은 보통 타인을 심하게 착취하고 이용하려는 성향도 함께 가지고 있지만, 정작 누군가가 자신을 이용하고 있다고 느끼면 화를 내고 방어적으로 돌변합니다."

오하이오 주립대학의 브래드 부시먼은 이렇게 덧붙인다. "공격성을 연구하다보면, 나르시시스트들의 경우 그 특권의식이 공격성을 유발하는 최대 요인이 됩니다."

나르시시즘은 독립적으로 나타나는 증상이 아니다. 편집성, 경계선, 연극성, 반사회성, 의존성, 회피성, 강박성, 분열성, 분열형 등과 함께 열 가지 성격장애 중 하나로 분류된다(마지막의 분열성과 분열형 성격장애는 그 명칭에서도 유추할 수 있듯이 몇 가지 조현병의 특징을 동반하지만, 거의 그 자체만으로 하나의 진단 항목을 차지하는 심각한 조현병과는 다르다).

성격장애는 심리학자들이 다루는 증상 중에서도 가장 까다로운 편에 속하는데, 그 이유는 '자아 친화적'인 특성을 가지고 있기 때문이다. 이것은 정신과 의사들이 환자가 자기 마음의 소리를 믿어버린다는 뜻으로 사용하는 용어다. 너는 편집성 장애가 아니다, 사람들이 실제로 너를 노리고 있다. 너는 병적인 강박증이 아니다, 모든 일에는 항상 특정한 처리 방식이 있는 법이다. 너는 나르시시스트가 아니다, 너는 정말로 다른 모든 사람들보다 재능이 뛰어나고, 더 중요하며, 한마디로 더 나은 사람이다.

공포증이나 강박증과 같은 불안 증상은 '자아 비친화적'이라고 한다. 거미나 뱀, 엘리베이터를 병적으로 두려워하는 사람은 그것이 비정상이라는 사실을 알고 있지만 통제가 불가능하다. 강박증에 시달리며 하루에 세 시간씩 손을 씻거나 가스불이 꺼졌는지 수없이 확인하는 사람은 그런 행동이 이상하다는 점을 인지하고 있으며 차라리 그 시간에 다른 일을 하고 싶어하지만, 심리적인 문제 때문에 자신도 어쩔 수가 없는 것이다. 불안 증상에 시달리는 사람은 진심으로 변화하고 싶은 마음으로 치료를 받으러 온다. 반면 성격장애를 가지고 있는 사람은 보통 가족이나 친구에게 억지로 떠밀려서 진료실 문을 두드린다. 이렇게 강제로라도 등을 떠밀지 않으면 이들은 변화해야 할 필요성조차 전혀 느끼지 못한다. 병원에 갈 필요가 없다고 생각할 뿐만 아니라 의사보다 자신이 더 똑똑하다고 확신하고 있는 나르시시스트라면 더 말할 것도 없다.

모든 나르시시즘의 사례를 임상적으로 확실히 진단 내릴 수 있는 것은 아니다. 다른 모든 성격장애와 마찬가지로 나르시시즘은 일종의 연속선상에 존재하며, 한쪽 끝에는 정상적인 자부심을 가지고 있는 사람이, 다른 쪽 끝에는 극단적인 나르시시스트가, 그리고 그 사이에 약간씩 정도가 다른 헤아릴 수 없이 많은 사례가 있다. 최근에는 상당히 많은 사람의 상태가 악화되어 연방정부를 폐쇄시킬 정도까지는 아니더라도 주변 사람들에게 개인적으로 충분히 피해를 미칠 수 있는 준임상적 수준의 나르시시즘 증상을 보이고 있다.

2008년에 한 연구 팀은 1979년부터 2006년까지 27년에 걸쳐 대학생들의 나르시시즘을 조사한 연구를 『성격학회지Journal of Personality』에 발표했다. 이 논문은 소위 메타 분석 방법을 사용한 것으로, 총 1만 6,475명을 대상으로 한 85건의 개별적인 나르시시즘 연구에서 데이터를 추출했다. 대상자들은 모두 40문항으로 구성된 자기애적 성격 검사Narcissistic Personality Inventory, NPI를 통해 "나는 응당 받아야 할 존중은 요구하는 편이다"와 "나는 보통 마땅히 받아야 할 존경을 받는다", "나는 가끔 재미있는 이야기를 할 때도 있다"와 "누구나 내 이야기 듣는 것을 좋아한다", "나는 마치 책처럼 사람들을 읽을 수 있다"와 "가끔 사람들을 이해하기 어려울 때가 있다", "나는 다른 사람들보다 능력이 뛰어나다"와 "다른 사람들에게서 배울 점이 많다" 등과 같이 본질적으로 반대되는 의미의 두 문장 중에서 하나를 선택했다(393쪽 '자기애적 성격 검사' 참조). 물론 실제로 능력이 더 뛰어나지만 그래도 다른 사람들에게 배울 점이 있다고 생각하는 경우처럼 양쪽 문장에 모두 해당할 수도 있지만, '강제로 하나를 선택'해야 하는 검사의 본질상 자신이 가지고 있는 여러 가지 측면 중에서 스스로를 가장 잘 나타내는 특징을 고를 수밖에 없었다.

평균적인 사람들은 NPI에서 16에 약간 못 미치는 점수를 받는다. 점수가 20 이상이면 나르시시즘 성향이 있는 것이다. 대체로 나르시시즘 진단을 받는 사람들은 자신을 설명할 때 사용하는 표현의 유형에 따라 권력 집단, 스스로가 특별한 사람이라고 생각하는 집단, 극도로 과시욕이 강한 집단으로 분류할 수 있지만, 그중 어디에 속하든 전부 나르시시스트라는 사실만은 변하지 않는다. 2008년의 연구에 따르면 1979년 이후 동일한 인구 집단에서 전반적으로 NPI 점수가 30퍼센트 상승했으며, 현재 대학생 중 3분의 2 이상이 1979~1985년 사이의 대학생 평균 점수보다 높은 점수를 기록하고 있다. 이 연구를 공동으로 진행한 부시먼은 이렇게 말한다. "매년 똑같은 검사를 실시하는

데, 나르시시즘 비율은 해마다 증가하고 있습니다."

심리학 검사의 특성상 NPI의 정확성을 피검사나 콜레스테롤 수치처럼 객관적으로 증명할 수는 없다. 그러나 이 정도로 오랫동안 광범위하게 사용되는 검사 방법이라면 한계를 감안하더라도 충분히 그 유용성이 검증되었다고 봐야 한다. 뿐만 아니라 꼭 전문가가 아니더라도 검사하기 전부터 겉으로 드러나는 사람들의 행동을 바탕으로 하여 누가 높은 점수를 받을지 예상할 수 있는 사례가 많다.

나르시시스트는 영예를 얻을 기회가 있을 때 활기를 띠는 반면, 많은 사람들에게 더욱 큰 이익이 돌아가는 공동 작업에는 관심이 없다. 자신의 재능에 의문을 제기하면 발끈하면서 불평을 늘어놓지만 자신의 재능이 생각보다 보잘것없을지도 모른다거나 최소한 개선의 여지가 있을지도 모른다는 가능성은 전혀 고려하지 않는다. 나르시시스트에게 실패는 교훈을 얻을 수 있는 기회가 아니라, 자신의 계획을 훼방놓거나 방해하려는 다른 누군가 때문에 발생한 골칫거리다.

"나르시시스트는 잘못을 인정하기보다는 다른 사람 탓으로 돌리는 경향이 있습니다." 서던캘리포니아 대학의 경영 및 조직행동학 교수인 너대니얼 패스트Nathanael Fast의 말이다. "나르시시스트의 성격에는 취약점이 있지요. 이들은 남보다 뛰어나야 한다는 중압감과 자신이 얼마나 대단한지 증명하고 싶은 내면적 욕구에 시달립니다."

나르시시스트가 원칙을 무시하고 규칙을 깨는 것도 바로 이런 중압감과 두려움 때문이다. 비윤리적인 행동을 한다는 수치심이나 실체가 들통날지도 모른다는 두려움보다는 부당하게 얻은 A+나 가짜 필자 경력으로 얻을 수 있는 기쁨이 훨씬 크기 때문에 표절이나 부정행위를 하는 것이다. "나르시시스트 학생들은 부정행위를 하는 비율이 높으며, 우리는 그 이유가 죄책감을 느끼지 않기 때문이라고 생각합니다." 나르시시즘과 학업 관련 부정행위를 연구하고 있는 오하이오 주립대학 뉴어크 캠퍼스의 심리학자 에이미 브루넬Amy Brunell의 설명이다. "나르시시스트 학생들에게 다른 학생들을 어떻게 생각하는지 물어보았더니 다른 학생들도 실제보다 더 많이 부정행위를 하고 있을 것이라고 대답했습니다. 하지만 나르시시즘 성향이 없고 단순히 자부심이 높은 학생들은 부정행위를 그다지 많이 하지 않습니다."

이런 행동은 모든 사람에게 피해를 입힌다. 부정행위를 한 학생이 우수한 성적을 거두고 학업을 마칠 때쯤이면 같이 수업을 들었던 나머지 학생들의 성적은 이미 엉망이 되었을 테고, 어쩌면 다른 정직한 학생들도 노리던 인턴직이나 일자리까지 그 학생이 낚아챘을지 모른다. 나르시시스트를 사랑하게 된 여성이 남자친구는 절대 본인을 사랑하는 것만큼 자신을 사랑해줄 리 없다는 사실을 깨닫게 될 즈음이면, 그 여성은 이미 아파트를 처분하고 남자친구의 집으로 이사한 상태일 것이다. 남자친구 말로는 하나도 예쁘지 않다는 사무실의 새 거래처 담당자와 남자친구가 바람을 피우고 있다는 사실은 꿈에도 의심하지 못한 채 말이다. 인사부에서 200명의 직원이 근무하는 기업을 관리하도록 채용한 부사장이 심각한 나르시시스트라는 사실을 깨달을 즈음이면, 아마도 그 부사장이 수십 명의 직원을 협박하고, 직원들이 한 일의 공로를 가로채고, 본인의 판단이 더 뛰어나고 현명하며 과감하다고 생각한 나머지 내년까지는 신제품 개발에 투자하지 않는 편이 좋겠다는 전문 분석가들의 의견을 전부 무시하다가 회사의 분기 실적을 적자로 떨어뜨린 후일 것이다.

물론 나르시시스트, 아니 최소한 그들이 하는 일 때문에 위대한 결과가 탄생하기도 한다. 아무리 현명하고 겸손하며 신앙심이 깊었다고 하더라도, 모한다스 간디와 마틴 루서 킹 주니어는 분명 자신의 목소리와 사상의 힘에 열광하는 수십만, 심지어 수백만 명의 사람을 보면서 힘을 얻었을 것이다. 이들이 조금만 더 소심하고 리더십으로 인한 권력을 달가워하지 않거나 거기서 즐거움을 찾지 못했다면 애초에 지도자가 되고자 나섰을 리가 없다. 조너스 소크Jonas Salk와 앨버트 세이빈Albert Sabin은 서로 경쟁하면서 전혀 다른 종류의 백신을 개발해 전 세계를 소아마비에서 구해냈다. 두 사람의 연구에 원동력 역할을 한 것은 '최초로 백신을 개발해 소아마비를 퇴치한 사람'으로 명성을 날리기 위한 경쟁이었다. 드와이트 아이젠하워는 제2차 세계대전에서 연합군을 승리로 이끌었으며 그에 걸맞은 공로를 인정받았다. 그러나 아이젠하워가 훈장이 빼곡하게 달린 유니폼이나 연합군 최고사령관 등의 직함을 은근히 즐겼다고 생각하지 않는다면, 여러분은 인간의 본성에 대해 잘 알지 못하는 것이다. 때로는 오만함으로 비치기도 하는 이런 자신감 때문에 스티브 잡스, 빌 게이츠, 일론 머스크와 같은 발명가와 기업가들이 지극히 낮은 가능성에도 불구하고 과감하게 모험을 하면서 세상을 더욱 살기 좋은 곳으로 만들어주는 중요하고 의미 있는 성과를 내놓을 수 있는 것이다. 물론 그 과정에서 많은 사람을 적으로 돌린다고 해도 말이다.

하지만 이런 영웅적인 나르시시스트, 독창적인 나르시시스트, 용감한 나르시시스트는 쉽게 찾아볼 수 없다. 가장 흔한 부류는 주변 어디서나 볼 수 있는, 자기중심적이고 자기만 바라봐 주기를 바라는 나르시시스트들이다. 세계 어디를 불문하고 직장에서, 지인 중에서, 여러분의 품 안에서, 스스로의 내면에서 이런 나르시시스트를 발견하게 될 가능성은 그 어느 때보다 높다. 만약 여러분이 제때에 이런 사람들을 알아보지 못해 사전에 피하지 못하거나 연루되었을 때 제대로 대처하지 못한다면 상당한 대가를 치러야 할 수도 있다. 여러분 자신이 나르시시스트라면 치러야 할 대가는 더욱 커진다.

너무나 많은 사람의 마음속에서 인간의 감정 중에서도 가장 위대하고 이타적인 사랑이라는 개념 자체가 왜곡되었고, 존경이 과시로, 관용이 탐욕으로, 이타심이 욕구로 변질되었다. 우리는 점점 더 거울로 둘러싸인 세상에 살고 있으며 가장 눈에 띄는 광경은 바로 거울에 비친 자기 자신의 모습이다. 그리고 너무나 많은 사람이 그 광경에 만족하고 있다.

2장

어린이집의 괴물

나는 한때 소시오패스였다. 당시에는 그 사실을 깨닫지 못했고, 설령 알았다 하더라도 별로 개의치 않았을 테지만 말이다. 내가 언제 단순한 버릇없음에서 진정한 사회적 야만성으로 가는 선을 넘었는지, 언제부터 타인의 권리를 악용하고 그들의 고통에 무관심하게 되었는지 정확히 알 수는 없지만, 아마도 배로 낯선 사람의 머리를 내려쳐야겠다고 결심한 그날이었을 것이다.

물론 배는 단단하고 무거운 플라스틱으로 만든 커다란 장난감이다. 그리고 변명을 하자면 당시 나는 겨우 네 살이었다. 하지만 내가 저지르고자 하는 범죄에 대해 아주 확실하게 인지하고 있었으며, 인내심을 가지고 계획적으로 조용히 실행에 옮겼다. 그 남자는 낯선 사람이었다. 그날 보모를 데리러 우리집에 온 그 남자는 보모가 코트를 입고 짐을 챙기는 동안 서재에 앉아 있었다. 나는 그 남자가 보모의 남자형제인지, 남편인지, 아니면 심지어 아버지인지조차 알지 못했다. 나에게 어른들은 전부 구분할 수 없는 하나의 커다란 연령 집단에 속할 뿐이었다. 내가 즉각적으로 인지한 것은 그 남자가 대머리라는 사실이었다. 머리 양옆과 뒤쪽을 빙 둘러 말굽 모양으로 머리카락이 나 있었고 정수리 쪽은 놀라울 정도로 번쩍번쩍 빛났다.

나는 그때까지 대머리를 가까이서 본 적이 없었기 때문에 남자를 뚫어지게 바라보았고, 그 남자는 분명 불편함을 느끼는 것 같았지만 나는 전혀 신경 쓰지 않았다. 내 머릿속에서는 흥미로운 의문이 떠올랐다. 만약 머리카락이 베이거나 부딪혀서 생기는 상처로부터 정수리를 보호하는 역할을 한다면 머리카락이 없는 사람은 있는 사람보다 상처가 쉽게 생기지 않을까? 머리카락이 한 올도 없는 사람은 아주 살짝만 때리더라도 훨씬 더 아프지 않을까?

나는 이 생각에 흥미를 느꼈고, 의문을 해결하는 유일한 방법은 실험을 해보는 것이었다. 당장 실험을 해볼 수 있는 대상이 있었으며 주위를 둘러보니 쉽게 손이 닿는 거리에 장난감 배가 놓여 있었기 때문에 마침 적당한 도구까지 갖춘 셈이었다. 그 일 자체는 사실 간단한 과학적 실험에 지나지 않았기 때문에 그토록 어린아이가 생각해낸 개념치고는 나쁘지 않았다. 내가 그것을 실천하려는 방식만큼은 범죄가 분명했지만.

나는 그 배를 들어올려 한번 무게를 가늠해본 다음 적당하다는 생각이 들자 머리 위로 추켜올리고 아무 말 없이 무방비 상태의 남자에게 다가갔다. 다른 쪽을 보고 있던 남자는 마침내 이쪽으로 고개를 돌렸고, 내가 무슨 짓을 하려는지 깨달았다. "어, 어, 어. 안 돼, 안 돼, 안 돼." 남자가 꾸짖었다.

내가 남자 바로 앞에 서서 망설이자 남자는 손을 내밀었다. 나는 별다른 말대꾸 없이 장난감 배를 건네주고는 남자가 그 배를 한쪽으로 치우는 동안 남자의 곁을 떠나 다른 일에 몰두했다. 그 남자가 보모나 우리 부모님에게 그 일을 이야기했는지는 알 수 없지만, 아마도 말하지 않았을 거라고 생각한다. 만약 그랬다면 틀림없이 그 일에 대해 설명을 해야 했을 테니까. 게다가 보모나 부모님이 다그쳤다 하더라도 나는 그냥 어깨만 으쓱이고 말았을 것이다. 내가 할 뻔했던 행위에 대해 후회하거나 뉘우치는 마음이 없었으며, 심지어 내 이론을 실험해보지 못한 데 대해 약간의 언짢음마저 느끼고 있었으니까.

그날 내가 한 행동은 문명사회에서 절대 용납될 수 없는 것이었다. 명백한 폭행 미수였으며, 고의적이고 계획적인데다 결과를 신경 쓰지 않는 행위였다. 그러나 그와 동시에 잘못된 행동이라고도 할 수 없었다.

도덕적인 측면에서 어린아이들은 본질적으로 구제불능이다. 탐욕스럽고, 요구하는 것이 많고, 폭력적이고, 파괴적이고, 이기적이고, 충동적이며, 절대 후회할 줄 모른다. 같이 노는 친구나 형제자매들과 끊임없이 싸우면서 마음대로 물어뜯고, 때리고, 발로 차지만 막상 상대방이 자신을 공격하면 아프고 분한 나머지 소리를 질러댄다. 아이들은 사랑을 원하지만 훈육은 바라지 않으며, 보상을 바라지만 벌은 받기 싫어하고, 부모와 가족의 보살핌과 도움을 기대하지만 반대로 베풀 줄은 모른다. 아이들은 그 어떤 관점에서 보아도 문명사회에서 제 기능을 할 수 없기 때문에 태어났을 때부터 사춘기가 될 때까지는 행동을 통제해줄 수 있는 부모나 다른 성인 보호자 없이 외출할 수 없는 것이다.

이 모든 것이 가장 전형적인 정신병리학, 특히 나르시시스트의 병리학에 해당한다. 아이들은 나르시시즘에서 발견되는 특권의식, 자기

중심성, 관심, 칭찬, 보상에 대한 끝없는 욕구를 가지고 있다. 그리고 나르시시스트처럼 자신의 행동 때문에 타인이 받을 고통에 대해서는 전혀 개의치 않는다. 다른 사람을 주먹으로 때리거나 발로 차는 것은 피해자가 자신과 똑같이 아픔을 느낀다고 생각하지 않거나 아예 타인의 고통에 대한 생각 자체를 하지 않기 때문인데, 어느 쪽도 고약하긴 마찬가지다. 다짜고짜 무언가를 요구하거나 받고 나서 고맙다는 말조차 하지 않는 것은 방금 그것을 베풀어준 상대방이 안중에도 없기 때문이다. 그리고 상대방이 적지 않은 고통을 느낄 것이라는 사실을 제멋대로 무시하지 않고는 장난감 배로 낯선 사람의 머리를 때려서 그 사람이 얼마나 아파하는지 알아보려고 할 리가 없다.

"우리는 스스로가 우주의 중심이라는 생각을 가지고 태어납니다." 심리학 교수이자 펜실베이니아 주립대학 박사과정 프로그램의 임상교육 책임자인 에런 핑커스Aaron Pincus의 말이다. "우리는 모든 것이 우리에게 반응한다고 여깁니다. 아이들은 온 세계가 자신의 시중을 들고 있다는 충만감을 느끼며, 그런 생각에 따라 행동합니다. 어린아이가 펜을 수도 없이 떨어뜨리고서 여러분에게 줍도록 하는 것은 그만한 이유가 있습니다. 여러분이 보기에는 따분할지 몰라도 사실 아이 입장에서는 여러분에게 무언가를 시키는 셈입니다."

여러 가지 의미에서 아기들은 심지어 태어나기 전부터 부모에게 이것저것 시키게 된다. 출산과 관련된 그 모든 감동과 낭만, 마법과도 같은 경험에도 불구하고, 행복한 예비 부모가 그토록 축하하는 것은 사실 기생체와 숙주의 관계에 불과하다. 수정이 되는 순간부터 사실상

이질적인 생명체가 엄마의 자궁을 차지하고는 그곳을 엄마의 몸 전체를 통제하기 위한 일종의 교두보로 삼는다. 엄마는 이 관계에서 물리적으로 아무것도 얻지 못한다. 아기는 생명 그 자체를 얻을 뿐만 아니라 자신의 생존을 확보하기 위해 수단과 방법을 가리지 않으며, 노골적인 속임수를 쓰는 경우도 적지 않다.

수정이 되지 않은 난자는 온전히 엄마의 몸에서 탄생한 것이기 때문에 아군에 해당하며 면역학적으로 아무런 해를 끼치지 않지만, 난자를 찾아 헤매는 정자는 침입자나 다름없다. 물론 아이를 가지려고 하는 부모의 경우라면 초대받은 침입자라고 할 수 있겠지만 말이다. 수정을 위한 경주에서 승리한 행운의 정자 세포는 몸집이 큰 난자 속으로 안전하게 빨려들어가고 나머지 수백만 개의 정자는 금세 죽어버리기 때문에 모체의 온전성에는 더이상 위협을 가하지 않아야 한다. 그러나 수정이라는 것 자체가 난자의 유전물질이 정자의 유전물질과 섞이는 것을 의미하므로 정자의 유전자는 살아남게 되며, 그 결과로 탄생하는 배아의 50퍼센트는 이질적일 수밖에 없다. 하나의 세포라 하더라도 외부 유전물질이 그 정도로 높은 비율을 차지하고 있다면 모체의 면역 체계가 공격적으로 반응하기에 충분하며, 새로 생겨난 생명체가 뛰어난 방어기제를 갖추지 못한 경우 실제로 이를 공격할 것이다.

수정이 일어난 직후에 난자는 아빠의 DNA를 숨기고 엄마의 유전물질만 보여주는 보호 단백질masking protein을 만들어낸다. 배아를 구성하는 세포들이 분열할 때마다 아빠 쪽의 유전자 밀도가 두 배로 증가함에도 불구하고 이런 교묘한 수법으로 엄마의 면역 체계를 속이는 것이다. 한동안은 이 전략이 주효하지만 일단 배아가 자궁벽에 착상하면 이 보호 단백질만으로는 계속 자라나는 이질적인 조직을 전부 가릴 수 없다. 따라서 태반이 개입하여 태아가 맞서 싸울 수 있도록 돕는다.

엄마와 아기를 이어주는 가교 역할을 하는 임시 기관인 태반은 생명 유지에 필수적인 T 세포를 죽여 엄마의 면역 체계를 더욱 강력하게 밀어내는 역할을 하는 융모성 생식선 자극 호르몬을 신속하게 분비하기 시작한다. 또한 이 호르몬은 프로게스테론 호르몬의 분비를 촉진시키는데, 이 프로게스테론은 아기에게 영양을 공급하는 모세혈관이 태반에서 자궁 쪽으로 자라나도록 자극하고 반대로 엄마의 모세혈관은 자궁벽 안쪽으로 자라도록 하여 태아가 엄마의 몸속에 보다 단단히 뿌리를 박고 에너지와 영양분을 흡수할 수 있도록 한다. 다른 호르몬들도 분비되어 자궁에 피를 공급하는 동맥의 직경을 확장하고 혈액의 흐름을 조절하는 엄마의 능력을 억제하는데, 그 결과 엄마는 혈압도 원활하게 조절하지 못한다.

동시에 태반은 자라나는 태아에게 필요한 영양을 충분히 공급하기 위해 엄마의 혈당치를 높이는 역할을 하는 태반성 락토겐이라는 호르몬을 만들어내기 시작한다. 엄마의 몸은 이에 대응하여 인슐린을 더욱 많이 분비하고, 태아는 더 많은 당을 요구하여 혈당치를 더욱 끌어올린다. 또한 태반에서 쏟아져나온 다른 단백질들이 혈류를 따라 온몸을 돌면서 엄마의 뼈에서 칼슘을 녹여낸 다음 자궁으로 가져오면, 태아는 그 칼슘을 사용하여 자신의 골격을 만든다.

이러한 모든 변화의 결과, 임신 전에는 더없이 건강했던 엄마도 임신 말기가 되면 고혈압, 당뇨병, 골다공증 증상에 시달리게 된다. 골반은 자라나는 태아 때문에 벌어지고, 방광이 납작해지고 내장은 압박을 받는데다 자꾸 커지는 자궁이 들어설 공간을 만들어주기 위해 장기들의 위치도 바뀐다. 가슴에는 울혈이 생기고 복부는 부풀어오른다. 이 모든 과정의 대단원이자 진짜 고통스러운 진통과 출산은 아직 시작도 하지 않은 상태다. 엄마는 자신이 줄 수 있는 모든 것을 주고, 엄마의 몸이 자진해서 포기하지 않는 것은 태아가 그냥 빼앗아버린다. 이것이 의도적으로 진행되는 과정은 아니지만 그만큼 이기적인 것도 사실이며, 무의식적으로 일어나는 일이지만 그만큼 배려 없는 행동이기도 하다. 물론 태아는 자신의 행동이 얼마나 자기중심적인지 전혀 알지 못한다. 그럼에도 불구하고 태아가 엄마의 몸을 장악하고 성장하는 방식에서 생존을 위한 일종의 탐욕을 느끼지 않기는 어려우며, 심지어 과학자들도 어느 정도는 이 견해를 인정하고 있다.

예를 들어 진화생물학자인 데이비드 헤이그David Haig는 태반을 "오직 태아의 생명 유지와 보호를 위해서만 존재하며 모체는 안중에도 없는 무자비한 기생 기관"이라고 표현한 것으로 유명하다. 과학자가 쓴 글은 아니지만 훨씬 쉽게 읽을 수 있는 『형편없는 엄마들—나머지 부모들을 위한 육아 가이드Sh*tty Mom: The Parenting Guide for the Rest of Us』라는 책에서는 여러 명의 엄마와 저자들이 더욱 적나라하게 출산 과정을 묘사하고 있다. "아기가 태어난 직후 몇 시간 동안은 새롭게 솟아난 모성애와 진통제 덕분에 몽롱하고 황홀한 상태가 된다. 그러다가 감각이 돌아오고 경막외 마취가 풀린다. 소변을 보고 싶어진다. 화장실까지 서너 걸음밖에 안 되지만 보행 보조기를 사용해야 한다. 힘겹게 한 발씩 옮기다보면 질을 실로 꿰매놓았다는 사실을 깨닫게 된다. 제왕절개를 했다면 배 한복판을 가로질러 마치 살짝 미소를 짓는 것 같은 수술 자국이 생긴다. 여러분의 모습은 출산에서 간신히 살아남은 생존자처럼 보일 것이다."

그리고 마침내 임신과 출산이라는 이 대장정이 끝나면 아기는 오직 하나만을 요구한다. 24시간 내내 자기가 필요로 하는 것은 무엇이든 즉시 제공해줄 것. 두세 시간마다 한 번씩 젖을 먹으며, 하루에도 열두 번씩 기저귀를 갈아주어야 하고, 아무 때나 잠을 자고, 끊임없이 울어대면서 원하는 것이 제대로 충족되지 않거나 늦어지는 것을 절대 용납하지 않으며, 날카로운 칼처럼 부모를 찔러대도록 진화한 시끄러운 울음소리로 위협한다. 그렇다면 엄마아빠 본인들에게 필요한 것은? 언감생심 꿈도 못 꾼다.

"진화의 관점에서 보면 갓 태어난 아기들은 요구를 충족시키기 위해 이기적인 나르시시스트가 될 수밖에 없습니다." 캔자스 주립대학의 심리학자 마크 바넷Mark Barnett의 말이다. "아기들은 무력한 것이 아니라 의존적인 것입니다. 삶은 시작되었고 생존에 필요한 것을 손에 넣어야 하니까요."

"아기들은 부모가 가지고 있는 모든 것을 원합니다. 그것도 지금 당장." 『형편없는 엄마들』에 소개된 엄마들의 이야기다. "아기들은 부모의 배가 늘어지거나 성생활이 망가지는 것에 대해서는 관심이 없으며,

어젯밤에 고작 네 시간밖에 자지 못했다는 사실조차 전혀 신경 쓰지 않지요. (…) 동물 왕국에서 가장 심술궂은 새끼입니다."

부모, 아이를 돌보는 사람들, 최근에는 육아 관련 블로거들까지도 앞에서 다소 거칠게 표현한 이 점을 깨닫고, 이러한 모든 현상을 깔끔하게 설명해주는 개념을 이해하게 되었다. '무신경한 육아'라는 재미있는 이름이 붙은 웹 사이트 크래스페어런팅닷컴CrassParenting.com에는 '여러분의 아기는 자기애성 성격장애를 가지고 있다'라는 직설적인 제목의 글이 게재되었다. 이 제목 아래에는 유아용 의자에 앉아 목에는 턱받이를 두르고 입 가까이에 스푼을 가져다 댄 채 만사가 귀찮다는 듯 무시하는 표정으로 카메라를 바라보는 아기의 사진이 실려 있다. 이 사이트에 글을 쓰는 엄마 블로거는 이런 질문을 던진다. "아기를 거울 앞에 데려가본 적이 있습니까? 아기들은 놀라울 정도로 스스로에게 관심이 많습니다. 몇 시간이나 자기 모습을 바라보고 있지요. (…) 아기는 엄마를 밥을 주고 똥오줌을 치워주고 침을 닦아주는 사람으로 생각합니다. 아기들은 말 그대로 다른 사람에게 제멋대로 기어오르지요." 레슬리 가너Lesley Garner는 『스물아홉, 하이힐에서 내려와 사랑하기Everything I've Ever Learned About Love』라는 책에서 같은 요지의 주장을 펼치고 있으며, 아기들을 "모든 대상에게서 사랑을 갈구하며, 다인과 소통하거나 자제력을 발휘하고 공감하면서 자신이 세상의 중심이 아니라는 사실을 인식할 수 있는 능력이 발달적으로 결여되어 있는" 생명체라고 묘사한다.

이보다 훨씬 무미건조하고 학술적인 방식이기는 하지만 초기의 심리학자들도 같은 분석을 내놓았다. 지그문트 프로이트는 1914년에 발표한 「아기 폐하His Majesty the Baby」라는 논문에서 아기의 가장 초기 성장 단계는 "1차적인 나르시시즘"으로 정의할 수 있다고 주장했다. 물론 치킨누들수프 한 그릇을 놓고도 성을 논할 수 있는 프로이트인 만큼 여기서도 성적 코드를 찾아냈다. "우리는 이 상태를 나르시시즘이라고 부르며, 이런 방식으로 만족을 얻는 것을 자기성애auto-eroticism라고 한다." 프로이트의 설명에 따르면 청소년기에는 바로 이 자기성애가 자위라는 훨씬 직접적인 형태로 발현되며, 어린 십대 청소년들은 자신의 몸을 소위 '사랑의 대상'으로 여긴다. 물론 호르몬 분비로 혼란스러운 청소년들이 들으면 틀림없이 지나친 의미 부여라고 여기겠지만 말이다.

프로이트의 추종자들은 이 이론을 더욱 발전시켰다. 헝가리의 심리학자인 샨도르 페렌치Sándor Ferenczi는 아기들이 '일원론적' 세계에서 살고 있으며, 모든 것이 불쾌한 것을 없애버리고 즐거운 것을 손에 넣기 위한 감각적 요구로 귀결된다고 주장했다. 아기는 그저 축축한 기저귀를 뽀송한 기저귀로, 주린 배를 부른 배로, 아무도 없는 방을 엄마가 있는 방으로 바꾸고자 한다는 것이다. 샨도르는 아기에게는 '이원론'이라는 개념이 없으며, 결국에는 편안함을 누릴 수 있다는 사실을 이해하고 바람직하지 않은 상황을 참아내는 능력이 완전히 결여되어 있다고 주장했다. 아기들의 1차적인 관심사는 자신이 필요로 하는 것이며, 생존이 걸려 있기 때문에 사실 그것이 유일한 관심사이기도 하다.

20세기의 오스트리아 출신 심리학자인 멜라니 클라인Melanie Klein은 아기들에 대해 이보다 더 가차 없는 평가를 내렸다. 아기들은 심각한 과대망상증 환자들이며, 전지전능한 자신에게 도전하는 것은 무엇이든 용납하지 않겠다는 생각에 사로잡혀 있다는 것이다. 클라인은 심지어 아기들이 '편집증과 분열증'의 성향을 띠고 있다는 주장까지 펼쳤다. 해로운 것을 경계한다는 점에서 편집증이며, 나쁜 것을 거부하고 좋은 것과 편안한 것만을 열렬히 추구한다는 점에서 분열증이라는 논지다.

생존을 위한 이런 행동을 진짜 나르시시즘이라고 부르는 것은 물론 말도 안 되는 일이다. 임신이라는 본능적인 과정에서는 엄마뿐만 아니라 태아도 의식적으로 행동하지 않는다. 좀더 지각 있는 아기도 태아와 마찬가지로 나쁜 의도나 의지보다는 무의식적인 본능에 따라 움직인다.

하지만 그렇다고 해서 갓 태어난 아기의 기질에서 진짜 나르시시즘으로 발전할 수 있는 행동의 씨앗을 찾을 수 없다는 의미는 아니며, 이는 다른 성격 장애의 경우도 마찬가지다. 예를 들어서 아기들은 극도로 히스테리를 부리고 모든 형태의 극단적인 행동을 서슴지 않는다. 그러다가 시간이 지나면 서서히 감정을 조절하게 된다. 그러나 아기 때나 어울릴 법한 과장된 기쁨, 얼굴이 붉으락푸르락하도록 내는 분노, 제멋대로 정신없이 울어대는 행동 등이 어른이 되어서도 지속된다면 심리학자들은 연극성 성격장애라는 진단을 내릴 것이고, 이는 완전히 다른 문제다. 어린아이들이 부모나 돌봐주는 사람, 다른 아이들을 대할 때 보이는 양면적인 광기도 마찬가지다. 아이들은 매달리거나 밀치고, 껴안거나 때리고, 사랑과 관심을 갈구하지만 적절한 시기에 올바른 방식으로 사랑을 받지 못하면 분노한다. 아이들을 상대할 때에는 이런 애증의 줄다리기를 흔히 경험하게 된다. 그러나 만약 그런 행동을 보이는 어른이 있다면 여러분은 경계선 성격장애라고 부르며 진심으로 엮이고 싶어하지 않을 것이다. 아기들이 어떤 식으로 이러한 행동을 하는지, 그리고 아이들이 스스로 어떻게 서서히 이러한 성향을 통제하기 시작하는지 살펴보면 많은 것을 배울 수 있다.

공감 능력의 부재는 이런 고약한 특징 중에서도 가장 중요하다고 할 수 있으며, 아기 입장에서는 여러 가지 측면에서 가장 극복하기 어려운 부분이다. 어린 아기의 마음은 다른 사람의 감정을 고려할 수 없을 뿐만 아니라, 아기들은 일단 자기 시야에서 사라지거나 소리가 들리지 않으면 다른 사람이나 물건이 존재한다는 사실조차 제대로 이해하지 못한다.

유아용 의자에서 수저를 떨어뜨린 6개월짜리 아기는 바닥을 내려다보지 않는다. 스푼이 눈앞에서 사라지면 세상에서 완전히 사라지는 것이므로 굳이 다시 가져오려고 할 필요가 없다고 생각하기 때문인데, 아기의 입장에서 보면 너무나 합리적인 관점이다. 마찬가지 이유로 어린 아기들은 걸음마를 하는 아이들처럼 분리 불안을 겪지 않는다. 이런 아기들에게 어른은 소멸되기 쉽고 교체할 수 있으며 아원자 입자처럼 방에서 나가는 순간 사라지는 존재로, 나중에는 다른 입자, 즉 다른 어른으로 대체될 뿐이다. 엄마와 아빠는 얼마든지 대체 가능하기 때문에 부모가 어린 아기를 보모의 손에 맡겨놓고 살짝 저녁 외출을 할 수 있는 것이다. 뽀송한 기저귀, 따뜻한 젖병, 오랫동안 껴안아주기는 사실 누구나 제공할 수 있다. 그러나 만 한 살이나 두 살 정도 되었을 때 부모가 이와 같은 저녁 데이트를 하려고 하면 아이는 마구 울부짖고 소리를 지르며 떼를 쓴다.

"객체 또는 사람의 영구성이라는 개념은 아기가 6개월이 되어야 비로소 형성되기 시작합니다." 바넷의 설명이다. "그때부터 아이들은 자기 자신이라는 세계 밖에 사물이나 사람이 존재한다는 사실을 이해하게 됩니다. 바로 그 시점부터 타인을 의식하기 시작하는 것이지요."

그러나 이러한 깨달음은 매우 천천히 찾아온다. 자신의 손이 닿지 않는 곳에 사람과 사물이 존재한다는 사실을 이해하기 시작한 후에도 아이들은 여전히 지식이라는 개념을 인지하지 못한다. 자신의 머릿속에 있는 내용이 반드시 다른 사람의 머릿속에 들어 있는 것은 아니라는 소위 마음 이론theory of mind을 이해하기까지는 많은 시간과 노력이 필요하다. 행동 연구에서 실험자가 캐비닛 안에 장난감을 숨기는 광경을 본 어린아이는 나중에 방에 들어오는 사람도 당연히 장난감을 숨긴 장소를 알고 있으리라 생각한다. 아이들이 비교적 말을 잘 구사하게 되면 이런 현상은 더욱 두드러지게 나타난다. 내 딸들은 일고여덟 살이었을 때 마치 내가 너무나 잘 알고 있을 거라는 듯이 자연스럽게 TV 프로그램 이야기를 해서 나를 깜짝 놀라게 했다. 내가 그 프로그램을 보지 않았다는 사실을 분명히 알면서도 말이다.

"그러니까 지난번이랑 똑같은 여자애가 문으로 걸어들어왔어요." 딸 중 한 명이 설명한다. "그런데 문이 더 작았고, 여자애는 파란색이 아니라 빨간색 구두를 신고 있었고, 지난번에 여자애한테 못되게 굴었던 남자애는 친절했어요." 무슨 여자애? 무슨 문? 무슨 못된 남자애? 나는 머릿속으로 TV 장면을 떠올리면서 이쪽저쪽으로 움직이는 딸아이의 눈동자를 좇았지만 딸이 늘어놓는 이야기는 전혀 감조차 잡을 수 없었다.

아이들이 비로소 마음 이론을 인지하기 시작하면 고무적이게도 처음으로 공감의 싹을 보이는 경우가 많으며, 자신은 아니지만 누군가 다른 사람이 슬퍼하거나 고통을 받고 있다는 점을 이해하게 된다. 그러나 이때조차 아이들은 자기중심적으로 행동한다. "어린아이는 누군가 자신을 위로해주었으면 하는 방식으로 엄마를 위로하려고 합니다." 바넷의 말이다. "엄마에게 테디베어나 자기가 좋아하는 다른 장난감을 건네주는 식이지요." 재미있게도 이런 행동은 보통 효과를 발휘하는데, 아이가 생각하는 이유 때문은 아니다. 아이의 이런 순수하고 다정한 행동을 접한 부모는 위안을 얻을 수밖에 없고, 진심 어린 미소를 띠고 아이를 안아주게 된다. 아이 입장에서는 처음에 가정했던 사실이 확인된 셈이다. 그렇구나, 테디베어를 주면 슬퍼하는 엄마도 기분이 나아지는구나.

일부 과학자들은 이보다 훨씬 어린 아기들, 즉 신생아에게서도 공감의 흔적을 발견했다. 태어난 지 고작 하루이틀밖에 되지 않은 아기도 근처 요람에 누워 있는 진짜 아기의 울음소리와 녹음된 울음소리에 서로 다른 반응을 보인다고 한다. 어른의 귀로는 두 가지 소리를 구별할 수 없는 경우에도 마찬가지다. 아기의 두뇌는 진짜와 가짜를 분리해 어느 한쪽에 보다 민감하게 반응하도록 만들어진 것처럼 보인다. 그리고 아기들이 녹음된 울음소리에 반응하는 정도를 살펴보면 자신의 울음소리를 녹음해서 들려줄 때보다는 다른 아기의 울음소리를 들을 때 더 적극적인 반응을 보인다. 왜 그런지는 알 수 없지만, 어쩌면 단순히 지금 당장 배가 부르고 기저귀가 깨끗하며 따뜻해서 기분이 좋은 상태이기 때문에 자신의 울부짖는 소리는 무시할 수 있는 것인지도 모른다. 하지만 고통받고 있는 다른 아기는 어떨까? 나르시시즘의 특징 중 하나가 다른 사람의 안녕에 관심을 두지 않는 것이라는 점을 감안할 때, 아기가 다른 아기의 고통에 대해 이런 식으로 반응하는 것은 보다 의미 있고 바람직한 방향으로 나아가는 작은 첫걸음일지도 모른다.

바넷은 이렇게 말한다. "이것은 일종의 감정을 흉내 내는 행위입니다. 아기들은 다른 아기가 느끼는 것을 흡수한 다음 그대로 모방합니다. 진짜 공감 능력은 아니지만, 분명 출발점 역할은 할 수 있습니다."

2012년에 실시된 한 연구는 이러한 출발점이 금세 훨씬 복합적인 능력으로 발전할 수 있음을 보여주었다. 콜로라도 대학과 다른 네 군데의 연구기관은 14개월, 20개월, 24개월, 36개월 등으로 연령대가 다양한 824명의 아기를 대상으로 연구실과 아기들의 집에 사소한 상황을 꾸며놓고 아기들이 가지고 있는 공감 능력을 자극하는 연구를 실시했다. 실험을 실시하는 동안 아기들의 엄마와 연구원은 무릎이 부딪힌다든지, 의자에 발이 걸려 넘어진다든지, 서랍에 손을 찧거나 클립보드에 손가락이 끼이는 등의 가벼운 부상을 당하는 시늉을 했다. 어른들은 60초간 아파하는 연기를 했지만 아기들과는 어떤 식으로도 직접 접촉하지 않았다.

아기들은 대체로 몇 가지 유형의 반응을 보였다. 어떤 아기들은 그냥 다친 사람에게 다가가서 걱정하는 표정으로 바라보았고, 어떤 아기들은 말로 위안을 건네거나 끼인 손가락 또는 부딪힌 무릎을 쓰다듬는 등의 물리적인 위로를 했다. 또한 간접적인 공감이기는 해도 상처를 입힌 서랍이나 의자를 때리며 벌을 주는 아기도 있었다. 비교적 공감을 보이지 않는 아기들은 도망가거나 그냥 웃어버렸다. 일반적으로 나이가 많을수록 공감하는 반응을 보일 가능성이 높았으며, 도움을 주는 방식도 그냥 바라보기부터 말로 위로하기, 토닥이며 위로하기에 이르기까지 점점 더 복잡해졌다. 그러나 공감 능력이 반드시 일관되게 나이와 정비례하는 것은 아니었다. 변수는 바로 아이의 언어 구사 능력이었다.

실험이 시작되기 전에 실시한 언어 테스트에서 높은 점수를 얻은 아기들은 공감적인 반응을 보일 확률이 높았다. 일반적으로 언어 능력이나 공감적인 반응 모두 여자아이들이 남자아이들보다 높은 점수를 기록했는데, 딸이 아들보다 말을 빨리 습득하고 더 많은 동정심을 보이는 경향이 있다는 사실을 오랫동안 관찰해온 부모들에게는 그다지 놀라운 결과가 아닐 것이다. 그러나 말은 공감을 낳는다는 더욱 보편적인 원칙은 실험에 참가한 남녀 아기 모두에게 적용되었다. "감정에 대해 이야기하는 것은 감정을 모방하는 방식의 하나입니다." 바넷의 설명이다. "그리고 부모들은 굳이 생각해보지 않아도 이 점을 본능적으로 알고 있는 것 같습니다. 어린아이들에게 동화책을 읽어줄 때 등장인물의 감정에 대해 아이들과 이야기를 나누는 경우가 많으니까요. 감정을 표현할 수 있는 아이들은 감정을 더욱 잘 이해하고 소통할 수 있습니다."

아무리 나이 때문에 어쩔 수 없다고 해도 대다수 아기들은 진정한 나르시시스트에 해당하는데, 단순히 공감 능력이 없기 때문만은 아니다. 충동을 조절할 수 없다는 점도 분명히 작용하며 사실 이 부분이 훨씬 더 극복하기 어렵다. 공감하는 반응은 큰 노력을 기울이지 않아도 아이가 커가면서 서서히 갖춰지는데다, 사실 공감 능력을 발휘한다고 해도 아이 입장에서는 아무런 손해를 보지 않는다. 아니, 오히려 공감하는 모습을 보이면 부모가 보상을 해주기도 한다. 그러나 충동 조절은 전혀 다른 문제다.

무언가를 원하지만 취하지 않는 것, 최소한 당장 취하지 않고 기다리는 것은 인간에게 평생에 걸친 과제다. 놀고 싶지만 일을 해야 하고, 폭식을 하고 싶지만 자제해야 하며, 다른 온갖 종류의 즐거움도 결혼 서약이나 법률, 또는 단순한 상식을 벗어난다면 전부 거절해야 한다. 이중 어느 것 하나도 쉽지 않으며 처절하게 실패하는 사람도 부지기수다.

우디 앨런은 오랜 동반자인 미아 패로를 버리고 스물 한 살의 순이 프레빈Soon-Yi Previn을 선택한 결정에 대해 유쾌하면서도 극도의 나르시시스트다운 설명을 내놓았다. "마음은 스스로 원하는 것을 원하니까요."

"글쎄, 내가 한 일이 그건데." 폰지 사기의 거두인 버니 메이도프가 할머니들에게 사기를 쳐서 돈을 빼앗는 것은 '진짜 비열한 짓'이 아니냐며 반박하기 어려운 의견을 내놓은 동료 죄수에게 어깨를 으쓱하며 한 말이다. 메이도프와 앨런은 모두 원하는 것이 있었고, 손에 넣었다. 그게 전부다.

우리는 누구나 욕망이 권리와 동등하다는 생각을 가지고 태어나며, 그렇기 때문에 아기들은 원하는 무언가를 거부당했을 때 단순히 슬퍼하거나 실망하기보다는 맹렬하게 화를 낸다. 아기들은 눈에 보이는 쿠키를 먹고 싶다는 사실뿐만 아니라 쿠키를 먹을 권리가 있으며 당연히 먹어야 한다는 믿음에 따라 행동한다. 그리고 쿠키를 먹지 못하게 하는 사람에게는 재앙이 있을 뿐이다. 아기에게 과자 그릇이나 친구가 가지고 있는 물건에 손을 대지 말라고 한다면? 통할 리가 있나. 마음은 스스로 원하는 것을 원하는 법이니까.

스탠퍼드 대학의 심리학자 월터 미셸Walter Mischel이 처음으로 충동 조절에 대한 획기적인 연구를 실시한 것은 1960년대였으며, 이 연구는 '마시멜로 테스트'라는 친근한 이름으로 전 세계에 알려졌다. 미셸은 네 살짜리 아이들을 연구 대상으로 삼아 각각의 아이에게 거래를 제안했다. 지금 당장 마시멜로 하나를 받거나, 자기가 밖으로 나가서 볼일을 보는 동안 15분만 기다리면 나중에 마시멜로 두 개를 받을 수 있다고 했다. 미셸은 방을 나가면서 아이가 쉽게 손을 댈 수 있는 접시에 마시멜로 하나를 놓아두었다.

놀랍게도 15분 동안이나 참을성 있게 기다린 아이들은 3분의 2나 되었지만, 결코 쉬운 일은 아니었다. 아이들은 노래를 부르거나, 큰 소리로 이야기를 하거나, 마시멜로를 보지 않는가 하면, 아예 눈을 완전히 가리면서 주의를 다른 데로 돌렸다. 미셸은 방으로 돌아와 약속한 상을 주었다. 어쩌면 이 테스트에서 성공한 아이들이 원래부터 의지가 강했을 수도 있고 그냥 딱 한 번 운이 좋았을 수도 있지만, 진짜 운이 좋은 아이들은 이 경험으로 인해 잊을 수 없는 교훈을 얻은 아이들일 것이다. 미셸과 동료 연구원들이 14년 후에 똑같은 대상에게 후속 연구를 실시한 결과, 마시멜로 실험에서 좋은 결과를 얻은 아이들이 적극성, 사회성, 좌절에 대처하는 능력을 측정하는 행동 검사에서 더 높은 점수를 기록했다. 또한 이 아이들은 대학입학자격시험SAT에서 14년 전에 참지 못하고 마시멜로 하나에 덥석 달려들었던 아이들보다 평균 210점이나 높은 성적을 올렸다.

미셸의 연구를 바탕으로 하여 마시멜로가 아닌 장난감을 사용하고 대상 아동의 연령을 다양하게 구성한 확대 연구가 진행되었으며, 이 연구에서는 다행히도 15분이 아니라 딱 3분만 참도록 했다. 고작 몇 달의 성장이 만들어내는 차이는 어마어마했다. 18개월짜리 아기들은 겨우 10초 정도 참다가 포기하고 장난감을 잡았다. 24개월 된 아기들은 1분을 참았다. 30개월짜리 아이들은 2분 30초 동안 버텼다. 36개월은 되어야 비로소 3분 동안 참아낼 수 있었다. 이 숫자를 분석한 학자들은 아이가 한 달이 지날 때마다 충동을 억제할 수 있는 시간이 2초씩 늘어났다는 사실을 발견했다.

단순히 나이만 먹는다고 해서 저절로 절제력이 강해지는 것은 아니다. 부모의 교육과 사회적 학습도 분명 일익을 담당한다. 2012년에 로체스터 대학의 인지과학자인 설레스트 키드Celeste Kidd가 이끄는 연구 팀은 똑같은 마시멜로 테스트를 진행하되, 대상 집단을 둘로 나누었다. 한 집단은 연구원들이 정직하며 연구원들의 말은 믿을 수 있다고 생각하게 된 아이들로, 또다른 집단은 연구원들을 의심할 만한 근거가 있다고 생각하게 된 아이들로 나누었다. 사실 마시멜로 테스트의 유효성은 마시멜로 하나를 먹지 않고 참으면 실험자가 나중에 돌아와서 약속한 보상을 줄 것이라는 믿음에 근거하고 있다. 일부 아이들은 다른 아이들에 비해 이러한 불변성이 마음속에 훨씬 굳건히 자리잡고 있으며, 연구실 밖에서는 이 점 때문에 인지 발달에서 상당한 차이가 나타나기도 한다.

"어른들이 간섭하지 않는 붐비는 보호시설에서 자기보다 나이 많은 아이들에게 둘러싸여 살아가는 네 살짜리 아이의 사고방식을 생각해 보자." 키드와 동료진은 이렇게 설명한다. "남의 물건을 훔치고 약속을 어기는 일에 익숙한 아이가 확실하게 얻을 수 있는 보상은 자기가 이미 삼켜버린 것뿐이다."

연구원들은 이 명제를 시험하기 위해 안정된 가정에서 자라는 세 살에서 여섯 살 사이의 아이 28명을 모집했다. 두 단계로 구성된 이 연구의 첫번째 단계는 점화* 작업이었다. 우선 모든 아이에게 반쯤 사용

* priming. 시간적으로 먼저 제시된 자극이 나중에 제시된 자극의 처리에 영향을 주는 것.

한 크레용 몇 개와 스티커 하나를 주었다. 그리고 양쪽 집단에 그 별 볼 일 없는 그림도구에 몇 분 동안 손을 대지 않으면 연구원이 돌아올 때 크레용 한 상자와 붓, 또는 알록달록한 스티커 한 장 전체를 가져다 주겠다고 했다. 어떤 경우에는 연구원들이 돌아와서 약속한 물건을 주었다. 하지만 빈손으로 돌아와서 사과만 할 때도 있었다. "미안해. 내가 실수를 했네. 이제 하나도 안 남았어. 그냥 지금 가지고 있는 것을 사용하렴."

그다음에 모든 아이를 대상으로 마시멜로 테스트를 실시하자, 앞에서 연구원들을 믿을 수 있다는 교훈을 얻은 아이들이 나머지 아이들에 비해 훨씬 충동을 잘 조절했다. 이것은 어쩌면 당연한 결과인지도 모른다. 연구원을 믿을 수 있다고 생각한 집단의 경우 포기하고 마시멜로 하나를 재빨리 먹어치우기 전까지 기다린 시간의 중간값이 무려 12분 2초였다. 반면에 연구원을 믿을 수 없다고 생각한 집단의 평균은 고작 3분 2초밖에 되지 않았다.

물론 이것은 실제 상황에 비해 지나치게 단순화된 사례다. 연구원이 딱 한 번 약속을 어기자 아이는 그 어른을 믿을 수 없다는 결론을 내렸다. 보호시설이나 불안정한 가정에서 살아가는 아이의 경우 문제가 그렇게 단순하지 않기 때문에 주변 환경에서 학습한 불신이라는 교훈이 삶의 다른 상황에도 적용된다는 광범위한 결론을 내리기는 쉽지 않다. 그러나 결국 그런 결론에 도달하는 아이들이 있으며, 그렇게 되면 충동을 조절하는 능력에 큰 타격을 받게 된다.

공감 능력의 부재와 충동 조절 능력의 부재를 뒷받침해주는 것은 후회하지 않는 성향이다. 자신이 한 일에 대해 끊임없이 불편한 마음이 든다면 제멋대로 음식을 먹어치우거나 다른 사람을 마음대로 조종하기 어렵다. 계속 그런 행동을 하려면 자기 행동이 잘못되었다는 사실에 무감각해지는 편이 좋다. 물론 벌을 받게 되면 아이들도 나르시시스트인 어른들도 모두 후회하지만, 나르시시스트가 아닌 사람들은 대가를 치르기 전에 가책을 느낀다.

『바람과 함께 사라지다』에서 극도의 나르시시스트이며 술까지 거나하게 취한 스칼렛 오하라가 자신이 저지른 여러 가지 악행 중 하나 때문에 지옥에 갈까봐 두렵다며 고백하자 스칼렛을 위로하던 레트 버틀러는 다 알고 있다는 듯이 웃으며 이렇게 말한다. "만약 당신이 다시 그런 상황에 처한다면 아마 똑같은 행동을 또 할 거요." 레트는 말을 잇는다. "당신은 도둑질에 대해서는 전혀 미안해하지 않으면서 감옥에 갈까봐 끔찍하게 두려워하는 도둑과도 같소."

현실에 존재하는 나르시시스트와 대부분의 아이들은 이런 식으로 뒤늦게 뉘우치는 경우가 많으며, 들키지 않는 한 본인의 나쁜 행동에 대해 전혀 괴로워하지 않는다. 심지어 들킨 후에도 자신이 피해자인 양 아무런 나쁜 짓도 하지 않았을 뿐만 아니라 엄청나게 부당한 일을 당했다고 주장한다. 나쁜 행동을 한 아이를 벌세우려고 끌어내면 많은 아이가 "말도 안 돼!"라고 소리 지르며 분통을 터뜨리는 것도 우연은 아니다. 나르시시스트 어른들도 원통함을 느끼기는 마찬가지다.

"도대체 이 사람들이 어떻게 나한테 이럴 수 있지?" 존 에드워즈John

Edwards는 그가 암 투병중인 아내 몰래 바람을 피웠다는 사실을 정확하게 보도한 『내셔널 인콰이어러National Enquirer』지를 보고 참모들에게 이렇게 따졌다. "제기랄, 어떻게 이딴 소리를 할 수 있어?"

리처드 닉슨도 1974년에 대통령직을 사임하고 백악관 직원들에게 눈물 어린 작별인사를 하면서 감상적인 표현을 섞어 비슷한 요지의 발언을 했다. "다른 사람들이 여러분을 미워할 수는 있지만, 여러분이 그들을 미워하지 않는 한 여러분은 결코 패배하지 않는다는 사실을 기억하십시오. 그들을 미워하게 되면 여러분 스스로 자멸할 것입니다." 범죄 행위로 스스로 몰락을 자초한 대통령보다는 앙심을 품은 군중 때문에 부당하게 자리에서 쫓겨나는 대통령이 할 만한 충고 아닌가.

그리고 다시 한 번 메이도프를 언급하지 않을 수 없다. "피해자들은 엿이나 먹으라고 하쇼." 메이도프는 징역 150년형을 선고받은 지 채 1년도 지나지 않은 2010년 6월에 교도소에서 진행한 『뉴욕』지와의 인터뷰에서 이렇게 말했다. "내가 20년간이나 그치들을 돌봐줬는데 지금 나는 150년 동안 감옥에서 썩게 생겼소."

물론 메이도프처럼 상황을 왜곡하는 아기는 드물고 아기의 관점은 나이가 들면서 바뀌기 마련이지만, 메이도프와 아기가 비슷한 방식으로 세상을 바라보는 것만은 분명하다. 2009년에 아이오와 대학의 발달심리학자인 그라지나 코찬스카Grazyna Kochanska가 실시한 연구에서는 유아들이 얼마나 어릴 때부터 죄책감을 보이는지, 그리고 그런 감정을 감당하기 위해 어떤 행동을 하는지와 관련해 놀라운 사실이 드러났다.

코한스카와 동료들은 두 살 정도의 아이 57명을 모은 다음 각자에게 장난감을 건네주었다. 아이들에게는 그 장난감이 여성 실험자의 것이며, 어렸을 때부터 가지고 놀았기 때문에 무척 특별한 의미가 있다고 설명했다. 그 말은 사실이 아니었다. 사실 그 장난감이 특별한 이유는 하나뿐이었다. 아이가 장난감을 만지는 순간 산산이 부서지도록 조작되어 있었던 것이다. 장난감이 부서지면 실험자는 신중하게 계획된 방식으로 안타까움을 표현했다. 뭔가 나쁜 일이 일어났다는 사실을 확인해주기에는 충분하지만 아이들의 반응에 큰 영향을 줄 정도는 아닌 '어머 이런'이라는 말로만 반응했던 것이다.

그다음 60초간은 연구자가 단순히 아이들을 관찰했다. 어떤 아이들은 그다지 신경 쓰지 않는 것 같았고, 장난감의 상태에 대해서는 별다른 관심을 보이지 않은 채 부서진 장난감 조각을 가지고 놀았다. 어떤 아이들은 눈에 띄게 동요했으며 눈을 가리거나, 연구자에게서 몸을 돌리거나, 위안을 얻으려고 스스로 몸을 감싸안기도 했다. 어떻게 보면 다소 잔인한 연구였다. 이 논문이 『성격 및 사회심리학지Journal of Personality and Social Psychology』에 발표되고 나중에 뉴욕타임스에 기사로 소개되자 온라인상에서 가차 없는 비판이 쏟아졌다.

어떤 분노한 독자는 이렇게 적기도 했다. "윤리학 연구를 진행한다는 방식이 이렇게 비윤리적이라니, 아이들이 죄책감을 느끼게 하자고?"

"실험자가 아이들의 따귀는 때리면 안 되고, 감정적인 고통은 주어도 괜찮다는 것은 무슨 논리지?" 다른 독자의 말이다.

실제로 아이들의 입장에서는 고통을 겪었던 기나긴 1분이 달가웠을 리 없지만, 결국 그 시간은 지나갔으며 그다음에는 앞서와 같이 사전에 계획된 형태로 죄책감을 벗었다. 실험자는 장난감 조각들을 모은 다음 혹시 고칠 수 있는지 살펴보겠다는 말을 남기고 방을 나갔다. 잠시 후에는 제대로 작동하는 똑같은 장난감을 가지고 기쁜 얼굴로 돌아왔다.

코한스카의 연구가 미셸의 연구와 마찬가지로 딱 한 차례의 실험만으로 마무리되지 않았다는 점도 주목할 만하다. 코한스카는 연구 대상을 계속 추적했으며 아이들이 일곱 살이 되었을 때 후속 조사를 실시했다. 첫번째 실험에서 가장 불편함을 드러냈던 아이들은 커서도 행동이나 학업 관련 문제를 가장 적게 일으켰다. 장난감을 망가뜨렸다는 죄책감을 금세 털어버린 아이들은 그보다 중요한 사회적 규칙을 어기는 일도 대수롭지 않게 생각할 확률이 높았다. 이 연구는 죄책감과 수치심이라는 적응적 가치에 대해 많은 것을 시사해준다. 둘 다 불편한 감정이지만 불편한 기분이 들어야 마땅하며, 만약 이런 감정들이 마음을 아프게 하지 않는다면 그로 인한 교화도 기대하기 어렵다.

바넷은 이렇게 말한다. "저는 오랫동안 죄책감이 부당한 평가를 받아왔다고 생각합니다. 물론 지나친 죄책감이 아니라는 전제하에서."

물론 아기들이 보이는 나르시시즘은 어른의 나르시시즘보다 훨씬 간단하고 단순하며 대부분의 경우 그냥 지나가는 하나의 단계에 불과하지만, 그래도 지나가기까지 어느 정도 시간이 걸린다. 나는 낯선 대머리 아저씨를 상대로 계획했던 공격을 끝까지 마무리하지는 못했지만, 나중에 부엌 계단에서는 거침없이 개미 대학살을 저질렀다. 유아원에 다니던 시절 어느 날 오후에 나는 부엌문 밖으로 나 있는 계단에 앉아서 작은 장난감 공룡을 가지고 놀고 있었다. 플라스틱으로 만든 스테고사우루스 공룡은 자그마한 내 손 안에 쏙 들어오는 크기였다. 나는 계단의 울퉁불퉁한 표면을 바라보다가 계단 주위를 바쁘게 움직이는 한 무리의 개미들을 발견했다.

잠시 개미들을 바라보던 내 머릿속에 세 가지 대상의 크기와 관련된 흥미로운 생각이 떠올랐다. 스테고사우루스에 비하면 나는 거인이다. 개미에 비하면 스테고사우루스는 거인이다. 크기의 차이는 힘의 차이를 의미했고, 나는 스테고사우루스의 평평한 플라스틱 발바닥으로 개미를 한 마리씩 으깨면서 그토록 엄청난 힘의 차이를 과시하기 시작했다. 내가 그날 개미를 몇 마리나 죽였는지는 모르지만 어린아이의 주의 지속 시간이 극도로 짧다는 점을 감안하면 아마도 개미떼 중 극히 일부를 말살시킨 후 살상이 아닌 다른 일에 몰두했을 것이다.

몇 년 뒤 나는 그날 저지른 일을 후회하게 되었고, 이는 어떤 의미에서 머리로 이해하고 있는 지식과 마음으로 느끼는 감정이 반비례한 상황이라고 할 수 있다. 어렸을 때에는 인간보다는 훨씬 단순하겠지만 개미에게도 두려움과 감정이 있으며 어느 정도 죽음을 슬퍼하는 능력이 있을 것이라 생각했다. 세월이 지난 후에는 인식과 감정이라는 것이 훨씬 더 복잡한 개념이며, 확실치는 않지만 설령 개미에게 의식이 있다 하더라도 지극히 순간적인 것에 불과하리라는 사실을 이해하게 되었다. 하지만 나는 정작 심각한 고통을 야기하고 있다고 생각했던 당시에는 전혀 개의치 않았고, 이런 모든 사실을 알고 있는 지금에 와서야 내가 했던 행동에 당혹감을 느낀다.

성장하는 과정 어딘가에서 나는 냉혹하고 호기심 넘치는 존재에서 다른 사람이나 심지어 곤충에 대해서도 부끄러움과 후회, 존중심을 느낄 수 있는, 보다 복합적인 능력을 갖춘 존재로 변신했다. 그렇다고 해서 내가 특이하거나 놀라운 존재는 아니다. 특이하거나 놀라운 것은 오히려 이러한 변화가 일어나지 않는 경우다. 하지만 변하지 않는 사람이 너무나 많으며, 그렇게 되면 고통받는 것은 단지 한 무리의 개미 떼뿐만이 아니다.

3장

나르시시스트의 탄생

The Narcissist Next Door

과학자들이 찰리 신Charlie Sheen의 두뇌를 연구하고 싶어할 일은 없을 것이다. 멜론 정도의 크기에 무게가 1.5킬로그램 남짓 나가는 주름진 회백색 조직을 들여다보아도 다른 사람의 두뇌와 별다른 차이를 발견하기 어려울 것이다. 수조兆에 달하는 신경 연결 부위 어딘가에 찰리 신을 뛰어난 코미디언으로 만들어주는 회로가 보이지 않게 암호화되어 있을 것이다. 또한 그 어딘가에는 신을 알코올 의존증자이자 마약 중독자로 만드는 신경 구조가 들어 있을 것이다. 그리고 다른 어딘가에는 그를 나르시시스트로 만드는 회로가 자리잡고 있을 것이다.

소프트웨어 코드 몇 줄만 보고 그 코드가 어떻게 작성되었는지, 누가 입력했는지 알아낼 수는 없는 것처럼 단순히 두뇌를 살펴본다고 해서 유전자, 환경, 그리고 그 두 가지가 정확히 어떻게 소합되어 각각의 신경 연결 구조가 형성되었는지 파악할 수는 없다. 하지만 이러한 기본적인 회로 없이는 컴퓨터와 두뇌 모두 제대로 작동할 수 없다.

신의 나르시시즘은 2011년에 경악스러울 정도로 적나라하게 드러났다. 12개월 사이 벌써 세번째로 재활원을 들락거린 신은 치료를 마치고서 여전히 인기를 누리고 있는 자신의 TV 프로그램 〈두 남자와 2분의 1Two and a Half Men〉의 제작자이자 한때 업무상 동료였던 척 로어Chuck Lorre와 대립하기 시작했다. 신은 두 사람 사이의 사적인 다툼을 폭로하고 여러 차례 인터뷰를 통해 친구였던 로어를 '광대' '불량배' '멍청하기 짝이 없는 쪼잔한 놈'으로 묘사했다. 하지만 프로그램 제작자는 배우에게 고용주이기도 하므로, 로어는 부하직원이 자신을 멍청하기 짝이 없는 쪼잔한 놈이라고 불렀을 때 어떤 상사라도 취할 만한 조치를 실천에 옮겼다. 찰리 신을 해고해버린 것이다.

평범한 직원이라면 이런 일을 예상하고 처음부터 그렇게 도발적인 말을 자제하거나, 최소한 일단 내뱉었다면 사과를 하고 상사는 물론 대중에게도 용서를 구했을 것이다. 하지만 신은 절대 평범한 사람이 아니었다. 그는 특별했고, 달랐으며, 전국에 방송되는 TV에 출연해 당당하게 이런 말을 했다. 여러 날에 걸쳐 폭주와 행위 예술이 뒤섞인, 나르시시스트 인격에 대한 일종의 지침서가 될 법한 촌극이 펼쳐졌다.

"미안하지만 나는 마법과도 같은 사람입니다. 내 손가락 끝에서 시가 솟아나지요." 찰리 신은 언론과 진행한 한 심층 인터뷰에서 이렇게 말했다. "나는 달라요. 아예 다르게 생겨먹은 사람이죠. 심장부터 다르니까요. (…) 나는 특별한 사람이 아닌 척하는 데 질렸습니다. 화성에서 온 끝내주는 록 스타가 아닌 것처럼 행동하기에 질렸다고요."

신은 자신의 나쁜 행실이 본인의 잘못이 아니라 자기 인생에 끼어드는 다른 못난 사람들 탓이라고 설명했다. 그리고 모든 위대한 인물이 그렇듯, 그런 사람들 사이에서 억지로 살아가야 한다는 것이 자기가 짊어져야 할 짐이자 저주라고 했다. "내가 처해 있는 상황을 좀 생각해보시죠. 열등감에 사로잡힌 인간들과 바보들을 상대하고 있지 않습니까." 신은 말을 이어갔다. "못생긴 아내와 못생긴 아이들을 끼고 살면서 본인들의 비참한 삶을 바라보다가 나를 보게 되면 '도저히 납득할 수 없어'라는 말이 절로 나오겠지요."

신은 그외에도 자기 자신에 대해 많은 것을 설명했다. 신의 약물 남용 이력은 걱정하지 않아도 된다. 사실 본인은 재활원에 갈 필요도 없었다고 한다. AA* 활동은 "계집애 같은 사내들이나 하는 짓"이며 AA는 "호랑이의 피와 아도니스의 DNA가 없는 사람들"이나 나가는 모임이라고 했다. 극도의 조증을 겪고 있는 양극성bipolar 장애 환자가 충동적으로 감정을 분출하는 듯 미치광이 같은 그의 행동도 문제 될 게 없다. "와, 그게 무슨 뜻이죠? 나는 양극성 승리자bi-winng라니까." 그가 그 오랜 세월 동안 사치스러운 생활과 격렬한 파티를 즐기고도 최소한 지금까지 살아남은 이유는 지극히 간단하다고 한다. "나는 나니까. 나는 다르니까. 내 머리는 다르니까." 그리고 보통 사람의 것과 별반 달라 보이지 않는 그 멜론 크기의 회백색 두뇌는? "만약 그쪽이 내 두뇌를 딱 5초만 빌릴 수 있다면 이렇게 말할 거요. '이런! 도저히 감당할 수가 없어. 이거 당장 빼!' 아마도 이 지구상의 것이라고는 생각할 수 없는 방식으로 마구 폭주할 테니까."

찰리 신을 나르시시스트라고 지적하기는 쉽다. 나르시시즘을 연구

* Alcoholics Anonymous. 익명의 알코올 의존증자 모임.

하는 사람들에게 신은 분명 너무나 명백한 사례다. 그러나 신은 본인의 말대로 어떤 의미에서 특별한 존재이며, 그가 안고 있는 정신적 장애는 독특한 의미에서 좋은 연구 대상이 된다. 신에게는 에밀리오 에스테베즈Emilio Estevez라는 형과 마틴 신Martin Sheen이라는 아버지가 있다. 둘 다 찰리와 마찬가지로 배우이고, 둘 다 찰리처럼 유명하며, 둘 다 찰리처럼 돈이 많다. 심지어 마틴은 한때 찰리처럼 알코올 의존증에 시달리기도 했다. 그러나 마틴은 벌써 20년 이상 알코올 문제를 일으키지 않았으며 에스테베즈와 함께 품행이 바른 가정적인 남자로 알려져 있다. 전과 기록도, TV에 나와서 고함치는 일도, 특별한 두뇌나 피를 가지고 있다고 주장하는 일도 없는 모범적인 할리우드 시민이다. 그렇다면 왜 이런 차이가 발생했을까? 찰리가 자기애의 연기에 취해 망가지는 동안 아버지와 형은 어떻게 현실감각을 유지할 수 있었을까?

가족뿐만 아니라 업계, 아니 나르시시스트가 활개 치는 곳이라면 어디서든 이러한 의문을 주기적으로 접하게 된다. 왜 비슷한 원인, 비슷한 환경에서 그토록 전혀 다른 결과가 나타나는 것일까? 여러분은 마르코 루비오Marco Rubio처럼 정치의 귀재가 될 수도 있다. 플로리다 출신의 젊은 상원의원이자 향후 대권주자로도 꼽히는 루비오는 직무를 성실히 수행하고, 처신에 신경을 쓰며, 워싱턴에서 보낸 처음 몇 년 동안 "저는 오직 플로리다 주를 위해 일하는 데만 주력하고 있습니다"라는 교과서적인 항변으로 미래의 정치적 행보에 대한 질문을 전부 피해갔다. 아니면 세라 페일린Sarah Palin 같은 사람이 될 수도 있다. 페일린은 좀처럼 찾아보기 어려운 뛰어난 재능을 갖췄고 대선을 통해 혜성처럼 전국 무대에 등장했지만, 점차 지지자들의 감언이설에 넘어가고 지지율에 도취된 나머지 국정 수행 능력 향상이라는 고되고 따분한 일에는 전혀 관심이 없어 보였다.

미국 프로미식축구연맹National Football League, NFL으로 눈을 돌려보면 라이언 리프Ryan Leaf 같은 사람도 있다. 그는 1998년 드래프트에서 두번째로 지명을 받았지만 성의 없고 형편없는 경기력을 보였을 뿐만 아니라 공개적으로 여러 차례 물의를 일으킨 탓에 4년 후인 2002년 완전히 리그에서 퇴출되고 말았다. 그중에는 뭔가 잘못된 질문을 했는지 잔뜩 겁먹은 표정의 스포츠 담당 기자를 리프가 노려보며 "제길, 나한테 말 걸지 말라고, 알았어? 집어치워!"라고 소리 지르는 장면이 동영상으로 찍힌 유명한 사건도 있었다. 반면 슈퍼볼 우승자인 페이턴 매닝Peyton Manning은 어떤가. 리프와 같은 해 첫번째로 지명을 받은 매닝은 거의 20년 가까이 경기에서 승리를 거두고 기록을 경신했으며 그의 오랜 커리어에서 스캔들이라고는…… 에이, 신경 쓸 것 없다. 스캔들 자체가 없었으니까.

그렇다면 페일린과 루비오, 리프와 매닝, TV 드라마 〈패밀리 타이즈Family Ties〉와 영화 〈백 투 더 퓨처〉의 주인공 역할로 바른 청년 이미지를 구축했으며 파킨슨병 투병중에 보여준 품위 있는 태도로 대다수 사람들이 그에게 갖고 있던 좋은 이미지를 다시 한 번 확인해주었던 마이클 J. 폭스와 신의 차이점은 무엇일까? 유전자도 분명 관련이 있다. 거의 모든 심리적 장애에는 어느 정도 유전적인 요소가 작용한다. 불안 장애 중에서도 가장 폭넓은 연구가 진행되었으며 쉽게 진단할 수 있는 강박성 장애의 경우 평균 발병률이 3퍼센트 정도다. 혈족 중에 누가 강박성 장애를 가지고 있다면 발병 확률은 네 배인 12퍼센트로 올라간다. 부모가 모두 강박성 장애를 가지고 있다면 위험은 20퍼센트까지 치솟는다. 만약 일란성 쌍둥이 중 형제가 강박성 장애를 가지고 있다면 나머지 형제가 강박성 장애를 경험할 가능성은 47퍼센트다. 우울증의 경우에도 유전적 요소가 이와 비슷한 영향을 미친다. 버지니아 코먼웰스 대학에서 2006년에 실시한 연구에 따르면, 우울증을 앓고 있는 사람이 많은 집안의 여성은 우울증에 빠질 확률이 42퍼센트, 남성은 29퍼센트인 것으로 나타났다.

그렇다면 나르시시즘은? 자기애 유전자라는 것이 과연 존재할까? 2000년에 오슬로 대학에서는 이러한 연구를 하기에 거의 완벽한 조건의 대상이라 할 수 있는 일란성 및 이란성 쌍생아의 대규모 집단을 대상으로 모든 심리적 장애를 비교했다. 같은 가정에서 자란 쌍생아는 어린 시절 내내 거의 동일한 환경을 경험한다. 같은 가족 환경에서 태어나 일반적으로 18년 후 정확히 같은 시기에 집을 떠나 독립한다. 만약 환경이 나르시시즘을 결정하는 유일한 요인이라면 대부분의 경우 쌍생아들은 둘 다 나르시시즘을 가지고 있거나 둘 다 가지고 있지 않아야 하며, 이 논리는 일란성과 이란성에 모두 적용된다. 그러나 만약 유전자라는 요인도 함께 작용한다면 일란성 쌍생아는 좋은 쪽이건 나쁜 쪽이건 이란성 쌍생아보다 서로 더 비슷해야 한다. 얼마나 더 비슷한지가 바로 특정 질환의 유전성을 나타내는 척도가 된다.

오슬로 대학의 연구자들은 모든 성격장애의 평균 유전성은 58퍼센트이지만 유형에 따라 이 수치가 크게 달라진다는 사실을 발견했다. 유전성이 가장 낮은 것은 편집성 장애로, 유전자 때문에 증가하는 장애 발생 위험 정도는 30퍼센트였다. 그다음은 31퍼센트를 보인 분열성 장애와 회피성 장애였고, 의존성 성격장애는 55퍼센트, 연극성 장애는 67퍼센트, 경계선 장애는 69퍼센트를 기록했다. 나르시시즘은 무려 77퍼센트를 기록해 가장 높은 축에 속했으며, 그보다 높은 것은 78퍼센트의 강박성 장애와 완벽주의뿐이었다. 이보다 앞서 진행되었으며 보다 자주 인용되는 1993년의 연구에서는 이러한 모든 장애의 유전성을 약간씩 더 낮게 잡았지만 나르시시즘을 64퍼센트로 첫번째에 올려놓은 바 있다.

매우 확실한 결과처럼 보이지만 모든 사람이 이런 구체적인 숫자를 그대로 인정하는 것은 아니다. "나르시시즘에 생물학적인 결정 요인은 없습니다." 하버드 대학의 사회심리학자 제롬 케이건Jerome Kagan의 말이다. "최소한 아직 알려진 것은 없지요."

케이건이 그렇게 생각하는 데에는 몇 가지 이유가 있다. 우선 쌍생아 연구에서는 설문조사를 통해 원자료를 수집하는데, 제대로 된 데이터를 구하려면 연구 대상이 자기 자신을 평가해야 함은 물론, 반드시 정직하게 평가해야 한다. 이것은 대상이 누구든 쉽지 않은 일이지만, 쌍생아의 경우에는 문제가 더욱 복잡해진다. 이란성 쌍생아는 대체로 일란성 쌍생아보다 더욱 서로를 차별화하려고 노력하는 경향이 있으며, 설문조사 답변에 이런 편향적인 성향이 드러날 수도 있다.

뿐만 아니라 케이건은 단순한 행동과 진짜 유전자의 영향을 구분하는 유전학 연구에서 어떤 특징이든 생물학적 유전성 때문에 10퍼센트 이상의 편차가 발생하는 경우는 극히 드물다고 주장한다. 나르시시즘의 유전성이라는 77퍼센트와는 통계학적으로 하늘과 땅 차이다.

그러나 케이건의 주장에 반박하는 사람들도 있다. 하버드 대학의 심리학 교수이자 『우리 본성의 선한 천사The Better Angels of Our Nature』를 비롯해 여러 저서를 펴낸 스티븐 핑커Steven Pinker는 충분한 이유를 대며 설문조사를 기반으로 한 연구를 옹호한다. 비록 설문조사를 통한 연구가 혈액 검사처럼 실증적인 정확성을 갖춘 것은 아니지만, 이는 심리학자들이 여러 세대에 걸쳐 사용해온 효과적인 도구이며 오랜 세월에 걸쳐 상당한 신뢰도를 쌓아왔다는 것이다. 설문조사를 배제하면 충분히 증명된 과학을 배척하는 것이나 다름없다.

또한 핑커는 유전자에 따라 좌우되는 변수가 10퍼센트라는 케이건의 말은 잘못이라고 지적한다. "유전자 연구에서 어떤 특징에 대해 10퍼센트 이상의 편차를 야기하는 유전자를 밝혀내지 못한 것은 사실입니다. 그러나 그렇다고 해서 유전성이 10퍼센트라고 할 수는 없습니다. '아직 찾아내지 못한 유전성'이 있다는 뜻일 뿐이지요." 각각은 아주 미미한 영향밖에 미치지 못하지만 전부 합쳐지면 큰 효과를 내는 공통 유전자의 기다란 사슬로도 이 논지를 설명할 수 있다.

그러나 찰리 신의 떠들썩한 나르시시즘이 너무나 잘 보여주듯이, 유전자의 역할이 크건 작건 간에 유전은 어디까지나 나르시시즘 발현 요인의 일부분일 뿐이다. 만약 유전에 따라 모든 것이 결정된다면 신의 아버지나 형도 나르시시즘 증상을 보여야 한다. 나르시시즘의 표면적인 유전성이 무려 77퍼센트나 된다면 말이다.

나르시시즘을 야기하는 요인 중에서 유전자 다음으로 중요한 것은 양육이다. 프로이트의 시대 이후 심리학자들은 부모가 아이의 자기애 인격 형성에 어떤 역할을 하느냐에 대해 논쟁을 벌여왔다. 프로이트와 그의 지지자들은 비교적 현대의 학자들까지도 가면 모델mask model 이론을 주장하고 있다. 이들에 따르면 나르시시스트는 오히려 자신이 아무짝에도 쓸모없고 혐오스럽다고 생각하며, 이러한 정반대 감정을 감추기 위해 자기애적인 행동을 취한다. 이 학자들은 이렇게 산산이 부서진 자부심은 선천적이라기보다 고통스럽게 학습한 것이며 영구히 지속될 가능성이 높다고 생각한다.

"부모가 아이를 등한시하거나, 무시하거나, 아이에게 공감해주지 않을 때 자기애성 성격장애가 나타나기 쉽다." 프로이트주의가 한참 유행하던 1930년대에 빈 대학에서 의학을 공부했던 저명한 오스트리아의 정신분석가이자 이론가인 하인츠 코후트Heinz Kohut의 주장이다. "그런 사람은 평생 이상화되고 과장된 자아의식을 확인받으려고 노력하게 된다."

가면 모델 이론은 완전히 사라지지 않았으며 사실 아직도 많은 사람이 이 이론을 믿고 있다. 심지어 비교적 최근인 2008년에도 사우스 플로리다 대학의 심리학자 제니퍼 보손Jennifer Bosson이 여러 기관과 함께 가면 모델 이론의 긴 역사를 조명하는 공동 연구를 실시해 『사회 인격 심리학 컴퍼스Social and Personality Psychology Compass』지에 게재했으며, 임상적인 자기애 장애를 여러 가지 다른 방식으로 설명할 수도 있지만 그 어떤 설명도 나르시시스트가 간절히, 거의 필사적으로 무언가 다른 것을 감추려 한다는 개념에서 완전히 벗어나지는 못한다는 결론을 내렸다.

보손은 "가면 모델은 나르시시스트들의 행동 방식에 대해 설득력 있는 해답을 제시한다"고 주장하며 이렇게 말했다. "나르시시스트가 자신에 대해 과장하고, 타인을 조종하거나 폄하하며 이용하는 것은 사실 마음속 깊은 곳에서 자기 자신을 싫어하기 때문이다. 이 설명은 많은 사람이 직관적으로 납득하기 쉬울 뿐만 아니라 내면의 자아에 자기 성찰적으로 접근하는 현시대의 사고방식에도 잘 맞아떨어진다."

데이비드 레터먼David Letterman의 전기에 그의 부모가 그가 가면 모델 나르시시즘을 일으킬 만큼 자존감을 무너뜨리는 행동으로 고통을 주었다는 내용은 없지만, 성인이 된 후의 삶을 살펴보면 그가 특별히 행복한 사람이었던 것 같지는 않다. 엄청나게 돈이 많고 유명한 사람이 사생활에서 지독한 암울함과 불만을 느끼는 것은 그리 드문 일이 아니다. 수많은 유명인사가 괴팍스럽게 굴거나 심지어 우울증에 시달리며 살아간다. 은둔형으로 유명하지만 삶과 커리어는 대중에게 널리 공개된 레터먼은 이러한 양면적인 행태를 누구보다 잘 보여주는 사례이며, 덤으로 상당한 자기혐오를 겪기도 했다.

레터먼이 막 커리어를 시작했던 1980년대의 일화 중 자주 회자되는 것이 있다. 당시 열광적인 팬들을 확보하고 떠오르는 스타였던 레터먼의 쇼에 테리 가Teri Garr라는 여배우가 출연했다. 광고가 나가는 동안 가는 레터먼에게 어떻게 지내느냐고 물었지만 스튜디오 밴드의 시끄러운 소리 때문에 레터먼이 들을 수 있게 소리를 질러야 했다. 레터먼은 소리를 질러 그 질문에 대답하는 대신 종이에 무언가를 적어 보여주었다. 그가 쓴 말은 "나는 내가 싫어요"였다. 가는 그렇지 않다며 레터먼은 재능이 많은데다 좋은 사람이라고 안심시켜주었다. 레터먼은 다시 종이를 가져와서 원래 적었던 말에 밑줄을 그었다. 그것도 두 번씩이나.

가면 모델 나르시시즘은 이보다 갑작스러운 방식으로 나타나기도 하는데, 사실 이것도 레터먼의 배경과 정확히 맞아떨어지지는 않는다. 심리학자들의 주장에 따르면 이미 나르시시즘의 성향을 가지고 있는 사람이 한 차례 좌절을 경험하면서 나르시시즘 증상을 나타내는 경우도 있다. 패배나 실망이 정체성과 자아의식에 너무 깊은 영향을 미친 나머지 그 커다란 구멍을 메우려고 노력하면서 남은 생의 대부분을 보내게 된다는 것이다. 소위 이러한 자기애적 상처narcissistic wound를 가지고 있는 사람은 적지 않다. 대학 농구 팀에 진학하는 데 실패해 프로농구선수가 되겠다는 꿈을 접으며 자신은 특별한 사람이라는 자부심을 영원히 날려버린 고등학교 농구 스타를 생각해보자. 첫 작품을 내놓았지만 평론가들에게 맹렬한 비판을 받고서 붓을 완전히 꺾어버린 젊은 소설가는 어떤가. 물론 이들이 새롭게 적응하고 교훈을 얻거나 다른 방향으로 나아갈 수도 있지만, 그러지 못할 가능성도 있다.

"우리가 아무리 간절히 원한다 해도 세상이 도와주지 않는 경우가 있습니다." 에런 핑커스의 말이다. "정상적인 사람이라면 어떻게 반응해야 할지 알고 있으며, 그런 실망과 좌절을 사회적으로 용납되는 대응방식에 쏟아붓지요. 더 열심히 노력하고, 더 열심히 배우자고 다짐하는 식으로요. 그러나 병적인 나르시시스트는 무너져내립니다. 나르시시스트는 회복력이 부족한데, 바로 그때 심리 치료사들이 나르시시스트를 구별해내는 지점이 그겁니다."

어떤 학자들은 가면이나 상처 모델을 완전히 부정하며, 나르시시즘은 정반대 역학에 기인한다고 믿는다. 이들의 주장에 따르면 나르시시스트는 칭찬이나 박수를 받지 못했기는커녕, 어렸을 때부터 너무 많은 인정을 받고 성공을 누렸기 때문에 나중에 그들의 특권을 인정하지 않는 세상을 접하면 깜짝 놀라게 된다. 이러한 논리는 신과 같은 사례에 잘 적용된다. 신은 아버지가 유명한 배우였던 덕분에 할리우드의 왕족으로 자라났으며 고작 아홉 살 때 아버지의 영화에 잠깐 출연하면서 본인의 연기 커리어를 시작했다. 또한 이러한 주장은 진짜 왕족, 특히 영국 왕족에게도 잘 들어맞는다. 어렸을 때부터 마음껏 사랑을 받고 자라난 이들은 겸손하고 행실이 바른 어른으로 성장하기도 하지만(윌리엄 왕자를 생각해보자), 인생을 망가뜨리는 행동을 저지르며 특히 젊은 시절에 온갖 종류의 낯 뜨거운 행동이나 불법 행위까지 서슴지 않는 사람도 간혹 있다. 윌리엄의 동생인 해리 왕자가 라스베이거스의 호텔방에서 여러 명의 여자와 함께 나체 사진을 찍힌 것은 자존감이 낮거나 특권의식이 없어서가 아니었다. 해리 왕자가 자신에게 다른 모든 사람과 똑같은 사회적 비난의 기준이 적용된다고 생각했다면 만卍자무늬까지 달린 나치 제복을 입고 코스튬 파티에 참석했을 리가 없다.

매우 높은 비율의 스포츠 스타들, 특히 NFL 소속의 프로 미식축구 선수들이 음주 운전, 약물, 가정 폭력 혐의로 체포되며, 그중 상당수가 여러 차례 반복해서 물의를 일으키는 것도 이와 같은 맥락에서 생각해볼 수 있다. 어린 시절부터 고등학교 때까지, 그리고 대학과 프로 구단에 이르기까지 환호를 받으며 살아왔고, 시험 통과는 고사하고 수업에도 거의 출석하지 않으며 학점을 받아온 이 스포츠 스타들이 자신에게는 일반적인 규칙이 적용되지 않는다고 생각하는 것도 어쩌면 당연하다. 실망스러운 쿼터백이었던 라이언 리프는 영입 경쟁이 치열했던 다른 운동선수들과 마찬가지로 단지 소속 팀과 조건을 합의했다는 사실만으로 1,125만 달러에 달하는 엄청난 계약 보너스를 받았으며, 자신이 선택한 직업으로 돈을 벌기 위해 단 하루도 땀을 흘리지 않은 채 순식간에 돈방석에 앉았다.

프로 미식축구 선수들의 범죄가 얼마나 심각했던지 『샌디에이고 유니언트리뷴San Diego Union-Tribune』은 NFL 체포 데이터베이스를 만들어 미식축구 선수가 운전 속도 위반보다 심각한 행위로 걸릴 때마다 업데이트를 했다. 이 데이터베이스는 이름, 팀, 포지션, 사건별로 검색을 정렬할 수 있어 매우 유용하다. 2000년부터 2012년까지 623건이 등록되었으며, 이는 매년 48건씩 사건이 발생했다는 의미이기 때문이다. NFL을 비롯한 프로 스포츠 리그에서는 결국 소속된 나르시시스트 선수들을 어느 정도 길들이게 되지만, 일반적으로 할리우드를 비롯한 다른 어떤 업계보다 나르시시스트들을 다루는 데 어려움을 겪는다. 그리고 거기에는 그만한 이유가 있다.

오하이오 주립대학의 심리학자 브래드 부시먼의 설명을 들어보자. "나르시시즘의 핵심적인 측면은 자신이 다른 사람들보다 뛰어난 외모와 운동 능력을 가지고 있다고 믿는 것입니다." 여기서 부시먼은 다소 과장된 설명을 하고 있다. 실제로 운동에 재능이 털끝만큼도 없거나 운동 실력이 있다고 착각하지 않아도 심각한 나르시시스트가 되는 사람이 부지기수다. 그러나 운동 실력과 신체적 매력이 조금이라도 있다면, 아니 최소한 그런 능력을 가지고 있는 것처럼 그럴듯하게 포장할 수만 있다면, 나르시시스트들은 이러한 장점을 천부적으로 타고난 여러 가지 재능 중 하나로 꼽게 된다. 프로 운동선수의 경우에는 그렇게 스스로를 기만할 필요가 없다. 실제로 어딜 가든 자기보다 뛰어난 신체적 능력을 가진 사람은 찾아보기 힘든데다 외모도 가장 매력적일 확률이 높다. 이쯤 되면 그토록 많은 운동선수가 사건을 일으키는 것이 납득이 갈 정도다.

또한 부모의 이율배반적인 태도 때문에 아이들이 나르시시즘 증상을 보일 가능성도 있다. 나르시시스트 대학생들의 현재 성격과 과거 성장 과정을 분석한 2006년의 연구 세 건에서는 연구 대상 중 상당수가 칭찬을 너무 많이 하고 사랑은 너무 적게 베푸는 것처럼 느껴지는 부모의 슬하에서 자라났다고 응답했다. 아이가 무언가를 성취하면 박수를 쳐주고 원하는 것을 전부 들어주었지만 진정한 따뜻함이나 묵묵한 관심을 보여주지는 않았다는 것이다. 그야말로 모순되는 행동이 아닐 수 없다. 따라서 아이들은 자신의 가치에 대해 혼란스러운 메시지를 받고 모순된 자아를 형성하면서 자란다. 또한 자신이 다른 사람들보다 뛰어난지 아니면 열등한지 확신하지 못하기 때문에 자신감 있는 아이다운 특권의식과 자존감이 낮은 사람의 가면 모델 보상 심리를 전부 드러낸다. 에이미 추아Amy Chua와 같은 호랑이 엄마*의 아이들은 이렇게 밀고 당기는 양육 방식의 산증인이며, 이런 양육 방식으로 자란 아이들은 유치원에 들어가기 전부터 라흐마니노프를 연주할 수는 있을지언정 비참하고 양극단을 오락가락하는 나르시시스트가 되고 만다.

이러한 모든 나르시시스트 인자는 항상 존재해왔다. 유전자는 우리가 연못 박테리아였던 시절부터 우리 몸속에 들어 있었다. 부모는 까마득한 옛날부터 아이들을 애지중지하거나 학대해왔다. 그리고 세상에는 언제나 특권층과 기득권층이 득실거렸다. 파라오에게는 왕족 아이들이 있었고, 그리스에는 괴팍한 배우들이 있었으며, 로마에는 오늘날의 NFL 선수에 해당하는 검투사들이 있었다. 그렇다면 현대에 들어와서 나르시시스트가 폭발적으로 증가한 이유는 무엇일까?

일단은 이런 현상이 요즘 갑자기 일어난 게 아니란 점을 명시해야겠다. 일각에서의 추정에 따르면 이런 현상은 6세기쯤부터 일어나기 시작했다. "인류 역사의 최근 600년을 살펴보면 종교적인 공동 사회에서 개인주의적인 세속 사회로 진화했습니다." 케이건의 설명이다. "처음에는 마르틴 루터가, 그 뒤에는 애덤 스미스가 등장했고, 이어 미국

* tiger mom. 자녀를 엄격하게 훈육하는 엄마를 나타내는 말로, 예일 대학 교수 에이미 추아가 제시한 개념.

독립선언서가, 그다음에는 서로 다른 가치관을 지닌 사람들로 이루어진 미국과 유럽 등의 다양성 사회가 등장했습니다."

케이건의 주장에 따르면 '평화, 질서, 훌륭한 통치'라는 훨씬 온건한 가치를 추구하는 캐나다에 비해 세계 역사에서 가장 강력하고 번영한 국가인 미국이 삶, 자유, 행복의 추구를 최대 염원으로 내세우는 데는 충분한 이유가 있으며, 뒤늦게 민주주의 체제를 구축한 그토록 많은 국가에서 미국의 지도 이념을 채택하고 있는 것도 그만한 이유가 있다. 케이건은 이렇게 말한다. "인간의 유전자에 대해 한 가지 확실히 말할 수 있는 것은, 누구나 남들보다 앞서고 있으며 승리하고 있다는 사실을 확인하고 싶어한다는 점입니다."

미국에서는 지난 60년 동안 나를 최우선으로 생각하는 성향이 날개를 달게 되었다. 제2차 세계대전 직후에 태어난 미국의 아기들은 몇 년간에 걸친 피비린내 나는 전쟁 때문에 희생하거나 슬퍼할 일은 없었지만 그 결과로 맺힌 달콤한 열매는 확실하게 누렸다. 미국의 산업은 전쟁으로 별다른 피해를 입지 않았으며 오히려 진주만 이후 일어난 군수물자 제조 붐 때문에 더욱 확대되고 생산성이 향상된 반면, 영국이나 소련과 같은 승전국을 포함해 다른 국가들의 공장이나 물류 체계는 폐허가 되었다. 제대군인원호법* 덕분에 제대 군인들은 대학, 일자리, 주택 담보 대출금을 보장받았다. 이 배부르고 행복한 사람들은 오래전부터 배부르고 행복한 사람들이 으레 해왔던 일을 실천에

* 미국의 퇴역군인들에게 교육, 주택, 보험, 의료 및 직업훈련 기회를 제공하기 위한 법률.

옮겼는데, 다름아닌 아이를 낳는 일이었다. 그것도 아주 많이. 젊은 미국 부부들은 1946년부터 1964년까지 7,830만 명의 아기를 낳았으며 그 아이들을 잘 기르기 위해 필요한 것도 모두 갖추고 있었다. 먹을 것은 지천이었고, 장난감도 많았으며, 공공요금도 밀리는 일이 없었고, 아버지는 언제나 월급을 많이 주는 직장에 다녔다.

재력을 바탕으로 안전한 교외 지역에서 비교적 유복하게 아이들을 키우고 육아 방식은 점점 더 자유로워졌다. 여기에 혁명을 일으킨 것이 바로 소아과 의사인 벤저민 스폭Benjamin Spock의 엄청난 베스트셀러 『육아상식백과The Common Sense Book of Baby and Child Care』였다. 베이비붐이 시작된 바로 그해에 출간된 이 책은 새로 태어나는 이 혜택받은 아이들을 어떻게 키워야 하는지에 대한 기준을 제시해주었다. 이 책에서 가장 친절하고도 자신감을 키워주는 구절은 특히 엄마들을 겨냥한 다음과 같은 간단한 확인이었다. "여러분은 생각하는 것보다 훨씬 많은 것을 알고 있습니다." 엄마들은 아기가 엄연한 한 명의 개인이며, 귀를 기울이고 이해하며 한없이 사랑해주어야 마땅한 존재라는 사실을 너무나 잘 알고 있다는 것이 스폭의 주장이었다. 지금 들으면 어리둥절할 정도로 당연한 이야기지만, 부모의 가장 큰 임무가 단순히 아이들에게 밥을 먹이고 제대로 버릇을 들이거나 가르치는 것이며, 사랑은 그 과정에서 저절로 스며들기 마련이라고 생각하던 시대에는 혁신적인 개념이었다.

스폭은 이러한 구시대적 사고방식을 전부 날려버렸다. 아이들의 버릇이 나빠질지도 모른다는 걱정은 접어두도록 하자. 스폭은 적절한 시기에 올바른 방식을 사용하기만 한다면 아이들의 응석을 받아주는 일에 굳이 반대하지 않는다고 했다. "어쩌면 소란을 피우는 아이는 운명을 느끼고 있는지도 모릅니다. 아이는 자신이 무언가 중요한 일을 위해 세상에 존재한다고 생각하며, 그것 때문에 의욕과 자신감을 얻게 됩니다."

스폭을 폄하하던 적지 않은 사람들은 그의 이러한 믿음을 공격했다. 비판론자들은 바로 그런 생각 때문에 자기밖에 모르는 '소황제'들이 등장했으며, 이 아이들은 공동체의식, 희생, 책임감과 같은 보편적인 가치보다는 자신의 충동과 즐거움에 따라 행동하며, 본인의 자식들에게도 똑같은 가치를 물려준다고 주장했다. 스폭의 이론대로 자라난 바로 그 아이들이 1960년대와 1970년대의 사회적, 성적 격동기를 주도하자 비판론자들은 자신들의 주장이 사실로 증명됐다고 생각했다. 그러나 몇 차례 사랑의 여름*을 통해 외설스럽고 흥겨운 시간을 보낸 젊은 베이비붐 세대는 점차 나이가 들면서 예상치 못했을 만큼 훨씬 더 보수적이고 전통적인 가치관을 가진 세대가 되었다. 이들은 공동체의 중요성을 받아들였고, 부모 세대가 만들었던 바로 그 핵가족의 틀 안으로 흡수되었으며, 에코붐 세대Echo Boomer라고 불린 8천만 명의 아기들을 세상에 탄생시켰다.

질풍노도하며 쾌락을 추구했던 베이비붐 세대가 남긴 유산이 있다면, 그 시대의 가장 중요한 화두였던 사회적 정의와 인권 운동을 통해

* Summer of Love. 1967년에 캘리포니아에서 개최된 음악 페스티벌을 계기로, 히피들을 중심으로 한 젊은이들이 일으킨 문화 현상.

일부 사람들이 갖추게 된 강한 이타심일 것이다. 위스콘신 스티븐스 포인트 대학의 교수였으며 현재는 은퇴한 로버트 모시어Robert Mosier는 베이비붐 세대를 연구해 두 집단으로 나누었다. 1943년부터 1960년까지 태어난 초기 베이비붐 세대와 1960년부터 1965년 사이 짧은 기간 동안 태어난 후기 베이비붐 세대다. 로버트는 전반적으로 양쪽 집단의 구성원 중 상당수가 1980년대에는 걸핏하면 우쭐대는 여피족, 지난 20년간은 월 가에서 야심찬 활약을 보여온 물질주의적이고 야망 가득한 어른으로 성장했지만, 그와 동시에 이들은 뛰어난 팀워크를 발휘하며, 부모님 세대보다 양육에 깊이 관여하고, 남을 돕는 직업을 선택할 가능성이 높았으며, 베이비붐 세대가 등장하기 전에는 거의 존재하지도 않았던 근린 의료시설, 법률 지원 사무소, 공익 연구단체 등을 하나의 산업으로 정착시켰다는 사실을 발견했다. 베이비붐 세대에게 나타나리라 예상했던 '나를 앞세우는 삶'을 이어받은 것은 정작 에코붐 세대로, 아마 그렇게 된 가장 큰 이유도 지극히 단순할 것이다. 놀이 때문이다. 아니, 보다 정확하게 말하면 제대로 놀지 못했기 때문이다.

베이비붐 세대를 모아놓고 이야기하다보면 그들이 어렸을 때는 얼마나 즐겁고 자유롭게 살았는지에 대해 이야기를 늘어놓기 시작할 것이다. 그들의 말에 따르면 동네는 수많은 가족이 놀이터와 같았다. 주말 아침이면 아이들은 집을 박차고 나가 친구들과 함께 자전거를 타고, 정오쯤 집에 돌아와 수프 한 그릇과 구운 치즈샌드위치를 먹고서는 다시 뿔뿔이 흩어져 해기 지기 직전에야 돌아왔다. 자전거에 GPS 추적기 따위는 달려 있지 않았고, 매시간 부모가 휴대전화로 확인하는 일도 없었으며, 헉헉거리며 자전거를 타고 뒤따라오면서 무릎 보호대를 착용하고 헬멧 버클을 잠그고 자외선 차단제를 닦아내지 말라며 고함치는 부모는 더더욱 없었다.

물론 이들이 털어놓는 추억은 사실이고, 오늘날 부모들이 그런 이야기를 들으면 오싹한 기분을 느끼게 되는 것 또한 사실이다. 헬멧과 보호대를 착용하지 않은 아이는 보호장비를 제대로 갖춘 아이보다 응급실에 실려갈 확률이 훨씬 높다. 또한 다행히도 아동 유괴가 상당히 드물게 발생하기는 하지만, 1979년에 뉴욕 시에서 여섯 살짜리 이튼 패츠Etan Patz가 유괴되어 살해된 사건을 계기로 실종된 아동의 얼굴을 우유팩에 인쇄하자 부모들은 이러한 비극이 일어날 확률을 0에 가깝게 낮추겠다고 다짐했다. 그러나 이러한 모든 보호조치 속에서 우리는 무언가를 잃어버렸다. 예전 아이들은 즉흥적으로 모여서 놀기 시작했지만 이제는 미리 약속한 시간에 만나서 놀게 되었고, 거리에서 자유롭게 즐기던 픽업 경기에 정식으로 규칙을 적용한 축구 리그가 탄생했으며, 아이들의 탐험은 산악 안전 관리원이 안내해주는 하이킹으로 바뀌었고, 자유로운 놀이를 통해 얻을 수 있는 교화 효과도 사라져버렸다.

"사회적 놀이는 사람이 참여할 수 있는 가장 평등한 활동입니다." 보스턴 대학의 심리학자이자 아동발달 전문가인 피터 그레이Peter Gray의 설명이다. "놀이는 그 정의상 협력성과 집단적인 사고방식이 필요합니다. 놀이라는 것은 항상 자발적이기 때문에 즐겁지 않으면 언제든지 자유롭게 그만둘 수 있습니다. 뿐만 아니라 여러분이 같이 노는 친구들을 잘 대해주지 않으면 친구들이 언제든지 여러분과 노는 것을 그만둘 수 있습니다."

이런 유형의 암묵적인 행동 계약은 어떠한 놀이집단 안에서도 일종의 작은 긴장을 야기하지만, 이는 사회화를 위해 바람직한 현상이다. 어른들이 경기장 사이드라인에 서 있고 소속된 부의 1위가 걸려 있는 어린이 야구 리그 경기에서는 가능할 때마다 경쟁 우위를 발휘하는 것이 좋다. 약한 타자를 상대하는 투수는 빨리 그 타자를 아웃시키고 다음 타석을 준비하는 더 좋은 타자를 상대하기 위해 센 공을 던진다. 그러나 픽업 경기의 경우, 똑똑한 투수라면 완전히 반대로 행동한다.

"어린 꼬마가 타석에 서 있으면 치기 쉬운 공을 던져야 합니다. 그렇지 않으면 꼬마들이 다 그만두니까 경기를 계속할 수가 없어요." 그레이의 말이다. "승리보다는 재미있는 경기를 더 중요하게 여기는 겁니다. 그리고 재미있게 경기를 하려면 다른 아이들이 다 참여해야 하니까요!"

이렇게 자란 아이들은 그 대가로 다른 유형의 사회화 효과를 얻게 된다. 정정당당한 경기가 어떤 것인지 알게 될 뿐만 아니라 자신의 행동에 어느 정도 제약이 작용한다는 것도 배우게 된다. 집에서는 떼를 쓰면 원하는 것을 얻을 수도, 그렇지 않을 수도 있지만 최악의 상황이라고 해봤자 자기 방으로 돌아가는 것뿐이다. 떼를 썼다고 해서 부모님에게 버림을 받지는 않는다. 그러나 친구들과 자발적으로 하는 놀이에서 그렇게 했다가는 진짜 버림을 받을 수도 있다. 그레이는 이렇게 설명한다. "아이들은 자신의 행동을 통제하지 못할 때 그만한 결과가 따른다는 사실을 배웁니다. 다른 사람들이 무엇을 필요로 하는지 인식하고 자신의 감정과 행동을 억누르는 법을 배우지요."

물론 다른 아이들과 힘을 합쳐 무언가를 해냄으로써 얻을 수 있는 교훈도 있다. 부모는 자기가 만들어낸 환상의 세계에 빠져 오랫동안 혼자 조용히 놀 수 있는 아이를 칭찬해준다. 우리 막내딸은 항상 큰딸보다 혼자 잘 노는 편이었고, 아이가 한참 동안 혼자 놀다가 방에서 나오면 나는 가끔 살짝 방으로 가서 딸아이가 만들어놓은 작은 세상을 살펴본다. 폴리 포켓Polly Pocket 인형들은 퍼레이드 대형으로 늘어서 있고, 바비 인형 몇 개는 찻잔이 놓여 있는 탁자에 앉아 있으며, 심지어 1학년 때 가지고 놀던 리틀피플Little People 농장 집까지 배경을 위해 동원되어 있는 광경을 보며 나는 대략적인 현장 검증을 통해 아이가 어떤 환상 속 이야기를 생각해냈는지 짐작해보려 한다. 물론 딸에게 물어보거나, 딸아이가 놀고 있는 방에 들어가는 일은 감히 상상도 할 수 없다. 슈뢰딩거처럼 혹시나 고양이를 죽일까봐 두려워서다.*

그러나 개인의 정체성보다 집단의 정체성이 우선시되며 집단의 목표를 위해 개인의 목표를 양보해야 하는 집단 놀이에서는 내가 우주의 중심이라는 이러한 사고방식이야말로 아무런 쓸모가 없다. 물론 어른이 지도하는 체계적인 경기에서도 위와 같은 집단적 가치가 강조된다. "팀에는 내가 없다!"**고 선언하는 브로마이드가 있는가 하면 승리

* 슈뢰딩거가 고안한 양자역학 관련 사고 실험으로, 상자 안의 고양이는 살아 있을 확률이 1/2, 죽어 있을 확률이 1/2이지만 상자를 열면 둘 중 한 가지 상태로 확정된다.
** no-I-in-team. 팀에는 I라는 알파벳이 들어가지 않는다는 말로, 단결이 중요하다는 의미.

보다는 스포츠맨 정신과 정정당당한 경기가 더 중요하다는 말도 귀가 따갑도록 듣게 된다. 그러나 이러한 사고방식을 굳이 가르쳐야 한다는 사실 자체가, 가르치는 교훈보다는 저절로 습득하는 교훈이 더욱 강력한 영향력을 발휘한다는 사실의 방증이다. "감독이 가르치는 것보다는 혼자서 깨닫는 편이 훨씬 효과적입니다." 그레이의 설명이다.

그레이의 논리가 비단 아이들의 세계에만 적용되는 것은 아니다. 그레이는 평등한 놀이가 평등한 문화를 형성한다고 믿는다. 비록 그것이 우리가 주류라고 여기는 유형의 문화는 아닐지라도 말이다. 그레이는 세계 각지에 남아 있는 수렵-채집 사회, 특히 칼라하리 사막의 !쿵!Kung 부족, 탄자니아 우림 지역의 하즈다Hazda 부족, 파라과이 동부의 아체Aché 부족에서 놀이의 역할과 효용을 분명하게 관찰할 수 있었다.

예를 들어 수렵-채집 사회에서 수렵은 자발적인 활동이며, 즐겁고 흥미진진하지만 의무까지는 아니다. 집에 있어도 잡은 사냥감을 나누어받을 수 있고 사냥에 나서지 않아도 사회적으로 비난을 받지는 않는다. 그레이의 설명에 따르면 수렵-채집 문화에는 선진국에서 인기를 누리는 경쟁적인 경기가 존재하지 않으며, 그 대신 보다 협동이 필요한 경기가 펼쳐진다. 가끔 현지 연구자들이 이들 부족에게 축구를 가르쳐주려고 하면 머지않아 경기는 모든 선수가 원을 이루고 서서 공이 최대한 오래 땅에 닿지 않도록 발에서 발로 패스하는 단체 운동으로 변모한다.

장난기 섞인 놀림도 수렵-채집 역학의 중요한 부분이며, 이는 뛰어난 사람의 자만심을 억누르는 동시에 약한 사람에게 용기를 북돋워줄 수 있는 행위로 그 가치를 인정받는다. 또한 수렵-채집 사회에서는 놀림감이 된 사람도 함께 웃어넘기기를 기대한다. 실제로 매우 커다란 짐승을 사냥해 충분히 우쭐해할 만한 구성원의 경우 놀림 대상이 될 확률이 높다. 그레이는 !쿵족에 대한 심층 연구로 유명해진 캐나다의 인류학자 리처드 리Richard Lee의 글을 인용한다. 리는 현지에서 지내는 동안 자신에게 그토록 친절하게 대해준 부족에게 감사의 의미로 550킬로그램에 가까운 황소를 사서 성대한 잔치를 벌일 수 있게 해주었으며, 그 답례로 부족 사람들이 자신에게 크게 감사하리라 생각했다. 그러나 그렇지 않았다. 오히려 부족 사람들은 선물을 비웃었고 먹을 것이라고는 하나도 없이 뿔만 달린 '말라깽이'를 주었다고 놀리더니 달려들어 리가 기대했던 대로 맛있게 먹어치웠다. 그들은 감사한 마음을 말이 아닌 행동으로 표현했던 것이다. !쿵족 입장에서 놀린다는 행위는 진정으로 재미있는 일이자 중요한 일이었으며, 만약 리가 부족 사람이었다면 그 역시 그렇게 생각했을 것이다.

그레이는 이렇게 설명한다. "수렵-채집인들은 나르시시스트와 정반대 성향을 지닌 어른으로 성장합니다. 이들은 놀이를 좋아하는 인간의 특징을 더욱 발전시켜 삶의 필수적인 요소로 도입했습니다. 우리 조상들은 지배권을 쥐는 데 너무나 집중한 나머지 이러한 유형의 행동에는 참여하지 않았으며, 대다수 현대인들도 마찬가지입니다. 유일한 예외가 바로 이 수렵-채집인들입니다."

어른들의 간섭을 받지 않는 놀이 문화가 사라진 것은 현대에 나르시시스트들이 폭발적으로 증가한 두 가지 중요한 이유 중 한 가지 측면일 뿐이다. 나머지 이유 한 가지는 자부심 고양 운동이다. 이 움직임은 좋은 의도로 시작했지만 걷잡을 수 없는 상태로 번져버린 일의 좋은 사례다.

예전에는 초등학교 육상경기나 수영대회에서 승자와 패자를 쉽게 구분할 수 있었다. 하루 일정이 끝나면 1등, 2등, 3등에게 각각 금색, 파란색, 빨간색 리본을 나누어주었다. 4등 이하는 빈손으로 집에 돌아가야 했다. 당연히 기분좋은 일은 아니지만, 적어도 자기가 몇 등인지는 파악할 수 있었다.

하지만 이제는 아니다. 1980년대부터 이상하게도 경쟁을 해야 하는 경기에서 경쟁이 사라지고 밋밋해지기 시작했다. 물론 승자는 있지만 무슨 영문인지 패자는 없다. 금색, 파란색, 빨간색 리본뿐만 아니라 4등에게는 노란색, 5등에게는 고동색, 6등에게는 녹색, 이런 식으로 9등과 10등에게까지 회색과 하늘색 리본을 수여한다. 게다가 참가 리본도 있고 스포츠맨 정신 상장도 있으며, 심지어 코스를 완주하기만 해도 작은 트로피를 받을 수 있다. 나는 최근에 우리 큰딸이 참가했던 학교 육상대회에서 아이들이 결승선을 통과하자마자 머리를 수그리고 목에 메달을 거는 모습을 보고 깜짝 놀랐다. 부모가 아이들을 안아주기도 전에, 목을 축일 물을 한 모금 마시기도 전에, 심지어 헐떡이는 아이들이 제대로 멈추기도 전에 상부터 안겨주고 있었다. 대다수의 문화적 트렌드가 그렇듯이, 이러한 상 풍년 현상의 이면에는 산업이 자리잡고 있다.

"학교에서 수여하는 리본은 아이들에게 자신감과 학교에 대한 흥미를 불어넣기에 효과적인 방법입니다." 리본 판매업체 중 하나인 리본스 갈로어Ribbons Galore의 웹 사이트에 적혀 있는 말이다. "일반적인 학교 행사에 필요한 다양한 스타일의 이벤트 리본이 준비되어 있으며, 맞춤 제작도 가능합니다."

이 업체의 이름, 특히 갈로어galore, 풍부하다는 의미라는 단어만 보아도 한때는 쉽게 손에 넣을 수 없던 영예가 싸구려처럼 흔해졌다는 느낌을 받을 수 있다. 그리고 마케팅 담당자들의 '일반적인' 학교 행사라는 말은 농담이 아니다. 우수한 학생이 될 필요도, 성적이 좋을 필요도 없이 그냥 학교에 가서 시간만 때우면 받을 수 있는 등교 100일 기념 리본도 있다. 또한 최선을 다할 때 주는 리본, 자랑스러운 과제물을 제출했을 때 주는 리본, "선행을 하다가 들켰을 때" 주는 리본, 심지어 마약에 손대지 않겠다고 약속할 때 주는 리본까지 등장했다. 여기서 중요한 것은 반드시 진짜로 마약을 멀리할 필요는 없이 그냥 약속만 하면 리본을 받을 수 있다는 점인데, 어느 마약 중독 상담사에게 물어봐도 그게 뭐가 어려우냐는 대답이 돌아올 것이다.

"저는 우리 사회의 현주소에 놀라지 않을 수 없습니다. 요즘 아이들이 더 행복한 건가요, 아니면 더 불행한 건가요? 솔직히 말해서 저도 잘 모르겠습니다." 예일 대학의 조기교육 전문가 에리카 크리스타키스Erika Christakis의 말이다. "아이러니하게도 아동발달 과정에서 '참 잘했어요!'라고 칭찬해주는 이유는 모든 아이에게 성공할 수 있는 기회를 주기 위해서입니다. 그러나 모든 사람의 문제를 포용하고 아이들에게 무작정 특별한 존재라는 생각과 특권의식을 심어주다보면 오히려 이전 세대에 비해 회복력이 떨어지는 젊은이들이 탄생할 수도 있습니다." 수만 종의 자부심 관련 서적은 이 '모든 사람이 특별하다'는 트렌드를 잘 보여주는 또하나의 증거일 뿐이다.

물론 아이들에게 약간의 순수한 자부심을 불어넣음으로써 얻을 수 있는 장점도 많다. 학교는 심리적으로 잔인한 곳으로, 옷이나 외모, 또는 단순히 수줍음을 타는 성격 때문에 또래들 눈에 다소 뒤처져 보이는 아이들은 무자비하게 조롱당하기도 한다. 따라서 그러한 전쟁터에 발을 들여놓기 전에 자기애로 넉넉하게 무장하는 것도 나쁘지 않다. 게다가 이것은 어디까지나 학습이나 행동 장애가 없는 주류 아동들에게 해당되는 이야기이며, 장애가 있는 아이들은 교실에 발을 들여놓기 전부터 차별을 당하게 된다. 문제를 안고 있는 아이들은 또래뿐만 아니라 학교로부터도 소외되어 교육 시스템의 변두리에 있는 열악한 특수교육 프로그램으로 발길을 돌리게 되며, 이런 프로그램에서는 아이들에 대한 기대치가 낮을뿐더러 당연히 아이들의 수준도 거기에 맞춰 내려가게 된다.

크리스타키스는 이렇게 말한다. "한두 세대 전의 상황을 잊어서는 안 됩니다. 당시에는 아이들을 고유한 개인이 아닌, 관리와 통제를 받아야 하며 걸핏하면 무시당하는 하나의 커다란 집단으로 보는 경향이 있었습니다. 과도한 자부심으로 문제가 생긴 모든 사례에 대해 이전 세대에서 상처받고 무시당한 아이의 반박 사례를 찾을 수 있습니다."

하지만 이렇게 아이들을 무조건 지지해주는 경향의 부정적인 측면도 부인하기 어렵다. 미네소타 다면적 인성 검사Minnesota Multiphasic Personality Inventory, MMPI는 대상자가 인성의 여러 가지 측면을 측정하기 위한 수백 개의 참-거짓 문항에 대답해야 하는 매우 상세한 설문조사인데, 1950년대에 실시한 이 검사에서 '나는 특별한 사람이다'라는 문장에 동의한 아이는 12퍼센트에 불과했다. 1980년대 후반으로 오면 그 숫자는 폭발적으로 증가해 80퍼센트에 달한다. 1990년대에 실시된 다른 연구에서는 '전문가라고 하지만 사실 나보다 별로 나을 것이 없는 사람들을 자주 만난다'와 같은 문장에 동의한 아이들이 이와 비슷한 수준으로 많았다. 지난 47년간 총 900만 명의 미국 대학 신입생을 대상으로 실시한 미국 신입생 조사American Freshman Survey라는 성격 설문조사 결과를 취합해 분석한 2012년의 메타 분석 연구에서는 성취 능력, 지적인 자신감, 리더십 능력에 대한 믿음, 사회적 자신감, 글쓰기 능력에 대한 믿음이라는 다섯 가지 성격의 점수가 하나도 빠짐없이 꾸준히 상승하고 있다는 사실이 발견되었으며, 자신이 평균 이상이라고 믿는 대학생의 비율도 최대 75퍼센트에 달했다. 학생 개인으로 보면 이것은 좋은 일이며, 어떤 부모도 아이가 낮은 자존감에 시달리며 대학 생활을 힘들게 시작하기를 바라지는 않을 것이다. 그러나 현실적으로 불가능한데도 전체 표본 집단의 75퍼센트가 스스로를 평균 이상으로 생각하고 있다는 결과는 분명 많은 것을 시사한다.

"우리 문화에서는 스스로에 대한 자만보다는 겸손과 겸허함을 권장해왔습니다." 샌디에이고 주립대학의 심리학자이자 『자기중심주의 세대Generation Me』라는 책을 펴낸 진 트웬지Jean Twenge는 신입생 설문조사 연구가 발표된 2012년에 BBC 뉴스와의 인터뷰에서 이렇게 말했다. "예전에는 우쭐대거나 자만한 모습이 나쁜 것으로 인식됐습니다. 더이상 그렇지 않다는 사실은 현재 세대가 점점 더 거만해지고 있을 뿐만 아니라 종국에는 실망할 수밖에 없다는 것을 의미합니다."

성적 인플레이션은 상황을 더욱 악화시킬 뿐이다. 트웬지와 다른 몇몇 학자들이 공동으로 실시한 2008년의 연구에 따르면, 1980년에는 고등학교 때까지 평균 성적 A를 유지한 미국 대학 신입생 비율이 27퍼센트에 불과했다. 그러나 2004년에는 이 수치가 48퍼센트로 뛰었다. 물론 단순히 학생들이 공부를 더 열심히, 더 많이 했기 때문에 성적이 올라갔을 수도 있고, 사실 그래야 마땅하다. 하지만 거의 비슷한 시기를 대상으로 행해진 다른 설문조사를 보면 학생들이 책과 씨름한 시간은 오히려 줄어들었음을 알 수 있다. 1987년에는 대학 신입생의 47퍼센트가 일주일에 최소한 여섯 시간씩 공부에 할애했다고 대답한 반면, 2003년에는 그 비율이 33퍼센트로 떨어졌다.

이렇게 공부는 적게 하면서 더 좋은 성적을 받는 현상은 대학으로까지 이어진다. 듀크 대학의 은퇴한 지구물리학 교수인 스튜어트 로이스타저Stuart Rojstaczer가 미국의 대학교와 전문대학을 대상으로 정기적으로 실시하는 대규모 조사를 통해 1991년부터 2007년 사이에 247개 대학의 평균 평점이 2.93에서 3.11로 올라갔다는 사실이 밝혀지기도 했다. 이상하게도 학점 인플레이션은 등록금이 비교적 저렴한 공립대학보다 이론상으로 기준이 훨씬 엄격해야 하는 값비싼 명문 대학에서 더 심각하게 나타났다.

예를 들어 한때 앨라배마 농업기술대학으로 알려졌던 오번Auburn 대학의 경우 1975년에서 2006년 사이 평균 평점이 2.71에서 2.75로 1.5퍼센트 상승했다. 대조적으로 프린스턴 대학은 3.09에서 3.30으로 뛰어올라 6.8퍼센트의 상승폭을 보였다. 필라델피아 전문대학은 2.38에서 2.50으로 5퍼센트 상승했지만, 하버드 대학은 3.05에서 3.45로 무려 13퍼센트나 올라갔다. 게다가 명문 대학에 다니는 학생들은 그토록 너그러운 학점에 잔뜩 배가 부른 것도 모자라 상당수가 오히려 더 높은 학점을 받아야 한다고 생각하는 것 같다. 트웬지가 2008년에 발표한 논문에서 밝힌 바에 따르면, 한 조사에서 '내가 수업에 전부 출석한다면 최소한 B는 받아야 한다'는 문항에 동의한 대학생이 30퍼센트였다.

문화가 바뀌면 요구하는 여흥의 종류도 달라진다. 원인과 결과의 선후관계를 밝혀내려는 시도는 언제나 흥미롭지만, 인과관계를 정확히 짚어내기 어려운 경우가 대부분이다. 과연 금주법 시대의 강제 금주와 그로 인한 주류 밀매점 문화 때문에 음악의 규칙을 깨는 재즈가 등장했을까? 아니면 재즈가 금주법을 어기도록 부추기는 역할을 했을까? 1960년대의 성적, 정치적 혼란이 기타를 부수는 록 음악이 탄생하는 데 기폭제 역할을 했을까, 아니면 무대 위의 광적인 공연이 거리의 젊은이들을 뒤흔들었을까? 물론 어느 한쪽이 다른 쪽에 일방적으로 영향을 끼쳤다기보다는 예술과 문화가 서로 영향을 주고받았을 가능성이 높다. 이는 나르시시즘 시대에도 마찬가지다.

2011년에 트웬지는 켄터키 대학의 C. 네이선 드월C. Nathan DeWall과 리처드 폰드Richard Pond, 조지아 대학의 키스 캠벨Keith Campbell 등의 심리학자들과 함께 1980년부터 2007년 사이의 『빌보드Billboard』 연간 인기곡 10위까지의 노래 280곡에 대한 연구 결과를 발표했다. 사실 이 학자들은 음악에는 전혀 관심이 없는 편이었지만 가사에는 상당한 흥미를 느끼고 있었다.

연구자들은 텍스트를 스캔하여 특정한 유형의 언어를 찾아내는 언어 분석 프로그램Linguistic Inquiry Word Count Program이라는 유용한 소프트웨어를 사용해 우선 노래 안에서 단수와 복수를 포함한 1인칭, 2인칭, 3인칭 대명사를 모두 찾았다. 그다음에는 나, 나를, 너, 우리, 나의, 내 것, 우리 것 등과 같은 대명사뿐만 아니라 사회적 유대를 나타내는 단어(친구, 이야기, 아이, 사랑, 좋다, 다정하다)나 분노 또는 사회적 소외를 나타내는 단어(미워하다, 죽이다, 제기랄)의 등장 빈도수도 파악했다.

280곡에 사용된 단어를 전부 합치면 8만 8,621개이니, 평균적으로 한 곡당 약 315개의 단어가 사용된 셈이다. 대부분의 가사가 단순할 거란 예측에 반할 만큼 많은 단어가 사용된 것 같지만, 여기서 핵심은 315개가 전부 다른 단어는 아니라는 점이다. 노래의 메시지를 파악하는 데는 반복되는 단어가 중요한 역할을 했으며 '사랑'이라는 단어가 한 번 등장하는지, 아니면 21번 등장하는지에 따라 결과도 크게 달라졌다. '원하다' '나를' '돈'과 같이 자신에 대한 관심을 적나라하게 드러내는 단어도 마찬가지였다.

물론 역설이나 사회적 메시지를 처리할 수 없다는 점에서 이러한 알고리즘이 완벽하다고 할 수는 없다. "다이아몬드는 여자의 가장 좋은 친구Diamonds Are a Girl's Best Friend"라는 말만 놓고 보면 이 노래는 소유욕과 탐욕을 냉철하게 풍자하는 내용이라는 생각이 든다. 그러나 실제로 이 노래를 부르는 메릴린 먼로의 모습을 보면 이 노래 가사는 말 그대로 윙크와 함께 전달해야 하는 메시지임을 깨닫게 된다. 비틀스의 노래 〈나, 나를, 나의I, Me, Mine〉는 "나, 나를, 나를, 나의"라는 후렴구를 몇 차례나 반복하기 때문에 아마도 1인칭 언어 분석 프로그램에 과부하가 걸릴 테지만, 이것이 탐욕과 나르시시즘을 찬미하는 것이 아니라 오히려 비판하는 노래라는 사실을 소프트웨어가 알 리 없다.

그래도 대부분의 노래들은 가사 그대로의 의미를 담고 있었으며, 2011년의 연구가 보여주는 결과는 놀라웠다. 거의 30년의 세월이 흐르는 동안 『빌보드』 히트 곡 안에서 1인칭 단수 단어의 사용 빈도는 30퍼센트 증가한 반면, 공동 소유대명사 '우리의'로 대표되는 집단적 1인칭 복수 단어의 사용 빈도는 40퍼센트나 곤두박질했다. 사회적 유대를 테마로 하는 곡은 21퍼센트 감소했지만 소외와 고독을 암시하는 단어는 75퍼센트 증가했다.

"팝송의 가사는 미국 문화의 변화를 이해하기 위한 창문과도 같다." 트웬지와 동료 연구자들은 이렇게 적었다. 노래는 "스스로에 대한 관심, 사회적 단절, 분노, 반사회적 행동, 비참함으로의 이행을 보여주는 문화적 유물 역할을 한다".

이와 같이 사람들이 자기 자신에게 관심을 돌리는 씁쓸한 현상은 단순히 자부심과 관련된 책들뿐만 아니라 범위가 훨씬 넓은 베스트셀러 서적의 내용에서도 확연히 드러난다. 2012년에 트웬지, 캠벨, 그리고 조지아 대학의 심리학자 브리트니 젠틸Brittany Gentile은 1960년부터 2008년 사이에 미국에서 출간된 76만 6,513종의 책을 대상으로 한 대규모 조사를 통해 앞선 연구에서와 같이 이기심과 개인주의를 나타내는 말의 사용 빈도가 증가했는지 살펴보았고, 실제로 증가했다는 사실을 발견했다. 그것도 아주 많이.

개인주의, 특히 뛰어남(자신, 두드러지는, 독특한, 독립, 개인)을 나타내는 단어 사용 빈도는 20퍼센트 증가했고, "나에 대한 모든 것" "나는 혼자서 할 수 있다" "나는 원하는 것을 얻는다"와 같은 개인주의적 구절도 늘어났다. 그러나 여기서도 가장 놀라운 결과를 보여준 것은 바로 대명사였다. 1인칭 단수의 사용은 20퍼센트 증가했지만 2인칭 단수와 복수(너, 너의, 너의 것, 너 자신, 너희 자신)의 사용 빈도는 무려 300퍼센트나 폭발적으로 증가했다. 이것은 독자들이 밖으로 눈을 돌리고 다른 사람의 관점에 관심을 가지게 되었다는 증거가 아니라 작가가 독자에게 직접 말을 걸며 독자의 걱정거리나 바람에 대해 이야기하기 시작했다는 증거다. 당신이 어떻게 살을 뺄 수 있는지, 당신이 어떻게 더 많은 돈을 벌 수 있는지, 그리고 당신이 어떻게 새로운 직장을 찾을 수 있는지. 심지어 제이 매키너니Jay McInerney의 『환한 빛, 대도시Bright Lights, Big City』나 톰 로빈스Tom Robbins의 『개구리 잠옷을 입고 비몽사몽Half Asleep in Frog Pajamas』 등의 소설에서도 2인칭이라는 독특한 서술 방식이 사용되었다. 개인주의적 구절과 용어 역시 사용 빈도가 42퍼센트나 증가해 '공동의 노력'이나 '공동체 의식' 등과 같은 집단적 용어의 증가율을 훨씬 앞질렀다.

그리고 다른 모든 것과 마찬가지로 나를 가장 우선시하는 문화도 마침내 온라인에 진출했다. 책과 음악도 어느 정도 일조를 했겠지만, 미국인들의 자기도취 성향을 그러모아 진짜 무서운 파괴력을 갖춘 나르시시즘으로 변모시킨 요인이 있다면 그건 뭐니뭐니해도 소셜미디어, 특히 페이스북과 트위터의 등장이다. 한때 사회적 과시 행위였던 것도 이제는 더이상 사회적일 필요가 없다. 노트북 앞에 앉아 머릿속에 있던 단상을 끼적이거나 방금 누군가가 찍어준 잘 나온 자기 사진을 게재할 수 있다면 선천적으로 겸손한 사람조차 자기 자신에게 빠져들게 된다. 아니, 적어도 그것이 지금까지의 인식이다.

캠벨과 조지아 대학의 동료 로라 버파디Laura Buffardi는 2009년에, 당시로서는 새롭게 등장했던 가상 커뮤니티를 연구하며 나르시시즘을 부추기는 소셜미디어의 영향을 비교적 일찍부터 진지하게 조명하기 시작했다. 고작 몇 년 전만 해도 페이스북은 최소한 사회과학 분야에서 아직 미지의 세계였으며 한때는 북적거렸지만 지금은 유령 도시가 되어버린 마이스페이스, 프렌즈터Friendster 등의 사이트와 경쟁하고 있었으니 온라인 세계가 얼마나 빠르게 변하는지 알 수 있다. 버파디와 동료들은 그 이상한 대륙을 자진해서 탐험하면서 기지에 남겨진 심리학자들에게 소식을 보내왔다.

"사회관계망 웹 사이트는 많은 사람과의 피상적인 '우정'과 '인상적인 문구'를 사용한 친구들 사이의 소통(예를 들어 담벼락에 글쓰기)을 기반으로 구축된다. 페이스북 페이지는 빈칸을 채우는 식으로 개인에 맞게 꾸밀 수 있도록 되어 있다. 모든 페이지에는 친구 페이지로 연결되는 링크, 담벼락이라고 부르는 게시판 등의 공통된 사회적 소통 기능이 들어 있다. 많은 사용자가 수백 명, 심지어 수천 명과 '친구' 관계를 맺고 있다." 연구진의 설명이다.

물론 지금 보면 웃음이 나올 정도로 시대에 뒤처진 설명이지만, 나르시시즘과 관련된 과학적 연구만은 아직도 건재하다. 캠벨과 버파디는 페이스북 페이지를 운영하고 있는 1,567명의 대학생을 모집해 40문항의 답을 선택해야 하는 자기애적 성격 검사NPI를 실시했다. 그 다음에는 학생들의 프로필 페이지를 조사해 친구 수, 게시물 수, 가입한 그룹 수, 그리고 빼놓을 수 없는 '자기소개'란의 글줄 수라는 네 가지 항목을 분석했다.

연구자들은 이러한 객관적인 척도에 주관적인 분석도 추가했다. 이들은 '자기소개'란의 전반적인 어조를 자아도취적, 자기중심적, 자기홍보, 또는 이 세 가지와 반대되는 타인의 시선을 의식함이라는 네 가지로 평가했다. 페이지 주인이 선택해서 게재한 프로필 사진도 옷을 얼마나 많이 혹은 적게 입은 사진인지, 그리고 사진의 분위기가 허세로 가득 차 있는지, 섹시한지, 수수한지, 과시하는 것처럼 보이는지 평가했다. 사진의 전반적인 매력도 평가했는데, 여기에는 다소 복잡한 기준을 적용해야 했다. 외모는 실험 대상자들이 어떻게 할 수 없는 부분이기 때문에 단순히 예쁘고 잘생긴 얼굴과 그렇지 않은 얼굴로 평가할 수는 없었다. 그보다는 사진 속 자세와 조명, 구도를 얼마나 세심하게 고려했는지 살폈다. 단순히 행복해 보인다는 이유로 소풍 가서, 또는 놀이공원에 가서 찍은 아무 사진이나 프로필에 걸어놓은 사람은 사진관에서 찍은 증명사진을 걸어놓거나 근사하게 꾸미고 찍은 설정 사진을 걸어놓은 사람과 분명 다른 유형일 가능성이 크다.

마지막으로 연구자들은 페이지의 '좋아하는 인용구'란을 살폈다. 인용구는 실험 대상자들이 직접 쓴 글이 아니라 역사적 인물이 남긴 말이나 문학에서 발췌한 인상적인 한마디이기 때문에 어느 정도 간접적인 분석이라 할 수 있다. 그러나 "어둠을 증오하기보다는 촛불을 밝히는 편이 낫다"는 엘리너 루스벨트의 명언을 선택하는지, "'불가능'은 그저 못난 사람들이 던지는 거창한 말일 뿐이다"라는 무하마드 알리의 일갈을 선택하는지 살펴보면 그 사람에 대해 많은 것을 알 수 있다.

페이스북 페이지를 심도 있게 분석한 결과, 나르시시즘과 온라인상에서의 과시 행위 사이에 깊은 관계가 있다는 사실이 드러났다. NPI에서 높은 점수를 기록한 학생들은 프로필에 보다 긴 글을 쓰고 스스로를 홍보하는 내용을 많이 넣으며, 더욱 섹시하고 효과를 많이 넣은 사진을 게재하고, 포스팅에서 자신에 대한 이야기를 더 많이 하는 경향을 보였다. 선택한 인용구도 지혜를 담았다기보다는 재미있는 쪽에 가까웠으며 거만하고 자신을 홍보하는 내용이 많았다.

이렇게 연구는 순조롭게 진행되었고, 연구 방법에도 문제가 없었으며, 결과도 확실하게 나왔다. 그렇다면 궁극적인 결론은? 애매하다. 나르시시스트가 그렇지 않은 사람들보다 페이스북을 더 좋아할 수는 있겠지만, 그렇다고 해서 페이스북이 실제로 나르시시즘 성향을 더욱 심화시킨다고 할 수는 없다. 오히려 페이스북은 알코올 의존증자에게 테킬라, 혹은 대식가에게 치즈케이크처럼 어차피 추구할 쾌락을 농축된 형태로 공급해주는 수단일 뿐인지도 모른다.

"개인주의와 나르시시즘은 인터넷이 탄생하기 오래전부터 시작되었습니다." 트웬지는 나에게 이렇게 말했다. "어떤 의미에서 페이스북의 영향은 다소 과장된 측면이 있습니다. 나르시시스트들은 페이스북 친구가 더 많지만 페이스북을 하는 것이 정치적 참여로 이어지기도 합니다. 데이터를 보면 극단적인 개인주의와 집단주의가 모두 나타났습니다. 스스로에게 더욱 도취되거나, 아니면 빠져나오게 된 것이지요."

다트머스 의과대학의 연구심리학자 조애나 파노스Joanna Fanos 역시 페이스북이 반드시 나르시시즘을 부추기는 것은 아니라는 데 의견을 같이하면서도 이렇게 말한다. "페이스북이 사용자의 나르시시즘을 드러내는 것은 분명합니다. 얼굴을 맞대고 하는 대화에서는 나르시시즘 성향을 비교적 잘 숨길 수 있지만 페이스북에서는 그런 성향이 훨씬 적나라하게 나타나지요."

이렇게 온라인에 모든 것을 노출하는 행위의 궁극적인 형태는 말 그대로 온몸을 노출하는 섹스 문자다. 적당한 기술이 등장하는 순간 어차피 섹스sex와 문자text라는 말이 결합된 섹스 문자sext라는 말이 탄생할 운명이었기 때문에 이 용어의 등장 자체는 언어학적으로 불가피했으며, 그런 의미에서 섹스팅이라는 행위의 등장 역시 문화적으로 불가피한 것이었다. 그러나 어떤 행위를 나타내는 용어가 있다고 해서 항상 그 뜻을 정확히 정의할 수 있는 것은 아니며, 그렇기 때문에 섹스팅이 얼마나 광범위하게 퍼져 있는지 연구하기는 쉽지 않다. 외설적인 추파도 섹스팅에 해당하는가? 노골적인 언어는? 노출이 심한 수영복을 입고 바닷가에서 찍은 사진은 어떤가? 아니면 가슴을 드러내거나 실오라기 하나 걸치지 않은 성기라도 보여주어야 할까? 그리고 그런 문자나 사진을 교환하는 것이 사실상 낯선 사람들인지, 가볍게 데이트하는 사람들인지, 아니면 건전한 성생활을 누리는 부부 사이인지에 따라 과연 어떤 차이가 있는가?

퓨 연구센터PEW Resarch Institute가 2009년에 실시한 연구를 비롯한 대다수 연구에서는 섹스팅을 "성적인 유혹의 의미를 담고 있는 나체 또는 나체에 가까운 사진, 동영상을 전송하는 행위"로 정의한다. 이렇게 되면 사실상 이보다 수위가 낮거나, 옷을 입고 있거나, 의도하지 않은 온라인에서의 유혹 행위는 섹스팅의 범주에서 제외되며, 쌍방의 친밀도와 관계없이 정의에 해당하는 내용이 오가면 전부 섹스팅에 해당한다. 그러나 행위에 대한 확실한 정의가 있다고 하더라도 어떤 사람들이 섹스팅을 하는지와 관련해 신뢰할 수 있는 데이터는 좀처럼 얻기 어렵다. 섹스팅에 대한 조사는 어디까지나 본인들이 이를 시인한다는 전제하에 성립하는데, 사실 아이들은 눈 하나 깜짝 안 하고 거짓말을 하기 때문이다. 특히 부모에게 크게 혼날 행동을 하고 있을 때는 말이다.

그럼에도 불구하고 섹스팅에 대해 엄청나게 많은 연구가 쏟아졌으며, 대다수 연구 결과가 비슷한 숫자 범위로 귀결되었다는 점을 통해 학자들이 어느 정도 정확한 실태를 파악했음을 알 수 있다. 일반적으로 10대 청소년의 20~25퍼센트가 섹스팅을 해본 적이 있으며, 발신자보다는 수신자가 많았지만 성별에 따라 큰 편차를 보였다. 남자아이들보다는 여자아이들이 섹스 문자를 많이 보내는데(한 연구에서는 남녀 비율을 35퍼센트 대 65퍼센트로 추산했다), 섹스 문자를 요청하는 비율은 남자아이들 쪽이 높다. 어떤 연구에서는 나체나 반나체의 본인 사진을 전송한 여자아이들의 51퍼센트가 남자아이들의 요청 때문에 보냈다고 응답했다. 반면 이런 식으로 자기 사진을 요청받았다는 남자아이들은 18퍼센트에 불과했다. 대학생 및 그 또래 젊은이들은 고등학생보다 섹스 문자를 주고받는 비율이 높지만, 그 연령대가 지나면 숫자는 하향곡선을 그린다.

물론 섹스팅과 나르시시즘의 관계를 지나치게 과대 해석하는 것은 삼가야 하지만, 여기서 분명히 나르시시즘의 흔적을 발견할 수 있는 것은 사실이다. 전 뉴욕 주 하원의원이자 2013년 뉴욕 시장 후보였으며 상습적으로 섹스팅을 한 앤서니 위너의 사례는 나르시시즘과 섹스팅 사이의 연관관계에 대한 합리적인 분석을 왜곡할 가능성이 있다. 부자에 대한 정의를 내리고자 할 때 빌 게이츠의 사례를 포함시키면 완전히 다른 결과가 도출되는 것과 마찬가지다. 위너가 끊임없이 카메라의 초점을 하체에 맞췄다는 것은 그가 자신의 눈에 들어온 광경에 강렬한 자기애와 즐거움을 느꼈다는 의미이며, 그 멋진 모습을 다른 사람들과 공유하고자 했던 그의 행동은 분명 겸손한 사람에게는 어울리지 않는다. 그러나 위너의 공개적인 행동만으로는 그의 전반적인 심리적 기질은 고사하고 그가 정확히 어떤 동기를 가지고 그런 행동을 했는지조차 파악할 수 없으며, 사실 그것을 굳이 밝히려는 것도 옳은 일은 아니다. 무모한 행동으로 자멸하다시피 하며 자신의 커리어에 종지부를 찍었다는 점 때문에 위너와 그를 가장 잘 아는 사람들만의 사적인 부분으로 남겨두어야 할 그의 감정적인 동요가 만천하에 드러나고 말았다. 그의 나르시시즘은 빗물이었을지 모르지만, 그의 내면에 이는 폭풍우에는 아마 그외에도 다른 여러 가지 측면이 있을 것이다.

그러나 위너처럼 잃을 것이 많지 않은 사람이 자신의 나체 사진을 마구잡이로 전송한다면 강한 나르시시즘 성향을 가지고 있음을 부인하기 어렵다. 게다가 일단 사진이 자신의 손을 떠나면 여기저기에 전송되고, 게재되고, 거의 모든 사람이 볼 수 있다. 그리고 적어도 일부 사람들은 이렇게 더 많은 사람이 볼지도 모른다는 사실을 위험이 아니라 오히려 흥분을 주는 요소로 인식하기도 한다.

"저는 나르시시즘 성향이 강한 사람들이 섹스팅을 할 가능성이 확실히 높다고 상정합니다." 트웬지의 말이다. "몇 년 전 〈투데이Today〉 쇼에 섹스팅에 대한 고등학생들의 인터뷰가 나왔습니다. 한 소녀가 나와서 여자아이들이 더 높은 자부심을 가진다면 섹스팅을 적게 할 것이라고 말하더군요. 하지만 실제로 자부심이 낮은 여자아이들은 섹스팅을 하거나 주목받으려고 할 가능성이 가장 낮습니다. 섹스팅을 하는 것은 자부심이 높고, 특히 나르시시즘 성향이 강한 아이들입니다. '나는 예뻐, 모든 사람이 봐줬으면 좋겠어'라는 것이 그 아이들의 생각이죠. 그리고 저는 외모가 매력적이지만 나르시시스트 성향이 없는 일부 사람들이 단순히 자기 몸에 자신이 있기 때문에 섹스팅을 한다는 주장은 믿지 않습니다. 만약 여러분이 외모는 뛰어나지만 자만심은 별로 강하지 않다면, 자신이 예쁘고 잘생겼다는 사실을 아는 것만으로 충분합니다. 그걸 모든 사람에게 보여줄 필요는 없지요."

캠벨은 섹스팅에 나르시시즘 성향과 다소 대치되는 한 가지 측면이 존재한다고 지적한다. "불안이나 불확실함이라는 흥미로운 요소가 섹스팅으로 이어지기도 합니다. 어떤 사람이 관계에 대해 확신하지 못한다면 상대방이 자신에게 싫증을 내지 않도록 섹스 문자를 보낼 수도 있습니다. 그러나 권력을 쥐거나 긍정적인 관심을 받기 위해서 섹스팅을 한다면 그것은 분명 나르시시즘과 연관되어 있다고 생각합니다."

물론 이것은 섹스팅이든, 단순히 주목을 받으려는 트위터 포스팅이든 관계없이 모든 온라인 과시 행위에 적용되는 말이다. 과거에 주로 대학생들이나 사용했던 페이스북은 2009년 1억 7,500만 명에서 2012년에는 무려 10억 명이라는 어마어마한 사용자 수를 보유한 사이트로 성장했으며, 이와 비슷하게 온라인에서 자신을 표현할 수 있는 다른 사이트도 여럿 등장했다. 이것은 이러한 사이트들이 제공하는 서비스가 보여주고, 과시하며, 조명을 받을 수 있는 곳을 찾아다니기보다 그냥 조명을 짊어지고 다니면서 항상 얼굴에 비추고 싶어하는 현대인들의 문화적 욕구에 꼭 들어맞았기 때문이다. 조명을 지고 다니려면 상당한 무게와 엄청난 열기를 끊임없이 견뎌내야 하지만, 나르시시스트에게 그러한 어려움은 그로 인해 얻을 수 있는 장점과 비교가 되지 않는다.

4장

사무실의 멍청이

The Narcissist Next Door

거짓말을 할 때는 매력적인 사람이 유리하다. 누구든 이야기를 꾸며낼 수는 있지만, 다른 사람이 그 이야기를 믿어주기를 바란다면 정직하고 성실하며 친절한 사람인 것 같은 모습으로 거짓말하는 방법을 배우는 것이 좋다. 결국 다른 사람이 믿어주지 않으면 거짓말을 하는 의미가 없기 때문이다. 자신을 싫어하거나 믿지 않는 사람을 속이려면 훨씬 많은 노력이 필요하다.

랜스 암스트롱을 예로 들어보자. 금지약물 복용을 실토하고 모든 기록을 박탈당한 사이클 선수 암스트롱은 20여 년에 걸친 커리어 내내 부당한 방법으로 투르 드 프랑스Tour de France에서 일곱 번이나 우승했으며, 약물 복용이 사실이었음에도 그가 경기력 향상 약물을 사용했을지도 모른다고 주장한 사람들을 위협하고, 욕하고, 심지어 고소까지 했다. 암스트롱이 이렇게 공격적으로 대응하자 일부 비평가들은 잠잠해졌지만, 어떤 사람들은 오히려 더욱 대담해져 반드시 무너뜨려야겠다는 결의를 불태우며 자베르 경감*처럼 집요하게 그를 추적했다. 암

* 『레 미제라블』에서 장발장의 죄를 끝까지 쫓는 등장인물.

스트롱 같은 질 나쁜 인간은 대가를 치러야 마땅하다고 생각했기 때문이다. 결국 많은 사람이 동참했으며, 암스트롱의 이전 팀 동료 11명이 공개적으로 그에게서 등을 돌리고, 그 오랜 세월 동안 떠돌던 이야기가 전부 사실이라고 증언했다. 암스트롱이 마침내 모든 것이 끝났다는 사실을 받아들이고 어쩔 수 없이 사죄했으나 대중의 반응은 더없이 냉담했다. 사람들은 그를 피하거나 망신을 주었다. 이러한 대중의 배척은 암스트롱처럼 화를 잘 내는 성격의 사람에게 딱 어울리는 결말이었다.

화를 잘 내며 걸핏하면 원한을 품곤 했던 리처드 닉슨의 경우도 마찬가지다. 닉슨과 엄청난 카리스마를 지닌 빌 클린턴은 거의 그려놓은 것처럼 대척점에 서 있었다. 두 사람 다 탄핵에 직면했고, 두 사람 다 실제로 잘못된 행동을 했다. 클린턴의 잘못은 닉슨보다 훨씬 작은 것이었지만, 실제로 탄핵 절차가 더 많이 진행되어 상원에서 정식 재판까지 열린 것은 클린턴 쪽이었고, 닉슨은 탄핵 건의안이 하원의 투표를 통과하기 전에 백악관에서 모습을 감췄다.

범죄까지 저지르게 만든 닉슨의 근본적인 자기혐오와 깊은 불안감 안에는 분명 수치심이 한 부분을 차지하고 있었다. 그러나 그의 사임은 수치심 때문이라기보다는 나르시시스트적인 계산에 가까웠다. 닉슨의 대통령 임기는 어차피 불행한 결말을 맞을 운명이었다. 그는 끌려 나가기보다는 스스로 걸어 나감으로써 역사 속에서 일말이나마 품위를 지키고자 했던 것이다. 클린턴 역시 수치심이 없기는 마찬가지였다. 만약 클린턴이 약간만 더 수치심을 느낄 수 있었다면 이미 여러 차레나 들켰는데도 또다시 배우자를 속이고 외도를 하지는 않았을 테니, 처음부터 탄핵 소동에 말려들 필요조차 없었을 것이다. 그러나 찡그린 얼굴의 닉슨이 역사의 뒤안길로 사라진 반면, 밝고 매혹적인 클린턴은 정치적으로 살아남았다. 클린턴은 온몸의 본능이 이 사람이 하는 말은 거짓말이라고 소리치고 있는데도 상대방이 사실을 말하고 있다고 믿고 싶게 만드는 사람이다.

타인의 경계심을 허물어뜨리고 자신이 원하는 대로 조종하는 사람은 어디에서나 찾아볼 수 있다. 틀림없이 수익을 얻을 수 있다는 감언이설로 어수룩한 투자자들을 설득해 수십억 달러의 자금을 이끌어내는 사업가나, 필요도 없고 사실 살 돈도 없는 증권을 여러분에게 팔아넘기고는 즉시 동료에게 이메일을 보내 이름도 가물가물한 어떤 고객에게 형편없는 주식을 떠넘겼다고 자랑하는 주식 중개인을 생각해보자. 그리스 신화에 등장하는 쌍둥이 카스토르Castor와 폴룩스Pollux처럼 꼭 닮은 두 건의 언론 사기 사건을 일으킨 전직 기자 스티븐 글래스Stephen Glass와 제이슨 블레어Jayson Blair도 마찬가지다. 이 두 사람은 처음에 걸출한 기자로 이름을 날리다가 허위 기사를 작성한다는 의심을 받기 시작했고, 결국 가장 유명한 언론 사기꾼의 불명예를 안았다.

1999년부터 2003년까지 뉴욕타임스에 몸담았던 블레어와 1995년부터 1998년까지 『뉴 리퍼블릭』에서 기자 생활을 했던 글래스는 둘 다 거짓말쟁이에 날조꾼이었으며 거짓말과 사기에 모두 능했다. 글래스가 『뉴 리퍼블릭』에 기고한 41건의 기사 중 최소한 27건에는 장면을 꾸며놓고 찍은 사진, 상상 속의 인용구, 만들어낸 사람의 머릿속 외에는 어디에도 존재하지 않는 생생한 등장인물들이 담겨 있었다. 블레어는 그보다 더 성실한 위조꾼으로, 7개월 동안 쓴 73건의 기사 중 최소한 36건에서 인터뷰와 장면, 출처를 꾸며냈다. 만약 비뚤어진 창작욕이라는 말이 있다면 그야말로 딱 맞아떨어지는 사례가 아닐 수 없다.

이 두 명의 젊은 기자는 서로 다른 종류의 뉴스를 다루었고 매우 다른 종류의 글을 썼다. 글래스는 『뉴 리퍼블릭』지가 선호하는 이야기 형식의 긴 기사를 작성했으며, 블레어는 뉴욕타임스의 상징과도 같은 직설적이고 사실만을 보도하는 유형의 기사를 썼다. 둘 다 왕성하게 기사를 작성하기는 했지만 엉성한 구석도 있어서 기자 생활을 하는 내내 모순된 사실과 수상한 행동으로 의심의 빌미를 남겼으며, 결국 그 덕분에 수많은 사람, 특히 면밀히 지켜보고 있던 사람들은 뭔가 이상하다는 사실을 눈치챘다. 두 사람은 그러고도 어느 정도 더 거짓말을 이어갔으며, 주변에 자신을 좋아하거나 최소한 믿는 사람들, 자신을 지키는 데 도움이 될 만한 사람들을 두었다. 이유는 간단했다. 두 명 모두 닉슨과 암스트롱처럼 나르시시스트 성향이 있었으며 주변 사람을 이용했고 관심을 갈구했다. 그러나 닉슨이나 암스트롱과의 차이는 두 사람이 놀라울 정도로 그런 일에 뛰어났다는 점이다.

글래스는 특히 사람들을 주변에 끌어모으는 데 능숙했으며 여러 가지 방법을 사용했다. 우선 타인의 말을 경청하고 동료들에게 질문을 던지며 상대방에 대해 최대한 많은 것을 파악했는데, 그 뒤에 더 큰 전략이 숨어 있지 않은 한 아무리 봐도 나르시시스트 성향이 있는 허세가의 행동처럼 보이지는 않았다. 과거에 『뉴 리퍼블릭』의 선임 편집자로 일했던 마거릿 탤벗Margaret Talbot은 1998년 『배너티 페어Vanity Fair』에 글래스에 대한 심층 분석 기사를 기고했다. 훗날 영화 〈셰터드 글래스Shattered Glass〉의 모티브가 된 이 기사에서 탤벗은 이렇게 말한다. "언론계에는 너무 많은 나쁜 놈과 너무 많은 허풍쟁이, 거만한 인간들이 존재합니다. 그런 곳에 재능이 있어 보이면서도 실수에 대해 겸손하고 상냥하며 배려심이 많은 사람이 등장한 것이지요."

겸손하다는 점이 특히 효과적이었다. 글래스는 자신이 생각해낸 기삿거리를 폄하하는 이상한 습관이 있었으며, 심지어 아이디어를 발표하는 순간에도 굳이 쓰레기 같다고 일축했다. 본인과 듣는 사람 모두 뛰어난 아이디어라는 사실을 알고 있는데도 말이다. 마찬가지로 하루 일을 마치고 해피아워에 동료와 모였을 때는 항상 사실인지 아닌지 모를 이야기를 자세히 늘어놓았다. 이야기는 항상 재미있었지만, 그보다 중요한 것은 글래스가 항상 자신을 주인공을 돋보이게 하는 존재로 묘사했으며 우스꽝스럽게 표현하는 경우도 많았다는 점이다. 이 전략은 보기 좋게 적중해, 기가 막힌 기사나 일화들을 내놓는 글래스를 고운 시선으로 볼 리 없는 경쟁심 강한 동료들조차 자신도 모르게 글래스에게 호감을 가지게 되었다.

"글래스는 강아지처럼 보호해주고 싶은 매력이 있었습니다." 사건이 일어난 지 몇 년이나 지난 지금 글래스와 연루되고 싶지 않다며 익명을 요구한 그의 전 동료 한 명은 나에게 이렇게 털어놓았다. "영화에서는 세련되거나 사근사근하게 묘사되지 않았지만 진짜 글래스는 훨씬 더 세련되고 상냥했습니다. 또한 주변 사람들을 세심히 배려할 줄

알았고, 친절했으며 매너도 아주 좋았지요." 영화와 『배너티 페어』 기사에서는 걸핏하면 자신에게 화가 났느냐고 주변 사람들에게 물어보는 글래스의 버릇을 중요하게 다루었는데, 이런 질문은 상대방의 경계심을 무너뜨리기는 했지만 이상한데다 심지어 짜증을 유발하기도 했다. 그러나 이것은 글래스의 행동을 정확하게 묘사한 것이었고, 실제에 비하면 빙산의 일각에 불과했다. 글래스의 전 동료는 이런 일화를 전해준다. "한번은 글래스가 진짜, 정말로 아주 작은 일 때문에 내가 화났다고 생각한 적이 있었습니다. 글래스는 나에게 사과 메일을 남겼더군요. 미안하다는 말조차 할 필요가 없는 그야말로 지극히 사소한 일이었는데 말입니다." 글래스가 지나치게 소심한 나머지 사람들이 자신을 달가워하지 않는 상황을 좀처럼 참지 못해 다소 과도하기는 하지만 진심으로 뉘우쳤을 수도 있다. 그러나 이것이 세심한 사회적 전략이었을 가능성도 배제할 수 없다. 두 가지 모두 나르시시스트가 충분히 보일 수 있는 행동의 범주에 속하며, 두 가지 모두 글래스의 더욱 커다란 계획에 잘 맞아떨어졌다.

블레어 역시 더욱 큰 목표를 달성하기 위해 달콤한 말과 겸손한 태도를 아끼지 않았다. 그는 최근에 실린 기사에서 기교가 뛰어난 표현이나 철저한 조사가 뒷받침된 사실을 찾아내 동료 기자들을 칭찬하는 현명한 습관이 있었다. 물론 듣는 사람은 기분좋겠지만 업계에서 딱히 드문 일은 아니다. 그러나 뒤돌아보면, 블레어가 동료를 칭찬하기 위해 선택한 구절은 진심을 담았다기보다는 늘 전략적으로 고른 것 같았다. "블레어는 자기가 실제로 기사를 읽었다는 사실을 상대방이 알 수 있도록 일부러 기사의 뒷부분에 등장하는 구절을 선택했습니다." 칼럼니스트 데이비드 카David Carr는 스캔들이 터지고 나서 뉴욕타임스가 발표한 장대한 사과문에서 블레어를 이렇게 묘사했다. "블레어에게는 카리스마가 있었습니다, 그것도 엄청난 카리스마가."

그러나 블레어가 모든 대인관계에서 이처럼 교묘하게 처신한 것은 아니다. 글래스와 달리 블레어는 자신에게 도움이 되지 않을 사람에게서는 굳이 호감을 얻으려 하지 않았으며, 자기 커리어에 직접적으로 도움을 줄 수 있는 사람들에게만 신경을 썼다. 그는 1998년 여름에 뉴욕타임스 인턴으로 근무하면서 인턴 기간 동안 19개의 기사를 게재했다. 경험이 없는 인턴치고는 엄청난 양이었다. 그는 어떤 인턴보다 먼저 출근했고 늦게까지 일했으며 일부러 시간을 내어 다른 인턴들의 업무도 도와주었다. 그럼에도 불구하고 다른 인턴들은 블레어가 자신들을 모두 경쟁자로 보는 것 같아서 그를 그다지 좋아하지 않았다고 털어놓았다. 그러나 에디터들은 블레어를 무척 마음에 들어했고, 그가 쓴 기사와 끈기, 동료들과 협력하는 모습을 크게 칭찬하면서 진정한 뉴욕타임스인이 될 재목이라고 생각했다.

당시 편집국장이었던 하월 레인스Howell Raines는 뉴욕타임스에 실린 기사에서 이렇게 말했다. "저는 블레어를 아주 성실하고 좋은 기사를 쓰는 기자라고 생각했습니다." 블레어가 채용된 후에는 상사 중 한 명이 직접 이 뛰어난 신입 기자의 사수 역할을 자청하기도 했다. 블레어가 기자들이 으레 그러듯이 술을 자주 마시고 담배도 지나치게 많이 피우며 끼니를 제대로 챙기지 않는다는 사실을 눈치챈 상사는 블레어를 따로 불러내 담배, 스카치위스키, 자판기에서 뽑은 치즈 과자만 먹고 살 수는 없다고 조언하기도 했다. 그러고는 손사래를 치며 자리로 돌아가서 계속 일하라고 격려했는데, 그 일이라는 것이 보통 날조한 내용에 자기 바이라인만 추가해 뉴욕타임스에 슬쩍 끼워넣는 것이었다.

글래스의 사기극은 1998년에 막을 내렸다. 블레어의 경우는 그보다 5년 뒤인 2003년이었다. 두 날조꾼의 사건은 비슷한 패턴으로 흘러갔다. 일단 허위로 꾸며낸 여러 가지 사실 때문에 많은 사람이 의구심을 품고 기사에 대해 추궁하자, 두 사람은 피해자가 된 것처럼 행동하기 시작했다. 글래스는 본인도 정보원에게 감쪽같이 속았을 뿐 잡지사와 독자들이 자신에게 속은 것이 아니며, 편집장인 척 레인Chuck Lane이 좀 더 제대로 된 상사였다면 자신을 지지해주었을 것이라고 주장했다. "이봐요 척, 저는 심각하게 공격당했다는 생각이 듭니다."『배너티 페어』 기사에서 레인은 글래스가 이렇게 말했다고 회상한다. "진심으로 상처를 받았습니다. 편집장이라면 저를 도와줘야 하는 것 아닌가요."

블레어는 그보다 간접적으로 분노를 표시했다. 용납할 수 없을 정도로 많은 오류 때문에 메트로폴리탄 섹션 편집장에게 꾸지람을 듣고 이유를 해명하는 이메일을 보내라는 명령을 받자, 블레어는 순순히 지시를 따른 뒤 동료에게 마지못해 그렇게 했다고 털어놓았다. 블레어는 "나를 채용한 사람들에게 이 일을 보고할까 생각하고 있는데, 그 사람들은 전부 국장 아니면 편집주간 직함을 달고 있다"며 씩씩댔다. 블레어는 자신이 가장 감쪽같이 속인 사람들은 당연히 자기 편을 들어줄 것이라 믿었다. 어떤 의미에서 블레어와 글래스는 세 가지 요소를 완벽하게 갖추고 있는 나르시시스트였다. 자신이 너무나 뛰어나기 때문에 들킬 리 없다는 굳건한 신념, 이 경우에는 동료뿐만 아니라 수백만 명의 독자들까지 포함한 타인에게 미치는 피해에 대한 무관심, 모든 것이 무너져내렸을 때 느끼는 심각한 분노. 그리고 모든 것이 실제로 무너져내렸다. 두 젊은 기자는 언론계의 관점에서 볼 때 사형선고를 받아 마땅한 범죄를 저지른 대가로 해고되었던 것이다.

때때로 언론계 외부 사람들은 언론인들이 생각하는 자기 직업에 대한 자부심이 거의 오만함에 가깝다고 불평을 터뜨린다. 뉴스를 보도하고 분석하는 것은 다른 모든 업무와 마찬가지로 하나의 기술이다. 물론 이는 정직성과 진실성을 요구하는 중요한 기술이지만, 진실의 수호자이자 대중의 보호자처럼 행동하는 언론인들의 태도는 가끔씩 약간의 자부심 수준을 벗어날 때가 많다. 직업의식이 지나쳐 허세로까지 발전한 것이다. 글래스와 블레어는 언론인으로서 엄격한 정직성과 진실성이라는 기준을 준수해야 한다는 사실을 알고 있었으면서도, 업계의 원칙을 그토록 충격적이고 뻔뻔한 방식으로 위반함으로써 사실상 업계에서 퇴출되고 말았다.

의도했건 아니건, 두 사람 모두 역설적이고도 오만한 방식으로 날조 사건 이후의 커리어를 시작했다. 글래스는 자신이 경험을 바탕으로 『이야기꾼The Fabulist』이라는 소설을 썼지만 형편없다는 평가를 받았다. 이 책은 글래스 본인이 살아온 소설 같은 실화를 바탕으로 한 일종의 메타픽션*이었다. 그는 나중에 로스쿨을 마치고 사법시험을 통과하고서 벌써 몇 년째 캘리포니아 주 변호사협회에 가입하려는 노력을 벌이고 있으며, 대대적인 거짓말로 유명해진 사람도 진실의 추구를 가장 중요한 사명으로 여기는 직업에서는 신뢰해볼 만하다며 관계자들을 설득하고 있다. 지금까지 그의 가입 신청은 계속 거부되고 있지만, 기자 시절과 마찬가지로 글래스는 그 과정에서 지지자뿐만 아니라 대변자들도 얻었다. 한편 블레어는 연설가가 되어 자신의 경험과 그 경험을 통해 얻은 교훈을 설파하며, 청중에게 개인적인 위기를 극복하는 방법에 대한 조언을 해준다. 공식적인 것은 아니지만 그 스캔들 이후 블레어가 선호하는 직함은 바로 인생 코치다.

나르시시스트는 어느 업계의 조직에나 진출해 있으며, 대체로 비슷한 비율로 엄청난 성공을 거두거나 요란하게 몰락하고, 번창하거나 사라지고, 사람들을 매료시키거나 멀어지게 만든다. 많은 경우 이 모든 일이 다른 조직으로 옮기기 전까지의 아주 짧은 기간 동안 일어난다. 임상적으로 진짜 자기애성 성격장애 진단을 받는 사람은 인구의 3퍼센트 정도에 지나지 않을지 모르지만, 이들은 그 절대적인 비율에 비해 많은 주목을 받고 강력한 권력을 휘두르는 위치에 앉을 가능성이 훨씬 높다. 물론 그보다는 증세가 덜 심각한 사람들도 마찬가지다. 그 이유는 간단하다. 일자리를 얻으려면 누구나 면접을 통과해야 하는데, 눈부신 미소를 지으며 당당하게 악수를 청하는 나르시시스트들이 식은땀이 잔뜩 난 손으로 초조해하는 우리에 비해 확실한 경쟁력을 가

* meta-fiction. 기존의 소설에서 보이던 형식과 기법들을 거부하면서 현실이 가지는 확정성을 붕괴시키고자 하는 소설의 한 경향.

지고 있는 분야가 바로 이 면접이기 때문이다.

비즈니스 전문가와 심리학자는 소위 인상 관리가 취업 면접의 관건이라고 말한다. 주변 사람들은 여러분에 대해 자기 마음대로 생각하기 마련이지만, 만약 여러분이 제대로 된 요령만 알고 있다면 여러분에 대한 주변 사람들의 생각을 원하는 방향으로 유도할 수 있다. 이것은 성공 확률만큼이나 실패 확률 또한 높은 위험한 게임이다. 회의를 하거나 데이트를 할 때 자기 딴에는 멋지고 똑똑해 보인다고 생각한 말을 내뱉었는데 그 재치 넘치는 발언이 처참하게 실패하는 순간 얼굴이 빨개져 온몸의 세포 하나까지 시간을 되돌리고 싶다고 생각해본 적이 있는가? 나르시시스트는 그런 경험을 하는 빈도가 상대적으로 낮은데, 그 이유는 우선 그들의 말이 처절한 실패로 돌아갈 확률이 낮으며, 만에 하나 실패로 돌아간다 해도 본인은 그런 사실조차 알아채지 못하는 경우가 대부분이기 때문이다. 자신의 말실수를 의식하지 못하기 때문에 자의식을 느끼지 않고 앞으로 나아갈 수 있는 것이다. 만약 자의식이 발동된다면 난처함을 느끼고, 계속 어색한 순간이 찾아오기 마련이다.

브리티시컬럼비아 대학에서 2011년에 실시한 연구에서는 효과적인 인상 관리에 필요한 기본적인 자질 네 가지를 자기 홍보, 아첨, 애원, 위협으로 정의했다. 나르시시스트가 한 가지도 빠짐없이 기본적으로 보유하고 있는 능력이다. 글래스는 애원의 달인이었다. 암스트롱처럼 어설픈 나르시시스트는 위협을 주무기로 사용한다. 그러나 취업 면접에서 진정한 차이를 만들어내는 것은 아첨, 그리고 무엇보다 중요한 자기 홍보다. 또한 나르시시스트는 놀라우면서도 때로는 아주 위험한 방식으로 스스로를 홍보한다.

브리티시컬럼비아 대학의 연구원들은 94명의 대학생을 모집해 심리학연구실의 연구 조교 자리를 얻기 위한 모의 채용 면접에 참여하도록 했다. 실험 대상에게는 전부 자기애적 성격 검사를 실시했으며 심리학 분야에 대한 일반적인 지식 수준을 파악하기 위해 50개 문항으로 구성된 선다형 시험도 실시했다. 그러고 나서 면접을 시작했는데, 모든 학생이 같은 유형의 면접관을 만난 것은 아니었다. 어떤 학생들은 면접 질문을 하는 사람이 "심리학에 대해 잘 모르는" 영어 전공자라는 말을 들었다. 또 어떤 학생들은 좀더 까다로운 기준을 가지고 있는 면접관, 즉 "해당 분야의 전문가"인 심리학과 대학원생을 만나게 될 거라는 이야기를 들었다. 실제로는 모든 면접관이 심리학과 학생이었다.

연구원들은 모든 실험 참가자에게 동일한 질문을 던졌으며, 그중에는 존재하지 않는 심리학 개념도 포함되어 있었다. 대답이 불가능한 이 질문에 어떻게 대답하는지를 보면 그 사람에 대해 많은 것을 알 수 있다. 우리는 누구나 일상생활에서 약간씩 허세를 부린다. 학술 관련 모임에서 누군가 여러분에게 『레 미제라블』을 읽었는지 물어본다고 가정해보자. 읽기는 읽었다. 대학 시절 프랑스 문학 강의 수강신청을 취소하기 전까지 읽었던 50페이지도 읽은 것에 속한다면. 하지만 영화는 분명히 보았고, 민중의 봉기와 장발장을 추적하는 경찰의 집착, 그리고 19세기 프랑스에 대해 약간이나마 이야기를 풀어놓을 수는 있다. 취업 면접에서는 더욱 많은 것이 걸려 있으며 거짓말을 하다가 들켰을 경우 감수해야 할 위험도 훨씬 크다. 심리학연구실 조교 자리에 지원하는 대학생이라면 누구나 융이나 프로이트, 인지행동적 치료에 대한 질문에 어느 정도 괜찮은 대답을 지어낼 수 있다. 그러나 뷘헤Bünche, 클라인하우스Kleinhaus, 보상 충동 유발처럼 너무나 그럴듯하게 들리지만 실제로는 꾸며낸 말들에 대한 질문을 받았을 때 즉석에서 그럴듯한 대답을 해내는 것은 얼굴이 보통 두껍지 않고서는 어려운 일이다.

브리티시컬럼비아 대학의 연구원들은 NPI에서 높은 점수를 기록한 사람들이 대답을 꾸며내야 하는 질문을 받더라도 더없이 자신감 있는 표정으로 대답을 할 것이며, 심지어 영문과 전공자보다 심리학과 대학원생이 면접할 때 대답을 꾸며낼 가능성이 더 높을 것이라 예상했다. 언제나 비전문가보다는 전문가를 속이는 것이 훨씬 더 짜릿한 법이니까. 연구 결과는 그 놀라운 가설을 확인해주었다.

비전문가 면접 시나리오에서는 모든 학생이 대체로 비슷한 빈도로 대답을 꾸며냈다. 면접 전체에 걸쳐 나르시시스트가 아닌 학생들이 대답을 지어내는 빈도는 약 2.5회, 나르시시스트 학생들의 경우에는 3회였다. 그러나 전문가 면접 시나리오에서는 두 집단이 전혀 반대 양상을 보였다. 나르시시스트 학생들은 거의 4회에 걸쳐 대답을 꾸며낸 반면, 나르시시스트가 아닌 학생들은 그 횟수가 1.5회에 불과했다. 이 연구자들 중 상당수는 이보다 앞서 진행한 연구에서도 비슷한 결과가 나왔다. 선행 연구에서는 나르시시스트와 그렇지 않은 사람들에게 실제로 존재하는 '맨해튼 프로젝트' '판구조론' '입자 가속기' 등의 용어와 '코랄라인choraline' '울트라지질ultralipid' '시차視差 판plates of parallax' 등의 만들어낸 가짜 용어 몇 개를 섞어 제시하고 이들 용어를 얼마나 잘 알고 있는지 0에서 6까지의 숫자로 평가하도록 했다. 나르시시스트들은 가짜 용어까지 포함해 전반적으로 모든 용어에 6점을 매긴 반면, 나르시시스트가 아닌 사람들은 해당 용어를 전혀 알지 못할 경우 0점을 적어냈다.

처음에 소개한 연구를 진행한 학자들은 이렇게 적었다. "나르시시스트들이 자신이 뛰어난 사람이라는 스스로의 주장을 실제로 믿는 것처럼 보인다는 사실은 그들의 자기 표현 방식이 단순한 인상 관리를 넘어 스스로를 기만하면서까지 자신을 치켜세우는 형태로 발전했음을 나타낸다. 따라서 나르시시스트들은 스스로를 치켜세우는 행동 방식을 계속 유지하거나, 심지어 그 정도가 더 심해지기도 한다."

이렇게 위험한 전략은 효과를 발휘하는 경우가 많다. 진짜 취업 면접에서는 보통 속임수를 유도하기 위해 치밀하게 지뢰를 설치해놓는 일이 없기 때문에, 아는 것은 별로 없지만 즉석에서 대답을 잘 꾸며내는 나르시시스트가, 실력은 있지만 서로 얼굴을 맞대고 하는 면접에서는 제 실력을 발휘하지 못하는 적임자에게 가야 할 일자리를 손에 쥐는 경우가 많다. 여기서 또하나의 의문이 발생한다. 도대체 왜 자신이 제대로 해낼 수 없다는 사실을 알고서도 그런 능력이 요구되는 일자리를 탐내는 것일까? 그러면 매일매일이 모르는 분야에서 벌어지는 시험의 연속일 테고 그러다 언젠가는 들통나고 말 텐데?

글래스 사건의 가장 큰 수수께끼 중 하나는 그가 이 가면 무도회를 계속하기 위해 쏟아부은 어마어마한 노력의 양이다. 그는 주기적으로 『뉴 리퍼블릭』의 사실확인 팀에 허위 메모, 출장 영수증을 비롯한 여러 가지 증빙 자료를 제출했으며, 이러한 자료들은 하나같이 진짜처럼 보이도록 심혈을 기울여 조작한데다 무엇보다 그가 쓴 기사들과 잘 맞아떨어졌다. 그리고 기사에 오류가 하나도 없을 수는 없기 때문에 너무 깔끔하면 사실확인 팀의 의심을 살까 우려해 기사마다 사소한 오류를 집어넣음으로써 뻔히 보이는 곳에 숨어 있는 아주 커다란 오류에 관심이 쏠리지 않도록 했다. 이 정도로 노력할 바에야 차라리 그냥 취재를 나가서 사실을 보도하는 편이 훨씬 쉬워 보인다.

그러나 글래스에게는 한 가지 문제점이 있었다. 솔직히 말해서 실력이 형편없었던 것이다. "물론 사실을 보도하는 것보다는 이야기를 만들어내는 데 손이 더 많이 가지요. 하지만 그건 보도할 만한 일이 있을 때의 이야기죠." 글래스의 전 동료가 털어놓았다. "만약 보도할 만한 이야기가 없다면 꾸며내는 편이 쉽습니다." 이 동료의 말에 따르면 글래스의 문장력은 그리 뛰어나지 않았으며, 사실 글래스의 기사는 칼럼니스트 앤드루 설리번Andrew Sullivan처럼 널리 인정받는 고참 에디터들이 다시 고쳐 쓰는 경우가 많았다. 글래스는 "깜짝 놀랄 만큼 독특하며 재미있는 소재를 찾아내는 데 재능이 있는 것만 같았습니다. 너무나 참신하고 특별하면서도 편집자들의 구미를 끌 만한 이야기를 가지고 왔거든요." 그러나 이러한 특종은 흔하게 만날 수 있는 것이 아니다. 따라서 그런 특종을 꾸준히 터뜨리려면 이야기를 조작해낼 수밖에 없는 경우가 많다.

물론 나르시시스트가 아니라면 그런 행동을 하지 않는다. 농구선수가 되는 것이 일생의 소원이지만 도저히 키가 자라지 않는다면 현실을 받아들이고 다른 일을 찾는다. 건축가나 상원의원, 또는 유명한 언론인이 되고 싶지만 공간감각이 없거나 연설 실력이 형편없거나 문장력이 부족할 때도 마찬가지다. 이런 경우, 당연히 안타깝기는 하지만 자신이 품었던 꿈에 작별을 고하고 다른 진로를 모색하기 마련이다. 그러나 하나의 목표에 집착하게 된 나르시시스트의 경우, 실패할 수 있다는 생각은 단순히 자존심에 상처를 입힐 뿐만 아니라 자존심을 철저하게 무너뜨린다.

"누구나 살면서 수시로 좌절을 겪습니다." 펜실베이니아 주립대학의 심리학자 에런 핑커스의 말이다. "그리고 때로는 커다란 좌절을 경험하기도 하지요. 예를 들어 사고나 부상을 당해 더이상 선수 생활을 할 수 없는 운동선수처럼 가장 잘하는 일을 못하게 되는 경우도 있습니다. 뿐만 아니라 자기가 가장 잘한다고 생각했던 일을 하기 위한 역량 자체가 처음부터 없었다는 사실을 깨닫기도 하지요. 이런 좌절을 통해 교훈을 얻고, 괴로워하며, 방향을 선회하는 것이 생존하기 위한 단 하나의 바람직한 방법입니다."

나르시시스트는 뭔가를 포기하면 철저한 공허함을 느끼기 때문에 포기하기보다 속임수를 쓰는 쪽을 택하고, 일단 악순환이 시작되면 좀처럼 멈추기 어렵다. 실제로 나르시시스트들은 규칙이 자신에게는 적용되지 않는다는 착각에 빠져 행동하며, 실수를 했는데도 어떻게든 살아남은 경우에는 더욱 대담해져서 더 큰 속임수를 쓰게 된다.

조지아 대학의 심리학자 키스 캠벨은 참가자들에게 NPI를 실시한 다음, 화면에 비친 상식 문제를 풀면서 문제마다 약간의 돈을 걸 수 있는 기회를 주었던 2004년의 연구를 언급한다. 각 참가자에게는 한 문제가 끝날 때마다 정답을 맞혔는지 여부와 돈을 얼마나 따거나 잃었는지 알려주었다. 그다음에는 참가자들이 다음 문제에서 어느 정도 돈을 걸지 결정할 수 있었다.

나르시시스트가 아닌 사람에게는 이 게임이 완벽한 실시간 피드백 시스템이며, 게임을 진행하면서 자신의 성적을 평가할 수 있기 때문에 부진하다면 돈을 덜 걸고 잘하고 있다면 더 많은 돈을 걸면 된다. 그러나 NPI에서 가장 높은 점수를 기록한 사람들은 정반대 전략을 택했다. 캠벨은 이렇게 설명했다. "그들은 자신의 성적을 지나치게 긍정적으로 예상했습니다. 문제를 계속 틀리는데도 교훈을 얻지 못했지요."

또한 이 연구에는 나르시시스트들이 실제로 어느 정도 과도한 자신감을 가지고 있는지 정확하게 수치화하는 부분도 포함되어 있었다. 돈을 걸고 문제를 하나 푼 다음 모든 참가자에게 자신의 답이 맞을 확률을 50~60퍼센트, 61~70퍼센트에서 시작해 98~100퍼센트까지의 수치 중 하나로 평가하도록 했다. 나르시시스트가 아닌 사람은 대체로 성적에 따라 자신감이 올라가거나 내려갔다. 그러나 나르시시스트들의 경우에는 자신감이 항상 성적보다 높았으며, 기초 상식 테스트의 평균 득점률이 73.5퍼센트인 데 비해 평균 자신감은 80퍼센트였다. 이 6.5퍼센트의 차이는 숫자로만 보면 그다지 크지 않을 수도 있지만, 베팅을 할 것이냐 말 것이냐 기로에 서 있는 경우에는 결정적인 역할을 하기도 한다. 예를 들어 지난 다섯 번의 베팅에서 모두 졌는데도 500달러짜리 칩을 블랙잭 테이블 위의 베팅 판으로 밀어넣을까 말까 생각하고 있는 상황이라면 이 근소한 차이 때문에 게임을 계속하게 될 수도 있는 것이다. 허위 기사를 하나 더 제출할까, 아니면 지금까지 부당하게 이익을 보았으니 이제 청산할까 결정할 때도 마찬가지다. 캠벨은 이렇게 설명했다. "나르시시스트는 스스로를 진단할 때 자신의 장점을 바탕으로 세부적인 내용을 생각하는 하향식 전략을 따릅니다. '나는 뛰어나다, 그러므로 이 일을 잘해낼 것이다. 과거에도 잘했고 앞으로도 잘할 것이다.'"

조직에 나르시시스트가 있을 때 경험하는 불쾌함은 오만함, 속임수, 과도한 잘난 척뿐만이 아니다. 사회적 의미의 노출증, 즉 과시욕도 빼놓을 수 없으며, 동료들은 이를 억지로 참아내며 엄청나게 짜증이 날 수도 있다.

나는 어떤 사람에게 축하 이메일을 받던 날 이 점에 대해 많은 생각을 했는데, 여기서는 그 사람을 데니스Dennis라고 부르겠다. 나는 데니스를 좋아한다. 더 중요한 것은 내가 데니스를 존경한다는 사실이다. 물론 여러분도 그럴 확률이 높다. 지칠 줄 모르고, 똑똑하며, 철두철미한 데니스는 내가 아는 최고의 기자 중 한 명이다. 오랜 시간 동안 그를 사랑해온 팬이 많았고, 자신이 다루는 분야에서 가장 유명한 언론인이며, 몇 년 전에는 전직 대통령을 흔들어놓은 정치 스캔들을 터뜨려 수많은 사람이 많은 해명을 해야 했다.

하지만 그렇다고 해서 데니스를 참고 견디기 쉬운 것은 아니다. 몇 년 전에 나와 함께 일할 때 데니스는 가끔씩 내 사무실에 들러 잡담을 나누었는데, 대화의 흐름은 항상 똑같았다. 데니스는 자신이 쓰고 있는 새로운 기사에 대해 이야기하고, 업무와 관계없는 본인의 신변잡기적인 일화를 한두 개 들려준 다음, 내가 말하기 시작하면 잽싸게 신문을 펼쳐들고 눈으로 기사를 훑다가 가끔씩 나를 올려다보면서 "그거 재밌네, 재밌어"라는 말을 중얼거리며 듣는 시늉을 했는데, 그 행동은 오히려 그가 내 이야기에 전혀 관심이 없다는 사실을 여실히 드러낼 뿐이었다. 첫째 딸아이가 태어난 지 1주일 정도 지났을 때, 나보다 먼저 아빠가 된 데니스는 출산 직후에 내가 얼마나 정신없는지 잘 알텐데도 우리집에 전화를 걸어 형식적으로 축하 인사를 한 뒤, 그날 저녁 우리 동네에서 자신의 책 낭독회가 열리는데 혹시 그 시간에 아기가 잠을 자고 있으면 올 생각이 없느냐고 물었다. 짐작건대 내가 조용하고 달콤한 휴식 시간에 자기 낭독회에 참석하고 싶어하며 고작 1주일 전에 아이를 낳고 그후로 거의 잠을 못 자고 있는 아내가 외출한다는 남편에게 아무런 잔소리도 하지 않을 거라고 생각한 모양이었다.

이렇게 데니스는 무엇이든 자기중심적이었지만, 나는 문제의 축하 메일을 받고서야 비로소 그가 얼마나 심각한 상태인지 깨달았다. 나와 다른 기자 한 명이 저명한 언론상을 수상한 직후였다. 대다수 사람들은 들어본 적도 없겠지만 특정 분야의 기자들 사이에서는 잘 알려진 상이었다. 업계가 좁아 소문은 금세 퍼졌다. 데니스는 즉시 우리 두 사람에게 축하 메일을 보내왔다. 나도 메일을 처음 열었을 때는 고마운 일이라 생각했다. 하지만 데니스는 축하 인사가 끝나기 무섭게 당시 자기는 책을 집필중이어서 그 상에 응모할 수 없었다면서 자신이 후보가 되지 못해 유감이라고 덧붙였다. 그는 이렇게 메일을 마무리했다. "어쨌든, 가장 자격 있는 두 분에게 상이 갔습니다." 본인만 제외하면. 물론 추신을 달지는 않았지만 의미는 뻔했다.

데니스가 더없이 뻔뻔한 나르시시스트 같은 행동을 보인 것은 사실이지만, 그렇다고 해서 벌써 몇 년 전에 일어난 일에 대해 분통을 터뜨리는 나도 옹졸하기는 마찬가지다. 하지만 설령 그런 행동에 더이상 짜증이 나지 않더라도 어이가 없다는 생각만은 변하지 않는다. 데니스는 진짜 실력 있는 사람이고 재능도 충분한데다 열심히 노력한 덕분에 그만한 인정을 받았다. 그런데 도대체 왜 이렇게 끊임없이 스스로를 홍보하는 것일까? 한 가지 짐작할 수 있는 이유는, 단순히 본인도 어쩔 수 없기 때문이다.

나르시시스트는 스포트라이트를 받으려는 욕망이 너무 강하기 때문에, 심지어 다른 사람에게 조명이 쏠릴 때도 그 눈부신 흰색 빛을 붙잡고 이를 본인 쪽으로 돌려 그 안으로 들어가기 위해 애쓰는데, 그다지 보기 좋은 광경은 아니다. 하지만 나르시시스트의 그런 행동이 용인되는 경우도 많다. 그들 중 상당수가 데니스처럼 실력을 갖추고 있기 때문이다. 1996년에 자기애가 무궁무진한 바브라 스트라이샌드가 직접 감독 및 주연을 맡은 〈로즈 앤 그레고리The Mirror Has Two Faces〉가 공개되었을 때, 평론가 재닛 매슬린Janet Maslin은 자신에게만 동료 배우들에게 쓰는 것과 다른 화려한 조명을 비추며 자기 얼굴만 사랑스러운 클로즈업으로 잡곤 하는 스트라이샌드의 고질적인 버릇을 꼬집었다. 그래도 매슬린은 스트라이샌드의 '디바다운 매력'은 부인할 수 없다고 인정하며 인상적인 말을 남겼다. "카메라가 스트라이샌드를 사랑한다. 심지어 머리에 총을 대고 있는 순간까지도."

사각형의 좁은 사무실 안에서는 긴밀한 회의나 진행중인 팀 업무를 통해 앞서나가는 사람과 뒤처지는 사람이 불가피하게 드러날 수밖에 없기 때문에 끊임없이 해대는 자랑도 기꺼이 감내할 만큼 가치 있는 인재가 특히 눈에 띄기 마련이다. "나르시시스트는 사실 팀원들에게 활력을 불어넣는 일에 상당히 뛰어납니다." 네브래스카 대학 링컨 캠퍼스의 성격심리학 교수 피터 함스Peter Harms는 이렇게 말했다. "나르시시스트는 먼저 말하기를 좋아하고 이야기를 많이 하므로 팀원들이 서로 알아가기 시작하는 단계에서 서먹한 분위기를 깨는 역할을 합니다. 여기서는 나르시시스트들의 자신감이 큰 도움이 되지요."

나르시시스트는 이런 상황에서 단순히 자신감만을 불어넣는 것이 아니라 추진력도 발휘한다. 데니스나 바브라 수준의 재능까지는 없을지 몰라도 칭찬과 인정을 받을 수 있다는 가능성에 한층 고무된 나르시시스트는 집단에서 가장 의욕적인 모습을 보여주는 경우가 많다. 이들은 처음부터 주목받으려고 마음먹고 있으며, 높은 사람들이 주시하고 있다는 사실을 알고 있을 때는 특히 더 그렇다. 적당히 회의를 마치고 자기 자리로 돌아가고 싶어하는 시큰둥한 동료가 그러는 것처럼 은근슬쩍 문자를 주고받거나 곁눈질로 시계를 보는 일은 없다. 나르시시스트들은 열정적으로 업무에 임하고, 그 과정을 다른 사람들이 알아주기를 바란다.

플로리다 주립대학의 경영학 교수인 웨인 호크와터Wayne Hochwarter는 이렇게 설명했다. "팀이 와해되고 있을 때 나르시시스트를 데려오는 경우가 많습니다. 활기 넘치는 나르시시스트가 들어와서 우리가 세상을 구할 것이라고 강하게 역설하면 모든 사람의 의욕이 솟아나게 됩니다. 이러한 특징 때문에 나르시시스트를 상당히 호의적으로 보게 되지요."

그러나 문제는 회의가 일단 마무리되었을 때 누가 가장 중요한 공헌을 했는지에 대해 모든 사람이 똑같은 생각을 가지고 자리로 돌아가지는 않는다는 점이다. 함스는 대학생들을 모집해 샘플 집단을 구성하고 NPI를 실시한 다음 수학 문제를 풀거나 종이 클립처럼 평범한 물건의 여러 가지 활용 방법을 찾아내는 것 등 간단한 프로젝트를 진행하도록 했던 연구를 인용한다. 프로젝트가 끝난 후에는 모든 집단 구성원들에게 자신이 얼마나 팀에 공헌했는지, 다른 구성원들은 얼마나 공헌했는지 평가하도록 했다.

쉽게 짐작할 수 있듯이, NPI에서 높은 점수를 기록한 학생들은 스스로에게 너무 후한 평가를, 다른 사람들에게는 인색한 평가를 내렸으며, 이들의 점수는 다른 사람들의 평가와 일치하지 않을 때가 많았다. 그리고 모든 사람의 평가가 일치한다 하더라도, 즉 나르시시스트 학생이 실제로 유능한 리더였다 하더라도 어느 정도 유능했는지에 대해서는 이견이 발생했다. 나르시시스트가 스스로에게 매긴 점수는 대부분 다른 구성원들이 자신에게 준 점수보다 훨씬 높았기 때문이다. 놀라운 것은 종이 클립의 활용 방법을 생각해낸 가짓수를 세는 식으로 각 집단 구성원의 공헌 정도를 어느 정도 객관적으로 수치화할 수 있는 경우에도 같은 현상이 나타났다는 점이다. 나르시시스트는 꼴찌에 가까운 점수를 받아도 자기 자신에 대한 생각을 바꾸지 않았다.

함스는 이렇게 말한다. "나르시시스트는 아마도 자신이 대화를 촉진해서 다른 사람들이 더 많은 아이디어를 낼 수 있도록 도왔다고 말할 겁니다. 그리고 그런 주장이 사실이 아님을 보여주는 그룹 활동의 동영상을 보여주어도 주장을 굽히지 않을 것입니다."

이런 모든 행동은 그나마 참을 수 있는 범주 안에 속할지도 모르지만, 대부분의 경우 이는 나르시시스트의 두 가지 행동 단계 중 첫번째에 불과하다. 일부 나르시시스트는 자신이 성공하는 것만으로 만족하지 못하고 주변 사람들이 실패하거나, 성공하더라도 그다지 눈에 띄지 않도록 만들어놓아야 직성이 풀린다. 이런 성향이 가장 잘 드러나는 것은 다양한 아이디어나 주장을 내놓고 토론하는 아이디어 회의다. 이러한 회의에서는 대다수 참석자들이 세 가지 부류 중 하나에 속한다. 우선 누가 아이디어를 내놓을 때마다 매번 박수를 치며 무차별적으로 칭찬하는 사람이 있다. 이들은 단순히 그 의견을 낸 동료를 좋아하기 때문에 도와주고 싶어할 수도 있고, 아니면 원래 쉽게 만족하는 편일 수도 있다. 무차별적으로 칭찬하는 사람은 상냥하고 너그러우며 모든 사람이 좋아하지만, 진짜 좋은 아이디어를 찾아내려고 팀 전체가 노력할 때는 아무 쓸모 없는 경우가 많다. 두번째로 도움이 되는 부류는 까다롭지만 공정한 평가를 하는 사람이다. 대충대충은 용납하지 않으며 제안에서 실제 문제점을 찾아낸다. 주변 동료와 속한 조직의 성공을 위해 노력하기 때문에 그들의 제안에 결점이 없기를 진심으로 바란다.

세번째 부류가 어쩌다 맞닥뜨리는 스컹크 같은 존재로, 이들은 어깨를 으쓱하면서 다른 사람의 제안을 무시하거나 못마땅한 눈치를 굳이 숨기려고도 하지 않으며 더없이 훌륭한 아이디어에서조차 단점을 찾아낸다. 회의실에 있는 다른 사람들은 아무도 그렇게 생각하지 않는데도 "독창성이 떨어진다"고 말하는가 하면, 다른 사람들은 전부 관심을 보이는데도 "별로 흥미를 끌지 못한다"고 하고, 충분히 달성 가능성이 있으며 신중한 생각 끝에 탄생한 아이디어인 것 같은데도 "현실성이 떨어진다"고 트집을 잡는다. 이들이 이런 태도를 보이는 것은 기업에서 추구하는 커다란 목표와는 전혀 관계없다. 오직 이 시비꾼의 사소한 개인적 목표만이 작용할 뿐인데, 이 목표란 직장에서 인정받는 문제가 제로섬 게임이며 동료가 작은 성공을 할 때마다 자기 성공의 일부를 빼앗긴다는 믿음에 근거한 것이다.

호크와터는 이렇게 말했다. "이것은 매우 위험한 게임입니다. 이렇게 노골적인 태도를 보일 때는 극도로 주의해야 합니다. 그때까지 얻은 신뢰가 순식간에 사라질 수 있기 때문입니다. 처음에는 동료들에게 호감을 얻다가 자기중심주의가 배어나오기 시작하는 것이 나르시시스트들의 특징이지요. 현명한 사람이라면 그 시점을 최대한 뒤로 미룰 겁니다."

호크와터는 이 주제에 대해 상당한 지식을 쌓았는데, 무엇보다도 보유한 데이터를 보완하기 위해 직장에서의 행동과 관련된 설문조사에 참여할 지원자를 수시로 물색하는 적극적인 연구 방식을 채택하고 있기 때문이다. 호크와터는 여러 기업체와 이야기를 나누고 기꺼이 현장조사를 실시할 수많은 대학원생을 확보한 덕분에 수천 명을 대상으로 한 설문조사 결과를 취합할 수 있었다. NPI 검사에는 시간이 많이 걸리는데다 검사 과정에서 불쾌감을 느끼는 사람이 많기 때문에 호크와터는 응답자들의 나르시시즘 성향에 구체적으로 점수를 매기기보다는 그들의 이기적인 기질을 끌어낼 수 있는 질문을 던졌다. 그의 말에 따르면 "임상적으로는 인정되지 않더라도, 이러한 이기적인 기질은 충분히 나르시시즘을 대변할 수 있는 것으로 생각된다".

이런 방식으로 도출한 간접적인 결과는 많은 것을 시사한다. 예를 들어 응답자의 44퍼센트가 "직장 동료가 일처리가 뛰어나다고 인정받으면 극도의 질투심을 느낀다"라는 문장에 동의했다. 또한 "인정을 받아 마땅한 일이 있다면 다소 과장을 하더라도 반드시 인정을 받아낸다"라는 문장에 동의한 사람은 37퍼센트였다. 또한 다음과 같은 불편한 성향을 가지고 있다고 시인한 사람도 51퍼센트에 달했다. "들키지 않는다는 확신이 있다면 내가 별다른 역할을 하지 않은 성공에 대해서도 공로를 인정받을 기회를 찾는다."

물론 호크와터의 설문에 참여한 모든 응답자의 51퍼센트가 임상적으로 진단이 가능한 자기애성 성격장애를 앓고 있다고 할 수는 없지만, 이보다 훨씬 더 보편적으로 나타나는 현상이 바로 준準임상적 나르시시즘이다. 그리고 적극성과 성과와 인정을 받는 것이 중요한 비즈니스 세계는 간호나 사회복지 등 타인을 먼저 생각해야 하는 분야와 달리 이러한 특성을 가진 사람들을 저절로 끌어들이기 마련이다. 서비스 분야에 뛰어드는 사람들은 무언가를 주고 싶어하는 경향이 있으며, 비즈니스 분야에 입성하는 사람은 최소한 약간이나마 무언가를 얻고 싶어할 가능성이 높다.

나르시시스트가 추구하는 것이 인정이라면, 이들이 인정을 받지 못했을 때 매우 나쁜 일이 발생하는 것 또한 어쩌면 당연한 일이다. 가장 심각한 수준의 나르시시스트들을 위한 변명을 해보자면 사실 이것은 우리 모두에게 적용되는 말이다. 호크와터는 기업 경영진에게 직원들은 약간의 상여금을 비롯한 여러 가지 종류의 물질적인 보상보다는 오히려 공개적으로 언급해주거나 칭찬해주는 말에 더욱 열정적으로 반응하는 경우가 많다는 조언을 자주 한다. 상여금을 받으면 은행 잔고가 불어나기는 하지만 아무도 알아주지 않기 때문이다. 이것은 인간 본성의 바람직한 특성 중 하나로, 우리가 주변 사람들로부터의 긍정적인 평가를 얼마나 가치 있게 여기는지 잘 보여준다. 그러나 동시에 이것은 받아야 할 칭찬을 받지 못할 때 우리가 좋지 않은 방식으로 반응한다는 의미이기도 하다.

피츠버그 대학 연구실에서 함께 피땀 흘려 노력한 연구원 수십 명의 도움을 받아 소크Salk 백신을 개발한 조너스 소크Jonas Salk는 딱히 공로를 인정받고자 하거나 유명세를 추구하는 사람이 아니었다. 소크는 연구를 시작할 때부터 자신이 개발중인 백신에 대해 특허를 신청하지 않을 것이며 이미 받고 있는 대학 급료 외에는 어떤 보상금도 받지 않겠다는 점을 분명히 했다. 소크는 기자들이 인터뷰를 요청해오면 굳이 반대하지는 않았지만 주로 피츠버그 지역 언론에 한해 응했고, 기자들에게는 자신이 개발하고 있는 것을 '소크 백신'이 아니라 '피트Pitt 백신'이라고 지칭해줄 것을 요청했다. 소크는 언론사 에디터들이 좁은 칼럼 너비에 맞추기 위해 항상 헤드라인에 짧은 단어를 사용하려고 애쓴다는 사실을 알고 있었기에 너비를 적게 차지하는 글자가 세 개나 들어 있는 Pitt가 Salk보다 인쇄할 때 자리를 적게 차지한다고 말하기도 했다. 사람의 이름을 넣어 이야기에 인간미를 부여하는 것을 선호하는 신문사는 이 제안을 받아들이지 않았지만 소크는 분명 노력을 기울였고, 이는 처음부터 서로 공헌을 인정하며 협동적인 분위기로 연구실을 운영했던 소크의 태도와도 일맥상통하는 것이었다.

그럼에도 불구하고, 광범위한 임상 실험을 통해 마침내 백신 개발에 성공했음이 증명되어, 1955년 4월 12일 이를 발표하는 기자회견이 대대적으로 열렸을 때 대중이 가장 궁금해했던 사람은 소크였고, 록스타 대접을 받은 것도 소크였다. 소크는 뉴스 카메라와 환호하는 기자들 앞에 서서 같은 상황에 처한 대부분의 사람들이 할 법한 행동을 했다. 다시 말해 대학에, 연구자금을 지원해준 재단에, 시험 백신을 제조해준 제약회사에, 가장 초기 형태의 백신을 실험하는 데 기꺼이 참여해준 수십 명의 아이들에게, 나중에 최종 버전의 검증을 위해 기니피그 역할을 자청한 수십만 명의 사람들에게, 그리고 오랜 기간 동안 자신의 연구와 잠깐이라도 인연이 닿았던 모든 사람에게 감사의 인사를 전한 것이다. 하지만 어찌 된 영문인지 백신을 실제로 완성하는 데 그 누구보다 많은 기여를 했던 연구실 팀원들은 단 한 명도 언급하지 않았다. 실수였을까, 지나치게 긴장했기 때문일까, 아니면 거만한 자아가 마침내 모습을 드러낸 것일까(비평가들은 이 마지막 해석을 선호한다). 이것은 미식축구 슈퍼볼에서 우승한 감독이 선수들만 빼놓고 모든 사람의 공로를 인정하며, 실제 발로 뛴 사람들을 제외한 모두에게 승리에 대한 감사 인사를 한 것이나 다름없는 행동이었다. 청중석에 망연자실한 채로 앉아 있던 연구실 직원들은 더없이 기쁜 날이 순식간에 악몽 같은 날로 바뀌는 기분을 맛보아야 했다.

전설적인 CBS의 기자인 에드워드 R. 머로Edward R. Murrow는 행사가 끝난 다음 무대 뒤쪽에서 소크에게 따끔한 충고를 했다. "이보게 젊은이, 자네에게 엄청난 비극이 닥쳤네. 자네는 이제 익명성을 잃어버린 거야." 충격을 받은 소크의 연구실 동료들은 계속 이름 없는 연구원으로 남게 되었으며, 심지어 50년이 지난 지금까지도 생존자들 중 일부는 이전 상사인 소크를 용서하지 않았다.

박수를 받을 만한 일을 하는 데서 오는 본능적인 만족과 그 일로 받는 인정 사이의 줄다리기 관계는 직장에서만 볼 수 있는 것이 아니다. 다음과 같은 상황을 생각해보자. 비가 내리는 추운 날에 여러분은 거리에 서 있는 노숙자를 발견하고는 그냥 지나가거나 1달러를 건네주는 대신 근처에 있는 델리로 들어가 수프와 샌드위치, 커피 한 잔을 사준다. 정말 좋은 일이다! 자, 이제 이 일을 자신만의 비밀로 간직할 수 있을지 생각해보자. 집에 가서도 가족들에게 여러분이 방금 한 친절한 일에 대해 이야기하지 않는 것이다. 아무도 모르는 선행이라는 것이 과연 할 가치가 있는 일일까?

〈케이트 & 레오폴드〉는 레오폴드라는 공작이 시간 여행으로 21세기 뉴욕에 나타나 사랑을 찾는 유쾌한 영화다. 마음에 두고 있는 여성이 깜짝 놀라게 아침을 차려준 레오폴드는, 친구로부터 그 여성이 볼 때까지 식기세척기를 켜지 말라는 충고를 듣는다. 남자가 아무도 보지 않는 사이에 설거지를 한다면, 그게 진짜 있었던 일이라고 누가 믿어줄까? 마찬가지로 아이들도 엄마와 아빠가 단순히 결과만 확인하기보다는 실제로 자신이 방청소하는 모습을 지켜보는 편을 선호한다. 그리고 직원들은 당연히 업무를 다 끝내고 책상이 깨끗해졌을 때보다는 책상에 일이 잔뜩 쌓여 있을 때 상사가 지나가기를 바랄 것이다.

이러한 보편적인 성향이 문제가 되는 이유는 일부 사람들, 특히 나르시시스트들이 인정받는 것을 거의 유일한 지상 과제로 생각하기 때문이다. 레오폴드는 어쨌거나 설거지를 했을 테고, 회사에서 일이 많으면 누가 지켜보든 관계없이 업무를 처리하는 편이 낫다. 하지만 수많은 나르시시스트는 그렇게 생각하지 않는다. 일을 해도 개인적으로 별로 인정받을 수 없다면 다른 사람에게 업무를 떠넘기는 경우가 흔하다. 이런 현상은 일반적으로 '사회적 태만social loafing', 스포츠에서는 '태업dogging it'이라고 부르며, 이는 어떤 곳에서도 환영받지 못한다.

"나는 내가 경기하고 싶을 때 한다." NFL의 악동 랜디 모스Randy Moss는 실제로 경기 중에 일부 플레이에 참여하지 않는 것처럼 보이는 자신의 버릇에 대해 이렇게 설명했다. 모스는 패스를 하거나 패스를 받음으로써 따라올 수 있는 영광이 확실히 자기 쪽으로 향하지 않을 것 같으면 설렁거리며 뛰지도 않았던 것이다.

"이봐요, 그건 연습이라고! 경기에 대한 이야기가 아냐. 연습이라고!" 필라델피아 세븐티식서스Philadelphia 76ers의 슈퍼스타 포인트 가드 앨런 아이버슨Allen Iverson은 2006년 악명 높은 기자회견에서 기자들로부터 왜 예정된 연습에 불참했느냐는 질문을 받자 이렇게 소리쳤다. 팀의 다른 선수들은 전부 필수적으로 참석해야 하는 연습도 자신에게는 의무가 아니라고 생각하는 모양이었다. 어쨌든 연습에는 관중이 없으니까. 스포츠계 전반에 걸쳐 이런 현상이 어찌나 만연했던지, ESPN.com은 다른 선수에게 관심이 쏠릴 때 최선을 다하지 않는 선수들을 모아 태업 클럽Dogging It Club이라는 것을 만들기도 했다. 이 부끄러운 클럽은 2010년 창단 당시 열 명의 창립 회원으로 구성되었다. 그들은 하나같이 유명한 선수들인데다 NBA(앨런 아이버슨, 샤킬 오닐Shaquill O'Neal, 라시드 월리스Raseed Wallace), NFL(랜디 모스, 테럴 오언스Terrell Owens, 자마커스 러셀JaMarcus Russell, 디온 샌더스Deion Sanders), 메이저리그 야구(매니 라미레스Manny Ramirez, 앤드루 존스Andruw Jones)는 물론, PGA 선수까지 총망라되어 있었다. 혼자서 경기를 하며 아무하고도 스포트라이트를 나눌 필요가 없는 골프 선수가 여기 속한다는 것은 말도 안 되는 이야기처럼 들린다. 그러나 ESPN은 1991년에 PGA 챔피언십에서 우승을 차지했지만 2000년대에 들어와서는 진지하게 경쟁할 생각을 하지 않은 채 그저 경기 참여에 만족하며 설렁설렁 태업을 했던 존 데일리John Daly라면 충분한 자격이 있다는 판단을 내렸다.

케이스 웨스턴 대학의 학자들은 인정받을 기회가 있는 경우 나르시시스트와 그렇지 않은 사람이 얼마나 많은 노력을 쏟는지 시험하기 위해 238명을 대상으로 NPI 검사를 실시한 후 일련의 작업을 맡겼다. 첫번째 작업은 과학과 전혀 관계없이 손재주를 사용하는 '수술 Operation' 게임이었다. 참가자들은 작은 족집게를 사용해 배터리가 장착된 보드 위에 그려진 사람의 모형에서 플라스틱으로 된 작은 신체 부위를 골라내야 했다. 족집게가 목표가 아닌 다른 부위를 건드리면 경고음이 울렸다. 아무것도 걸려 있지 않은 이 게임에서 자존심을 자극하기 위해 참가자들에게 첫번째 라운드는 연습 경기라고 전달했다. 두번째 라운드에서 점수가 올라가면 돈을 벌 수 있었다. 참가자 중 일부에게는 점수를 올리기가 상당히 쉬우며 연습한 참가자라면 대부분 점수를 높일 수 있었다고 알려주었다. 다른 참가자들에게는 가장 손재주가 뛰어난 사람들만 첫번째 점수보다 높은 점수를 기록했다고 말했다. 따라서 점수가 올라간 사람들은 실력이 향상됐다는 명예를 얻는 셈이다. 비록 금세 사라져버리는 아주 사소한 것이라 해도. 그러나 나르시시스트에게는 그 정도만으로도 충분했던 모양이다.

NPI에서 낮은 점수를 기록한 사람들은 점수가 올라갈 가능성에 대해 어느 쪽의 이야기를 들었든 관계없이 첫번째 라운드와 두번째 라운드 사이에 약간이라도 점수가 향상된 경우가 많았다. NPI에서 높은 점수를 기록했으며 점수가 향상되는 것이 흔한 일이라는 이야기를 들은 나르시시스트들의 경우도 마찬가지였다. 그러나 점수를 올리기가 어렵거나 불가능하다는 이야기를 들은 나르시시스트들은 두번째 라운드에서 점수를 올리기 쉽다고 생각했던 사람들보다 네 배나 높은 점수를 올렸다. 이들이 특별히 다른 참가자들보다 선천적으로 손재주가 뛰어난 것은 아니었지만, 선천적으로 훨씬 더 명예에 굶주려 있었던 것이다.

두번째 실험에서는 두번째 샘플 집단을 모집해 사실상 첫번째 실험을 그대로 반복했지만, 수술 게임 대신 수학 문제를 사용했다. 이번에는 이 일이 무척이나 어렵다는 말을 해주었을 때 나르시시스트들이 더 좋은 성적을 올렸을 뿐만 아니라, 나르시시스트가 아닌 사람들은 오히려 더 나쁜 성적을 받았다. 잘하지 못할 것이라는 예측 때문에 의기소침해진 나머지 결과도 그 예상대로 흘러갔던 것이다.

세번째 실험에서는 더욱 직접적으로 사회적 태만을 조명했다. 참가자들에게는 이 실험이 창의력을 알아보기 위한 실험의 일부라고 말해주었다. 참가자들에게 12분을 주고 칼의 활용 방법을 최대한 많이 적어 내도록 했다. 아이디어가 얼마나 좋으냐와 상관없이, 오직 아이디어 개수만으로 판단하기로 했다. 참가자 중 일부에게는 답변이 전적으로 익명에 부쳐질 것이며, 본인이나 다른 참가자들, 심지어 실험 진행자들까지도 특정한 사람이 나머지 사람에 비해 얼마나 잘했는지 알 수 없다고 말했다. 또 어떤 사람들에게는 실험 진행자만 누가 제일 잘했는지 알 수 있고 그외에는 아무도 모를 것이라고 말했다. 나머지 사람들에게는 결과를 완전히 공개하겠다고 말했다.

결과를 전혀 공개하지 않거나 실험 진행자만 알게 되는 경우 NPI 점수에 관계없이 모든 참가자가 주어진 12분 동안 20개 정도 범위의 활용법을 생각해냈다. 그러나 결과를 공개하는 경우, 즉 다른 모든 사람이 인정할 수밖에 없는 방식으로 뛰어난 활약을 보일 기회가 생겼을 때는 가장 높은 점수를 기록한 나르시시스트들이 평균 44개의 활용법을 제출해 그렇지 않은 사람들이 적어낸 평균치인 14개를 압도했다. 연구원들은 결과를 공개하지 않는 시나리오에서 나르시시스트들이 보여준 성과를 결과를 공개하는 시나리오에서의 성과와 비교해 "나태하다"고 불렀다. 이는 '사회적 태만'을 나타내는 또하나의 말이라고 해도 좋을 것이다. 반대로 점수가 공개되는 시나리오에서 이들이 기록한 높은 점수는 한마디로 말해서 순수하게 "자신을 표현하기 위한 과시 행위"의 산물이었다.

'무조건 나를 바라봐'라는 식의 이런 행동은 기업에서 윤리적으로 바람직하지 않은 양상으로 나타날 수 있을 뿐만 아니라 기업의 수익에도 악영향을 미칠 수 있다. 특히 사회적 태만을 보이는 사람들이 소홀히 한 업무를 끝내기 위해 다른 동료들이 야근수당을 받고 늦게까지 일해야 하는 상황이 벌어진다면 말이다. 호크와트는 이렇게 설명한다. "나르시시스트는 '이봐, 이 일을 제대로 파악하려면 며칠 정도 걸릴 것 같아'라는 식으로 말할 겁니다. 이것은 일종의 태만 행위입니다. 물론 이런 행동이 계속 이어질 수는 없습니다. 결국에는 나머지 팀원들이 깨달음을 얻는 순간이 옵니다. 한 사람이 돌아가는 상황을 눈치채고 나머지 동료들에게 정보를 퍼뜨리게 되지요." 그때쯤 되면 서로 협력해서 일하던 팀 분위기는 예민하고 분통을 터뜨리는 분위기로 바뀌어 있을 것이며, 다음번에 나르시시스트와 함께 프로젝트를 하게 되면 그런 분위기에서 시작할 수밖에 없다.

직장에 나르시시스트가 있을 때 가장 문제 되는 것은 모든 일이 순조롭게 진행될 때도 그들의 꼴사나운 특성이 드러난다는 점이다. 수익이 올라가고 제품도 잘 팔리며 서로 칭찬만 주고받는 분위기에서도 이 나르시시스트들은 끊임없이 자신이 받아야 할 몫보다 많은 인정을 누리고 다른 사람의 공로를 부정하려고 애쓴다. 상황이 좋지 않으면 문제는 훨씬 더 심각해진다. 프로젝트가 표류하거나 제품의 실적이 형편없으면 나르시시스트도 비난을 받게 된다.

문제가 생겨서 비난받을 때 택할 수 있는 최선의 전략은 최소한 부분적으로라도 무엇이 어떻게 잘못되었는지 솔직하게 밝히는 것이다. 실패했음을 인정하는 것은 어떤 직원이라도 하기 쉽지 않은 일이지만, 적절한 시기에 잘못을 시인하는 것은 용감한 동시에 품위 있는 행위이며, 그 결과 책임자를 빠른 시간에 파악해내고 전 조직 차원에서 문제 해결에 착수할 수 있다. 심지어 문제가 별로 크지 않다면 정직한 입장을 취했다는 사실만으로도 존경을 얻을 수 있으며, 특히 팀이나 부하직원들을 대신해 앞장서서 비난을 받았다면 말할 것도 없다. 그러나 나르시시스트에게는 이런 능력이 전혀 없다. 사실 이들은 비난을 받아들이지 않을 뿐만 아니라 다른 사람에게 떠넘기는 일도 부지기수이며, 자신이 내세우는 말을 스스로도 믿는 경우가 많다.

"나르시시스트에게는 자존심을 보호하는 것이 무엇보다 중요합니다." 함스의 말이다. "따라서 이들은 실패할 경우 외부에서 원인을 찾습니다. 조직에 뭔가 문제가 있다, 누군가 내가 필요로 하는 정보를 주지 않았다, 모든 것을 나 혼자 해야 했다, 라는 식이지요."

캠벨은 이렇게 덧붙인다. "많은 사람에게서 이런 성향을 발견할 수 있지만 나르시시스트의 경우 특히 심합니다. 우리는 이것을 자기 고양적 편향self-enhancement bias이라고 부릅니다. 시험을 망치면 시험을 원망합니다. 자신의 잘못은 아니죠. 시험에서 뛰어난 성적을 거두면 자신이 공부를 열심히 했기 때문입니다. 어느 쪽이든 본인에게는 아무런 잘못이 없는 겁니다."

이러한 경우 진짜 위험한 점은 나르시시스트뿐만 아니라 그에게 직접 추궁당하는 사람들에게까지 이 나쁜 습관이 퍼진다는 점이다. 비난은 마치 방사능 물질과 같다. 비난, 특히 부당한 비난을 받아들이고 싶어하는 사람은 없다. 따라서 비난이 내 쪽으로 향하면 너무 뜨거워서 손을 댈 수 없는 물건을 떠넘겨받았을 때처럼 얼른 집어서 멀리 던져버리는 식으로 반응하게 된다. 거래를 망쳐 난처한 입장에 처한 나르시시스트가 중요한 이메일을 보내주지 않은 동료에게 비난의 화살을 돌린다면, 지목당한 동료는 즉시 그 이메일에 중요 표시를 하지 않은 부하직원에게 손가락질을 하기 마련이다. 다시 그 부하직원은 그런 메일은 처음부터 받은 적도 없다며 메일을 보냈어야 하는 사람을 탓한다. 조직심리학자들은 이러한 현상을 비난 전염blame contagion이라고 부르며, 이것은 진짜 질병이 전염되듯 광범위하게 바이러스처럼 퍼져나간다. 또한 서던 캘리포니아 대학의 너대니얼 패스트가 2010년 연구를 통해 증명했듯, 이러한 비난 전염에서도 질병이 전염될 때와 마찬가지로 전염을 유발하는 당사자는 전혀 알지도, 의식하지도 못한 채 병원균을 전달할 수 있다.

패스트는 여러 단계에 걸친 연구의 첫번째 단계에서 대학생들에게 2005년에 캘리포니아 전 주지사인 아널드 슈워제네거가 자신이 지지하는 네 가지 투표안을 통과시키기 위해 요청한 보궐선거를 다룬 두 개의 새로운 기사 중 하나를 읽도록 했다. 이미 2002년의 중간 선거, 2004년의 대통령 선거, 캘리포니아 주의 특징인 여러 차례의 보궐선거를 거치면서 투표에 진절머리가 난 대중은 강하게 반발하며 네 가지 투표안을 전부 단호하게 거부했다. 이 잘못된 판단 때문에 안 그래도 주 예산이 부족한 캘리포니아는 2억 5천만 달러를 낭비하고 말았으며, 슈워제네거는 그 때문에 강력한 비판을 받았다. 이 모든 것은 실제로 일어난 일이지만, 학생들에게 나눠주고 읽도록 한 뉴스는 꾸며낸 것이었다.

참가자의 절반은 주지사가 책임자답게 사태에 대한 책임을 지기로 했다는 가짜 기사를 읽었다. 기사의 내용은 이렇게 되어 있었다. "슈워제네거는 선거에 대한 책임은 전적으로 자신에게 있다고 말했다. '제가 모든 책임을 집니다. 책임을 회피해서는 안 됩니다. 보궐선거는 제 생각이었고 올해가 개혁의 해라고 제 입으로 말하기도 했습니다. 하지만 캘리포니아 주민들은 저의 제안을 받아들이지 않았고 이제 우리 모두 앞으로 나아갈 때입니다.'"

나머지 참가자들이 받은 가짜 기사에는 그보다 훨씬 옹졸한 주지사의 모습이 담겨 있었다. "슈워제네거는 보궐선거의 결과가 씁쓸한 정치적 파트너십 때문이라고 지적했다. '일부 특별 이익단체가 자신들의 이익만을 생각한다는 것은 상당히 유감스러운 일입니다. 저는 결과에 대한 책임에 우리 팀이나 저 자신에게 있다고 생각하지 않습니다. 앞에서 말한 이유 때문에 선거가 실패로 돌아간 것입니다.'"

그다음에 패스트와 동료들은 참가자들에게 소위 보조 과제filler task를 부여해 특정 야구선수들에 대한 지식을 알아보는 설문조사를 했다. 이 설문조사는 연구와 전혀 관련이 없었지만 참가자들이 무언가 다른 주제에 관심을 쏟을 수 있도록 만드는 일종의 인지적 입가심palate cleanser 역할을 했다. 마지막으로 실험 진행자들은 참가자들에게 자신이 인생에서 겪은 실패에 대한 간단한 글을 쓰되, 어떤 일이 있었는지, 그리고 무엇보다 왜 그런 일이 발생했는지 적도록 했다. 그다음에는 연구에 대해서 전혀 모르는 외부인들에게 이 글들을 읽고 1부터 5까지의 숫자 중 하나로 평가하도록 했다. 1은 글을 쓴 사람이 실패에 대해 전적으로 책임을 진다는 의미이고, 5는 완전히 책임을 거부하고 다른 사람 탓을 한다는 뜻이었다.

아널드가 모든 책임을 인정한다는 좋은 기사를 읽은 사람들은 이 '남 탓하기' 척도에서 평균 1.84를 기록했고, 아널드가 다른 사람을 비난하는 기사를 읽은 사람들은 평균 2.41을 기록했다. 두 집단 사이의 차이는 무려 31퍼센트로, 최소한 통계적인 관점에서 보면 비난 전염 효과를 증명하기에 충분하고도 남는 수치다.

물론 이 실험이 완벽한 것은 아니다. 야구 관련 보조 과제는 좋은 의도로 넣은 것이지만 참가자들의 의식에서 슈워제네거 이야기를 완전히 몰아내기에 충분하지 않았을 수도 있다. 하지만 이 연구의 다른 부분에서도 똑같은 아이디어를 다양한 방법으로 탐구했으며, 비슷한 결과가 도출되었다. 마지막 실험에서는 참가자들에게 일자리를 구하지 못한 대학생들이 자기 자신 또는 어려운 경제를 탓하는 뉴스를 읽게 한 다음 개인적인 좌절을 설명하는 글을 쓰도록 했다. 결과는 슈워세네거 실험 때와 배우 비슷했다. 대학생들이 경제를 탓하는 뉴스를 읽고 이에 영향을 받은 학생들은 남을 원망하는 비율이 나머지 학생들에 비해 27퍼센트나 높았다. 슈워제네거 실험 때보다 수치가 높지 않았다는 것이 오히려 놀라웠다. 학생들이라면 정치적 좌절에 괴로워하는 주지사보다는 힘겹게 구직 활동을 하고 있는 다른 학생들의 어려움에 훨씬 쉽게 공감하는 법이기 때문에 주지사 실험 때보다 비난하는 행동이 더욱 강력하게 전염되리라 예상했던 것이다. 어쨌든 27퍼센트는 통계적으로 충분히 유의미한 차이이며, 실험 참가자들이 실제로 비난 전염병에 걸렸음을 보여주었다. 비록 예상보다는 증상이 심각하지 않았다 할지라도 말이다.

패스트는 이렇게 설명했다. "자신의 이미지를 보호해야겠다는 목표는 매우 전염성이 강합니다. 꼭 나르시시스트가 아니라 하더라도 누구나 잠재적으로 그런 충동을 가지고 있기 마련입니다. 공개적으로 자신의 이미지를 보호하려는 다른 사람의 모습을 보게 되면, 자신의 이미지를 보호하기 위해서라도 그 행동을 모방하게 됩니다. 그다음에는 조직 전체에 걸쳐 이런 잠재적인 충동이 깨어나고, 모든 사람이 대가를 치르게 되지요."

앞에서 소개한 패스트의 두 가지 실험이 이 비난 전염이 얼마나 고질적인 문제가 될 수 있는지 보여주었다면, 마지막 부분은 이를 해결하는 방법을 보여준다. 이 마지막 실험에서 학생들은 보조금의 일부가 잘못 집행된 것에 대해 책임지기를 거부하며 보조금 수혜자들을 비난하는 재단 이사장에 대한 이야기를 읽었다. 그다음에 학생들 중 절반에게는 자신이 갖고 있는, 자랑스럽게 여기는 능력 한 가지에 대해 간단한 글을 쓰도록 했다. 그 후 다시 개인적인 실패에 대한 글을 쓰도록 하자, 중간 단계를 거치면서 자신의 가치를 확인한 학생들은 비난 전염의 고리를 끊고 훨씬 더 높은 비율로 책임을 인정했다. 재단 이사장에 대한 글을 읽고 나서 자신의 가치를 확인할 기회가 없었던 학생들은 서슴지 않고 타인에게 비난의 화살을 돌렸다.

직장에서 마주치게 되는 나르시시스트의 문제는 이들과 계속 같이 일해야 하며, 이들의 존재로 인해 얻을 수 있는 양날의 검 같은 장점도 사라지지 않는다는 점이다. 열정적이고 서먹한 분위기를 없애주며 인정받기를 원하는 직원은 최소한 독약으로 변하기 전까지는 좋든 싫든 대부분의 사무실에서 강장제 역할을 하게 된다. 나르시시스트는 뭔가 엄청난 실수를 저질러 해고되거나 자신의 뛰어난 재능이 제대로 인정받지 못한다고 판단해 어느 정도로든 분노를 표출하며 스스로 떠나는 방식으로 직장에서 모습을 감춘다. 그리고 이들이 사라지기 전까지, 무엇보다 다른 사람들을 몰아내기 전까지, 나르시시스트는 충분히 자산이 될 수 있다.

함스는 이렇게 말한다. "만약 여러분이 상사라면 나르시시스트를 활용하는 법을 찾아내야 합니다. 그들에게서 최대한 많은 것을 뽑아내야 합니다. 나르시시스트는 자신의 이미지를 향상시킬 수 있다는 생각이 들면 많은 것을 해내기 마련이므로 어려운 과제를 할당하고 새로운 환경을 접하게 하는 것이 좋습니다. 또한 나르시시스트의 잘못된 점을 지적할 때는 '자네는 정말 뛰어난 친구야. 그런데 이렇게 하면 지금보다 더 잘할 수 있다네' 등으로 잘 포장하는 것이 좋습니다." 칭찬을 해준 다음 새로운 일을 맡기는 과정을 계속 반복하면 나르시시스트의 능력을 가장 잘 활용할 수 있을 뿐만 아니라, 점점 더 거슬리는 존재가 되어가고 있는 나르시시스트로부터 팀원들을 해방시키고, 좋은 첫인상을 주는 나르시시스트의 뛰어난 능력이 십분 발휘될 수 있는 새로운 환경에 그를 투입할 수 있다.

물론 결국에는 그런 좋은 인상을 믿어줄 사람이 아무도 남지 않게 된다. 또한 결국에는 상사도 지적하고 싶은 말이 있어도 항상 먼저 달래듯 칭찬하며 나르시시스트의 자존심을 건드리지 않으려고 신경 쓰는 데 진절머리를 낸다. 그다음에는 거들먹거리고, 으스대며, 걸핏하면 남을 탓하고, 내키지 않는 업무에는 손을 놓으며, 회사에 유일하게 도움이 될 일이라고는 회사를 떠나는 것밖에 없는 직원이 남게 된다. 나르시시스트는 어느 직장의 화학적 조합에서도 휘발성 물질 역할을 한다. 밝게 확 타오르면서 때로는 상당히 아름다운 광경을 만들기도 하지만 그것은 순간에 불과하다. 결국에는 어쩔 수 없이 폭발하거나 연소되고 만다. 어느 쪽이든 끝이 좋을 리 없다.

5장

한 이불을 덮은 짐승

The Narcissist Next Door

섹스는 인간이 평생 동안 하는 일 중에서 두번째로 가장 뻔뻔한 행위다. 가장 뻔뻔한 일은 섹스를 기대하는 것이다.

인간은 매우 사회적이며 상당히 친화적이지만 그와 동시에 적당한 거리를 유지하는 존재다. 우리는 접촉을 열망하는 만큼이나 숨 쉴 곳과 개인적인 공간을 열망한다. 악수, 포옹, 어깨에 손 두르기는 따뜻하고 사랑이 넘치는 행위이자 유대감을 표현하기 위한 가장 효과적인 방법이다. 동시에 이러한 접촉은 일시적이며 순식간에 끝나는데다가 분명히 자신이 선택한 것이다.

하지만 복잡한 전철 안에서 몸이 가까이 닿는 것, 사람이 가득 찬 엘리베이터에서 지나치게 가까이 신체가 스치는 것, 붐비는 가게에서 우연히 밀치는 일 등으로 발생하는 접촉은 그렇지 않다. "제대로 좀 보고 다녀요!"라는 화난 고함 소리는 몸을 부딪쳐서 정말로 아프고 깜짝 놀랐을 때 나오기도 하지만, 강도와 관계없이 누군가와 부딪쳤다는 바로 그 사실 때문에 나오는 경우도 드물지 않다. 때로는 물리적인 접촉 없이도 침범당했다는 기분을 느낄 수 있다. 대화중에 지나치게 가까이

다가오는 사람, 식탁을 가로질러 이쪽으로 손을 뻗는 사람, 회의나 영화관에서 시야를 가리는 사람이 있으면 발끈하게 된다. 이것은 단순히 상대방이 자신에게 야기한 불편함이라기보다는 침해당했다는 느낌에 가깝다. 심지어 우리는 공공장소, 자신이 통제할 수 있는 상황, 그리고 무엇보다 옷을 다 갖춰입고 있는 상태에서도 이러한 느낌을 받을 수 있다.

섹스는 전혀 다른 문제다. 우리가 아무리 접촉을 싫어한다고 해도, 혐오스러운 것을 싫어하는 정도와는 비교가 되지 않는다. 인간은 안전하고 만질 수 있는 것과 그렇지 않은 것을 구분해내는 성향이 있으며, 그러한 구분의 기준은 논리적으로 전혀 말이 되지 않을 때가 많다. 십중팔구 세균이 득실거릴 텐데도 길에서 1달러짜리 지폐를 줍거나 택시의 손잡이를 만지는 것에 대해서는 아무렇지 않게 생각한다. 그런 물건들은 일단 한계점 테스트를 통과했기 때문에 그다지 신경을 쓰지 않는 것이다. 단단하고 건조하고 냄새가 없으니까.

이번에는 축축하고, 끈적거리고, 호불호에 관계없이 뭔가 냄새가 나는 물건을 생각해보자. 이때는 그것을 어느 정도 주의가 필요한 물건이라고 추정하게 된다. 한 살짜리 아기가 쿠키를 먹는 모습을 살펴보자. 무척이나 행복한 표정이다. 그 아기가 크림을 덮지 않은 초콜릿 케이크 한 조각을 먹는 광경을 지켜보자. 더없이 행복한 모습이다. 그러나 케이크에 크림을 덮으면 모든 것이 변한다. 아기는 행동을 멈추고 고개를 갸웃거리며, 설사 그 끈적거리는 것을 건드린다 하더라도 아주 조심스럽게 손을 가져다 댔다가 얼른 떼고는 불쾌한 표정으로 손가락에 묻어 끈적거리는 크림을 바라볼 것이다. 화려한 색과 달달한 냄새, 그리고 케이크에 덮여 있는 물질이란 사실이 크림의 무해함을 보증해 주기 때문에 결국에는 초기에 품었던 의심이 걷히지만, 처음에는 좀처럼 판단을 내리기가 쉽지 않다.

물론 이것은 우리가 선천적으로 보유하고 있는 기발한 행동상의 특징이다. 세균은 바위나 동전에도 서식하지만 오랫동안 거기서 살아남을 수는 없다. 그보다는 끈적끈적한 곳에서 번성하고 분열한다. 박테리아와 바이러스는 사람이나 동물의 몸 안에서 배양되다가 배설물이나 침, 피, 재채기와 호흡 등을 통해 바깥세상으로 나온다. 주변에 습기만 있다면 세균은 상대적으로 활발한 상태를 유지하며, 이런 상태에서는 문제를 야기할 수 있다. 때로는 가까이 하지 말라는 다른 단서가 추가되기도 한다. 우리가 인간의 것이든 동물의 것이든 토사물과 대변의 냄새를 그토록 역겹게 인지하는 데는 그만한 이유가 있다. 그 두 가지가 음식과 매우 밀접한 관계가 있기 때문이다. 토사물과 대변은 바로 얼마 전까지만 해도 음식이었으며, 이 말은 우리가 그런 물질을 맛보고 싶어할 수도 있다는 의미다. 따라서 우리의 뇌는 토사물과 대변이 내뿜는 냄새에 강력한 혐오감을 부여함으로써 왜 그것을 먹지 말고 내버려두어야 하는지 머리로 깨닫기 전에 직감적으로 느끼게 하는 것이다.

와이오밍 대학의 자연과학 및 인문학 교수인 제프리 A. 록우드Jeffrey A. Lockwood는 『벌레가 우글거리는 마음The Infested Mind』이라는 저서에서 이렇게 설명한다. "우리는 감염 확률이 높은 물질의 촉각적 성질에는 예민하게 반응하는데, 몽글몽글 응고된 것, 끈적거리는 것, 미지근한 것, 축축한 것, 지저분한 것, 번들거리는 것, 얼룩덜룩한 것, 끈끈한 것, 미끈거리는 것, 질척한 것 등을 예로 들 수 있다. 이것이 바로 대변, 점액, 환부, 내장, 벌레, 뱀, 바퀴벌레, 구더기의 질감이다." 록우드의 책은 생각만 해도 역겨운 곤충과 인간의 관계에 특히 초점을 맞추고 있지만, 그가 이 책에서 주장하는 혐오감의 기원에 대한 전제는 상당히 탄탄하다.

우리가 아름다운 것과 그렇지 않은 것을 판단할 때, 특히 그 두 가지를 서로 구분할 때도 같은 종류의 전략적인 가치 판단이 작용한다. 깨끗하고, 흠이 없고, 주름이 없는 피부는 건강함을 나타낼 뿐만 아니라 그보다 중요한 생식력을 상징하게 되며, 왕성한 생식력은 무척 매력적일뿐더러 그 종이 존속하는 데 더없이 중요한 요소다. 주름지고, 얼룩덜룩하고, 여기저기 흠이 있는 피부는 질병에 감염됐을 가능성과 낮은 생식력을 암시하기 때문에 우리는 그 대상을 못생겼다, 또는 적어도 매력이 없다고 받아들이며 그냥 지나친다. 가장 싱싱한 피부, 즉 갓난아기의 피부는 전혀 성격이 다르면서도 다소 충격적인 반응을 불러일으킨다. 캘리포니아 대학 데이비스 캠퍼스의 인류학자 세라 블래퍼 허디Sarah Blaffer Hrdy는 꿀, 머핀, 컵케이크, 달콤한 사탕, 슈거파이 등 우리가 애정을 담아 아기를 묘사할 때 사용하는 가장 보편적인 표현 중 상당수가 음식이라는 사실이 우연은 아니라고 생각한다. 인간과 같은 육식성 동물에게 완전히 무력한 생명체의 통통하고 아무런 흠집 없는 피부는 놀랄 만큼 유혹적인 식사거리가 된다. 우리가 6개월짜리 아기의 통통한 몸에 얼굴을 비비면서 아기에게 말할 때만 내는 목소리로 “어휴, 그냥 콱 깨물어 먹었으면 좋겠네”라고 말한다면, 이 말은 결코 농담이 아닌 것이다.

물론 이러한 식인 충동은 다양한 인간 행동의 여러 양태 속 깊숙한 곳에 묻혀 있으며, 상징적인 방식으로만 모습을 드러낸다. 그러나 섹스는 다르다. 우리는 섹스를 하며 섹스를 원하지만, 이론상으로 보면 우리는 섹스에 몸서리를 쳐야 마땅하다. 가장 기본적인 유형의 섹스는 물론이고 온갖 상상력을 동원한 모든 종류의 변형된 섹스는 말할 것도 없다. 단순히 키스라는 행동만 봐도 역겨운 것을 싫어하고 오염을 거부하는 인간의 성향을 대부분 위반하고 있다. 키스는 우리가 다른 어떤 상황에서도 용납하지 않을 방식으로 시각, 청각, 촉각, 미각, 후각의 다섯 가지 감각을 모두 전면적으로 공격한다. 우리가 ‘체액’이라는 용어를 의식적으로 위험하다고 느끼게 된 것은 에이즈가 급속히 확산되면서부터였을지 모르지만, 생존을 추구하는 우리 두뇌의 보다 깊숙한 영역에서는 인간이라는 종이 지구상에 등장했을 때부터 소리 높여 이에 대한 경고를 보내고 있었다.

그러나 생식과 인류의 생존을 위해서 인간은 섹스라는 특별한 경우에 한해 이 근본적인 혐오감을 극복해야 했으며, 2012년에 네덜란드의 한 연구 팀은 인간이 어떻게 이런 혐오감을 극복하게 되는지 탐구했다. 과학자들은 90명의 여성을 모집해 세 집단으로 나누었다. 첫번째 집단에는 남성들은 별로 신경 쓰지 않지만 여성들은 대부분 혐오하는 노골적이고 저속한 행위 몇 가지를 솜씨 좋게 편집으로 제거한 성인용 영상을 보여주었다. 두번째 집단에는 스포츠 영상을 보여주었고, 세번째 집단에는 기차가 움직이는 장면이 나오는 평범한 영상을 보여주었다. 그다음에 세 집단의 모든 구성원에게 벌레가 기어다니는 접시에 놓여 있는 쿠키를 먹거나, 누가 사용한 티슈로 손을 닦거나, 사용한 콘돔이 놓여 있는 쟁반을 만지는 등 혐오감을 불러일으키는 일을 하도록 했다. 몇 번이나 실험해보아도 성적으로 흥분되는 동영상을 본 여성들이 나머지 여성들보다 역겨운 일들을 보다 잘 견뎌냈으며 확실하게 마무리했다.

실험을 실시한 학자들은 논문에 다음과 같이 썼다. "이 결과는 성적인 흥분이 주관적인 혐오감에 미치는 영향을 보여준다. (…) 성적인 흥분은 즐거운 섹스에 참여하도록 촉진하는 역할을 한다." 다른 말로 하면 성적인 스위치를 위로 올릴 경우 최소한 한동안은 역겨움 반응의 스위치가 아래로 내려간다는 의미다.

좋다, 과학을 통해 성적 흥분 주기의 일부분을 대강 시뮬레이션할 수 있고, 그것이 섹스와 그 모든 변형된 형태의 불가사의한 매력을 설명하는 데 도움이 된다고 치자. 그렇다고 해도 여전히 섹스 파트너를 찾아나서는 데는 그와 비슷한 수준의 선천적인 오만함이 필요하다. 물론 여러분 본인은 이미 다른 사람의 여러 가지 감각적 공격을 기꺼이 견뎌내겠다고 결심했을지 모른다. 그러나 다른 사람이 여러분의 감각적 공격을 참아내고, 수용하며, 심지어 흡수하고, 신체의 일부를 삽입하거나, 그것도 모자라 여러분 신체의 일부를 자기 몸속으로 당연히 받아들일 것이라고 생각한다면 그것은 극도의 과대망상이 아닐 수 없다. 하지만 독신 남녀들이 주로 모이는 술집에 갈 때마다 우리는 이러한 제안을 내놓으며, 최소한 일부는 그 제안을 덥석 받아들이기도 한다. 자신에 대한 애정이나 근본적인 나르시시즘이 없다면 섹스는 없을 것이다.

그러나 우리가 느끼는 자신만만한 자유도 완전하지는 않다. 섹스를 위한 거래가 성립된다 해도 실제로 섹스가 시작되면 우리는 자신이 별로 볼품없다고 자각하게 된다. 황홀경에 빠져 순간적으로 정신을 잃어버리는 완전한 성적 방종 상태란, 말만 들으면 근사해 보일지 모르지만 실제 상황에서는 바라는 만큼 자주 일어나지 않는다. 새로운 상대와 처음으로 섹스를 할 때는 천연 아편 때문에 말 그대로 사고 정지 상태가 발생하며, 이는 약물에 취하는 것과 매우 흡사하게 느껴진다. 그러나 관계가 지속되다보면 일종의 평정을 되찾게 되고, 새로운 파트너를 냉정하게 평가하며, 관계를 정립해가는 동안 불가피한 힘겨루기를 하게 되고, 궁극적으로는 결혼을 하거나 헤어지는, 예측 가능한 단계를 거치게 된다.

그렇다면 최소한 성적인 흥분에 잔뜩 취해 있는 첫번째 섹스에서는 마음껏 쾌감을 느낄 수 있으리라고 생각하기 쉽다. 그러나 사실은 그렇지 않다. 머릿속은 여전히 이런 의문투성이다. 지금 내 모습이 괜찮을까? 내가 제대로 하고 있는 것일까? 과거에 이 사람과 이 행위를 했던 다른 사람들과 비교했을 때 내가 더 나을까, 못할까, 아니면 평균 정도일까? 상대방이 느끼는 즐거움이 어떨지 초조해하다보면 자신의 즐거움은 다소 약해지기 마련이며, 상대방이 섹스에서 황홀경을 느끼는 듯 "좋아!"라고 소리치면 자신의 즐거움도 더불어 상승한다. 심지어 너무나 만족스러운 관계를 가진 후에도 섹스가 끝나자마자 자의식이라는 것이 다시 여러분을 덮쳐온다. 실 한 오라기 걸치지 않은 자신의 나체를 자랑스럽게 생각하는 사람도 적지 않겠지만, 그보다는 이불을 끌어당기고, 조명을 어둡게 유지하고, 침대에서 나갈 때는 수건으로 몸을 감싸는 사람이 더 많다. 섹스는 끝났고 이제 여러 가지 제약이 있는 세상이 다시 찾아오는 것이다.

이러한 모든 심리적인 긴장은 사실 나쁜 것이 아니다. 관계가 딱 한 차례의 잠자리 이상으로 발전하려면 감정, 지성, 권력 및 자존심의 균형을 확보해야 한다. 그러기 위해서는 겸손함, 균형 잡힌 관점, 스스로에게서 약간의 거리를 두는 태도가 필요하며, 만약 그것이 미칠 듯한 쾌감을 느껴야 할 바로 그 순간에 자신이 어떻게 하고 있는지, 어떻게 보이는지에 대해 약간이나마 신경을 쓰는 것을 의미한다면, 사실 그다지 큰 대가는 아니다.

그러나 이러한 감정적 견제와 균형이 제대로 작동하는 경우는 어디까지나 나르시시즘이 경미한 수준일 때뿐이다. 즉, 독신 남녀가 자주 드나드는 술집에서 시간을 보낼 때나 상대와 침실로 향할 때, 그리고 마침내 지속적인 관계를 맺게 되는 과정에서 작용하는 나르시시즘이 충분히 제어할 수 있는 수준이며, 연애라는 게임에 참여할 때 반드시 갖추어야 할 보편적인 자신감 정도에 해당하는 경우다. 그러나 매력적이고, 아름답고, 으스대며, 음흉하고, 자기애가 심한 중증 나르시시스트는 완전히 다른 문제다. 가정에서, 직장에서, 그리고 학교에서 나르시시즘은 끔찍한 골칫거리가 될 수 있다. 그러나 나르시시스트의 탐욕, 쾌락주의, 자존감, 그리고 공감 능력 부족이 가장 극명하고 순수하게 드러나는 것은 바로 연애의 세계에서다.

파티에서 만난 나르시시스트가 여러분을 점찍고 다가오면 마치 독한 위스키를 삼킨 듯한 쾌감이 강타하게 된다. 그 공간 안에서 가장 멋지고, 매혹적이며, 모두가 원하는 사람이 진짜로, 믿을 수 없게도, 여러분에게 시선을 주고 있는 것이다. 그 근사한 나르시시스트는 재미있고 유머 감각이 넘치며 아낌없이 배려심을 발휘한다. 여러분이 이야기를 시작하면 상대방이 경청해주는 것처럼 보이지만, 사실 대화에서 여러분이 할 일은 그다지 많지 않다. 그에게서 쉴새없이 재치 넘치는 말과 에너지가 쏟아지기 때문에 공백이 생길 틈이 없는 것이다. 그후 틀림없이 이어질 섹스에서도 양상은 크게 다르지 않다. 열정적인 쾌락에 사로잡혀 기진맥진하게 되며, 엄청난 성적 에너지로 가득한 그 몸이 여러분의 몸과 맞닿고 있다는 사실을 믿기 힘들 것이다. 여러분은 다음날도, 다음주도, 그리고 영원히 상대방과의 섹스를, 상대방의 매력을, 상대방의 모든 것을 계속 원하게 된다. 왜냐하면 도저히 믿기 힘들지만 이제 막 운명의 상대를 만났다는 생각이 들 뿐만 아니라 지금까지 상상해왔던 것보다 훨씬 좋기 때문이다.

운명의 상대일 리가 있나. 사실 최악의 상대에 가깝다. 그리고 여러분은 머지않아 그 점을 깨닫게 된다. 항상 여러분을 이끌어주던 재미있고 흥미로운 대화가 다소 진 빠지게 느껴질 때, 마침내 대화에서 약간의 틈을 찾아 여러분 자신에 대한 이야기를 시작하는 순간 사랑스러운 연인의 눈길이 무관심으로 텅 비게 될 때, 그토록 여러분에게서 떠날 줄 모르던 바로 그 시선이 더 젊거나, 돈이 많거나, 아니면 단순히 처음 보는 사람이 방 안으로 들어올 때마다 여기저기 방황할 때, 여러분의 완벽한 파트너가 약간의 인간적인 결함을 드러낸 것일 수도 있는 사소한 실수나 단점조차 절대 인정하지 못하는 모습을 보일 때. 그리고 그 사실을 불가피하게 깨달을 때도 있다. 나르시시스트와 유대관계를 맺으면 어떤 대가를 치러야 하는지 깨닫게 되는 순간들은 다음과 같다. 거짓말과 바람, 성적인 무관심이 시작될 때, 연인의 입에서 나오는 말이라고는 화를 내는 말이나 여러분을 비난하는 말뿐일 때, 마지막으로 관계 자체가 파국을 맞은 뒤 충격을 받고 외로워하는 자신과 달리 그 근사한 나르시시스트는 다시 연애 전선에 뛰어들거나 이미 다른 상대와 친밀한 관계를 맺고 있다는 사실을 알게 될 때. 새 연인은 십중팔구 이전에 스친 적이 있는 더 젊고 뛰어나며 신선한 사람 중 하나로, 여러분보다 한 단계 업그레이드한 상대일 것이다. 왜냐하면 나르시시스트는 언제나 다음 단계, 지금보다 한층 더 높은 것을 추구하기 때문이다.

조지아 대학의 키스 캠벨은 이렇게 말한다. "이 패턴은 예측 가능합니다. 매력적이고 외향적이며 자신감 넘치는 사람을 만나면 당장은 함께 어울리기에 무척 재미있는 사람이라고 생각하게 됩니다. 그러나 관계는 절대 친밀해지거나 서로를 아껴주는 방향으로 발전하지 않습니다. 다른 사람들에게 추파를 날리는 상대방의 모습을 보고 여러분은 '나한테 무슨 문제가 있을까?' 생각하게 되며, 결국 상대방이 바람을 피우고 여러분은 관계를 끝냅니다. 그다음에 여러분은 그 일에 대해 1~2년 정도 생각하게 되지요. 저는 이것을 초콜릿 케이크 모델이라고 부릅니다. 처음에는 좋아하면서 달려들지만, 일단 먹은 후에는 자살하고 싶은 생각이 들거든요."

연애에서의 나르시시즘은 성별에 따라 큰 차이가 없다. 남성과 여성은 특히 무차별적인 성관계라는 측면에서 서로 다른 방식으로 자기애와 공감 능력 부족을 표현하지만, 근본적으로는 병리학적 측면에서 보면 남녀가 다르지 않다. 남녀에 따른 차이가 없을뿐더러 세대의 경계도 없다. 물론 단순히 관찰하는 것만으로 누군가를 진단하기는 불가능하며, 특히 개인적으로 만나본 적 없는 유명인들에 대해 말할 때는 더욱 조심스럽지만, 끊임없이 남자친구를 갈아치우는 테일러 스위프트 같은 사람은 분명 시대와 성별만 다를 뿐 화려한 여성 편력을 자랑했던 워런 비티Warren Beatty와 비슷한 유형인 것처럼 보인다.

"워런은 제가 아는 한 저보다 빨리 거울 앞으로 달려가는 유일한 남자였습니다." 조앤 콜린스Joan Collins는 한때 자신의 연인이었으며 2010년에 발표된 자서전에 평생 1만 2,755명의 여성과 잠자리를 했다고 어처구니없이 정확한 숫자를 명시한 남자에 대해 이렇게 말했다. 이 숫자는 증명하기가 불가능할 뿐만 아니라 믿기도 어렵지만, 책이 출간되었을 때에는 이 부분이 엄청난 화제가 된 나머지 비티가 이 주장을 부인하는 성명을 발표해야 할 의무감을 느낄 정도였다. 그렇게 화제가 된 이유는 이 내용이 대중의 눈에 비친 비티의 삶 대부분과 일맥상통했기 때문이다. 비티가 사귀었던 여자들 중에는 내털리 우드,

줄리 크리스티, 카트린 드뇌브, 페이 더너웨이, 멜러니 그리피스, 다이앤 키턴, 레슬리 카론, 다이애나 로스, 골디 혼, 캔디스 버건, 칼리 사이먼, 미셸 필립스, 마돈나를 비롯해 많은 유명인이 포함되어 있었다.

키턴은 이렇게 말한 적이 있다. "워런을 처음 보았을 때가 기억납니다. '저렇게 멋있는 사람이 있다니'라는 생각이 들더군요. 마치 환한 불빛이 서 있는 것 같았어요. 워런은 잠시 저를 쳐다보더니 옆으로 지나갔지요." 〈당신은 허세로 가득 차 있죠You're So Vain〉라는 칼리 사이먼의 히트곡이 비티를 겨냥한 내용이라고 생각하는 사람도 많다. 실제로 허세가 가득한 비티에게 그야말로 딱 들어맞는 노래이기 때문이다. 곡을 쓴 사이먼 본인은 그 소문을 부인하지도 인정하지도 않았지만, 실제로 그 노래가 비티에 대한 것이라 해도 비티의 명예가 부당하게 실추되었다고 생각할 사람은 없었다.

스위프트 역시 조 조너스, 테일러 로트너, 루커스 틸, 해리 스타일스 등 팝계의 왕자들과 여러 차례 공개 연애를 했고, 관계에 종지부를 찍고 나서는 이들을 비난하는 히트곡을 내놓았다. 스위프트는 이렇게 말했다. "만약 나에게 나쁜 짓을 하는 사람이 있다면 나는 그 사람에 대해 곡을 쓸 겁니다. 아마 상대방 마음에는 들지 않겠지만 그게 제 방식이에요."

심지어 스위프트의 남자친구 중 한 명이었지만 스위프트보다 열세 살이나 많았고 그토록 어린 여성과 사귀었다는 사실 때문에 그다지 고운 시선을 받지 못한 가수 존 메이어조차 스위프트가 자신에 대해 쓴 곡을 듣고는 큰 충격을 받았다는 반응을 보였다. 곡에는 너무나 친절하게도 '친애하는 존에게Dear John'라는 제목이 붙어 있었으며, 가사에서는 메이어를 "정상이 아니며" "어둡고" "비뚤어져 있는" 사람이라고 맹렬히 비난했다.

난처해진 메이어는 훗날 『롤링스톤』과의 인터뷰에서 이렇게 말했다. "물론 스위프트의 인기가 세계적으로 엄청나다는 건 알고 있습니다. 하지만 굳이 누군가를 저격하려는 것이 아니었다 해도 양손을 비비며 '그 자식이 이걸 들어야 할 텐데!'라는 생각으로 노래를 쓰는 것은 재능을 심각하게 낭비하는 일이라고 생각합니다. 정말 한심하기 짝이 없어요."

스위프트가 나르시시스트이건 아니건 간에 어쩌면 메이어는 그토록 나이 차이가 많이 나는 여성과 데이트를 한 점에 대해 마땅히 받아야 할 대가를 치른 걸지도 모른다. 그러나 나르시시스트와 관계를 맺게 되는 대부분의 사람들은 메이어와 달리 아무런 잘못 없이 고통을 당한다. 대다수는 잔뜩 흥분해, 그리고 기회에 취해 나르시시스트의 세계와 품속, 그리고 침대 안으로 굴러떨어진다. 그러나 그 취기는 금세 사라지며, 그다음에는 고약한 감정의 숙취가 찾아와 오랫동안 이들을 괴롭힌다. 이러한 고통의 유일한 위안이라면 똑같은 실수를 다시 저지를 확률이 매우, 매우, 매우 희박해진다는 것 정도일까.

나르시시즘이 상당히 끈질기고 좀처럼 사라지지 않는 인류의 특성 중 하나라면, 그 이유 중 하나는 나르시시즘이 특정한 신체적, 행동적 특징을 유전자 풀에 보존할 가능성을 높이는 한 가지 기본적인 행위를 촉진하기 때문이다. 바로 생식이다. 성공적인 나르시시스트는 수많은 성관계를 맺는데, 이 말은 최소한 다른 사람들과 비교할 때 통계적으로 이들의 아기가 많이 탄생할 가능성이 높다는 의미다. 나르시시즘은 이렇게 뛰어난 적응력 때문에 다른 장애에 비해 다음 세대로 전달되는 데 훨씬 유리하다.

브리티시컬럼비아 대학의 성격 및 사회 심리학 교수인 제시카 트레이시Jessica Tracy는 이렇게 말한다. "진짜 병적인 나르시시즘에 대해 논하다보면 왜 그것이 유전자 풀에서 완전히 근절되지 않았는지 설명하기 어렵습니다. 하지만 그보다 증상이 약한, 주변에서 흔히 볼 수 있는 종류의 나르시시즘이라면 그 뛰어난 적응력 때문에 반대로 유전자 풀에서 사라지는 상황 자체를 상상하기 어렵지요. 자기 자신을 똑같이 복제만 하면 되는데, 나르시시스트는 그 점에서 매우 뛰어나거든요."

여기서 남성 나르시시스트는 큰 이점을 가지고 있는 것처럼 보이며, 실제로도 그렇다. 남성에게 생식은 생물학적으로 그다지 부담이 가지 않는 쉬운 일인데다 최소한 젊었을 때라면 하루에도 몇 차례씩 할 수 있는 일이다. 여성은 하물며 본인이 원한다고 해도 이렇게 왕성한 생식력을 약간이나마 따라가는 것조차 불가능하다. 하지만 이성애자인 나르시시스트 남성들은 계속해서 여성들을 침대로 끌어들이려 하고, 남성이 아무리 추파를 던진다 해도 여성은 남성보다 선별적인 편이며 잠자리를 함께할 사람을 보다 까다롭게 선택한다. 그리고 진짜 나르시시스트 남성이라 해도 성공 횟수보다는 실패 횟수가 많다. 반면 나르시시스트 여성은 원하는 것을 훨씬 수월하게 얻는데, 한마디로 너무나 많은 남성이 좀처럼 거절의 말을 하지 못하기 때문이다.

심리학과 인간 행동을 공부하는 학생이라면 흔히 강의 초반, 플로리다 주립대학 캠퍼스에서 1978년에 실시한 유명한 연구에 대해 배운다. 자진해서 이 연구에 참여한 남학생과 여학생들은 각자 반대 성별의 다른 학생들에게 접근해 치밀하게 작성된 각본에 따라 노골적인 제안을 던졌다. "캠퍼스에서 그쪽을 눈여겨보고 있었는데 굉장히 매력적이더군요. 오늘밤 나랑 자지 않을래요?"

참가자들은 특별히 외모가 떨어지는 편도, 눈에 띄는 편도 아닌, 대부분의 사람이 잠자리를 함께하게 되는 평범한 유형의 사람들이었다. 앞서와 같은 제안을 내놓았을 때 여학생들의 성공률은 무려 75퍼센트였으나, 최소한 연구라는 명목하에 실제로 관계를 가진 경우는 없었다. 반면 남성 참가자들이 이런 유혹을 던져 성공할 확률은 정확히 0퍼센트였다. 더욱 놀라운 점은, 에이즈가 유행하면서 모르는 사람과의 가벼운 섹스가 죽음에 이를 수도 있는 어리석은 행위로 간주되던 1980년대에 심리학자들이 이 실험을 세 번 더 반복했을 때도 아무런 주저 없이 섹스 제안을 선뜻 받아들인 남성이 약 50퍼센트나 되었다는 사실이다.

실제 상황에서는 나르시시스트인지 여부에 관계없이 감정 기복이 심하거나 연애 또는 개인사에 복잡한 사정이 있어 누가 봐도 골칫거리인 여성에게도 같은 현상이 일어난다. 린제이 로한, 아만다 바인스Amanda Bynes, 그리고 예전의 케이트 모스처럼 산전수전 다 겪은 여성, 즉 아름답고 매혹적이지만 최소한 일정 기간 동안은 스스로의 무덤을 파는 것처럼 행동하는 여성을 나타내는 '흐트러졌지만 매력적인 여자hot mess'라는 용어가 그토록 널리 사용되는 데는 그만한 이유가 있다. 남성은 여성의 이런 특성을 눈치채는 경우가 많지만 그래도 개의치 않고 성적인 제안을 받아들인다. 1989년에 플로리다 주립대학의 연구에 대한 업데이트가 게재된 『심리학 & 인간의 성 저널Journal of Psychology & Human Sexuality』만큼 신뢰도가 높은 학술지는 아니지만, 『플레이보이』지는 1년 전에 이러한 내용을 멋지게 담아낸 만화를 게재했다. 아름다운 여성이 몸에 딱 맞는 검정 칵테일 드레스를 입고 술집에 앉아서 누가 보아도 넋이 빠진 남성에게 이야기를 하고 있다. 여성의 몸 전체에는 '골칫거리'라는 단어가 빼곡히 적혀 있어 피부가 노출된 부분이 거의 보이지 않는다. 그 남성 뒤에 서 있는 또 한 명의 남성이 친절하게 남성에게 말을 건다. "잠깐 얘기 좀 할까요?" 남성의 대답은 십중팔구 "아니요"였을 것이다. 넋이 나간 남성의 머릿속에 들어 있는 것은 딱 하나뿐이며, 자기가 얼마나 골칫거리인 상대에게 구애를 하고 있는지 차분하게 되돌아보는 일 따위는 안중에도 없다.

이렇게 남성이 흐트러진 여성들에게 반응하는 것처럼 여성은 카리스마 넘치는 나쁜 남자 유형의 남성에게 반응한다. 물론 그런 유형의 남성이 흐트러진 여성만큼 성적으로 호락호락한 상대는 전혀 아니지만 말이다. 여러 차례의 연구를 통해 소위 '어둠의 3요소Dark Triad'라고 부르는 자기애, 충동적인 자극 추구, 권모술수(또는 남을 이용하는 성향)라는 세 가지 성격적 특성이 이성을 유혹하는 힘을 가지고 있음이 밝혀졌다. 세 가지 특성 모두에서 높은 점수를 기록한 남성들은 말할 것도 없이, 세 가지 특성 중 하나라도 높은 점수를 기록한 남성은 주 단위, 월 단위, 해 단위 중 어느 기간을 살펴보아도 그렇지 않은 남성들보다 성관계 횟수가 높았다. 관련 연구를 진행한 뉴멕시코 대학의 피터 조너슨Peter Jonason은 2008년에 일본에서 열린 인간 행동 및 진화학회Human Behavior and Evolution Society의 콘퍼런스에서 어둠의 3요소를 모두 완벽하게 갖추고 있으며 그에 상응하는 성적인 매력을 발휘하는 인물의 예로 제임스 본드를 꼽았다. "본드는 분명 무례하고, 매우 외향적이며, 살인과 여자를 포함해 항상 무언가 새로운 것을 시도하기를 좋아합니다." 영국 신문 인디펜던트는 조너슨의 연구에 대한 기사를 게재하며 '여성은 왜 자기중심적인 사이코패스를 사랑하나'라는 제목을 붙였다.

다른 학자들도 트레이시처럼 이러한 행동에 진화적 가치가 있다고 생각한다. 간단히 말해서 모든 성관계는 성공적인 생식으로 이어질 수 있으며, 이는 또 한 명의 작은 나르시시스트를 다음 세대로, 미래 세상으로 내놓을 수 있는 행위이기 때문이다. "이 전략은 적중한 것으로 보입니다. 인간이 아직도 이러한 특성을 보유하고 있다는 걸 보면 말입니다." 조너슨의 말이다.

여기서 피할 수 없는 한 가지 질문이 생겨난다. 왜 나르시시스트는 뛰어난 다산 능력을 활용해 덜 이기적이며 온건한 다수를 몰아내고 궁극적으로 인류를 완전히 지배하는 위치에 오르지 못했을까? 조너슨은 진짜 나르시시스트가 상대적으로 드물다는 점이 불의의 습격을 하는 데 장점으로 작용한다고 믿는다. 만약 어떤 여성이 만나왔던 매력적인 구애자들이 대부분 이기적이고 교활한 인간이었다면 이 여성은 그런 사람들을 피하는 법을 터득할 것이다. 하지만 대부분의 선량해 보이고 매력적인 남자들은 실제로 착하고 매력적이기 때문에 나쁜 남자들이 레이더망에 걸리지 않고 숨어들어갈 수 있는 것이다.

일단 실제로 연애 관계가 성립되면 일반적으로 황금기가 찾아온다. 짜릿하고 꿈을 꾸는 것 같은 기분을 느끼는 단계로, 나르시시스트는 이 시기에 매우 강한 모습을 보인다. 실제로 나르시시스트가 상대방에 대한 충실함이라는 매우 의외의 측면에서 다른 사람들보다 더 나은 모습을 보이는 것도 바로 이 시기다. 최소한 초기에는 연애 상대의 NPI 점수가 높을수록 바람을 피울 가능성이 낮다. 캠벨은 2005년의 연구를 통해 이 납득하기 어려운 관계를 증명했다. 이 연구에는 154명의 자원자가 참여했으며, 캠벨은 이들에게 NPI를 실시한 다음 이들을 임의의 두 집단으로 나누었다. 한쪽에게는 연인이 자신에게 매우 충실할 이유 열 가지를 물었고, 나머지 한쪽에게는 연인이 자신에게 충실하지 않을 수도 있는 이유 열 가지를 물었다. 마지막으로 전원에게 만약 연인 이외의 누군가가 연애 감정으로 접근해온다면 어느 정도 받아들일 것인지 묻는 설문조사를 실시했다.

NPI에서 높은 점수를 기록한 참가자들, 즉 임상적으로 나르시시스트 진단을 받을 정도는 아니지만 상당한 나르시시즘 성향을 가지고 있는 사람들 중 상당수는 연인이 자신에게 홀딱 반하지 않을 이유 열 가지를 도저히 떠올리지 못한 반면, 연인이 자신에게 완전히 빠져 있는 이유는 너무나 쉽게 적어 내려갔다. 나르시시스트가 아닌 사람들은 두 가지 항목 모두 문제없이 적었다. 그다음에 바람을 피울 생각이 있느냐고 묻자 나르시시스트들은 전반적으로 낮은 점수를 기록했는데, 이는 그들이 현재 연인과의 관계를 진짜 중요하게 여긴다는 피상적인 징표다. 그러나 여기서 핵심은 바로 이 피상성이다.

나르시시스트가 일시적이나마 충실함을 보이는 것은 이들이 선천적으로 예의와 진실성, 헌신하는 마음을 가지고 있기 때문이 아니라 단순히 둔감하기 때문이다. 연애를 하고 있는 사람이 바람을 피우는 수많은 이유 중에서 가장 강력한 이유는 불안함이다. 만약 연인이 자신에게서 멀어지거나 흥미를 잃고 있다는 생각이 들면 다른 곳에서 위안을 찾게 되며, 자신의 자존심과 자부심을 인정받고 심지어 현재의 관계에서 밀려나기 전에 안착할 다음 연애 관계를 만들고자 할 가능성이 크다. 정체성이나 다름없는 자기애에 잔뜩 취해 있는 나르시시스트는 상대방이 실제로 관계에 의문을 갖고 뒤로 물러서기 시작했을 때조차 상대방의 감정이 자신의 감정과 똑같지 않을지도 모른다는 생각은 꿈에도 하지 못한다. 따라서 나르시시스트의 시선은 다른 곳을 헤매지 않는다. 아직까지는. 이것은 스스로의 역량을 파악하는 면에서도 좀처럼 교훈을 얻지 못하는 나르시시스트의 특성과도 일맥상통한다. 포커를 예로 들어보면, 나르시시스트는 자신의 포커 실력이 형편없다는 사실을 절대 받아들이지 못하고 벌써 수십 판이나 졌는데도 고집스럽게 판돈을 올리는 성향이 있다. 나르시시스트가 이렇게 도박판, 직장, 침대에서 여러 차례 반복해서 실패를 맛보면 시무룩해지거나 시비를 걸기도 하지만, 그외의 경우에는 별달리 눈치채지 못하고 명랑한 모습을 유지한다.

"나르시시스트는 연애를 하는 와중에 인지되는 부정적인 정보를 어느 정도 완충해서 받아들입니다." 캠벨의 설명이다. "나르시시스트가 항상 연인의 감정을 정확히 인지하는 것은 아니며, 심지어 상대의 감정이 부정적인 쪽으로 바뀌고 있을 때도 마찬가지입니다. 물론 나르시시스트와의 관계가 자주 삐걱거린다는 증거는 헤아릴 수 없이 많습니다. 그러나 상황만 적당하다면 최소한 짧은 기간 동안만큼은 나르시시스트의 자신감이 장점으로 작용하기도 합니다."

황금기가 끝나가고 있다는 첫번째 징표는 트집 잡기, 즉 불가피하게 드러날 수밖에 없는 연인의 실망스러운 결점을 찾아내는 형태로 나타나는 경우가 많다. 만약 여러분이 나르시시스트라면, 곁에 있는 사람은 그 존재만으로도 여러분의 위상을 높여줄 수 있는 사람이 되어야 한다. 든든하고, 사랑스럽고, 심지어 뛰어나기까지 하지만 가장 가까운 사람들이 아니면 진가를 알아보기 어려운 평범한 외모의 아내나 별 특징 없고 조용한 남편은 나르시시스트의 성에 차지 않는다. 나르시시스트의 짝이라면 경제력, 외모, 권력 등 즉시 눈에 띄거나 수치로 산정할 수 있는 가치를 보유하고 있어야 한다.

이러한 성향이 가장 극명하게 드러나는 사례가 바로 트로피 와이프다. 이것은 결혼을 거듭할 때마다 점점 더 예쁘고 젊은 아내를 얻는 현상을 나타내는 말로, 돈이 많고 성공한 남성들 사이에서 매우 흔하게 발견할 수 있다. 뉴트 깅리치Newt Gingrich, 존 매케인, 도널드 트럼프는 모두 이와 비슷한 길을 걸었으며, 루퍼트 머독도 마찬가지다. 머독은 1999년에 32년간 결혼생활을 한 아내를 버리고 자신보다 38세나 어린 여자와 결혼했으며, 14년이라는 상당한 기간 동안 지속된 이 결혼도 2013년에 파국을 맞고 말았다. 그러나 나르시시스트의 위상을 높여줄 수 있는 파트너의 자질은 젊음과 외모뿐만이 아니다.

빌 클린턴은 NPI 검사에서 존 에드워즈John Edwards에 뒤지지 않는 높은 점수를 기록했을지 모르지만, 우리가 빌 클린턴을 그토록 좋아하고 쉽게 용서했던 이유 중 하나는 부인 힐러리 때문이다. 물론 빌 클린턴은 힐러리를 속이고 바람을 피웠다. 그것도 여러 번. 그리고 힐러리가 남편을 다시 받아들였다는 사실은 미국인들이 다시 그를 받아들이는 데 적지 않은 영향을 미쳤다. 하지만 힐러리 클린턴은 어딜 가더라도 빌 클린턴을 포함해 그 자리에 있는 사람들 중에서 가장 똑똑하다는 것이 중론이며, 빌 클린턴이 그 점에 대해 느끼는 자부심 역시 뚜렷이 감지할 수 있다. 빌 클린턴은 힐러리가 자신이 아는 한 가장 재미있는 사람이라는 말을 입버릇처럼 했다. 물론 배우자에 대해 그런 말을 하는 정치인들은 드물지 않지만, 빌 클린턴의 측근들은 그의 말이 사실이며 힐러리의 의견을 듣기 전까지는 빌 클린턴이 절대 어떤 생각이나 주장에 전적으로 만족하는 법이 없음을 여러 차례 확인해주었다. 심지어 이는 힐러리가 영부인으로 8년, 뉴욕 주 상원의원으로 다시 8년, 국무장관으로 4년을 근무하기 전의 일이다.

클린턴 부부 사이의 가장 극적이고 본능적인 진실함이 엿보였던 순간 중 하나가 카메라에 잡힌 것은 1992년 대통령 선거 기간에 두 사람이 유명한 〈60분60 Minutes〉 인터뷰에 출연했을 때였다. 두 사람은 당시 주지사였던 빌 클린턴의 여러 차례에 걸친 불륜에 대해 해명했다. 대부분의 사람들이 본 광경은 빌 클린턴이 '결혼생활에서 실수를 저질렀음'을 고백하고 힐러리가 공개적으로 이를 용서하는 장면이었다. 그러나 인터뷰 준비 과정에서 카메라가 돌아가고 있을 때 무거운 스튜디오 조명이 천장에서 바닥으로 떨어지는 사건이 일어났다. 누구든 조명에 맞았다면 심각한 부상을 당하거나 심지어 죽을 수도 있는 상황이었다. 클린턴 부부는 둘 다 벌떡 일어났으며 눈 깜짝할 사이 힐러리가 남편 쪽으로 몸을 돌렸고, 빌은 힐러리를 품에 안고 자신의 몸으로 아내를 감쌌다. 너무나 순식간에 본능적으로 일어난 일이라 꾸며내는 것이 불가능했던 그 순간은 더없이 진실해 보였고, 또 그렇게 느껴졌다. 빌 클린턴이 과거에 아내를 배신했을지는 모르지만, 그리고 비록 당시에는 아무도 몰랐지만 나중에 또 바람을 피웠다 해도, 빌이 힐러리를 소중하고 대체할 수 없는 존재로 생각하지 않았던 것은 아니다. 그 반사적인 반응과 아내를 보호하기 위한 순간적인 몸짓이 그것을 잘 보여주었다.

그렇다고 해서 클린턴이 나르시시스트가 아닌 것은 절대 아니다. 사실 아내에 대한 깊은 사랑을 감안하더라도 빌 클린턴은 분명 힐러리와 함께 다님으로써 '나를 바라봐 주기를 바라는' 본인의 욕구를 충족시키고 있으며, 그렇게 생각하지 않는다면 지나치게 순진한 것이다. 힐러리가 빌에게 비춰주는 탁월함의 빛은 나이가 들고 경험과 지혜가 쌓이면서 점점 더 밝아지는 것이며, 이는 결코 사소한 능력이 아니다.

만약 젊고 아름답다는 사실이 매력의 원천인 모델이었다면 배우자를 비춰주는 빛이 머지않아 바래버렸을 것이다.

물론 나르시시스트다운 동맹을 맺거나 더 나은 배우자로 쉽사리 갈아치울 수 있는 쪽은 남자뿐만이 아니다. 제리 사인펠드Jerry Seinfeld의 아내인 제시카 스클라Jessica Sklar는 전 세계적으로 유명한 부호 사인펠드가 나타나자 결혼한 지 고작 한 달 만에 첫 남편을 버렸다. 잉그리드 버그먼은 1950년에 출연한 영화를 계기로 만난 훨씬 더 매력적인 로베르토 로셀리니 감독과 불륜 관계를 맺기 시작하면서 13년간 결혼생활을 했던 캘리포니아의 신경외과 의사 페테르 린드스트롬Petter Lindström과 이혼했다.

"저는 아버지가 너무 안타깝습니다." 버그먼과 린드스트롬의 딸로, TV와 라디오에서 기자로 일하는 피아 린드스트롬Pia Lindström은 그로부터 많은 세월이 지난 뒤 자신이 사는 뉴욕 아파트에서 진행된 인터뷰에서 나에게 이렇게 말했다. "저는 아버지를 너무나 사랑했기 때문에 왜 어머니가 더이상 아버지를 사랑하지 않는지 이해할 수가 없었지요." 하지만 버그먼은 사실 전남편을 사랑했을 수도 있다. 심지어 남편과 이혼했을 때조차. 하지만 보다 근사한 배우자와 결혼함으로써 스스로를 입증하고 싶은 욕구가 더 컸을지도 모른다.

"연애가 아닌 대부분의 상황에서는 관계에 대한 필요성을 쉽게 충족시킬 수 있습니다." 조지아 대학 키스 캠벨의 말이다. "가장 친한 친구가 있는데 굳이 새로운 친구로 바꾸려는 생각은 하지 않습니다. 그러나 나르시시스트는 연인이나 배우자를 더 나은 상대로 바꾸고 싶어하는 욕구를 가지고 있지요." 캠벨의 말에 따르면 주기적으로 '업그레이드'를 하지 못한 나르시시스트는 "하찮은 연애 상대로부터 존중받을" 위험에 처하며, 이는 나르시시스트의 사고방식에 내재한 냉철한 계산을 잘 나타내는 잔인한 표현이다.

평범하고 이름 없는 나르시시스트들은 힐러리나 로셀리니, 패션쇼 모델 수준이 아니라면 거들떠보지도 않을 유명인들처럼 자유롭게 배우자나 연인을 선택할 수는 없다. 그럼에도 불구하고 이 나르시시스트들은 여전히 상대에게서 구체적인 여러 가지 특징을 추구할 것이며, 그다지 만족스럽지 않은 상대와 시작한 연애 관계를 머지않아 파국으로 몰아갈 것이다.

캠벨과 동료 학자들은 대다수 나르시시스트들이 배우자에게서 무엇을 원하는지 보다 세부적으로 알아보기 위한 연구를 실시했다. 이러한 연구는 참여자들이 자신에 대해 솔직하게 털어놓아야 성립하는데, 특히 나르시시스트는 자신이 천박하거나 바보처럼 비칠 수 있는 말을 연구원뿐 아니라 어느 누구에게도 좀처럼 털어놓지 않으려 할 가능성이 있기 때문에 자료 수집이 항상 쉬운 것만은 아니다. 그래도 어떻게든 데이터를 추출할 방법은 있다. 예를 들어 한 연구에서 캠벨은 참가자들에게 여섯 개의 일반적인 범주에 대한 설명에 확인 표시를 하는 형태로 자신이 찾고 있는 파트너의 유형을 묘사해보도록 요청했다. 여섯 가지의 범주는 남을 배려함, 타인의 도움을 필요로 함, 유머 감각이 있음, 남을 존경함, 완벽함('야심이 있다'와 '외모가 뛰어나다' 등의 용어로 정의), 좋은 가치관('가족을 중시한다' 및 '도덕적이다' 등의 설명이 포함)이었다. 실험에 참여한 집단은 NPI에서 다양한 점수를 기록한 남성과 여성으로 구성되어 있었다.

전반적인 조사 결과에서 성별에 따른 유의미한 차이가 나타나지 않았지만, 나르시시즘 성향 정도에 따라서는 극명하게 다른 결과가 나타났다. 놀라운 일은 아니지만, 102명의 연구 대상 중에서 '타인의 도움을 필요로 함' 범주의 특성에 체크한 사람은 딱 1명에 불과했다. 이것은 나르시시스트건 아니건, 지나치게 의존적인 파트너에게는 매력을 느끼는 사람이 거의 없음을 잘 나타낸다. '남을 존경함' 범주에 있는 특성에 체크한 사람은 고작 3명뿐이었다. 집단 내에 나르시시스트가 상당수 포함되어 있다는 점을 생각하면 의외의 결과지만, 나르시시스트는 자신이 타인에게 얼마나 많은 존경을 요구하는지 인정하지 않거나 심지어 깨닫지도 못하는 경우가 많다는 점과, 나르시시스트가 아닌 사람은 처음부터 그다지 존경을 요구하지도 않는다는 점을 생각해보면 별로 놀라운 일이 아닐지도 모른다. 그러나 다른 범주에서는 더욱 흥미로운 사실이 드러났다.

'완벽함' 특성에 체크한 나르시시스트는 보통 사람들보다 거의 세 배나 많았으며, 나르시시스트가 아닌 사람들은 '남을 배려함' 항목에 무려 67퍼센트나 많이 체크 표시를 했다. 나르시시스트 사이에서는 '유머 감각이 있음' 항목도 훨씬 인기가 높았으며, 이들이 유머와 완벽함 항목을 선택한 수를 합치면 반대쪽 집단보다 두 배 이상 많았다. 반면 나르시시스트가 아닌 사람들이 선택한 배려와 가치관 항목을 합치면 이는 나르시시스트들보다 40퍼센트나 높았다. 나르시시스트는 남녀를 불문하고 섹시한 이탈리아인 감독과 비슷한 배우자를 찾고 있는 반면, 나르시시스트가 아닌 사람은 온화한 캘리포니아의 신경외과의사 같은 유형에 훨씬 더 끌리고 있었다.

친밀함과 배려심에 관심이 없다는 점은 나르시시스트에게서 충분히 예상 가능한 일이지만, 동시에 다소 놀라운 결과이기도 하다. 아무리 항상 한쪽 눈은 다른 곳에, 한쪽 발은 문밖에 걸친 상태로 살아가는 나르시시스트라 하더라도 관계가 지속되는 동안에는 그 관계를 만끽하고 싶어할 테고, 친밀함과 배려심은 자신에게 관심을 갖고, 자신을 돌봐주고, 자신의 이야기를 들어주는 상대를 다른 식으로 표현한 말일 뿐이다. 이는 전부 나르시시스트의 끝없는 요구사항 목록에서 상당히 위쪽에 올라 있는 항목들이기도 하다.

하지만 친밀함을 얻기 위해서는 그만한 대가를 치러야 한다. 여러분이 아프거나 슬프거나 실망하거나 무언가에 몰두해 있을 때 상대가 여러분에게 관심을 쏟고 공감하도록 하려면 노력이 필요하며, 그 지점까지 도달하기 위해서는 상대방도 어느 정도 여러분에게 비슷한 것을 요구하게 된다. 나르시시스트는 그러한 주고받기를 할 생각이 전혀 없다. 또한 친밀함은 어느 정도 자유가 제한된다는 의미이기도 하다. 단순히 다른 사람에게 추파를 던지거나 바람을 피울 수 있는 권리뿐만 아니라 평소처럼 사람들을 불러모으고 활발히 돌아다니며 교류하는 것까지 전부 제약을 받는다. 끊임없는 관심은 나르시시스트에게 감정적 영양분을 제공하는 주 공급원인데, 가까운 연인을 동반한다면 그것을 마음껏 충족시키기 어렵다. 연인은 어느 정도 시간이 지나면 만찬을 위해 식탁에 나란히 앉거나, 최소한 가끔씩이라도 여러분과 함께 사람들 사이를 돌아다니려고 한다. 그렇게 두 사람이 함께 돌아다니게 되면 여러분은 옆에 있는 연인에게 어느 정도 신경을 써야 할 뿐만 아니라 다른 사람들이 주는 관심 중 일부도 연인과 함께 나눠야 한다.

"나르시시스트는 모든 순간을 인정과 존경을 받을 기회로 인식합니다." 펜실베이니아 주립대학의 심리학자이자 임상교육 책임자인 에런 핑커스의 말이다. "어느 정도 시간이 지나면 언제 인정을 받고 언제 받지 말아야 할지 구별하지 못하게 됩니다." 이렇게 되면 나르시시스트의 곁에는 연인이나 친밀한 관계가 들어설 자리가 남지 않게 된다.

마지막으로 다소 가슴 아픈 이야기이긴 하지만, 많은 나르시시스트는 커다란 모순을 안고 있다. 최소한 가면 모델에 해당하는 경우라면 말이다. 나르시시스트는 사실 본인을 그다지 높게 평가하지 않으며 이들이 친밀함을 회피하게 되는 데는 이 부분이 큰 역할을 한다. 나르시시스트들의 강박적인 유혹은 전부 두려움에서 비롯된 필사적이고 광적이고 자기혐오적인 행동이며, 누군가와 가까워질수록 상대방이 그 진실을 알아낼 가능성이 커진다. 만약 그렇게 되면 버림을 받을지도 모르는 쪽은 나르시시스트이며, 부족한 인간이라는 사실이 드러나는 쪽도 나르시시스트다. 이러한 경험은 심리 상태가 건전하며 현실을 잘 파악하고 있는 사람조차 견디기 힘든데, 하물며 처음부터 가짜로 만들어낸 자기애를 품고 있던 나르시시스트라면 이것이 사형선고처럼 느껴질 수도 있다.

"가슴이 뻥 뚫리거나, 정신적으로 난도질을 당하거나, 자기 자신이 죽는 모습을 지켜보는 것 같은 기분을 느끼게 된다." 이스라엘 출신의 저자 샘 바크닌Sam Vaknin은 『악성 자기애Malignant Self Love』라는 책에서 나르시시스트가 거절을 경험했을 때 느끼는 감정에 대해 이렇게 설명했다. "무기력하고 가차 없이, 끔찍한 고통의 알갱이로 산산이 부서지는 (…) 우주의 증발이다. 나르시시스트는 이러한 상황을 피하기 위해 무슨 짓이든 할 것이다." 이는 상상만 해도 안타까운 일이며 그러한 경험이 기분좋을 리 없다. 만약 연인과 적당한 거리를 유지함으로써 그러한 상황을 피할 수 있다면, 이것은 충분히 시도할 만한 합리적 예방 조치로 보일 것이다.

여러분과 나르시시스트의 관계가 마지막 단계에 도달한 이유가 무엇이든, 그다음에는 고통스러운 동시에 서글플 정도로 예측 가능한 일이 펼쳐진다. 거짓말이 그중 큰 부분을 차지한다. 때로는 연인에게 하는 거짓말이 별다른 실질적 해를 끼치지 않기도 하며, 나르시시스트가 아닌 사람이 하는 거짓말 중에는 사실 용서할 수 있는 것도 있다. 친구들과 함께 춤을 추러 가면서 연인에게 머리가 아파서 집에 있는데 전화를 꺼놓겠다고 이야기할 수도 있다. 직장 동료들과 술집에서 술을 마시면서 늦게까지 야근한다고 거짓말을 할 수도 있다. 물론 이것은 옳은 행동이 아니며 신뢰를 구축하는 데 도움이 되지 않는다. 그러나 특히 이십대의 젊은 연인이라면, 섹스를 하지 않는다는 전제하에 약간의 숨 쉴 공간을 열어두고 독신으로서의 하룻밤을 만끽해보는 일은 장기적인 측면에서 나쁘지 않으며, 그로 인해 마음속에 쌓인 것을 털어내고 현재의 관계에 만족하는 이유를 더욱 확실히 깨닫게 된다면 오히려 유익하기까지 할 것이다.

그러나 나르시시스트는 여러 가지 다른 이유로 거짓말을 하며, 그 중 좋은 의도로 하는 거짓말은 단 하나도 없다. 우선 그들은 스스로를 치켜세우기 위해 거짓말을 한다. 실제로는 10만 달러 초반의 연봉을 받으면서도 100만 달러 대를 번다고 이야기하는 남자가 좋은 예다. 자신이 훨씬 더 가치 있는 사람이며 머지않아 그에 상응하는 대우를 받게 될 거라고 확신하는 마당에 이미 그 정도의 돈을 벌고 있는 것처럼 행동한다고 해서 무슨 문제가 될까? 사실은 텍사스 A&M 대학에서 간신히 B를 넘는 평점을 받았는데도 스탠퍼드 대학을 우등으로 졸업했다고 거짓말하는 여성도 마찬가지다. 나는 충분히 아이비리그에 다닐 실력이 있는 사람인데, 그렇지 않은가?

핑커스는 이렇게 말한다. "나르시시스트는 자신을 치켜세우기 위해 상상을 초월하는 여러 가지 행동을 합니다. 나르시시스트는 자신의 과장된 비전에 들어맞지 않는 현실의 모든 측면을 그냥 부인해버립니다. 사랑받고 존경받아야 한다는 욕구가 눈앞에 있는 것 외에는 보이지 않게 만들어버리지요."

이렇게 근시안적인 시야는 자멸로 이어지는데, 대부분의 경우 나르시시스트의 거짓말은 어쩔 수 없이 들통나기 때문이다. 어느 시점이 되면 여자친구의 대학 동창이 진짜 출신 학교를 말해버리거나, 파티에서 술에 잔뜩 취한 동료가 남자친구의 진짜 연봉을 실수로 발설하는 일이 일어나기 마련이다. 그러나 나르시시스트는 거짓말을 할 때 이런 가능성에 대해 생각하지 않는다. 즉시 스스로를 치켜세워야 한다는 욕구가 너무 강하기도 하고, 어차피 그 정도로 관계를 오래 유지할 계획이 없기 때문이기도 하다.

나르시시스트가 거짓말을 하는 더욱 강력하면서도 고약한 이유는 바람을 피우기 위해서다. 처음에 이 거짓말은 나르시시스트가 아닌 사람들이 하는 선한 거짓말과 비슷하게 시작된다. 동료와 술을 마시러 가면서 야근을 한다고 거짓말하는 식이다. 그러나 나르시시스트에게 이러한 거짓말은 관계를 깨뜨리는 시발점 역할을 하게 된다. 나르시시스트는 원래부터 진실을 말하는 것이 그렇게 중요하다고 생각하지 않으며, 관계의 초기 단계에서 솔직했던 것은 사실을 말하지 않을 이유가 없었을 뿐이기 때문이다. 그러잖아도 슬슬 몸이 근질거리기 시작하던 차에 밖에서 밤새도록 신나게 즐기다보면 자유가 얼마나 근사한지 다시 한 번 깨닫게 될 뿐만 아니라, 거짓말이라는 행위 자체가 이러한 해방감을 더욱 부추긴다. 게다가 진짜로 그냥 술이나 한잔 하면서 이야기를 나누다가 집으로 돌아가려는 평범한 사람들과 달리 나르시시스트는 실제로 그날 밤 술집에서 만난 누군가에게, 아니면 머지않아 다른 누군가에게 작업을 건다. 매우 빠른 시일 내에.

외도가 나르시시스트와의 관계에 미치는 영향은 주식의 매각이 부동산이나 닷컴 거품에 미치는 영향과 비슷하다. 모든 사람이 예측하고 있었지만 누구도 좀처럼 인정하지 않던 일이 닥친 것이다. 연인이 아닌 사람과 같은 침대에 뛰어드는 것은 나르시시스트가 추구하는 자유의 궁극적인 표현일 뿐만 아니라 발각될 위험성이 매우 높은 행동이기도 하다. 만약 발각되면 배신으로 인해 관계 자체가 완전히 무너질 수도 있는데, 이것은 나르시시스트가 원하던 결말을 더욱 앞당길 뿐이다. 또 한 가지 주목할 만한 것은 외도라는 행위가 나르시시스트의 특권의식과 잘 맞아떨어지며, 그 이면에는 본인도 자각하지 못한 불만이 도사리고 있는 경우가 많다는 점이다. 이들은 열심히 일한다. 기혼자라면 배우자와 가족을 돌본다. 하지만 성적으로는 아직도 충분히 매력적인 상대다. 그렇다면 약간의 보상 정도는 받을 자격이 있지 않을까? 만약 보상을 받지 못한다면 오히려 어떤 의미에서 부당한 일이 아닐까? 외도를 하는 빈도는 남성이 여성보다 높을지 모르지만, 바람을 피우는 성향의 나르시시스트는 성별에 관계없이 이러한 정당화와 기대감으로 무장하고 술집의 문을 두드린다.

"우리는 나르시시스트들을 테스트할 수 있는 특권의식 척도를 개발했습니다." 오하이오 주립대학의 심리학 및 커뮤니케이션 교수인 브래드 부시먼의 말이다. "사람들에게 '만약 내가 타이태닉호에 타고 있다면 나는 구명보트에 탈 자격이 있다' 등의 문장을 주고 그렇다 또는 아니다로 답변하도록 요청합니다. 이 테스트에 참가한 많은 나르시시스트의 솔직한 답변은 '그렇다'입니다." 구명보트에 자기 자리 하나를 마련하기 위해 여성과 아이들을 배 밖으로 던져버리는 것을 개의치 않는 사람이라면, 외도 정도야 아주 사소한 잘못에 해당할 것이다.

마지막으로 신체적 학대라는 끔찍한 상황이 닥치기도 하는데, 이는 나르시시스트와의 관계에서 드물지 않게 일어나는 현상이다. 남녀 모두 이러한 성향을 보이지만 아무래도 학대할 가능성이 훨씬 큰 쪽은 남성이다. 만성적으로 배우자를 구타하는 사람이나 심지어 살인까지 저지른 O. J. 심슨처럼 극단적인 경우라면 당연히 여러 가지 정신적인 문제를 안고 있을 것이며, 그런 사람에게 나르시시즘의 역할은 이미 걷잡을 수 없이 악화되는 감정에 기름을 붓는 촉매제 정도에 불과할 것이다. 그러나 그 정도로 심각하지 않더라도 일단 나르시시스트와 관계를 맺게 되면 학대당할 위험이 더 높아진다는 점은 부인할 수 없다. 다소 오래되기는 했지만, 배우자 학대로 법원에서 치료 명령을 받거나 자발적으로 치료시설을 찾은 남성들을 대상으로 한 1990년의 유명한 연구에서는 치료를 받는 동안 NPI 검사를 실시하는 것이 배우자를 다시 학대할 사람을 가장 정확하게 예측할 수 있는 방법 중 하나임이 밝혀지기도 했다. NPI 검사에서 높은 점수를 기록한 남성들은 머지않아 다시 치료시설을 찾을 가능성이 제일 높았다. 『정신장애 진단 및 통계 편람DSM』에서는 나르시시즘과 배우자 학대 사이에 직접적인 연관관계가 있다고 단정하지는 않지만, 배우자를 학대하는 대부분의 사람과 나르시시스트가 공통적으로 가지고 있는 특성 세 가지는 분명하게 정의하고 있다. 남을 이용하려는 성향, 공감 능력 부족, 특권의식 모두 나르시시스트의 인격을 구성하는 요소 중에서도 가장 찬란히 빛나는 보석들이다.

나르시시스트는 어떤 대가를 치르더라도 긍정적인 자아 이미지를 유지하고자 하는 욕구를 가지고 있기 때문에 자신이 필요로 하는 복종과 존경을 계속 받을 수 있도록 연인의 행동을 신중하게 통제한다. 연인의 재정 상태나 사교상의 일정을 간섭하며, 공개된 장소이거나 주변 사람들이 들을 수 있는 경우에는 심지어 대화까지도 통제한다. 설령 나르시시스트의 학대가 신체적 폭력 수준까지 도달하지 않는다 해도 이러한 형태의 까다롭고, 숨 막히고, 자기중심적인 독재는 일종의 구타 행위나 다름없으며, 몇 년 동안 이런 취급을 받으며 진이 다 빠져버린 사람이라면 누구라도 관계가 끝날 즈음에는 끔찍한 신체적 폭행을 당한 기분이라고 털어놓을 것이다.

나르시시스트와의 관계를 끝내겠다고 결심하는 것이 중요하지만, 학대의 위험이 있을 때는 조심스럽게 행동해야 한다. 관계를 끝낼 때 사태가 걷잡을 수 없이 번지지 않도록 방지하는 좋은 방법 중 하나는 제3자를 가까이 두는 것이다. 오하이오 주립대학의 제니퍼 크로커 Jennifer Crocker는 이렇게 설명한다. "누군가로부터 거부당하면 대부분 적대적인 반응을 보이지만, 나르시시스트의 경우에는 그 정도가 매우 심합니다. 이들이 분노와 적대감을 보이는 것은 그것이 부당하다고 느끼기 때문입니다." 최악의 경우 나중에라도 접근금지명령, 안전 가옥, 형사 기소를 비롯한 다양한 법적 조치를 취할 수 있지만, 일단 가장 먼저 해야 할 일은 나르시시스트의 연인을 안전한 장소로 피신시키는 것이며, 여기서 안전한 장소란 나르시시스트가 없는 곳을 뜻한다.

이러한 모든 어려움에도 불구하고 나르시시스트와의 관계가 전부 파국을 맞는 것은 아니다. 몇 년 동안이나 비참하게 지속되는 관계도 있으며, 희생자는 보통 상황이 나아지기를 바라고 나르시시스트는 계속해서 나아질 것이라고 약속하지만 그 약속은 절대 지켜지는 법이 없다. 또한 믿기 어렵지만 그다지 나쁘지 않은 형태로 유지되는 관계도 있다. 나르시시스트 인격의 매우 중요한 특징 중 하나가 칭찬과 격려를 받고자 하는 욕구이기 때문에 칭찬을 조금씩 던져주는 연인이 약간의 영향력을 발휘할 수 있는 것이다. 연인에게 나르시시스트의 독특한 욕구를 충족시켜줄 의지만 있다면, 극히 일부이긴 하지만 나르시시스트 본인들도 관계를 유지하고 계속해서 마음을 안정시키는 말을 듣기 위해 최소한 자신의 행동 중 일부를 바꾸고자 마음먹기도 한다. 특히 개인 상담이나 부부 상담이 긍정적인 영향을 미치는 경우가 많다.

또한 연인이 감정적으로 상당히 독립적이며 나르시시스트가 원하는 종류의 관심을 그다지 필요로 하지 않는 사람인 경우에도 도움이 된다. 물론 이렇게 욕심 없는 사람이 흔하지는 않지만 간혹 존재하기도 한다. 친척이 많고 서로 화목하다면 연인 외에도 나르시시즘을 유발시키는 심리적 공허함을 메워줄 수 있는 사람들이 존재하는 셈이므로 치유 효과가 나타나기도 한다. 또한 아무리 나르시시스트라도 복잡하게 얽힌 대가족이라는 그물에 깊이 관여할수록 자유를 얻기 위해 그물을 찢거나 잡아뜯는 행위를 할 가능성이 줄어든다. 캠벨은 이렇게 말한다. "나르시시스트에게서 약간의 공동체의식을 이끌어낼 수 있다면 상당한 변화가 일어나기도 합니다. 이렇게 되면 모든 사람에게 만족스러운 상황이 됩니다. 가끔씩 나르시시스트와 결혼하고도 이러한 형태의 폭넓은 유대감 덕분에 관계가 잘 유지되고 있다고 말하는 사람들을 만나게 됩니다."

마지막으로 두 명의 나르시시스트가 이상한 형태로 잘 맞아떨어지는 경우도 있다. 이론상으로 보면 상당히 희귀한 조합이다. 양쪽 모두 끊임없는 보살핌, 돌봄, 칭찬, 관심을 필요로 한다면, 둘 다 상대방에게서 그것을 얻어낼 가능성이 희박하기 때문이다. 하지만 어떤 관점에서 보면 두 나르시시스트의 성격은 완벽한 조화를 이루고 있다고 생각할 수도 있다. 일단 나르시시스트는 과시하는 것을 좋아하며, 섹시하고 매력적인 사람이 홀로 있을 때보다는 섹시하고 매력적인 커플이 훨씬 더 많은 시선과 관심을 받게 된다. 뿐만 아니라 양쪽 모두 심오한 감정적 유대에는 별다른 관심이 없기 때문에 필요 없는 것을 상대방에게 요구할 리가 없으며, 상대방 역시 애초에 그것을 줄 수 없다.

영화 〈애니 홀Annie Hall〉에서 기억에 남는 장면 중 하나는 우디 앨런이 연기한 주인공이 거리에서 멋지고 행복해 보이는 커플의 발걸음을 멈추게 한 다음 두 사람이 성공적으로 관계를 유지하고 있는 이유가 무엇이냐고 묻는 장면이다. 여자가 대답한다. "글쎄요, 저는 굉장히 피상적이고 생각이 없기 때문에 잘 모르겠어요. 재치 있게 대답할 말도 없고요."

"저도 똑같습니다." 남자 역시 여자의 말에 동의한다.

그러자 앨런은 이렇게 말한다. "알겠습니다. 와, 그럼 두 분은 그렇게 합의를 하신 거군요."

물론 이 매력적인 커플은 순조롭게 관계를 정착시켰다. 하지만 그러한 연애 관계가 얼마나 오래 지속될 것인가는 전혀 다른 문제다. 캠벨의 설명은 이렇다. "당연한 이야기지요. 피상적이고 재미를 추구하며 자기중심적인 두 사람, 즉 켄과 바비가 환생한 것 같은 커플입니다.

그러한 관계가 결혼으로까지 이어지는 사례는 거의 보지 못했습니다. 하지만 단기적으로 보면 이상한 형태의 피상적인 친밀감이 형성되기도 합니다."

시간이 지나면 아무리 반짝반짝 빛나는 나르시시스트라 해도 매력이 떨어지기 마련이며, 나이만큼 확실하게 이를 촉진해주는 요소는 없다. 워런 비티가 진짜로 1만 2,755명의 여성과 잠자리를 함께했을 가능성은 희박하지만, 그의 여성 편력이 만만치 않았던 것은 사실이다. 하지만 54세의 비티가 고작 33세였던 마돈나와 사귀고 있던 1991년 즈음에는 비티에게서 세월의 흔적이 보이기 시작했으며, 그와 동시에 역설적인 깨달음도 찾아왔다. 마돈나의 다큐멘터리 〈진실 혹은 대담Truth or Dare〉에서 비티는 처음으로 다른 사람의 주위를 맴도는 눈에 띄지 않는 주변인으로 등장했으며, 어쩔 줄 몰라 하는 모습이었다. 호텔방에서 촬영한 분량 중에서 마돈나가 의사에게 목 진찰을 받는 장면이 있다. 의사는 카메라를 끄고 검사를 계속하고 싶어하지만 마돈나가 거절한다.

비티는 이렇게 말했다. "마돈나는 카메라가 없는 세상에서는 말하는 것은 물론이고 살고 싶어하지도 않습니다. 카메라가 없으면 할 말이 없답니다. 카메라에 찍히지도 않는데 말을 왜 하냐고요? 사는 건 무슨 의미가 있을까요?"

비티 역시 인생의 대부분을 마돈나와 비슷한 식으로 살아왔다는 점을 감안하면 이 말이 조금은 가식적으로 들릴 수도 있다. 그러나 이 말 속에는 분명 깨달음도 있었다. 1991년에 비티는 〈벅시Bugsy〉라는 영화

세트장에서 여배우 애넷 베닝Annette Bening을 만났고, 두 사람은 이듬해에 결혼해 네 명의 자녀를 두었다. 카메라나 여자 없이는 살 수 없을 것처럼 보였던 남자가 20년이 넘는 세월 동안 한 여자의 남편으로 살아가고 있으며, 2001년 이후에는 스크린에도 모습을 비추지 않았고, 조용한 삶에 만족하지 않는다는 인상을 줄 만한 그 어떤 행동도 하지 않았다.

하지만 대다수 나르시시스트는 이러한 깨달음을 얻지 못한다. 50대에 접어든 마돈나는 아직까지도 라이브 공연에서 상당한 노출을 하는 통에 적지 않은 조롱을 받는다. 이런 행동은 긍정적인 의미에서 자신감을 갖춘 사람이라는 증거로 볼 수도 있지만, '나를 좀 바라봐'라고 외치고픈 절박한 심정을 나타내는 증거일 가능성도 크다. 유명인이 아닌 나르시시스트 중 상당수는 만나는 사람마다 참다못해 떠나가버리고 결국 홀로 남게 된다. 물론 지치지 않는 사람들도 있다. 특히 남성은 여성보다 평균 수명이 짧기 때문에 살아남은 남성들은 자꾸 줄어드는 동년배 사이에서 점점 더 많은 여성의 관심을 모으게 된다. 간단한 보험 통계를 살펴보면 실제로 많은 나르시시스트 남성에게 이런 현상이 일어난다. 그러나 나르시시스트 입장에서 보면 일평생 자신이 누려온 상황과 하등 다를 것이 없다. 캠벨은 이렇게 말한다. "남자라면 양로원에 들어가서도 계속 많은 관계를 맺을 수 있습니다. 이들은 결코 멈추는 법이 없지요."

그것 참 우습고도 슬픈 일이다. 그러나 나르시시스트는 자신을 기다리고 있는 미래가 그런 모습일 거라고 생각하지 않으며, 심지어 그가 아직도 충분히 반짝이고, 시선을 끌어모으고, 어떤 집단에서든 가장 인기 있는 이성으로 대접받고 있는 사람이라면 더더욱 그런 상상조차 하지 않는다. 그러나 앞에서 언급한 슬픈 결말의 씨앗은 그때부터 이미 뿌려져 있다. 나르시시스트의 희생자들은 많은 어려움과 고통을 겪고 나서야 결국 그 점을 깨닫게 된다. 그러나 정작 나르시시스트 본인들은 일평생 깨닫지 못하는 경우가 많다.

6장

사장실의 나쁜 놈

The Narcissist Next Door

많은 사람이 스티브 잡스를 좋아한다. 잡스는 카리스마 넘치고, 똑똑하고, 잘생겼으며, 선견지명이 있고, 엄청나게 돈이 많지만, 최소한 노골적으로 티는 내지 않았다. 잡스가 항상 입고 다니던 검정 터틀넥과 낡은 청바지는 겸손함의 증거라기보다는 단순한 애착의 표시일지도 모른다. 하지만 세상에는 람보르기니, 개인용 제트기, 말리부에 있는 맨션처럼 다른 애착의 대상도 많다. 적어도 잡스는 누구나 살 수 있는 것을 골랐다.

잡스의 배경도 무척 흥미롭다. 양부모, 방황하던 청소년 시절, 괴짜 다운 관심사와 친구들. 그리고 그가 1976년에 공동으로 설립한 작은 컴퓨터 회사도 빼놓을 수 없다. 잡스는 유니박Univac, 허니웰Honeywell, NCR, IBM과 같은 공룡들과 맞설 수 있는 아주 커다란 기업으로 성장시키겠다는 목표로 이 회사를 세웠으며, 그 목표를 달성하기 위해 내놓은 것은 엉뚱하게도 과일의 이름이 붙어 있는 기계였다. 일정 기간 동안 힘없는 중소기업으로서의 전략이 기막히게 먹혀들어가면서 애플 컴퓨터는 거대한 덩치의 기업들과 겨루며 막상막하의 실적을 올릴 수 있었다. 그러나 극적인 이야기는 이제 시작일 뿐이었다. 1980년대중반에는 급격한 하락세와 부진이 찾아왔으며 애플 컴퓨터가 방향을 잃고 표류하는 사이 잡스는 자기 손으로 세운 회사의 중역 회의실에서 쫓겨나고 말았다. 이렇게 공개적으로 굴욕을 당한 잡스는 10년 동안 거친 IT업계를 떠돌며 다시 한 번 예전처럼 돌풍을 일으키고자 노력했다. 잡스는 1996년에 많은 화제를 모으며 애플로 복귀했으며, 자신이 없는 동안 좌초되어 있던 배를 바로세우고 세계에서 가장 가치 있는 기업으로 키워냄으로써 그 목표를 달성했다. 너무나 극적인 이야기이기에, 잡스의 자서전이 발간되고 영화가 제작되기 훨씬 전부터 다들 이 이야기는 영화로 만들기에 기막히게 좋은 소재라고 생각했다.

그러나 잡스가 특별한 사람이 된 것은 그가 단순히 똑똑하고 엄청난 성공을 거둔 기업인이었기 때문만은 아니다. 빌 게이츠, 헨리 포드, 토머스 에디슨도 미국을 상징하는 인물들이지만, 잡스처럼 주위에 많은 추종자를 모으지는 못했다. 또한 포드나 에디슨이 잡스만큼 젊은 나이에 세상을 떠나지는 않았지만 설사 그랬다 해도 잡스가 세상을 떠났을 때처럼 엄청난 애도의 물결이 쏟아지거나 추도하는 꽃이 산처럼 쌓이지는 않았을 것이다. 애플 매장은 슬픔에 빠진 사람들이 임시로 모여드는 장소가 될 정도였다.

잡스가 다른 위대한 인물들과 그토록 달랐던 이유는 무엇일까? 잡스는 자신을 둘러싼 사람들을 잘 이해하고 있었다. 잡스가 처음으로 내놓은 애플 제품은 당시의 일반적인 컴퓨터 규격인 베이지색 상자 모델을 따랐지만, 그와 동시에 그 제품에는 무언가 원초적인 매력이 있었다. 기업의 로고인 작은 무지개색 사과는 그 기계를 가지고 일을 하기보다는 재미있게 놀자고 초대하는 깜찍한 아이콘처럼 보였다. 베이지색 상자는 머지않아 단순히 사용만 하는 것이 아니라 자꾸만 보고 싶고 보여주고 싶은 유선형의 작은 흰색 상자로 바뀌었다. 잡스가 애플을 떠나기 1년 전, 최초의 소형 매킨토시가 출시되었을 때, 모든 광고의 중심에 등장한 이미지는 스크린에 "안녕"이라는 말이 잔뜩 흘려 쓴 필기체로 쓰여 있는 컴퓨터 그 자체였다. 매킨토시는 새롭고, 깜찍하며, 여러분을 만나게 되어 무척 기뻐하는 친구였다.

잡스가 1996년에 애플로 복귀하자 그와 함께 감성도 돌아왔다. 잡스가 떠나 있는 동안 애플은 다시 베이지색 상자 모델로 돌아갔으며 컴퓨터 내부의 사양도 그다지 뛰어나지 않았다. 잡스가 애플로 돌아와서 제일 처음 한 일은 이 끔찍한 제품 라인 전체를 폐기하고 그 대신 지금까지 출시된 컴퓨터 중에서 가장 사랑스럽고 사용자 친화적인 제품, 즉 둥글납작하고 알록달록하며 아기 같은 모양의 아이맥iMac을 내놓은 것이었다. 이 새로운 제품의 광고 문구는 "다시 만났네, 안녕"이었다. 홍보 사진에서 잡스는 바닥에 책상다리를 하고 앉아서 무릎 위에 놓인 그 귀여운 컴퓨터를 안고 있었으며, 사용자들도 이를 보면 그와 똑같이 컴퓨터를 안고 싶은 충동을 느꼈다. 사실 그 컴퓨터를 보면서 느끼는 충동은 단순히 껴안고 싶다는 것뿐만이 아니었다. 잡스는 아이맥의 색상을 선별하기 위해 일부러 젤리빈 공장까지 방문했는데, 그렇게 탄생한 아이맥을 보면 먹어버리고 싶다는 생각마저 들었던 것이다. 물론 그런 이상한 충동을 인정할 사람은 없겠지만 사실 굳이 그럴 필요도 없었다. 당대의 가장 영리한 광고 중 하나로 꼽히는 아이맥

지면 광고에는 파랑, 보라, 주황, 녹색, 빨강(애플이 마케팅에 사용한 용어를 빌리자면 블루베리, 포도, 오렌지, 라임, 딸기) 다섯 가지 색상의 컴퓨터가 둥글게 배치되어 있었다. 그리고 그 이미지 아래쪽에 딱 한 단어가 적혀 있었다. "냠."

이와 같이 소비자가 무엇을 좋아하고 원하는지 파악하는 타고난 감각을 바탕으로 이후 세대의 아이맥은 물론, 사용하기 편리한 기능을 갖춘 아이팟, 아이폰, 아이패드가 탄생했다. 특히 아이패드에는 "여러분은 이미 사용법을 알고 계십니다"라며 사용자들을 안심시키는 기발한 홍보 문구가 동원되기도 했다. 잡스는 분명 다른 사람들을 이해하는 인물이었고, 사람들을 진정으로 좋아했음이 틀림없다. 그렇지 않다면 사람들이 필요로 하는 것을 어떻게 그토록 잘 이해할 수 있었겠는가? 하지만 잡스에게는 또 한 가지 측면이 있었다.

"제기랄, 답도 없는 병신 같으니!" 월터 아이작슨의 베스트셀러 『스티브 잡스』에 실린 내용에 따르면, 사교적인 사람으로 알려진 잡스는 자신을 실망시킨 하청업체 관계자에게 이렇게 소리 지른 적도 있다. "전혀 감도 못 잡고 있잖아."

"당신이 만든 광고는 형편없소." 잡스는 아이패드 광고 감독 중 한 명에게 이렇게 딱 잘라 말하기도 했다. "아이패드가 세상에 혁명을 일으키고 있으니 그에 맞게 뭔가 끝내주는 광고가 필요한데 말이오. 당신은 빌어먹을 조무래기를 만들어왔잖소."

'빌어먹을'은 사실 잡스가 매우 즐겨 쓰는 말이었다. "이런 빌어먹을!" 잡스는 애플의 수석 디자이너 중 한 명의 팀에서 일하고 있는 직원의 칸막이로 쳐들어가서 이렇게 큰 소리로 윽박질렀다. 애플을 떠나 있던 10년 동안 설립했던 컴퓨터 회사 넥스트NeXT에서는 직원의 업무를 비판하며 "진짜 예쁜 케이크를 구워놓고는 개똥으로 장식하는 꼴이잖아"라는 말을 내뱉기도 했다. "당신이 평생 동안 해온 일은 다 빌어먹을 수준이니 내 밑에서 일해보는 건 어떻겠소?" 잡스가 눈여겨보고 있던 제록스 디자이너를 구슬리려고 던진 말이다.

잡스의 고약한 행동은 엄청난 창의력을 지닌 사람이 가끔씩 일으키는 발작에 불과하다고 치부해버릴 수 있는 모욕적인 언사에 그치지 않았다. 그는 앙심을 품었고(아이패드 최초 버전은 다 좋았지만 어도비 플래시 플레이어가 실행되지 않는다는 이해할 수 없는 문제점을 지니고 있었다. 이렇게 된 이유는 어도비가 아이맥을 위한 소프트웨어 개발을 거부한 적이 있다는 이유로 잡스가 어도비를 괘씸하게 여기고 있었기 때문이라고들 한다), 옹졸하게 행동하기도 했다. 한번은 런던의 5성급 호텔을 뛰쳐나가며 가까운 친구이자 애플 디자이너로, 번거로움을 무릅쓰고 호텔 예약까지 해 같은 호텔에 묵고 있던 조니 아이브Jony Ive에게 전화를 걸어 퉁명스럽게 말했다. "방이 마음에 안 들어. 진짜 거지 같은 방이야. 나가자." 잡스는 심지어 가학적인 측면을 드러내기도 했다. 한번은 면접을 보러 온 여성 지원자에게 "첫경험을 했을 때 몇 살이었소? LSD는 몇 번이나 해봤소?"라고 묻기도 했다. 면접에서 잔뜩 당황한 지원자가 지나치게 장황한 답변을 늘어놓자 잡스는 지원자를 놀리기도 했다. "꾸륵, 꾸륵, 꾸륵."

하지만 잡스가 천재였다는 것은 부인할 수 없는 사실이다. 비록 진짜 나쁜 놈이었다 해도 천재는 천재였다. 경영서『또라이 제로 조직The No Asshole Rule』의 저자 로버트 서튼Robert Sutton은『애틀란틱The Atlantic』지에 실린 기사에서 이렇게 말했다. "잡스와 함께 일을 해본 사람들은 잡스가 사람들을 울리는 장면을 여러 차례 목격했지만, 그중 80퍼센트 정도는 잡스가 옳았다고 말하더군요. 성공한 사람이면 또라이처럼 행동해도 된다는 인식이 우리 문화 속에 자리잡고 있다는 점이 걱정스럽습니다."

사실 꼭 성공한 사람일 필요도 없다. 권력만 가지고 있으면 된다. 비즈니스 세계에서 화제를 모았던 일들을 살펴보면 주변 사람들을 못살게 굴고, 때로는 그 과정에서 기업 전체를 공중분해시키면서까지 엄청난 부와 어마어마한 권력을 축적한, 이기심과 자기애가 넘치는 상사들의 끔찍한 이야기를 얼마든지 발견할 수 있다.

한때 메이저 리그 신시내티 레즈Cincinnati Reds의 구단주였던 고故 마지 쇼트Marge Schott는 야구에 대해 무지한데다(한 달 이용 비용이 350달러라는 이유로 홈 경기장의 스코어보드에 다른 경기 결과를 표시하는 일을 거부한 적도 있다) 본인 외에는 어느 누구의 사정에도 눈 하나 깜짝 하지 않는 것으로 악명이 높았다. 어느 해 개막식 날에 눈이 내려 경기가 지연될 위기에 처했다가 결국 경기가 시작되었지만, 심판 존 맥셰리John McSherry가 홈플레이트에서 쓰러져 심장마비로 사망하고 말았다. 쇼트는 불평했다. "말도 안 돼. 아까는 눈이 말썽이더니 이번엔 저 사람이 말썽이냐."

가장 심각한 문제는 쇼트의 극심한 편견이었다. 쇼트는 자기 팀 선수들이 귀고리를 착용하지 않았으면 좋겠다며 자신의 취향을 이렇게 설명했다. "귀고리는 호모들이나 하는 거죠." 흑인 외야수 데이브 파커Dave Parker에 대해서는 이렇게 말했다. "데이브는 내 백만 불짜리 깜둥이지요." 독일의 독재자 히틀러에 대한 쇼트의 의견은 다음과 같다. "처음에는 좋은 지도자였다는 사실을 다들 알고 있지요. 단지 도를 넘었을 뿐."

유명한 동시에 악명 높은 구조조정의 달인이자 스콧 페이퍼Scott Paper, 선빔오스터Sunbeam Oster를 비롯한 여러 기업을 이끌었던 앨 던랩Al Dunlap은 쇼트보다 더 심각했는데, 그 이유는 한마디로 그가 훨씬 더 많은 권력을 쥐고 있었기 때문이다. 던랩은 특히 잔인한 정리해고와 그러한 대규모 학살에서 희열을 느끼는 듯한 태도로 가장 잘 알려져 있다. 1996년에는 선빔의 임직원 1만 2천 명 중 절반을 해고했으며, 『뉴스위크』지에 사람들의 생계 수단을 빼앗아버리는 엄한 사랑의 지혜와 장점을 역설하는 칼럼을 기고하는가 하면, 스스로를 치켜세우는 자서전에 '잔인한 비즈니스Mean Business'라는 제목을 붙이기도 했다. 여러 차례 인용된 사람들의 말에 따르면 던랩은 인사 담당 임원에게 의자를 던진 적이 있으며, 친부모의 장례식에도 얼굴을 비추지 않았고, 아들의 대학 등록금을 내주지 않았으며, 도저히 믿기 어려운 일이지만 스무 살짜리 조카딸이 백혈병에 걸렸을 때도 경제적인 지원을 해주지 않았다. 장기적인 측면에서 보면 인력을 대폭 삭감하고 주가를 올리는 그의 전략이 효과를 발휘한 것도 아니었다. 던랩은 분기 판매 실적을 올리기 위해 부기 규정을 제멋대로 악용하다가 쫓겨났으며, 선빔은 그 이후 결국 파산 신청을 했다.

지금은 사라져버린 베어스턴스Bear Stearns를 이끌었던 지미 케인Jimmy Cayne도 던랩처럼 자신의 회사를 파멸로 몰아넣었으며, 마찬가지로 엄청난 자만심과 그보다 더 심각한 비열함을 갖추고 있었다. 한 투자기업의 사장이 자신의 열한 살짜리 아들을 케인에게 소개하자 케인은 아이와 악수를 하고서 아이의 엄마에게 이렇게 말했다. "이 아이는 형편없이 악수를 하는군요. 앞으로 별 볼 일 없는 사람이 될 겁니다." 베어스턴스의 파산으로 인해 벌어진 한 소송에서 케인은 반대측 변호사를 "롱아일랜드에서 온 135킬로그램짜리 호모"라고 묘사했으며 그를 따라 남자 화장실에 들어간 일을 자랑스럽게 떠벌렸다. "'오늘 당신 제대로 엿 먹을 거야'라고 말해줬지." 그는 월스트리트저널의 여성 기자를 "능력이라고는 쥐꼬리만큼도 없는 년"이라고 지칭하기도 했다.

베어스턴스의 경영자 자리에 오르기 전부터 케인은 스스로를 주변 사람들보다 더 뛰어나고, 위대하고, 재능을 타고난 사람이라고 여겼다. 케인은 실제로 예리하고 전략적인 사고가 필요한 브리지 게임을 무척이나 잘했으며, 그 사실을 굳이 숨기려 하지 않았다. "앞으로 당신이 일평생 동안 브리지를 연구하고 최고의 상대들과 경기를 하면서 최대한 잠재력을 발휘한다 해도 절대 저처럼 브리지를 잘하지는 못할 겁니다." 젊은 시절의 지미 케인이 당시 베어스턴스의 매니저였던 앨런 그린버그Alan Greenberg에게 한 말이다. 그것도 취업 면접에서.

휼렛 패커드Hewlett-Packard, HP의 CEO로 6년간 근무하다가 2005년에 함께 일하던 이사진에 밀려 쫓겨난(물론 2,100만 달러의 퇴직금을 받았

다) 칼리 피오리나는 실패로 돌아간 컴팩Compaq 컴퓨터와 HP 컴퓨터 사업부의 합병으로 많은 비난을 받았다. 당시 양쪽 모두 실적이 좋지 않았고, 지지부진한 브랜드 두 개를 합침으로써 뛰어난 브랜드가 탄생할 것이라고 믿는 사람은 거의 없었다. 그리고 실제로 결과는 좋지 않았다. 합병은 처참하게 실패했고 HP의 주식 가격은 피오리나가 경영권을 잡은 동안 절반으로 폭락했다. 그 과정에서 피오리나는 수만 명의 직원을 정리해고했으며, 해고에 대해 아무에게도 미안하다는 말을 하지 않았다. "합병은 정말 좋은 아이디어였습니다." 피오리나가 2006년 인터뷰에서 한 말이다. "비용 구조를 수십억 달러나 절감할 수 있었지요. 제가 HP에 있는 동안 3만 명의 직원을 해고했습니다."

피오리나가 2010년에 캘리포니아 주 상원의원 선거에 출마했을 때 전 HP 직원이 크게 분개해 공개적으로 피오리나를 비난하고 출마에 반대하는 웹 사이트를 만든 것도 그리 놀랍지만은 않다. 그 웹 사이트에는 이런 글이 올라왔다. "HP의 창업자들은 직원을 매우 소중하게 여겼습니다. 칼리 피오리나는 그와 정반대입니다. 철저한 나르시시스트입니다. 자기 자신에 대해서만 생각하며 다른 사람들은 전혀 고려하지 않습니다." 선거 결과 피오리나는 낙선했다.

역시나 다시 한번 나르시시스트라는 결정적인 난어가 등장한다. 물론 기업 중역실에 앉아 있는 모든 망나니와 나쁜 놈들이 전부 다 나르시시스트는 아니다. 그러나 이들이 가진 특징으로 벤 다이어그램을 그려보면 엄청나게 많은 부분이 겹친다는 사실을 발견할 수 있다. 듣는 사람의 기분이 어떨지 털끝만큼이라도 신경 쓴다면 상대방을 배알도 없는 놈이라고 부르지는 않을 것이다. 또한 엄청난 권력을 휘둘렀다는 사실에서 강한 희열을 느끼지 않는다면 직원을 몇만 명이나 해고했다고 자랑할 리가 없다. 뿐만 아니라 심판에게도 가족이 있고 그 가족이 슬퍼하고 있을 것임을 짐작할 수 있다면 심판의 죽음을 경기를 지연시킨 날씨와 동급으로 취급할 턱이 없다. 잡스는 나르시시스트 성향의 상사가 보여줄 수 있는 뛰어난 영감과 부하직원들을 공포로 몰아넣는 카리스마를 다른 누구보다 충실히 갖춘 인물이었다. 컴퓨터 컨설턴트이자 한때 잡스와 사귀었던 티나 레즈Tina Redse는 아이작슨과의 인터뷰에서 이렇게 말했다. "잡스가 좀더 친절하고 덜 자기중심적인 사람이 되기를 바라는 것은 장님이 언젠가 세상을 볼 수 있기를 바라는 것과 같았습니다." 하지만 잡스가 모든 기업 경영자들 중에서 가장 눈에 띄고 가장 화려한 나르시시스트였는지는 몰라도, 유일한 나르시시스트는 아니었다.

최근에 볼 수 있는 나르시시즘 유행 현상은 20세기 후반부터 21세기 초반에 걸쳐 시작되었지만, 기업 총수들은 그런 조짐이 분명하게 드러나기 오래전부터 나르시시즘 트렌드의 선행 지표 역할을 해왔다. 아마도 나르시시스트의 특성인 탐욕과 야망, 공감 능력 부족, 과장된 자존심의 조합이 그토록 완벽하게 조화를 이루고 이득을 얻을 수 있는 분야가 상당히 드물기 때문일 것이다. 사실 기업 경영 외에 나르시시스트의 특성이 효력을 발휘할 수 있는 분야는 정치계나 연예계 정도뿐이다. 19세기 철도업계의 거물인 조지 풀먼George Pullman은 시카고 남부에 마을 하나를 통째로 만들고 직원들이 살 수 있도록 해주었지만, 수도 요금과 가스 요금을 받았으며 심지어 급료를 삭감했을 때도 임대료를 내려주지 않았다. 내셔널 캐시 레지스터National Cash Register 사의 대표인 존 패터슨John Patterson은 고참 직원들을 실뭉치를 가지고 노는 고양이와 같은 존재로 생각했고 단순히 사기를 꺾어놓겠다는 이유로 고위 임원들을 해고했다가 다시 고용하기도 했다. 의류 제조업체를 경영하던 맥스 블랭크Max Blanck와 아이작 해리스Issac Harris는 맨해튼 워싱턴 스퀘어 공원 근처의 건물 고층에 있는 열악한 작업장에서 일어나는 손실을 막으려고 밖에서 문을 잠가 대부분 젊은 여성이었던 직원들이 상품을 가지고 도망가지 못하게 했다. 이 의류업체의 이름은 트라이앵글 셔트웨이스트 팩토리Triangle Shirtwaist Factory로, 1911년 3월 25일 이 작업장에서 화재가 발생했을 때 안에 갇힌 수많은 소녀는 목숨을 걸고 보도로 뛰어내리는 것 외에는 선택의 여지가 없었다. 결국 146명이나 목숨을 잃고 말았다.

직장은 절대 민주적인 조직이 아니며, 민주적으로 운영하려고 만들어진 단체도 아니다. 확실한 조직도와 명확하게 정의된 권력 체계가 없는 기업이 있으면 무척 화기애애하게 돌아갈 것 같지만, 현실에서 그런 기업은 십중팔구 항상 실패한다. 사무실에는 상사가 필요하고, 좋든 싫든 상사는 일종의 군주다. 또한 진짜 군주와 마찬가지로 상사 중에서도 친절한 상사, 선량한 상사, 악의적인 상사, 끔찍한 상사 등 다양한 유형이 있다. 상사와 악수를 하고 새로운 일자리를 수락하는 시점에는 어떤 종류의 상사와 함께 일하게 될지 파악하기 힘들다. 하지만 머지않아 상사가 어떤 사람인지 깨닫게 되며, 만약 그가 나르시시스트라면 고통스러운 방식으로 깨닫게 될 것이다.

상사가 지금의 위치에 도달한 데는 그의 능력, 경험, 학벌, 인맥, 그리고 단순히 그가 적시적소에 있었다는 행운에 이르기까지 여러 요소가 작용했을 것이다. 그러나 이들이 가지고 있는 권력의 원천은 그보다 훨씬 깊은 곳에 자리잡고 있다.

대부분의 사회적 동물 집단에서 권력을 얻기 위한 가장 중요하고 직접적인 방법은 우월함이다. 침팬지의 경우 가장 덩치가 크고, 거칠고, 무서운 수컷이 최고 서열에 오른다. 이러한 신체적 특징과 광포한 기질 덕분에 무리의 다른 동물들을 통제할 권위를 얻으며, 무엇보다도 원하는 암컷을 선택할 수 있다. 마찬가지로 어떤 무리에서든 알파 사자는 열심히 일하거나 다른 사자들의 말에 귀를 기울임으로써가 아니라 다른 수컷들을 협박하거나 심지어 쫓아내면서 그 자리에 오른다. 혹은 새로운 무리에 접근해 공격한 끝에 두목이 되기도 한다. 사자가 무리의 두목이 된 후 가장 처음으로 하는 행동 중 하나는 다른 수컷의 새끼들을 죽이는 것이다. 이렇게 되면 암컷들이 다시 발정기에 들어가 생식을 하게 되며, 두목 사자는 기꺼이 혼자서 암컷들을 독차지한다.

역사를 살펴보면 인간 집단도 동물보다 덜 야만적이기는 하지만 어느 정도 비슷한 방식으로 운영되어왔다. 해변에서 다른 사람을 향해 모래를 차거나 학교 운동장에서 누군가를 괴롭히는 행동, 술집에서나 운동 경기중에 진뜩 화를 내며 힘껏 밀치는 행동 등은 전부 누가 가장 덩치가 크고, 힘이 세며, 조심해야 할 상대인지 증명하기 위한 행위다.

또한 여기에는 남을 괴롭히는 사람들이 뛰어난 생식자이자 부양자, 보호자라는 암시도 담겨 있다. 물론 술집에서 주먹다짐을 하는 사람들의 의식 속에 이런 생각이 들어 있을 가능성은 희박하지만 말이다. 그러나 원시시대부터 현대에 이르기까지, 인류 문명에서는 신체 크기와 남을 위협하고자 하는 의지가 오랫동안 권력과 직접적인 상관관계를 이루어왔다.

브리티시컬럼비아 대학에서 강의를 하고 있는 제시카 트레이시는 이렇게 말한다. "언뜻 생각하기에 말이 안 되는 것 같죠. 남을 괴롭히고 협박하는 것이 사회적 호감을 얻기 위한 방법이라는 생각은 들지 않을 겁니다. 하지만 인간은 항상 단순한 위협을 통해 원하는 일을 우리에게 강제로 시킬 수 있는 사람들에게 높은 지위를 부여해왔습니다. 그러한 전략이 실제로 효과를 거두었기 때문에 지금까지 이어진 것입니다."

부족의 평화와 안전이라는 측면에서는 다행스럽게도 우두머리가 언제나 공동체 내부의 경쟁 상대에게만 위협을 가하는 것은 아니며, 외부의 적들을 공격 대상으로 삼을 수도 있다. 외부의 위협으로부터 집단을 보호함으로써 여러 가지 측면에서 인기를 얻을 수 있다. 우두머리가 스스로의 안전과 목숨까지 걸고 부족을 보호한다면 공동체는 그에게 큰 빚을 지게 된다. 뿐만 아니라 우두머리는 이를 통해 공동체 내부에서 자신에게 대항할 가능성이 있는 다른 구성원들에게 자신이 갖고 있는 그토록 강한 힘과 권력이 쉽사리 그쪽을 겨눌 수도 있다는 사실을 일깨워주기도 한다. 큰 승리를 거둔 전쟁영웅이 고향으로 돌아오면 좋은 일자리를 꿰차고 여성들의 흠모를 한몸에 받을 뿐 아니라 남자들까지 그에게 앞다투어 술을 사려고 하는 현상도 이와 일맥상통한다. 또한 워싱턴 장군, 그랜트 장군, 아이젠하워 장군이 결국에는 모두 다 대통령 자리에 오른 것도 우연은 아니다. 더욱 화려한 스포츠의 세계에서도 비슷한 일이 일어난다. 트로피를 들어올리고 슈퍼모델과 데이트하는 이들은 알파 운동선수들이며, 베타 남성들은 그 패거리의 일원이 되어 그들과 함께 클럽과 술집을 전전한다. 심지어 운동선수들은 전쟁 영웅들처럼 고위 공직에 진출하기도 한다. 한때 NFL 쿼터백이었던 히스 슐러Heath Shuler는 하원의원을 거쳤고, 과거에 메이저리그 투수로 활약한 짐 버닝Jim Bunning은 상원의원을 역임했으며, 젊은 시절 NBA 스타로 유명했던 데이비드 빙David Bing은 디트로이트 시장으로 뽑혔다.

그러나 순수한 힘과 그것이 암시하는 위협이 권력을 얻는 유일한 방법은 아니다. 공동체의 모든 구성원이 필요로 하며 그것 없이는 생존할 수 없는 필수 자원을 통제하는 힘을 갖춘 경우에도 권위를 얻을 수 있다. 잠복에 능하며 속도와 명중률이 뛰어나 많은 동물을 포획하는 사냥꾼은 키가 작거나 체격이 보잘것없어도 어느 부족에서나 매우 권위 있는 인물로 대접받는다. 다른 구성원을 패대기칠 만한 몸집은 없을지 몰라도 사실 그럴 필요가 없다. 이들이 집단 구성원들에게 암묵적으로 전달하는 메시지는 지극히 간단하기 때문이다. 복종하거나 굶어죽어라. 또한 농경지 경작에 뛰어나거나 고기가 잘 잡히는 개울을 가장 잘 아는 사람도 마찬가지이며, 젊은 남성이 결혼할 상대를 찾기 어려운 좁은 문화권에서는 결혼 적령기의 딸을 둔 사람들도 힘을 얻는다.

트레이시는 이렇게 설명한다. "자원을 통제하는 사람은 집단에 무언가를 제공할 수 있습니다. 거꾸로 이는 동시에 이들이 집단에게 무언가를 제공하지 않을 수도 있다는 의미입니다. 따라서 이들은 신체적으로 장대하거나 힘이 세지 않더라도 공동체 전체에 두려움을 불어넣을 수 있는 능력을 가지고 있습니다. 다른 사람들은 이들의 요구와 규칙을 따름으로써 복종하게 되는 것이지요."

모든 사람이 먹을 음식과 짝을 직접 찾는 현대 문화에서도 우리는 여전히 자원에 대한 통제권에 후한 보상을 해준다. 부동산 거물들은 땅을 소유함으로써 돈을 벌고, 다시 그 돈으로 해안가를 따라 길게 자리잡은 부지나 시내의 구역 몇 개를 통째로 매입함으로써 더 많은 부를 축적한다. 양로원이나 사무용 건물을 지으려고 하는가? 땅 주인인 부동산 재벌에게 문의하라. 또한 자신이 소유하고 있는 땅에서 석유가 나오는 경우에도 부자가 된다. 그리고 더 많은 땅을 사서 더 많은 석유를 캐내면 더욱 큰 부자가 된다. 투자 고수이자 버크셔 해서웨이Berkshire Hathaway의 CEO인 워런 버핏처럼 비교적 온건한 사람들조차 본인이 깨닫건 깨닫지 못하건 간에 암묵적으로 사람들을 위협하는 경우가 있다. 어떤 기업을 인수할 때마다 버핏이 조용히 통제하는 일자리와 이에 좌우되는 사람들의 수효가 수천 개씩 늘어나는 것이다. 그가 2013년에 H. J. 하인즈H. J. Heinz를 인수했을 때는 그 한 차례의 거래를 통해 버핏의 기업 경영 방식에 따라 3만 4,800명의 생계가 좌우되는 상황이 되었다. 감히 버핏의 뜻을 거스를 생각이나 하겠는가?

가장 문명화된 유형의 세번째 권위는 부족의 자원을 통제하거나 다른 모든 사람을 극도의 공포에 몰아넣음으로써 얻을 수 있는 것이 아니다. 그보다는 공동체 나머지 사람들에게 이익이 되는 문화적 정보나 가치를 소유하는 온건한 능력을 통해서 손에 넣는 것이다.

모든 인간 사회에 걸쳐 시인, 화가, 의사, 철학자, 법학자, 건축가, 천문학자와 같은 사람들이 엄청난 영향력을 발휘하고 존경받는 위치에 오른 것은 이들이 보유하고 있는 기술과 재능, 아이디어를 다른 사람들에게 전달해주었기 때문이다. 이것은 우리가 일반적으로 생각하는 권력과 거의 상관없기 때문에 언뜻 보기에는 아무런 힘이 없는 것 같은 사람이 명망으로 인해 영향력을 갖추는 경우가 많다. 이제 80대에 접어들어 점점 더 노쇠해가는 루스 베이더 긴즈버그Ruth Bader Ginsburg는 대법원 판사석에서 하는 한마디로 대부분의 사람들이 일평생 발휘할 영향력보다 훨씬 강력한 영향력을 행사할 수 있다. 스티븐 호킹은 도움 없이는 아무 일도 할 수 없을 정도로 몸이 불편하지만, 그가 기계의 도움을 빌려 말을 하거나 글을 쓰면 전 세계가 귀를 기울이고 시선을 모은다. 호킹의 힘은 움직일 수 없는 몸 안에 살고 있는 지성에서 나온다. 비록 인간이 여러 가지 원시적인 성향을 보이기는 하지만, 지혜에 고개를 숙이는 이 모습에서 인간이 왜 뛰어난 존재인지 잘 알 수 있다.

트레이시는 이렇게 설명한다. "인간은 유인원 중 유일하게 명망을 사용하는 동물입니다. 다른 유인원들은 우월성만을 사용합니다. 다른 유인원들은 인간보다 전달할 문화적 정보가 적기 때문이기도 하지만, 어느 정도 문화적 정보가 있다고 하더라도 그것을 소유하고 있는 객체에게 인간이 보이는 것만큼의 존중을 보이지는 않기 때문입니다."

하지만 명망을 보유하고 있는 사람이 반드시 권력이나 영향력을 얻을 수 있는 것은 아니다. 명망 있는 사람이 영향력을 행사하는 이유는 인간이 유인원보다 공유해야 할 문화적 정보가 많기 때문이기도 하지만, 인간은 어떤 식으로 정보를 공유해야 하는지에 대한 기대치도 가지고 있기 때문이다. 우리는 재능 있는 사람들의 겸손함과 너그러움을 중시하는데, 사실 그런 태도를 보여주면 재능이 부족한 사람들이 마음속에 솟아나는 자연스러우면서도 바람직하지 않은 감정인 질투심을 억누를 수 있게 된다. 아카데미상을 수상한 영화배우가 에이전트와 감독, 각본 작가에게 감사하는 것은 그저 할리우드식 겉치레 인사처럼 보일 수도 있지만, 영화가 본질적으로 협력 작업이라는 점을 인정하고 그들의 공로를 치하하는 것이다.

휴스턴 오일러스Houston Oilers와 뉴올리언스 세인츠New Orleans Saints의 감독직을 차례로 역임했으며 매우 솔직한 발언으로 잘 알려진 고故 범 필립스Bum Phillips는 슈퍼볼 우승 경력을 보유한 마이애미 돌핀스Miami Dolphins와 볼티모어 콜츠Baltimore Colts의 전설적인 전 감독 돈 슐라Don Shula에게 절묘하면서도 적절한 칭찬을 한 적이 있다. "그는 자신의 팀으로 당신의 팀을 이길 수 있습니다. 그다음에는 당신의 팀으로 자신의 팀을 이길 수 있지요." 다른 말로 하자면 승리를 이끈 것은 그가 이끌고 있는 팀의 재능이라기보다는 슐라의 재능이었다는 뜻이다.

필립스는 자신의 라이벌을 극찬함으로써 범상치 않은 사람임을 증명했고, 슐라 역시 본인이 뛰어난 감독이라는 사실이 너무나 분명했는데도 절대 자화자찬하는 말을 하지 않음으로써 더욱 높은 평가를 받았다. 재능이 뛰어나지만 허풍을 떠는 사람은 트로피를 얻을지는 모르지만 친구와 팬들을 잃는 법이다.

트레이시는 이렇게 설명한다. "명망을 얻기 위해서는 현명함, 업적 등 여러 가지 요소가 필요합니다. 뿐만 아니라 인간성도 좋아야 하지요. 재능이 뛰어나지만 인간성이 나쁜 사람은 사실 좀 애매합니다."

인간이 권위를 얻을 수 있는 이 세 가지 방법 모두 좋은 쪽으로도, 무시무시한 쪽으로도 전개될 수 있다. 신체적 위협이나 폭력이라는 전통적인 의미에서의 우월성 발휘는 더이상 지도자의 자리에 오르기 위한 방법으로 용납되지 않지만, 건장한 체격이나 강하고 위협적인 성격은 아직도 효과를 발휘한다. 1900년 이후 실시된 29차례의 대통령 선거에서는 키가 큰 후보가 18차례 승리를 거두었고 9차례 패배했다(2차례는 양쪽 후보의 키가 같았다). 미국 대통령 자리에 오른 43명의 남성 중 29명의 신장이 178센티미터 또는 그 이상이었으며, 그중에서 18명은 183센티미터 이상이었다. 이를 현재 미국 남성의 평균 신장인 176.5센티미터와 비교해보자. 린든 존슨Lyndon Johnson은 에이브러햄 링컨과 함께 193센티미터로 미국 대통령 중 키가 가장 컸으며, 강압적인 태도와 압도적인 신체 조건을 사용해 정적들에게 겁을 주는 것으로 유명했다.

존슨은 이런 말을 하기도 했다. "저는 상대방의 주요 부위를 쥘 때까지 절대 사람을 믿지 않습니다." 존슨은 대화를 나눌 때 상대방의 팔이나 무릎, 심지어 옷깃까지 쥐고 그쪽으로 몸을 기울이며, 단순히 상대방의 개인적인 공간을 침범하는 것을 넘어 그 공간을 정복하고 점령하려는 강압적인 태도를 보였다. 존슨이 상원의원이었을 때 그야말로 위에서 짓누르는 자세로 자신보다 나이가 많고 키가 작은 로드아일랜드 주의 상원의원 시어도어 그린Theodore Green과 대화를 나누는 장면을 담은 유명한 네 장의 사진이 있다. 존슨이 그린 쪽으로 점점 더 가까이 기댄 나머지 마지막 사진에서는 불쌍한 그린이 몸을 반쯤 뒤로 젖힌 채 넘어지지 않으려고 책상을 짚고 있다. 심지어 그린은 민주당원으로, 존슨과 협력하는 사이였다. 힘을 보여주는 것과 괴롭히는 것은 종이 한 장 차이이며, 존슨은 수시로 그 선을 넘나들었다.

자원을 통제하는 행동 역시 부드러운 방식으로도, 거친 방식으로도 진행될 수 있다. 석유만 나지 않았다면 아무도 관심을 두지 않았을 작은 국가의 석유 독재자들은 전 세계 석유 공급권의 대부분을 쥐고 있다는 이유만으로 세계에서 가장 강한 권력을 행사한다. 광물이 풍부하게 매장되어 있는 아프리카 국가의 폭군들은 자국민들이 빈곤에 시달리는 와중에도 편안히 호의호식하며 산다. 심지어 사실상 독점적인 천연자원이나 제품이 전무한 북한에도 이러한 빈부 격차가 존재한다. 통치자가 코냑을 마시고 고급 승용차를 타는 동안 2,400만 북한 주민 대부분은 기아에 시달린다.

직장에서도 이 세 가지 종류의 권위가 전부 작용한다. 상사는 지갑 속의 돈, 식탁 위의 음식, 의료보험 등 여러분 삶에서 가장 중요한 몇 가지 자원을 통제하는 수도꼭지를 쥐고 있다. 상사가 여러분을 마음에 들어하면 수도꼭지를 여는 쪽으로 돌려 더 많은 보상을 받도록 해줄 수 있다. 반대 방향으로 돌리면 모든 것이 물거품이 된다. 야구 역사상 가장 성공적인 구단주 중 하나로 꼽히는 뉴욕 양키스의 조지 스타인브레너George Steinbrenner는 변덕스럽게 감독을 해고하고 다시 고용하는 것으로 유명했고, 진 마이클Gene Michael, 밥 레몬Bob Lemon, 빌리 마틴Billy Martin을 비롯한 여러 감독을 채용했다가 해고하는 일을 여러 차례 반복했다. 그러나 스타인브레너는 분명 계약서에 서명을 하고 수표를 끊어주었으며, 야구계에서 일자리를 찾고 있는 감독들에게는 스타인브레너가 최선의 선택으로 보였다. 그래서 이를 악물고 스타인브레너가 제시한 것을 받아들였다.

위협을 하거나 힘을 과시하는 경우도 흔하다. 나쁜 상사는 책상을 내리치거나 부하직원들에게 소리를 지르고 짜증을 부린다. 물론 직원을 때리는 것은 범죄 행위이며 대부분의 직장에서는 그런 일이 일어나지 않지만, 그럼에도 불구하고 우리는 본능적으로 어떠한 형태의 공격에도 진짜 맞을 위험에 처한 것처럼 반응하는 경향이 있다. 나는 오래전에 필요하다고 생각되면 아무런 주저 없이 화를 내는 성미 급한 상사와 단둘이 이야기하고 있었다. 대화중에 상사는 화를 내기 시작했고, 멀리서 슬라이드를 볼 때 사용하는 골프공 크기의 접안렌즈를 던지며 자신의 주장을 조목조목 강조했다. 나를 향해 그 접안렌즈를 던진 것은 아니지만 만약 그랬다면 나는 진짜 다칠 수도 있는 상황이었다. 상사 두뇌의 원초적인 영역에서 내 두뇌의 원초적인 영역으로 전달된 메시지는 분명했다. '상사는 나에게 상처를 입힐 수 있는 힘을 가지고 있으며 그 힘을 사용하는 데 주저하지 않는다.'

명망을 기반으로 한 권력을 가지고 있는 상사는 긴즈버그나 호킹처럼 온화하게 지혜를 설파할 수도 있지만, 반드시 그런 것만은 아니다. 사실 잡스는 세상을 뒤바꿔놓을 만한 지식과 지성을 보유하고 있었지만 그가 보여준 행동은 그러한 창의적인 재능에 전혀 걸맞지 않은 것이었다. 100년 전에 헨리 포드는 잡스처럼 세상에 혁신을 일으켰지만 열렬한 노조 반대론자이자 노골적인 반유대주의자였다. 심지어 마이크로소프트 운영체제를 만들고 나중에는 위대한 자선 활동으로 세계에 헤아릴 수 없을 정도의 막대한 자원을 제공한 빌 게이츠도 잡스에 절대 뒤지지 않을 정도로 사람을 괴롭히고 못된 행동을 할 수 있는 사람이었다. 2011년에 마이크로소프트 공동 창업자인 폴 앨런Paul Allen이 발간한 회고록에 따르면, 게이츠는 기안이 마음에 들지 않을 때 부하직원에게 "빌어먹을, 이제까지 들어본 말 중 제일 멍청한 소리야"라고 말했다. 프로그래밍 기술이 성에 차지 않는 직원이 있으면 "나라면 그런 코드를 1주일 만에 작성하겠다"라고 말하기도 했다. 천재가 반드시 좋은 사람은 아닌 것처럼, 명망 있는 사람이 반드시 진실한 것은 아니며, 권력을 가지고 있다고 해서 반드시 그 권력을 절제해서 사용하리라는 법도 없다. 특히 나르시시즘 성향이 있는 경우에는 말할 것도 없으며, 이런 성향을 가지고 있는 사람은 생각보다 많다.

상사 중에는 나르시시스트 성향을 가진 고약한 사람보다 좋은 사람이 더 많지만, 전체 인구당 비율과 비교해보면 실제로 나르시시스트 상사의 비율이 상당히 높다. 그것은 나르시시스트 직원들에게와 마찬가지로 비즈니스 세계 자체가 그들에게 유리한 무대이기 때문이다. 에너지, 자신감, 좀처럼 숨기지 않고 드러내는 오만함이 높은 평가를 받고, 그보다 조용한 능력들은 무시되거나 심지어 불이익을 가져온다. 접안렌즈를 던져서 나를 깜짝 놀라게 한 상사는 대형 잡지사에 가서 그 회사가 발간하고 있던 작은 다이제스트 판형의 정기 간행물을 큰 판형의 광택 나는 월간 잡지로 업그레이드해야 한다고 주장해 그 자리에 올랐다. 그렇게 하려면 인쇄 부수를 늘리고, 유통망을 넓히고, 뛰어난 작가와 사진가를 영입하기 위해 많은 돈을 투자해야 한다. 상사는 잡지사 임원들이 그 모든 투자를 하기 전에 자신을 고용해 잡지 운영의 전반을 맡겨야 한다고 덧붙였다. 그리고 실제로 그는 채용되었다. 그가 겸손한 태도를 취했다면 과감하게 하프코트에서 던진 공을 그토록 멋지게 명중시키지 못했을 것이다.

"나르시시스트는 용기 있는 사람처럼 보이며 카리스마가 넘치는 에너지를 내뿜는데다가 자기 홍보를 엄청나게 합니다." 전 존스 홉킨스 대학 교수이자, 기업에 성격 검사 서비스를 제공하는 호건 진단 시스템Hogan Assessment Systems의 공동 창업자 로버트 호건Robert Hogan의 말이다. "나르시시스트의 커다란 장점은 면접을 기가 막히게 잘 본다는 점입니다. 면접관들의 마음에 쏙 들 수밖에 없습니다."

문제는 이러한 구애 뒤에 이어지는 밀월이 오래 지속되지 않는다는 점이다. 나르시시스트와의 관계에서 초기 영역이라고 부르는 첫번째 단계에서는, 비록 일시적이기는 해도 진정으로 즐거운 기분을 느끼게 된다. 술집에 있든, 파티에 있든, 회의실 탁자 맞은편에 앉아 있든, 나르시시스트의 유머 감각과 활기에는 거부하기 어려운 매력이 있으며, 그러한 사람과 더 많은 시간을 보내고 싶다는 생각이 든다. 나르시시스트가 동료일 때도 이러한 현상은 똑같이 일어나지만, 만약 그가 조직을 이끌어나가는 상사라면 훨씬 더 짜릿한 기분을 느끼게 된다. 이럴 때는 정말 기쁜 마음으로 상사에게 협조한다. 나르시시스트의 이기주의, 자기중심주의, 무신경함이 드러나는 것은 인내 영역이라고 부르는 나중 단계에서다.

브리티시컬럼비아 대학의 심리학자 딜로이 폴허스Delroy Paulhus는 나르시시스트와 나르시시스트가 아닌 사람들을 같은 프로젝트에 투입하고 주기적으로 만나게 한 다음, 이들이 처음 만났을 때부터 서로에 대해 알게 되고 마침내 협업관계가 불가피하게 와해될 때까지 추적하는 종적 연구*를 실시했다. 이 연구에서 폴허스는 나르시시스트를 "스스로를 칭찬하는 특성을 가진 사람"이라는 점잖은 말로 지칭했다. 일반적으로 이 흥망성쇠의 주기는 불과 몇 주일 안에 마무리되곤 했다. 실험 참가자들은 전부 다양한 간격으로 다른 팀원들에 대한 인상을 평가하는 설문조사에 응했는데, 나르시시스트가 아닌 팀원들의 점수는 비교적 등락폭이 적었던 반면 나르시시스트들의 점수는 처음에는 높게 시작했다가 곤두박질치는 경향을 보였다.

폴허스는 이렇게 적었다. "첫번째 만남에서는 스스로를 칭찬하는

* 연속적인 시간 간격으로 동일한 집단을 관찰하는 연구 방식.

사람들이 긍정적인 인상을 주었다. 이들은 쾌활하고, 적응력이 뛰어나며, 유능해 보였다. 그러나 7주일 뒤, 이들에 대한 평가는 부정적으로 바뀌었다. (…) 만약 사회적 상호작용의 대부분이 단기간에 한정되어 있다면, 스스로를 칭찬하는 사람들이 풍요롭고 생산적인 삶을 살 수 있을 것이다."

키스 캠벨도 2009년의 논문에서 〈글렌게리 글렌 로스Glengarry Glen Ross〉라는 연극에 나오는 금언을 다른 말로 바꾸어 표현하며 이와 비슷한 논지를 펼쳤다. 이 연극에서는 가상의 부동산 중개소에서 일하는 영업사원이 '항상 마무리 단계처럼 행동하라'라는 교육을 받게 되는데, 이는 다른 말로 하면 이미 합의가 끝나서 서명하는 일만 남은 것처럼 모든 거래에 접근하라는 의미다. 캠벨은 나르시시스트의 경우 교훈은 이렇게 바뀌어야 한다고 믿는다. '항상 처음인 것처럼 행동하라.'

물론 이것은 악화되기 전에 끝낼 수 있는 단기적인 관계에서나 가능한 이야기다. 직장에서 일단 관계가 변질되면 그때부터 매우 길고 끔찍한 여정이 시작된다. 초기 단계에 즐거움을 주었던 요소가 그토록 순식간에 인내 영역 단계의 공포로 변해버리는 가장 큰 이유는 나르시시스트 상사의 불안정한 자아와 모순적인 자부심 부족이다. 높은 자부심을 가지고 있는 사람은 여러모로 자랑스러움을 느끼는 법이며, 우리는 단순히 보기만 해도 진정한 자부심을 느끼는 사람을 구별해내는 경우가 많다. 트레이시의 말에 따르면 거의 모든 문화에서 인간은 똑같은 방법으로 자랑스러움을 드러낸다. 머리를 약간 뒤쪽으로 젖히고(지나치지 않게, 일반적으로 15도 정도), 가벼운 미소를 띠고(과도하게 큰 웃음은 일상적인 즐거움과 혼동되기 쉽다), 팔을 몸에서 떨어뜨리는데, 손을 엉덩이에 올리거나 머리 위로 치켜올려 보다 직접적으로 기분을 표현하기도 한다. 어린 운동선수들은 TV에서 프로 선수들의 모습을 보며 이렇게 자축하는 포즈와 허공에 주먹을 휘두르는 동작을 배우기도 하지만, 사실 이는 우리 내면의 보다 깊숙하고 원시적인 영역에서 우러나오는 행위다.

우리는 슈퍼볼 우승을 결정짓는 킥을 하거나, 하버드 대학에 합격하거나, 방금 수십억 대의 거래를 성사시켰다는 전화를 받는 것과 같이 커다란 성과를 이루었을 때 자랑스러움을 나타내는 동작을 취한다. 그러나 소소한 성공을 이루고 이런 동작을 하기도 하는데, 예를 들면 주방 조리대에서 한걸음 물러나 방금 만든 케이크를 감탄하며 바라볼 때가 이에 해당한다. 심지어 다른 사람의 성과에 대해 자랑스러운 동작을 취하는 일도 있다. 경기장 사이드라인에서 딸아이가 축구하는 모습을 지켜볼 때는 아이의 경기력과 정비례하여 부모의 어깨가 펴지고 자세가 당당해진다. 학자들은 피지처럼 고립된 섬에서 살아가는 사회 구성원들도 자랑스러울 때 우리와 똑같은 동작을 취한다는 사실을 발견했다. 다른 지역과 마찬가지로 피지에서도 그러한 동작이 중요한 역할을 하는 것으로 보인다.

"자랑스러움을 나타내는 동작은 자신의 높은 지위에 대한 메시지를 신속하게 전달하며, 집단의 다른 구성원들은 그 메시지를 자동으로 인식합니다." 트레이시의 설명이다. "이 동작은 자신이 어떤 사람이며 어떤 위치에 있는지를 나타냅니다. 신호를 발신하는 사람에게는 그 동작과 연관된 감정도 약간 다른 의미에서 그만큼 중요한 역할을 합니다. 그런 동작을 하면서 느끼는 감정은 성과에 대한 보상이자 더 많은 것을 이루기 위한 동기부여이기도 합니다. 그 감정을 다시 맛보기 위해 노력하게 되는 것이지요."

물론 사회적 신호를 자제해야 하는 상황도 적지 않다. 업무 회의에서 좋은 제안을 할 때마다 자리에서 벌떡 일어나 동료들 앞에서 양손을 허리에 대고 으스대기는 어렵다. 그러나 의자 등받이에 편안하게 몸을 기대며 슬쩍 미소를 띠는 일이라면? 여러분도 아마 그렇게 해본 경험이 셀 수 없이 많을 것이다.

알파 성격을 가진 사람들, 특히 알파 나르시시스트들은 감정을 보다 솔직하게 드러내며, 자랑스러움을 느낄 이유를 쉽게 발견해내는 경우가 많다. 진정한 나르시시스트들의 온상인 미국 대통령 정치판에서는 이런 사실이 너무나 분명하게 드러난다. 버락 오바마나 로널드 레이건 같은 사람들이 전당대회 무대에서 부통령 후보의 손을 높이 들고 있는 모습을 보면 여유롭고 편안하며 진정으로 느긋해 보인다. 이들은 백악관에 입성하기 전부터 이러한 태도를 갖추고 있었으며 대통령직에 오른 뒤에도 이를 유지했다. 존 케네디와 시어도어 루스벨트, 심지어 의자에서 일어나지 못할 때도 의기양양한 자신감을 내뿜었던 프랭클린 D. 루스벨트도 마찬가지다. 정치 성향에 따라 이들 대통령이 남긴 업적에 대해서는 다양한 의견이 있을지 모르나, 이들의 타고난 재능이나 자신의 주장을 효과적으로 펼치는 능력을 부인할 사람은 없다. 이 대통령들이 그렇게 할 수 있었던 것은 대중 앞에서 취하는 자연스러운 태도와 스스로의 주장에 대한 확신 때문이었다.

이들만큼 성공하지 못한 다른 알파 남성들의 신체적 신호를 이들 대통령의 신호와 비교해보자. 베니토 무솔리니는 승리 포즈를 취하는 걸 좋아했지만, 어쩔 줄 모르는 멍청이이자 폭군이었으며 연단에 서면 우스워 보였다. 리처드 닉슨은 사람들을 꺼렸고 감정적으로 움츠러드는 것도 모자라 때로는 진짜로 몸을 움츠리며 살았다. 심지어 닉슨의 상징이던 팔을 높이 올린 승리의 V 포즈조차 지켜보기 괴로웠다. 양복 재킷은 항상 어색하게 단추가 채워져 있고 미소는 자연스럽다기보다 일그러져 있었다. 앨 고어는 뻣뻣하기가 나무토막과 같았으며, 부인 티퍼와 아무리 키스를 하거나 자신은 매력이 없다며 스스로를 희화하는 농담을 해도 문제가 해결되지 않았다. 고어와 닉슨이 사람들을 불편하게 만든 가장 큰 이유는 본인들이 불편해 보였기 때문이지만, 그래도 두 사람 모두 대통령직에 도전하는 데 필요한 나르시시스트 기질은 가지고 있었다. 닉슨은 처참하게 실패한 대통령으로 역사에 기록되었으며 고어는 대통령 자리에 올라보지도 못했다. 물론 고어는 전체 일반 유권자 득표수에서 근소한 차이로 우세를 보였지만, 조금만 더 편안한 태도나 매력을 보여주었다면 플로리다나 박빙으로 패배한 다른 주들의 선거인단 표를 자기 쪽으로 끌어와 바로 대통령직을 손에 넣을 수 있었을지도 모른다.

대통령 선거판보다 무대가 작으며 동작이 좀더 미묘하게 나타나는 직장에서는 나르시시스트 상사가 어색한 고어 유형인지, 아니면 편안한 레이건 유형인지 구별하기가 쉽지 않다. 그러나 분명 단서는 존재하며, 그중 하나가 미소다. 최초로 웃는 얼굴의 역학을 분석한 19세기 프랑스 의사 기욤 뒤셴Guillaume Duchenne은 웃음과 관련된 주요 근육은 입가를 움직이는 대협골근과 광대를 솟아오르게 하고 눈가에 주름을 지게 하는 안륜근임을 밝혀냈다. 설명만 들어도 짐작할 수 있겠지만 이 두 가지 근육이 조합되면 기분좋은 웃음이 탄생하며, 이 조합은 일반적으로 진실한 긍정적 감정을 나타내는 것으로 인식된다. 칵테일파티나 "내가 노리고 있던 일자리가 다른 사람에게 갔지만 깨끗하게 인정하는 사람처럼 보여야 할 때"처럼 억지웃음을 지을 때는 입가 근육만 움직인다. 닉슨의 웃음을 떠올려보자. 그리고 프랭클린 D. 루스벨트의 웃음을 생각해보자. 어떤 사람을 상사로 택하겠는가? 둘 다 나르시시스트일지 모르지만 접근 방식은 전혀 다르다.

눈도 하나의 단서가 된다. 아무리 나르시시스트 성향에 근본을 두고 있다고 해도, 진정한 자랑스러움과 자부심은 겉으로 드러내기보다는 내면으로 느껴지는 것이다. 이때는 다른 사람과 눈을 마주칠 필요가 없으며, 사실 진짜 그런 감정을 느낀다면 먼 곳을 바라보며 겸손한 마음으로 자랑스러움을 다스리는 모습을 보이는 것이 옳다. 그러나 가면 모델 나르시시스트는 정반대의 선택을 할 가능성이 크다. 다른 사람들을 정면으로 바라보거나 심지어 방 안의 사람들을 한 명씩 차례로 훑기도 한다. 재미있는 농담을 하고, 매출을 올리고, 논쟁에서 승리를 거두고도 불안감이 너무나 큰 나머지 한 사람씩 눈을 마주치면서 그 경험을 확대하고 확인받아야 하는 것이다. 트레이시는 이렇게 설명한다. "정면으로 쳐다보는 것은 우월하다는 메시지를 전달합니다. 이는 사회적 지위를 강화하려는 노력일 수도 있습니다." 만약 여러분이 불안함을 느끼는 나르시시스트라면 사실상 계속해서 이러한 노력을 할 것이며, 여러분이 어떤 공간에서 가장 직책이 높은 사람이라면 매번 그 높은 지위를 인정받을 수 있게 된다.

이러한 신체적 신호를 읽어내는 데 특히 뛰어난 사람들도 있지만, 보디랭귀지를 좀처럼 파악하지 못하는 사람조차 불운하게 나르시시스트 상사를 모셔야 하는 상황이 되면 다른 방법을 통해 금세 요령을 습득하게 된다. 연약한 자존심의 또 한 가지 중요한 특징이 있기 때문이다. 번쩍 하고 번개가 친 다음 반드시 우레와 같은 천둥소리가 이어지는 것처럼, 나르시시스트와의 즐거운 초기 단계가 끝나면 틀림없이 화, 괴롭힘, 격렬한 분노가 이어진다.

조그비 인터내셔널Zogby International을 비롯한 여러 기관이 실시한 2007년의 연구에서는 전체 근로자의 37퍼센트가 커리어의 어떤 시점에 직장에서 괴롭힘을 당한 적이 있다고 대답했다. 괴롭힘의 종류로는 언어폭력뿐만 아니라 신체적 학대, 위협, 다른 사람들 앞에서 공개적으로 직원을 폄하하고 모욕을 주는 것, 업무나 프로젝트를 마무리하려는 직원의 노력을 고의적으로 방해하고는 불가피하게 발생한 실패에 대해 처벌하는 것 등이 포함되어 있었다. 비율만 보면 분명 소수일지 모르지만, 37퍼센트를 실제 근로자 수로 환산해보면 아침에 일어나서 출근하기 두렵다는 생각을 해본 사람이 무려 5,400만 명이나 된다는 의미다. 역학자들이 본다면 유행병이라고 하기에 충분한 수준이다.

서던캘리포니아 대학의 경영 및 조직행동학 교수인 너대니얼 패스트는 2009년에 나르시시스트 성향을 가진 상사의 연약한 자존심이 이러한 학대와 어느 정도 관련이 있는지 연구했으며, 이 연구에 '상사가 부적격이라고 느껴질 때: 권력, 무능력, 공격When the Boss Feels Inadequate: Power, Incompetence, and Aggression'이라는 직설적인 제목을 붙였다. 패스트는 우선 여러 직종의 다양한 직책에서 근무하고 있는 90명의 샘플 집단을 모집한 다음 이들이 직장에서 어느 정도의 권력과 권위를 누리고 있는지 평가하도록 했으며, 1은 전혀 없음, 7은 매우 많음을 의미했다. 그다음에는 부정적 평가에 대한 두려움Fear of Negative Evaluation, FNE 검사의 한 버전을 실시했다. 이 검사는 이름 그대로 사람들이 비판을 당하거나 부족함이 들통날 거라는 생각에 얼마나 편안함 또는 불안함을 느끼는지 측정한다. FNE 점수가 높은 경우 자부심이 낮은 사람으로 판단할 수 있는데, 진정으로 스스로를 높게 평가하고 있다면 다른 사람들이 자신을 어떻게 생각하는지에는 신경 쓰지 않기 때문이다.

마지막으로 패스트는 공격성을 측정하는 설문조사를 실시했다. 이 조사에서는 참가자들이 '사람들의 의견이 나와 다르면 반드시 논쟁을 펼치게 된다' '상대방이 충분히 도발한다면 나는 다른 사람을 때릴 수도 있다' 등의 문항에 동의하는지 여부를 1부터 5까지의 점수로 평가했다. 1은 '절대 나답지 않은 일이다', 5는 '무척 나다운 일이다'라는 의미였다.

패스트는 직장에서의 공격성이 권력과 자부심의 특정한 균형에 따라 다르게 발현된다는 사실을 밝혀냈다. 권력이 없고 스스로의 역량을 낮게 인식하고 있는 경우 그다지 공격적인 성향을 보이지 않았는데,

이들은 실제 자격 여부에 관계없이 자신의 낮은 직위가 정당하다고 느끼며 굳이 무언가를 증명할 필요도 없고 능력이 부족하다는 평가를 받을 가능성도 적기 때문이다. 권력은 없지만 능력이 뛰어나다고 생각하는 사람들은 스스로의 재능은 충분한데도 이를 제대로 발휘하지 못하고 있다는 인식 때문에 생겨난 분노와 좌절감 때문에 더욱 공격적인 성향을 보였다(살면서 만나는 다른 모든 사람에게서는 온갖 종류의 재능을 인정받는데도 월급은 쥐꼬리만한데다 제대로 된 권력이나 명예는 전혀 얻을 수 없는 일로 세월을 보내고 있는 자동차 관리국이나 우체국의 무례한 직원을 생각해보자). 많은 권력을 휘두르지만 건전한 자신감을 갖춘 사람들은 오히려 별로 공격성을 보이지 않았는데, 이들은 자신의 능력에 맞는 지위를 누리고 있으며 스스로도 그 점을 잘 알고 있기 때문이다.

패스트가 진짜 위험하다고 판단한 조합은 강한 권력을 갖고 있지만 스스로의 능력은 낮게 인식하는 경우로, 이들은 성취에 대한 끊임없는 압력과 자신의 부족함이 드러날지도 모른다는 끝없는 걱정 사이에서 영원히 갈등을 겪는 사람들이다. 이 조합이 특히 우려스러운 것은 이들이 재능을 제대로 활용하지 못하기는커녕, 오히려 재능에 비해 너무나 많은 것을 떠안고 있는 경우가 빈번하기 때문이다. 능력치가 스스로의 믿음과 사뭇 다른데도 빼어난 재능을 과시할 기회라면 닥치는 대로 움켜쥔 결과다. 자신감이 부족한 리더라면 누구나 이런 사례에 해당할 수 있지만, 리더가 스스로를 하염없이 쓸모없는 존재로 여기는 가면 모델 나르시시스트라면 문제는 더욱 심각해진다.

패스트는 이렇게 설명한다. "권력을 가지고 있는 사람은 타인에게 자신이 얼마나 뛰어난지 계속 보여주어야 한다는 필요성을 더욱 크게 느끼기 마련입니다. 이때 실제로 자신이 능력 있는 사람이라고 생각하지 않는다면 이는 보다 넓은 의미의 나르시시즘에 해당하게 됩니다. 나르시시스트라고 해서 항상 공격적인 성향을 보이는 것은 아닙니다. 불안함을 느낄 때만 공격성에 의지하게 되지요."

또한 이러한 공격성은 위험한 제로섬 게임이기도 하다. 나르시시스트가 불안함을 느끼는 것은 내면에 자리잡고 있는 감정적인 공백을 메울 정도로 충분한 칭찬이나 성공을 손에 넣지 못했기 때문이다. 따라서 다른 사람들을 무시함으로써 최소한 스스로의 위상을 상대적으로나마 높이는 방식을 취하게 된다. 더이상 스스로의 위상을 높이고 찬양받을 수 없다면 할 수 있는 일이라고는 주변 사람들을 깎아내리는 것밖에 남지 않는다. 호크와터는 이렇게 설명한다. "주위 사람을 비하하면 권력을 얻을 수 있습니다. 비뚤어진 형태의 권력이지만 불안한 나르시시스트에게는 문제가 되지 않습니다. 전부 자존심을 유지하는데 필요한 일이니까요."

물론 사무실에서만 이런 직장 내 학대가 일어나는 것은 아니다. 창고나 생산 현장, 군대, 심지어 엄밀히 말해 고용 관계라고 할 수 없는 사람들이나 대다수가 재미있고 근사하다고생각하는 일에 종사하는 사람들에게도 이런 학대는 발생할 수 있다. 2013년 봄 러트거스 대학의 농구 팀 감독인 마이크 라이스Mike Rice는 선수들을 신체적, 언어적으로 학대하는 장면이 담긴 동영상이 공개되어 즉시 해고당했다. 라이스는 선수들을 밀치고, 선수들을 향해 농구공을 던지는가 하면 상상하기도 어려운 지독한 말로 저주를 퍼부었다.

“이 빌어먹을 호모야! 망할 놈의 호모자식!” 동영상에는 라이스가 한 선수에게 이렇게 소리치는 끔찍한 장면이 담겨 있기도 했다.

물론 훈련교관들은 이런 종류의 험한 말을 수시로 내뱉지만 러트거스 대학은 해병대가 아니었으며, 군대에서 이렇게 욕설을 하는 이유는 강인함을 키우고 자존심을 무너뜨린 다음 해병대의 이미지에 맞는 자존감을 다시 구축하기 위해서다. 현명하든 아니든, 인간적이든 아니든, 이 방법은 효과를 발휘한다. 스포츠 팀 감독, 적어도 프로 팀 감독에게는 이와 비슷한 욕설이 용납되던 때가 있었다. 전설적인 미식축구 감독 빈스 롬바르디Vince Lombardi는 요즘이라면 대학 팀 감독은 물론 NFL 감독조차 엄두도 못 낼 언행을 하고도 무사히 넘어갔을 가능성이 크다. 그러나 시대가 변했고, 이런 행동은 이제 전혀 용납되지 않으며, 인종이나 성적인 비방을 담고 있다면 더더욱 말할 것도 없다. 라이스가 자신은 이 새로운 규범의 예외라고 생각했다는 사실 자체가 그의 나르시시즘 성향에 대해 많은 것을 시사해준다.

러트거스 대학 선수였으며 나중에 로드아일랜드 대학으로 전학한 리투아니아 출신의 길 비루타Gil Biruta는 라이스 감독이 툭하면 괴롭히는 대상이었다. 전 NBA 스타이자 2010년부터 2012년까지 라이스 밑에서 선수 개발 코치로 일했던 에릭 머독Eric Murdock의 말에 따르면, 라이스는 걸핏하면 비루타를 ‘리투아니아산 개자식’이라고 불렀다. 더더욱 끔찍한 것은 자신이 지도하던 청소년 농구 캠프에서 라이스가 보인 행동이었다. 어느 날 어린 소년 세 명이 지각하자 라이스는 다른 소년들 앞에서 욕을 하며 이들이 플립플롭을 신고 있다는 점을 나무랐다. "플립플롭은 호모들이나 신는 거야."

라이스 가족을 제외한 사람들이 아는 한, 라이스는 공식적으로 불안감을 느끼는 나르시시스트라는 진단을 받은 적이 없다. 어쩌면 그는 단순히 분노 장애가 있는 나쁜 놈이었을지도 모르지만, 그의 여러 가지 요소가 그가 나르시시즘에 빠져 있을 가능성을 나타내고 있다. 우선 라이스는 많은 사람의 시선이 집중되는 직업에 종사하고 있었다. 대중에 노출되고 유명해질 기회가 많은 위치를 절실히 원하지 않았다면 처음부터 치열한 경쟁을 뚫고 대학 농구감독 자리에 올라갈 수 없었을 것이다. 그보다 중요한 것은, 러트거스 대학 농구 팀에 부임한 라이스가 머지않아 자신이 아무도 부러워하지 않는 처지가 되었다는 사실을 깨달았다는 점이다. 승승장구하던 라이스의 커리어가 갑자기 곤두박질치고 말았다. 그는 2007년부터 2010년까지 피츠버그 근처의 로버트 모리스 대학에서 농구 팀을 지도하면서 3년 연속 소속 지구에서 1위를 하고 팀을 포스트시즌으로 이끌었다. 이런 성과 덕분에 러트거스 대학에 부임했지만, 러트거스 대학에서는 3년 동안 13위, 11위, 12위에 총 44승 51패라는 초라한 성적표를 받아들었다. 스스로 깨닫는 것도 모자라 자신의 부족함이 소수점 몇 자리 단위까지 분석되어 만천하에 공개되는 것은 무척 견디기 힘든 일이었을지도 모른다.

또한 빼놓을 수 없는 것이 라이스가 보이는 분노의 독특한 성격이다. 라이스 감독은 정해진 대상을 지목해 괴롭히고 다른 선수들이 그 광경을 지켜보게 하는 특별한 방법을 사용했다. 호크와터는 이렇게 설명한다. "한 번에 선수나 부하를 한 명씩 괴롭히면 다른 사람들에게 매우 분명한 메시지를 전하게 됩니다. 지켜보는 사람들은 불확실성을 느끼며, 자신이 다음번 대상이 될지도 모른다는 생각을 하게 됩니다. 그와 동시에 상사가 체감하는 권력은 더욱 강해지죠."

그렇다고 해서 꾀병을 부리거나 실적이 저조한 직원을 본보기로 삼아 꾸짖는 상사가 모두 부하직원을 학대한다는 의미는 아니다. 사실 이것은 고통스럽기는 해도 유용한 직원 관리 방법 중 하나다. 그러나 대다수 상사들은 적절한 선을 지킨다. 나르시시스트 성향이 없는 정상적인 상사라면 자신이 나무라는 직원의 고통을 이해하기 마련이지만, 공감 능력이 결여된 나르시시스트는 그렇지 않다. 뿐만 아니라 나르시시스트가 아닌 상사는 조직 전체의 실적을 향상시킨다는 더욱 큰 목표를 항상 염두에 두고 있는데, 조직에 큰 기여를 할 수 있는 사람들의 자신감을 꺾어놓는다면 절대 이러한 목표를 달성할 수 없다. 비루타가 러트거스 대학을 떠났을 때, 라이스의 팀은 유일하게 2011 시즌의 모든 경기에 선발 출전했으며 1학년 때 무려 3.57의 평점을 받은 선수를 잃었다. 팀이 13위에서 벗어나려면 운동과 학업에 전부 뛰어난 선수들을 내보내서는 안 된다. 하지만 라이스는 분명 이 커다란 목표를 간과했고, 이것은 본인과 그가 이끄는 팀 모두에 안타까운 일이었다.

나르시시스트 상사가 취하는 위태로운 행보의 다음 단계는 다른 사람을 비난하는 동시에 자신의 책임을 부인하는 것이며, 이 두 가지 현상은 거의 불가피하게 나타난다. 남을 괴롭히며 병적으로 자기중심적인 성향을 보이는 상사 휘하에서 고통받는 조직은 제 역할을 다 하기 어려우므로 결국 실수가 생겨나기 마련이다. 실수가 발생할 때마다 그 실수를 저지른 사람 또는 집단이 있으며, 상사 역시 실수할 수 있을 뿐만 아니라 실제로도 실수를 한다. 그러나 나르시시스트 동료가 그렇게 하는 것과 마찬가지로 나르시시스트 상사는 절대 실수를 인정하지 않는다. 트레이시는 나르시시스트의 자존심을 항상 끓는점 직전의 온도로 가열되고 있는 냄비 속의 물에 비유했다. 물이 끓어넘치지 않게 하려면 수치스러운 일을 최소한으로 줄이고 자랑할 일을 최대한 많이 드러내며, 그 균형을 무너뜨리려는 사람에게는 저항하거나 공격을 가해야 한다. 이렇게 불안정한 균형 때문에 잘못을 솔직하게 인정할 여유가 없는 것이다.

라이스의 경우와 마찬가지로 조지 W. 부시가 과연 나르시시스트였는지, 최소한 대통령 자리를 노리거나 손에 넣는 사람이라면 누구나 갖추고 있는 기본적인 수준 이상의 나르시시즘 성향을 가지고 있었는지는 단언하기 어렵다. 부시에 대한 가장 보편적인 평가는 그가 상당히 편안하게 행동하는 사람이었다는 것이다. 그리고 그런 평가는 상당히 믿을 만하다. 부시는 분명 고어보다 통치 경험이 일천했으며 정책에 대한 지식도 부족했지만, 가식 없는 상냥한 태도를 지니고 있었기 때문에 많은 사람이 그다지 어렵지 않게 그와 친해지면 재미있겠다는 상상을 할 수 있었다. 이것이 유명한 '둘 중 누구와 맥주 한잔 하시겠습니까?' 테스트로, 부시는 이 테스트에서 고어를 압도적으로 눌렀다. 부시를 폄하하는 사람들은 건들거리며 윙크를 날리는 그의 태도에 분통을 터뜨렸지만, 이것은 부시가 대통령이라는 지위에서 한 발짝 떨어져 자신이 그 자리를 차지하고 있다는 사실에 지나치게 도취되지 않는 사람이라는 사실을 보여주는 징후일 수도 있다. 진짜 나르시시스트였다면 분명 그렇게 행동하지 않았을 것이다.

반면, 부시는 자신의 여러 가지 단점과 자신이 이끄는 행정부의 부족한 점을 전혀 깨닫지 못하는 모습도 보여주었다. 재정 적자는 눈덩이처럼 불어나고, 이라크 전쟁은 걷잡을 수 없는 상태로 치달았으며, 아프가니스탄 전쟁은 비평가들이 경고한 대로 유혈이 낭자한 교착 상태에 접어들고 있던 2004년 여름, 한 백악관 출입기자가 부시에게 첫 번째 임기에 저지른 실수가 무엇이냐는 질문을 던지자 부시가 아무런 대답도 내놓지 못했던 일화는 유명하다.

"사전에 서면으로 질문을 전달해줬다면 준비할 수 있었을 텐데요." 부시는 일종의 농담을 던지며 시간을 벌었다. "저는 말이죠, 실수를 전혀 하지 않았다는 식으로 말하고 싶지는 않습니다. 분명 실수를 했겠지요. 다만…… 그쪽이 던진 질문 때문에 상당히 곤란한 입장에 처하고 말았군요. 여기 서서 생각하려니 내가 무슨 실수를 했는지 좀처럼 떠오르지 않으니 말이죠."

이어진 질문에서는 다른 기자가 부시에게 이라크 전쟁의 정당성에 대해 미국 유권자들에게 설명하는 과정에서 자신이 어떤 식으로든 실수를 했다고 생각지 않는지 물었다. 사실 이것은 전쟁에 대한 첨예한 비난에서 벗어날 탈출구를 마련해주는 쉬운 질문이었다. 이 질문을 받은 부시는 정치인들이 논쟁을 피할 때 사용하는 단골 문구인 "정책은 옳았지만 국민들에게 보다 잘 설명했어야 한다"라는 대답을 내놓을 수 있었을 테니 말이다. 여기에는 아주 소소하고 용납 가능한 수준의 잘못을 인정한다는 의도가 포함되어 있으며, 이렇게 대답했다면 메시지를 잘못 전달한 점에 대해 약간의 비난을 받는 대신 엉망진창이 되어가고 있는 대규모 무력 동원에 대한 커다란 비난을 피할 수 있었을 것이다. 그러나 부시는 고작 그 정도를 인정하는 것도 힘겨워 보였다.

부시는 이렇게 답변했다. "그것은 유권자들이 내년 11월에 판단할 일입니다. 그래서 선거가 열리는 것이지요. 유권자들은 저와 상대편 후보를 보고 이렇게 생각하겠지요. '자, 둘 중에 누가 테러와의 전쟁에서 승리를 거둘 가능성이 클까? 이라크에 자유 사회를 구축할 수 있는 가장 적합한 인물은 누굴까?'" 이것은 능숙하게 수세를 공세로 바꿔놓음과 동시에 현재 위치에서 한 발자국도 물러나지 않는 답변이었다. 이 경우 부시의 행동은 연약한 나르시시스트의 특징에 완벽하게 맞아떨어진다. 당당하게 실수를 인정하면 솔직한 태도에 대해 존경받을 수 있을 뿐만 아니라 같은 실수를 다시 저지르지 않을 가능성이 높아지는데도 그러한 여러 가지 장점을 전혀 고려하지 않았다.

호건은 이렇게 말한다. "나르시시스트들이 교훈을 얻지 못하는 데는 그만한 이유가 있습니다. 실수를 인정하는 첫번째 단계를 절대 넘어서지 못하기 때문이지요. 항상 비서의 잘못, 고문의 잘못, 변호사의 잘못이라고 합니다. 다른 방식으로 실수를 설명해보라고 하면 이런 대답이 돌아올 겁니다. '무슨 실수?'"

나르시시스트가 이러한 태도를 보이면 최소한 자신은 단기적으로 이익을 얻을 수 있을지 몰라도, 장기적으로 보면 그만한 대가가 따른다. 뉴욕 대학의 조직심리학 교수이자 『책임 공방The Blame Game』의 저자인 벤 다트너Ben Dattner는 CEO와 경영진의 나르시시즘을 가장 잘 나타내주는 지표 중 하나가 기업 연례 보고서라고 생각한다. 일반적으로 그해의 실적이 좋을 경우 CEO는 모든 것이 경영진의 선견지명 있는 리더십 덕분이라고 말할 것이고, 어려운 해였다면 자신들의 잘못보다는 더욱 커다랗고 통제할 수 없는 요인을 지적할 것이다. 다트너는 실제로 수치 분석을 실시한 결과 주가가 상대적으로 비슷한 수준을 유지했을 때에 비해 주가가 크게 상승했을 때 CEO와 경영진이 자신들에게 공을 돌릴 가능성이 세 배나 높아지며, 주가가 내려갔을 때는 외부 요인 탓으로 돌릴 가능성이 세 배나 높아진다는 사실을 밝혀냈다.

다트너는 이렇게 설명한다. "좋은 실적을 거둔 경영진은 자신들의 장기적 성장 전략과 뛰어난 실무 역량을 언급할 것입니다. 실적이 나빴던 경영진은 유로화 위기나 일본의 쓰나미, 유가 상승 등과 같이 자신들이 통제할 수 없으며 어려운 상황의 원인이 될 법한 일들을 늘어놓겠지요."

『포천』지가 칼리 피오리나에게 HP와 컴팩의 합병이 그토록 처참하게 실패한 원인에 대해 질문했을 때, 피오리나의 답변에는 털끝만큼의 자아인식이나 책임의식도 담겨 있지 않았다. 문제는 모두 기업 IT 지출 분야의 전반적인 부진 때문에 발생했다는 거였다. 더이상 논할 것도 없으니, 다음으로 넘어가자.

하지만 이것은 완전히 잘못된 전략이다. 상황이 좋지 않을 때 책임을 지는 기업과 경영진은 진실함으로 주주들의 존경을 얻을 뿐만 아니라 자신들이 확실히 상황을 통제하고 있다는 인상을 주게 된다. 다트너는 이렇게 설명한다. "이들은 '우리가 이러이러한 잘못을 했으며, 앞으로는 이렇게 고쳐나가겠습니다'라는 메시지를 전달합니다." 외부 요인 탓으로 돌리면 예측하지 못한 사건에 항상 휘둘린다는 인상을 줄 수밖에 없다. 자연재해나 통화 위기가 발생했다고 해서 모든 기업이 형편없는 실적을 올리는 것은 아니며, 경영진의 뛰어난 능력을 잘 보여주는 징표 중 하나는 이러한 사건 때문에 다른 기업들이 휘청거릴 때 단단히 발을 디디고 서 있을 수 있는지 여부다.

실수를 인정하는 것은 수익에도 긍정적인 영향을 미친다. 장기적인 실적 분석 연구를 실시한 다트너는 일반적으로 문제에 대해 책임을 지는 성향의 기업들이 해마다 주식시장에서 좋은 실적을 거둔다는 사실을 발견했다. 책임을 인정하지 않는 전략을 취한 기업들의 실적은 그에 미치지 못했다. 다트너는 이렇게 경고한다. "도저히 어쩔 수 없는 상황이었다고 주장하면 주주들은 이런 의문을 갖기 시작합니다. '그냥 투자금을 회수해서 라스베이거스로 가는 편이 낫지 않을까?'"

펜실베이니아 주립대학의 경영학과 교수 두 명이 실시한 2007년의 관련 연구에서는 다른 방식으로 경영진의 자존심과 장기적인 수익성의 상관관계라는 주제를 다뤘다. 연구자들은 CEO가 인터뷰에서 몇 번이나 1인칭 대명사를 사용했는지, 기업 연례 보고서에 CEO의 사진이 얼마나 크게 실려 있는지 등 여러 가지 추론적인 방법을 사용해 컴퓨터와 소프트웨어업계에 몸담고 있는 CEO 111명의 나르시시즘 예상 등급을 매겼다. 이 CEO들이 이끌고 있는 기업의 몇 년 치 실적을 살펴본 결과, 나르시시스트로 추정되는 CEO들의 기업은 상승과 하락을 막론하고 상당히 심한 등락을 보였다. 보다 온화한 기질을 가진 CEO들이 이끄는 기업은 장기적인 측면에서 실적이 더 좋고 안정적이었다.

부하직원에 대한 비난과 학대에 이어 나르시시스트 상사의 세 가지 악행 중 마지막은 공을 가로채는 것이다. 동료의 아이디어나 노력이 자기 것이라고 거짓 주장을 하는 직원과 달리, 일단 상사가 관련되면 누가 주된 공헌을 했는지 파악하기 어려워지는 경우가 많다. 사실 대부분의 상사들은 일주일에도 수천 가지 의견을 듣고 수많은 보고서나 제안서를 읽으며, 상사의 업무는 이 모든 것을 종합한 다음 그것을 바탕으로 의사 결정을 내리는 것이다. 만약 여러분이 이러한 모든 요소를 취합해 일관된 비즈니스 계획을 수립하는 사람이라면, 글쎄 그 일에 대한 공은 여러분 말고 누가 차지해야 할까?

그렇다 하더라도 상사가 넘지 말아야 할 선이 있다. 그러나 일부 상사들은 기어이 그 선을 넘는다. 호크와터가 실시한 방대한 직원 설문조사에서 참가자 한 명은 이렇게 적었다. "제가 어떻게 희생양이 되었는지 이야기해볼까요? 한 달 내내 보고서에 매달린 적이 있습니다. 토요일, 일요일은 물론, 야근도 밥 먹듯이 했지요. 그런데 상사가 보고서 첫 장에서 제 이름을 빼버리고는 본인 이름을 넣더군요(심지어 더 큰 글씨로). 상사가 높은 분들 앞에서 프레젠테이션을 하는 도중에 본인이 전혀 모르는 내용에 대한 질문을 받자, 네, 맞습니다, 저를 지명하며 책임을 전가하더군요."

또다른 참가자는 이러게 성토했다. "제 상사는 제 업무와 아이디어에 대한 공을 차지하기 전까지는 심지어 승진 후보에 오르지도 못했습니다. 상사와 새로 함께 일하게 된 동료 중 하나가 저에게 메일을 보내서 그 상사가 습관적으로 그런 행동을 하느냐고 묻더군요. 저는 분명하게 대답했죠. 맞·습·니·다!"

짜증 나기는 하지만 이러한 유형의 도둑질은 나르시시스트들이 너무나 흔하게 보이는 행동이다. 옥스퍼드 대학 사이드 경영대학원Saïd School of Business의 석학위원이자 『나르시시스트 리더Narcissistic Leaders』의 저자인 마이클 매코비Michael Maccoby는 이렇게 말한다. "여러분은 나르시시스트 상사의 도구에 불과합니다. 이들은 타인을 생각하지 않으며 본인의 행동에 대한 자각도 전혀 없습니다. 나르시시스트에게 아이디어를 하나 주면 당연히 본인의 아이디어라고 생각하며 그게 왜 잘못된 일인지 모릅니다. 실제로 여러분이 누가 공을 받을지는 개의치 않고 아이디어 자체만 전파하고 싶다면, 상사 본인이 그 아이디어를 제안했다고 생각하게 만드십시오."

관리자 자리까지 올라간 사람이라면 대부분 머리가 좋으며, 똑똑한 나르시시스트는 일반적으로 이보다 덜 노골적으로 행동한다. 때로는 그냥 자신들이 해야 하는 업무의 일부를 부하직원의 업무에 슬쩍 끼워넣은 다음 그 결과를 자신의 공적으로 돌린다. 예를 들어 지역 강의 분수계分水界에 대해서는 털끝만큼도 모르지만 말단 조사관이 정리해 준 요점 덕분에 박식한 전문가처럼 논쟁에 참가하는 정치인들 사이에서 이런 사례가 흔히 발견된다.

상사가 나르시시스트 스펙트럼 중 어느 지점에 위치하는지에 따라, 노골적으로 공을 가로채는 상사 밑에서 일하는 직원도 전혀 기댈 곳이 없는 것은 아니다. 직원들도 다소 치사한 방법을 택할 수 있다. 호크와터는 보고서에서 중요한 페이지를 일부러 빠뜨리거나 2시에 시작하는 회의가 3시에 시작한다고 알리는 식으로 나르시시스트 상사를 골탕먹이는 나쁜 직원들도 본 적이 있다.

호크와터는 이렇게 설명한다. "이들은 '저 나쁜 놈이 칭찬받는 꼴은 절대 볼 수 없어'라는 생각을 가지고 있습니다." 물론 이것은 매우 위태로운 전략이다. "눈에는 눈, 이에는 이로 대응하는 방식이 좋아 보일 수는 있겠지만, 한 사람이 모든 자원을 통제하는 조직 사회의 현실을 생각하면 이는 길게 이어지지 못할 싸움이 될 공산이 큽니다." 이런 방해 전략을 쓰면 해고를 당할 뿐만 아니라, 직장에 계속 근무하면서 좋은 처우를 받고 자신이 하는 일에 걸맞은 공을 인정받겠다는 더욱 커다란 목표에 전혀 도움이 되지 않는다.

이보다 더 효과적이고 바람직한 접근 방식은 업무에 착수하기 전에 신뢰할 수 있는 동료와 최대한 널리 아이디어를 공유하는 것이다. 그렇게 되면 그 아이디어가 여러분의 것으로 각인되며, 상사가 제멋대로 가로챌 수 없거나 최소한 가로채기 어려워진다. 사실 조심스럽게, 무안하지 않게, 부드러운 태도로 상사에게 접근해 이의를 제기하는 것도 때로는 도움이 될 수 있다. 경미한 나르시시스트라면 약간의 수치심을 느낄 능력은 남아 있으니까. 그러나 극도로 심각한 구제불능 나르시시스트라면? 아예 기대도 하지 않는 게 좋다.

나르시시스트 밑에서 일하는 모든 직원은 언젠가 원한을 갚을 감격적인 순간이 올 것이라는 영원한 꿈을 품고 있다. 상사가 너무 많은 아이디어를 훔치고, 너무 많은 직원을 괴롭혀 마침내 잘못된 사람 앞에서 잘못된 순간에 분노를 터뜨리기만 하면 전부 끝날 것이라고. 꼭 러트거스 대학 선수가 아니더라도 마이크 라이스가 캠퍼스에서 영구 퇴출되던 날 수많은 사람이 하이파이브를 하고 서로의 등을 두드렸으리라는 점을 쉽게 짐작할 수 있다. 신시내티 레즈의 팬이 아니더라도 메이저 리그 사무국이 마지 쇼트의 팀 운영을 금지했으며 머지않아 쇼트가 팀의 지배 지분을 매각했다는 소식을 접했을 때는 무척 기뻤을 것이다.

문제는 나르시시스트가 이렇게 공개적인 수모를 당하는 경우가 매우 드물다는 점이다. 대다수 나르시시스트들은 자신의 악행을 적절하게 관리해 그럴듯하게 부인할 수 있는 안전한 수준으로 유지한다. 언어폭력처럼 보이는 것은 꼭 필요한 직원에 대한 질책에 불과했으며, 불만 가득한 직원이 도둑맞은 아이디어라고 주장하는 것은 사실 상사가 오랫동안 생각하고 있던 여러 가지 아이디어 중 하나일 뿐이다. 호크와터는 이렇게 비유한다. "일반적으로 나르시시스트 상사는 쉽게 추락해서 다 타버리지 않습니다. 기껏해야 추락해서 살짝 그을릴 뿐이죠." 그러나 그렇게 되려면 오랜 시간이 걸리며 그 과정에서 많은 직원이 몇 년씩이나 피해를 보게 된다.

나르시시스트 상사 밑에서 피해를 입고 있는 직원이 취할 수 있는 가장 결정적이면서도 통쾌한 복수는 그만두는 것이다. 사직서를 상사의 책상에 던지고 성큼성큼 사무실을 나가 다른 곳에서 더 좋은 일자리를 얻는 것은 너무나 깔끔하고도 완벽하며 만족스러운 결말이다. 두려워하던 인물이 한순간에 모든 힘을 잃고 자신의 인생에서 하등 중요하지 않은 존재로 전락한다. 이렇게 되면 나가는 직원은 즉각 해방감을 느끼는 반면 상사의 장기적인 미래에는 먹구름이 끼게 된다. 조직이 인재를 잃기 시작하면 CEO와 이사진이 이유를 추궁하기 마련이다. 만약 상사가 인재 유출에 대한 비난을 받고 결국 쫓겨난다면, 아직 그 직장에 남아 있는 직원들에게는 다행스러운 일이며 떠난 직원들에게는 뒤늦은 복수가 된다.

직장에서 별다른 낙이 없는 수많은 직원이 처벌, 공개적인 폭로, 나르시시스트 상사의 몰락과 같은 환상을 품고 업무 시간을 보낸다. 기업의 워크숍이나 세일즈 회의에서 지나치게 빈번히 사용되는 비유로, '회사는 하나의 가족과도 같다'는 이야기가 있다. 직원들은 모두 그 가족의 구성원이며 가족이 원활하게 운영되기 위해서는 모든 사람이 제 역할을 다해야 한다는 논리다. 실제로 깨어 있는 시간의 그토록 많은 부분을 같이 일하는 동료들에게 둘러싸여 보낸다는 점을 고려하면 전혀 일리가 없는 말은 아니다. 그러나 문제는 회사노 가족처럼 제 기능을 하지 못하고 구성원들에게 피해를 미칠 수 있다는 점이며, 특히 나쁜 부모와도 같은 나쁜 상사가 주도권을 잡고 있다면 상황은 더욱 심각해진다. 아이나 직원들 모두 고개를 숙이고 힘을 합쳐 자신들을 보살펴주어야 하는 사람을 오히려 보살피기 위해 최선을 다하는 것 외에는 뾰족한 대안이 없는 경우가 많다. 물론 아이들은 결국 성장하기 마련이고 직원들에게도 다른 일자리를 찾을 기회가 찾아온다. 이러한 해방은 가족 구성원이든 기업 직원이든 진실로 갈망하는 것이다. 많은 직원이 오매불망 그날을 기다린다.

7장

대통령의 허세

The Narcissist Next Door

여러분은 틀림없이 린든 존슨의 성기에 대해 생각하고 싶지 않을 것이다. 부인인 레이디 버드Lady Bird조차 존슨의 성기에 관심이 있는지 잘 모르겠지만, 최소한 부인은 결혼할 때 동의했을 테니까. 나머지 미국인들은? 전혀 아니다.

하지만 특히 존슨이 대통령직을 수행하던 5년 넘는 시간 동안, 많은 사람이 존슨의 성기를 접해야 했다. 단도직입적으로 말하자면 여러 가지 의미에서 존슨은 제정신이 아니었다. 젊은 나이에 심장병으로 세상을 떠난 가족력이 있기 때문에 항상 시간을 다투며 살아가야 한다고 생각했던 존슨은 나르시시스트의 기준에서 보아도 극단적일 정도로 맹렬한 야심을 가지고 있었지만, 단순히 그것만이 문제인 건 아니었다. 또한 자신의 정적, 특히 로버트 케네디를 필두로 한 케네디 가문에 대한 반감 때문만도 아니었다. 그것은 매우 치열했던 1960년대 미국 정치판을 헤쳐나가기 위한 방법이었을 뿐이다. 또한 존슨이 유혈이 낭자한 베트남 전쟁을 끈질길 정도로 세세하게 관리했기 때문만도 아니다. 베트남 전쟁은 수많은 사상자를 낸 끔찍한 군사 작전이었지만, 무엇보다도 허둥거림과 두려움, 그리고 고집스러운 무분별함이 만들어낸 결과였다. 존슨이 정신 나간 사람인 진짜 이유는 대다수 미국인들이 보지 못한 그의 이면에서 찾을 수 있다.

공개 석상에서는 수더분하고 소박하며 예의 바른 사람이 사석에서는 입버릇이 상스럽고, 천박하며, 자주 과음을 하는 사람으로 바뀌는 경우는 드물지 않아서 그다지 놀랍지 않다. 정부 관사에는 그러한 두 얼굴의 인물들이 우글거린다. 또한 존슨이 심각한 바람둥이였으며, 걸핏하면 백악관 여직원이나, 영부인과 사교적으로 어울리는 여성들에게 손을 댔다는 것도 그다지 놀라운 일은 아닐지도 모른다. 레이디 버드도 이 사실을 알고 있었으며, 영부인다운 품위 있는 태도로 평온함을 유지했다.

레이디 버드는 1982년 TV 인터뷰에서 이렇게 말했다. "제 남편은 사람들을 좋아한다는 점을 이해하셔야 합니다. 모든 사람을 좋아하지요. 그리고 세상의 반은 여자니까요. 설마 인구의 절반에게서 제 남편을 멀리 떨어뜨려놓을 수 있다고 생각하시는 건 아니겠죠?"

물론 그것은 불가능한 일일지 모르지만, 레이디 버드가 처음으로 대통령의 성적인 특권의식을 감내해야 했던 영부인이 아니라는 점은 힐러리 클린턴, 재키 케네디, 엘리너 루스벨트, 플로렌스 하딩이 증언해줄 수 있다. 그러나 우리가 아는 한, 레이디 버드는 대통령의 노골적인 노출을 상대해야 했던 최초의, 그리고 다행스럽게도 유일한 영부인이었다.

용변을 보면서 회의를 주재하거나 심지어 기자회견까지 하는 존슨의 끔찍한 습관에 대해서는 많은 기록이 남아 있으며 그런 일이 한두

번 목격된 것도 아니었지만, 아무리 상대적으로 익숙해졌다 하더라도 그 경악스러움이 줄어드는 것은 아니다. 가장 원초적인 형태의 이러한 노출증 뒤에 숨어 있는 여러 겹의 병태를 전부 벗겨내는 것은 쉽지 않은 일이다. 어쩌면 유치한 자랑스러움, 동물과도 같은 일종의 영역 표시, 그리고 물론 우월함에 대한 선언도 담겨 있을 것이다(진정한 알파 남성이 아니라면 다른 사람들이 가만히 서서 그토록 불쾌한 행동을 지켜보도록 할 수는 없다).

그러나 신체 전면을 전부 드러내는 것은 완전히 다른 문제다. 린든 존슨이 보인 행동 중 가장 놀라운 사례들은 워싱턴포스트 및 월스트리트저널 기자로 일했던 로널드 케슬러Ronald Kessler가 2009년에 출간한 『대통령의 경호원In the President's Secret Service』이라는 책에 잘 묘사되어 있다. 케슬러는 수십 년에 걸쳐 여러 대통령을 수행한 수많은 경호원들에게서 정보를 얻었다. 케슬러의 글에 따르면, 존슨은 대통령 전용기에 탑승하자마자 공식 석상에서 쓰는 가면을 벗어버리고 목장 출신다운 진짜 성격으로 돌아갔다.

"이 병신 같은 놈들, 한 놈도 빼지 않고 오줌을 갈겨줄 거야." 존슨은 비행기 문이 닫히자마자 바깥쪽에 모여 있는 사람들과 기자들을 향해 이렇게 말했다. 그다음에는 대통령 전용실로 들어가서 옷을 벗기 시작했으며, 때로는 문을 활짝 열어두고 보좌관(상당수가 여성)이나 직계 가족들(전부 여성)이 드나드는 와중에 양말과 속옷만 남기고 옷을 벗거나, 완전히 나체가 되는 경우도 빈번했다. 존슨 목장에서 열린 야외 기자회견에서는 옆쪽으로 몸을 돌려 바지 지퍼를 내리고 자유롭게 야외에 소변을 보면서 얼굴은 기자들 쪽을 향하고 대화를 계속한 적도 있다. 어느 날 아침 6시에는 경호원 한 명이 목장 주택의 뒤 베란다에서 역시 이렇게 볼일을 보며 나름대로 독특한 방식으로 새벽을 맞는 대통령의 모습을 발견하기도 했다.

지금까지 고故 존슨 대통령의 일생에 대한 두꺼운 전기를 세 권이나 펴낸 끈기 있는 존슨의 전기 작가 로버트 카로Robert Caro도 비슷한 이야기를 들려준다. 존슨은 자기 몸에서 가장 좋아하는 부분에 '점보'라는 별명을 붙였으며 의원직을 역임할 당시 볼일을 보다가 마침 화장실로 들어오는 다른 의원에게 자신의 물건을 휘두르며 이렇게 물었다고 한다. "이렇게 큰 걸 본 적 있소?" 설령 주변 사람들이 마지못해 받아들였거나 기꺼이 수용할 생각이 있었다 해도, 존슨의 이러한 행동이 적절했다거나 환영받았다는 내용은 어느 기록에서도 찾아볼 수 없다.

이러한 종류의 노출증은 나르시시즘과 하등 관련이 없더라도 충분히 의학 서적에 실릴 만한 증상이다. 정신장애 진단 및 통계 편람에서는 최소한 노출 행동이 일상적인 생활에 방해가 될 정도라면 노출증 자체를 하나의 독립적인 질환으로 볼 수 있다고 규정하고 있다(공공장소에서 옷을 벗는다면 그럴 가능성이 높다). 그러나 동시에 노출증은 나르시시즘의 표현이기도 하며, 특히 정치인처럼 주목도가 높은 직업을 선택한 사람이나 존슨처럼 과장되고 파괴적이며 타인을 경멸하는 등 여러 가지 심각한 나르시시스트 증상을 함께 보이는 사람이라면 말할 것도 없다. 존슨의 경우는 세계에서 가장 강력한 국가를 이끌고 있는 이 사람이 과연 정상인가 하는 측근들의 진심 어린 걱정을 불러일으키기에 충분한 수준이었다.

케슬러의 책에 따르면 은퇴한 경호원 리처드 로스Richard Roth는 이렇게 말했다. "만약 존슨이 대통령이 아니었다면 아마 정신병원으로 갔을 겁니다."

그럴 수도 있다. 하지만 정신병원은 존슨뿐만 아니라 수많은 다른 미국 대통령과 국가원수들에게도 어울리는 장소였을지 모른다. 약간의 나르시시즘 성향은 많은 직업에서 긍정적인 영향을 미치지만 심한 나르시시즘은 거의 모든 직업에서 악영향을 미친다. 그러나 심각하고 맹렬한 나르시시즘이 아무 문제가 되지 않을 뿐 아니라 오히려 기본적인 필수 조건 역할을 하는 유일한 직업은 아마도 대통령일 것이다. 나르시시즘이 대통령직 수행이라는 게임에 뛰어들 수 있는 자격을 부여해주는 일종의 '성격 입장료' 역할을 한다는 의미다.

아무리 규모가 작다고 하더라도 한 나라의 통치자가 되고자 마음먹으려면 거의 광기에 가까운 수준의 자만심이 있어야 한다. 최고 통치자는 일거수일투족이 공개될 뿐만 아니라 살인적일 만큼 바쁜 일정을 소화해야 하는 역동적인 직업이며, 집무실을 차지하고 있는 사람에게 권력이라는 달콤한 양식을 꾸준히 공급해주는 반면 제정신을 가진 사람이라면 누구라도 감내하고 싶어하지 않을 신체적, 감정적 대가를 요구하는 직업이다. 등장인물들이 바쁘게 걸어다니며 청산유수같이 대화를 나누는 〈웨스트 윙The West Wing〉이나 〈대통령의 연인The American President〉 같은 영화나 드라마는 재미는 있지만 현실과 거리가 있으며, 실제 국가원수가 살아가는 무자비하고 숨 가쁜 삶에 대한 할리우드식 해석일 뿐이다. 대통령이 단순히 브리핑 서류를 검토하고 정책회의나 협상, 전략회의에서 목소리를 낮춰 이야기하거나, 최소한 짜증이 나면 짜증 난 사람처럼 행동하고 따분하면 그것을 드러낼 수 있는 비밀회의에만 참석하는 것은 아니다. 개관식 행사에도 얼굴을 내밀고, 여러 사람과 반갑게 인사도 나누어야 하며, 정상회담이나 기자회견을 위한 시간도 내야 하고, 선거 2년 전부터는 모든 일을 제쳐두고 하루에도 대여섯 군데씩 돌면서 똑같은 연설을 반복하는 18시간에 걸친 강행군도 견뎌내야 한다. 또한 가는 장소마다 가면을 쓰고 얼굴에 웃음을 고정시켜야 한다. 그렇지 않으면 방황하던 카메라가 여러분의 부정할 수 없는 진짜 모습, 즉 여러분도 평범한 사람이라는 사실을 잡아낼 테니까.

그리고 이렇게 겉으로 비치는 모습과 관련된 고충은 대부분 대통령직 수행의 배경적 요소일 뿐이다. 직무를 엉망으로 처리했다거나 그러한 판단이 내려졌을 때 여러분이 받을 후폭풍은? 실업률이 상승한다고? 여러분의 잘못이다. 경제가 어렵다고? 마찬가지다. 원유 가격 상승? 대통령은 무얼 했나? 백악관 집무실에 발을 들여놓기 5분 전에는 그 모든 골치 아픈 일들을 다른 사람이 하고 있었다. 5분 후에는 전부 여러분이 떠맡게 된다.

"대통령이 되는 것은 마치 폭풍처럼 우박이 쏟아질 때 당나귀가 처한 입장과 같지요." 존슨이 놀라울 정도로 솔직하게 털어놓았다. "그냥 거기 서서 전부 맞으며 견디는 수밖에 없습니다."

마틴 밴뷰런Martin Van Buren은 대통령직에서 물러난 뒤 이렇게 말했다. "대통령직에 대해서 말하자면, 백악관에 입성하던 날과 떠난 날을 제 인생에서 가장 행복한 이틀로 꼽겠습니다."

4년 임기를 성공적으로 마치고 재선에 출마하지 않은 제임스 포크 James Polk는 이렇게 말했다. 임기가 거의 끝나간다는 사실이 진심으로 기쁩니다. "머지않아 하인으로서의 생활은 끝나고 독립적인 권리를 갖게 될 겁니다."

마지막으로 모든 대통령이 "깊은 밤에 천장을 바라본다"고 묘사하는 개인적인 괴로움의 순간들이 있다. 조지 W. 부시는 9·11 사태 전에 오사마 빈라덴이 미국 내 테러 공격을 계획하고 있다는 정보국의 경고에 대응하지 않았다는 점과 관련해 대대적인 비난을 받았다. 프랭클린 D. 루스벨트 역시 진주만 공격이 있기까지 이른바 방심했다는 이유로 맹렬한 비판에 시달렸다. 두 사람에게 실제로 책임이 있었는지 여부와 관계없이, 두 사람 모두 자신들의 임기 동안 수천 명이 목숨을 잃었으며 어쩌면 그러한 비극을 피할 수 있었을지도 모른다는 사실에 괴로워했다는 점만큼은 아무도 의심하지 않는다.

그럼에도 불구하고 대통령직을 노리고, 진심으로 열망하고, 미친 듯이 갈망하는 남성들, 그리고 점점 늘어나는 여성들은 본인이 나라를 이끌 준비가 되어 있을 뿐만 아니라 비슷한 포부를 품고 있는 다른 누구보다 뛰어난 역량을 갖추고 있다고 굳게 믿는다. 4년이라는 한 차례의 임기 동안 실제로 대통령 출마 준비를 시작하는 사람은 열 명 남짓이지만, 미국 전역의 의원이나 신출내기 정치인 중에 언젠가 자신도 대권에 도전해보겠다는 생각을 하고 있는 사람은 수천 명을 헤아릴 것이다. 민주당 내부에서도 앨 고어를 2000년 대선에서 낙선시킨 교묘한 선거 속임수를 뼈아프게 생각하며 그가 한 번 더 출마하기를 바라는 세력이 남아 있던 2006년에, 나는 한 공개 행사에서 고어를 만나 만약 진심으로, 진지하게 자신이 대통령직에 가장 적합한 사람이며 특히 본인이 그토록 열정을 가지고 있는 기후 변화 같은 문제와 관련해서는 자신만한 사람이 없다는 결론에 도달한다면 다시 대선에 도전해야 한다는 의무감 같은 것을 느끼지 않느냐고 물어보았다.

"하지만 대통령에 출마하는 사람은 전부 그렇게 생각하잖소." 고어는 살짝 웃으며 대답했다. "일단 그런 결론에 도달하지 않으면 후보가 될 수 없을 테니까."

대통령직에 오르는 데는 여러 가지 방법이 있다. 우선 프랭클린 D. 루스벨트, 아들 부시, 존 케네디처럼 보통 사람들은 언감생심 꿈도 꿀 수 없는 집안과 재력의 도움을 받아 백악관의 주인이 된 황태자 대통령들이 있다. 또한 변변치 않거나 심지어 비참한 수준의 배경을 딛고 치열하게 싸우며 패기만만하게(빌 클린턴), 으스대며(지미 카터), 괴팍하게(린든 존슨), 씁쓸하게(리처드 닉슨) 대통령 자리까지 올라 그 영광을 손에 쥔 전투사 대통령들도 있다. 로널드 레이건처럼 행복한 대통령도, 조지 H. W. 부시처럼 상냥하지만 어색한 대통령도, 앤드루 잭슨Andrew Jackson, 율리시스 S. 그랜트Ulysses S. Grant, 시어도어 루스벨트, 드와이트 아이젠하워처럼 이미 한 번 사령관으로 지휘권을 휘두른 적이 있으며 그 경험이 너무나 좋았던 나머지 칙칙한 민간인 옷을 입어야 한다는 사실마저 감수하면서 다시 무언가를 운영하는 길을 택한 전쟁 영웅 대통령들도 있다. 하지만 이들 대통령 중 일정 시점에 "그래, 수

억 명 중에서 이 나라를 이끌기에 가장 적합한 사람은 바로 나야"라는 거만하고 자아도취적인 결론에 도달하지 않은 사람은 단 한 명도 없었다.

백악관의 주인이 되지 못하는 사람들도 많다. 겸손한 사람은 미국 대통령이 될 수 없다. 물론 태생적인 미국 시민이며 최소한 만 35세가 되어야 대통령 출마 자체가 가능하지만, 그와 동시에 뻔뻔하고, 젠체하며, 미안함을 느끼지 않는 나르시시스트여야 한다. 아무리 그 사실을 숨기려고 신중하게 노력한다 해도 말이다. 역사가 보여주듯이 이것은 매우 좋은 일일 수도, 아주 나쁜 일일 수도 있지만, 좋든 나쁘든 피할 수 없는 일이기도 하다.

미국 대통령 사이에서 나르시시스트의 비율이 그토록 높은 보다 직접적인 이유 중 하나는 이들이 대통령 선거에 너무나 강한 면모를 보이기 때문이다. 대통령 선거는 결국 2년간에 걸친 취업 면접이나 다름없으며, 나르시시스트 지원자가 인사부에서 그토록 좋은 평가를 받는 데 큰 역할을 하는 열정, 매력, 활력, 아이디어 등의 재능은 선거 유세에서도 효과를 톡톡히 발휘한다. 나르시시스트는 취업 면접이나 대통령 선거에서 단순히 뛰어난 모습을 보일 뿐만 아니라 심지어 상당한 즐거움까지 느낀다.

물론 이 행복한 전사의 모습에 부합하지 않는 예외 사례도 적지 않다. 닉슨은 누가 보아도 사교적인 인물은 아니었다. 지나치게 자신감이 없어 보였으며 어딜 가더라도 주변 사람들을 불편하게 만들었다.

그래도 닉슨은 1952년부터 1972년까지 벌어진 여섯 번의 대선 중 다섯 번이나 소속 정당의 대통령 또는 부통령 후보로 출마했으며, 마지막 선거에서는 49개 주의 표를 쓸어 모아 당시로서는 유례를 찾아볼 수 없는 압승을 거두었다. 닉슨이 정치판에서 이렇게 눈에 띄는 성공을 거둔 것은 성격 덕분이라기보다는 집요함과 교활함, 그리고 전략적 기술을 발휘하는 타고난 능력 때문이었다. 닉슨보다 훨씬 매력적이었던 조지 H. W. 부시조차 1992년에 빌 클린턴과 함께한 타운홀 형식 토론에서 시계를 쳐다보며 억지로 끌려나온 사람처럼 행동하는 바람에 강력한 비판을 받은 것으로 유명하다. 훗날 선거에서 패배한 뒤 그 일에 대해 보다 솔직하게 말할 수 있게 되자 부시는 토론에 나가기 싫었던 것이 전적으로 사실이라고 인정했다. 하지만 토론의 주제나 해당 주제와 밀접하게 관련된 사람들에게 관심이 없었기 때문이 아니라, 그 토론의 게임쇼 같은 분위기가 마음에 들지 않았고 토론보다는 실제 국정 업무에 시간을 쏟는 편이 낫다고 생각했다는 것이다. 지극히 합리적인 생각이지만, 현대 선거에서는 어차피 토론이 빼놓을 수 없는 요소가 되었기 때문에 클린턴처럼 누가 봐도 토론을 즐기거나 최소한 그럴듯하게 토론을 즐기는 척할 수 있다면 큰 도움이 된다.

물론 클린턴은 너무나 독특한 인물이며, 그를 레이건이나 케네디, 프랭클린 D. 루스벨트와 같은 뛰어난 선거운동가들과 비교하는 것은 사이 영Cy Young을 톰 시버Tom Seaver, 놀런 라이언Nolan Ryan, 밥 깁슨Bob Gibson*과 비교하는 것과 마찬가지다. 클린턴은 사이 영처럼 거장 중의 최고 거장, 명예의 전당에 입성한 사람들 중에서도 독보적인 존재였다. 클린턴의 두 차례 선거운동 당시 집회를 비롯한 여러 가지 행사가 만성적으로 지연되는 일이 빈번했는데, 이는 단순히 클린턴이 뛰어난 입담으로 예정된 가두연설 시간을 훨씬 넘겨 이야기를 계속했기 때문만이 아니다. 그가 저지선 뒤에서 손을 내미는 유권자들의 유혹에 저항할 수 없었기 때문이다. 클린턴은 손을 뻗어오는 사람이 있기만 하면 악수를 하고 싶어했다. 역시 선거 유세의 달인이었던 오바마는 일대일로 상대하는 친밀한 상황보다는 커다란 무대에서 훨씬 더 뛰어난 모습을 보였다. 레이건은 유권자들과 직접 얼굴을 맞댈 때도 매우 능숙하게 행동했지만 보좌관들의 채근 때문에 시간을 엄수하는 편이었고, 정해진 시간이 지나면 슬쩍 빠져나갔다. 클린턴은 더 많은 사람을 상대하지 못해 안달이었다.

"저는 이 일이 좋습니다. 아마 이 일을 가장 그리워하게 될 겁니다." 클린턴은 대통령 임기가 거의 끝나가던 무렵 다소 가슴 아프다는 듯이 이렇게 말했다. "이 일을 저만큼 좋아했던 사람이 과연 있었을지 모르겠습니다."

클린턴이 이렇게 즐거움을 느낄 수 있었던 데는 악수를 한 번 할 때마다 상대방은 자신의 등을 쓰다듬어주며, 표를 한 표 얻을 때마다 상대방이 자신에게 키스를 하는 것이나 다름없다는 사실도 분명 작용했다. 유권자가 던지는 표는 그 사람이 클린턴을 선택했을 뿐만 아니라 좋아한다는 확인이자 징표였다. 클린턴이 대통령 자리에서 물러나고

* 네 명 모두 유명한 메이저 리그 투수다.

10년 이상 지난 뒤, 그가 클린턴 재단을 설립하고 연설 투어를 하며 세계를 누비면서 활약하는 한편 아내의 2008년 대통령 선거운동과 오바마의 두 차례 선거 유세에 모두 참여하고 있을 때, 『타임』지의 조 클라인Joe Klein은 클린턴이 장기적으로 노리는 것이 무엇이며 왜 클린턴이 계속 그토록 열심히 일하느냐는 질문을 받자 이렇게 대답했다. "클린턴의 장기적인 목표는 언제나 똑같습니다. 전 세계 70억 명으로부터 한 사람도 빼놓지 않고 사랑을 받는 것이지요."

1998년에 불거진 클린턴의 무모한 섹스 스캔들이 잘 보여주듯이, 갈망과 매력의 결합이 항상 클린턴에게 좋은 결과를 가져온 것은 아니다. 분명 사춘기 소년 같은 단순한 욕구도 일정 부분 작용했을 것이다. 클린턴은 섹스를 좋아했고, 하고 싶어했고, 실제로 할 수 있는 위치에 있었다. 이러한 충동과 기회가 있었던 대통령은 클린턴뿐이 아니지만, 대부분의 경우 내면에 있는 경찰관, 즉 자아의 한 부분이 손을 들고 이런 질문을 던졌다. '좋은 생각이 아니라는 것쯤은 알고 있는 거지?' 반면 클린턴의 마음속에 있는 경찰관은 뇌물을 받았다. 이렇게 뇌물을 건넨 클린턴 내면의 자아가 바로 투표라는 비유적인 키스에 만족하지 못하고, 가장 원시적인 방식으로 자신을 인정해주며 당신은 단순히 백악관뿐만 아니라 침대로 데려가기에도 충분히 멋진 남자라고 말해줄 수 있는 사람의 진짜 키스, 아니 그 이상을 원했던 영역인 것이다.

클린턴의 굶주린 욕구 때문에 미국과 자신의 대통령 임기가 어떠한 대가를 치렀든 간에, 사랑받기를 원하는 클린턴의 욕구는 전적으로 가면 모델 나르시시즘과 같은 유형으로 볼 수 있고, 이는 깊이를 알 수 없는 어떤 감정적인 구멍을 메우기 위해 끊임없이 관심을 갈구하는 형태로 나타난다. 멀리서 다른 사람의 정신분석을 할 수 있는 사람은 없으며 아무리 심리학자라 하더라도 실제로 그 사람을 만나서 치료해 보지도 않고 정신 분석을 시도하지는 않을 것이다. 그러나 클린턴의 성장 과정은 일종의 역사적 기록이다. 생부는 클린턴이 생후 3개월일 때 자동차 사고로 사망했으며, 양부는 폭력적인 알코올 의존증자였다. 클린턴은 일종의 학교 부적응자였고, 스스로를 "인기 많은 아이들 사이의 뚱뚱한 아이"로 묘사했다. 이러한 성장 배경이 사랑을 추구하고 느끼고자 하는 깊은 욕구와 상당히 직접적인 관계가 있다고 생각하지 않는 심리학자는 거의 없을 것이다.

클린턴은 주변의 호감을 얻는 데 탁월한 능력을 보였으며, 나 역시 상상치도 못하게 대통령 집무실을 방문했던 날 아주 가까이서 직접 그 능력을 경험한 적이 있다. 나의 책 『아폴로 13호Apollo 13』가 출간되고 몇 달 후, 그리고 그 책을 바탕으로 한 영화가 공개되고 딱 한 달 후인 1995년 7월, 나는 백악관의 초대를 받아 클린턴이 아폴로 13호의 선장 짐 러벌Jim Lovell에게 의회 명예훈장을 수여하는 자리에 참석했는데, 러벌과는 책 집필 과정에서 함께 일한 인연이 있었다. 많은 역사학자들은 오랫동안 러벌이 이 훈장을 받을 자격이 충분하다는 데 의견을 모았지만, 나사가 착륙에 실패한 아폴로 13호의 달 탐사 미션을 제대로 대우해주지 않았기 때문에 그는 그때까지 훈장을 받지 못한 상태였다. 의회 훈장이라는 이름이 붙어 있기는 하지만 실제로 수상자를 선정하는 것은 현직 대통령이었다. 그리고 그 달에 클린턴이 러벌을 선택한 것이다.

영화에서 러벌 역을 연기했던 톰 행크스와 달에 세번째로 착륙한 피트 콘래드Pete Conrad를 비롯해 영화 및 우주 프로그램 관계자 몇 명도 나와 함께 참석했지만, 우리보다는 백악관 직원과 기자들의 수가 훨씬 더 많았다. 기자들은 수여식을 취재한 다음 당시의 중요한 뉴스거리였던, 같은 달에 벌어진 보스니아 대규모 민간 학살 사건에 대한 미국의 대응 계획에 대해 클린턴에게 질문을 던지기 위해 행사장을 겹겹이 둘러싸고 있었다. 프레젠테이션과 기자회견이 끝난 뒤, 클린턴은 우리 쪽으로 다가와서 악수를 했다. 나는 앞에 서 있는 네 사람을 훑어본 결과 클린턴과 처음 만나는 사람은 나 혼자뿐이므로 자기소개를 해야겠다고 생각했다. 나는 소개를 하기 시작했지만 내가 왜 그 자리에 있는지는 고사하고 이름도 제대로 다 발음하기 전에 클린턴이 손사래를 쳤다.

"알고 있습니다. 누구신지 알아요." 당연히 내가 누군지 알고 있음을 암시하는 천연덕스럽고도 태연한 태도였다. 내 두뇌 속의 모든 이성적인 세포가 이것이 바로 그동안 들어왔던 클린턴의 매력이라고 속삭이고 있었다. 그토록 많은 사람이 설명하던 '5초간 상대방이 그 방에서 가장 중요한 사람이 된 것처럼 느끼게 하는' 마법이었다. 과연 여러 사람의 설명대로라고 생각했지만, 그럼에도 불구하고 고스란히 속아넘어가고 말았다.

사실 이러한 경험은 클린턴과 악수를 해본 사람들 사이에서는 흔한 것이겠지만 몇 분 후에 찾아온 잠시 동안의 고요한 순간이야말로 그 상황에 한정된 다소 특이한 경험이었다고 생각한다. 그때쯤 되자 방 안 사람들은 두 개의 작은 그룹으로 나뉘어 담소를 나누기 시작했고, 행크스와 콘래드를 비롯한 몇몇 사람은 나의 왼쪽에, 러벌과 클린턴은 내 오른쪽에 있었다. 나는 그 두 사람 사이의 역학에 깊은 흥미를 느꼈다. 러벌은 뛰어난 스카우트 단원이자 우주비행사, 해군사관학교 장교였으며, 40년 이상 결혼생활을 유지하고 있는데다 성인이 된 이후 대부분의 기간 동안 국가에 봉사하며 살아온 인물이다. 클린턴은 바람둥이에 악동이며 약삭빠르기 짝이 없는 정치가로, 엄밀히 말해 징병을 기피한 적은 없지만 교묘한 방법으로 솜씨 좋게 빠져나간 사람이다. 하지만 그와 동시에 클린턴은 러벌의 지휘관이었으며, 이는 평생 해군 장교로 살아온 사람에게 많은 것을 의미한다. 뿐만 아니라 클린턴은 다른 사람들 때문에 부당하게 받지 못했던 명예훈장을 러벌에게 안겨준 사람이기도 하다. 나는 집필 작업을 통해 러벌을 잘 알게 되었고, 지금은 물론이고 당시에도 러벌과 그의 가족들을 상당히 아끼고 있었기 때문에 혼자 서서 그 광경을 지켜보고 싶었다.

그런 이유로 나는 대통령 집무실의 양탄자 한가운데에 혼자 서 있었지만, 아마도 그 집단에서는 내가 사회적 부적응자, 즉 인기 있는 아이들 사이에 끼여 있는 뚱뚱한 아이처럼 보였을 것이다. 클린턴은 러벌에게서 절대 시선을 떼지 않는 와중에도 곁눈으로 내 모습을 발견하고는, 러벌의 팔을 잡아당겨 함께 내 쪽으로 서너 발자국 다가와 나를 대화에 끼워주었다. 아주 사소한 행동이었고, 나 역시 파티에서 다른 사람들을 위해 여러 번 그렇게 해주었으며 마찬가지로 다른 사람들도 나를 위해 헤아릴 수 없이 여러 번 보여준 행동이었다. 하지만 그날 나에게 작은 친절을 베풀어준 사람은 다름아닌 미국의 대통령이었으며, 클린턴이 그런 행동을 보여줌으로써 나는 공인으로서의 클린턴을 꾸준히 지지하게 되었다. 클린턴은 사람들의 호감을 얻는 데 그 정도로 뛰어났으며, 만약 그가 사랑을 갈구하는 나르시시스트가 아니었다면 그렇게까지 뛰어나지 않았을 것이다.

결핍과 카리스마만으로 진정한 나르시시스트가 될 수 있는 것은 아니며, 단순히 나르시시스트라고 해서 누구나 백악관의 주인이 될 수 있는 것도 아니다. 길지 않은 미국 역사에서 벌써 43명의 인물이 대통령직을 거쳐갔다(기록상으로는 버락 오바마를 44번째 대통령으로 칭하지만 이 점에는 신경 쓰지 말자. 연임이 아닌 두 번의 임기를 거친 그로버 클리블랜드Grover Cleveland를 22번째 및 24번째 대통령으로 세기 때문이다. 역사적으로 말이 안 되는 일이지만 안타깝게도 그대로 굳어져버렸다). 이 수많은 대통령은 매우 다양한 성격을 가진, 서로 전혀 다른 사람들이었다.

아무리 사소하게 들썩이고 움찔하는 것까지 전부 TV 화면에 잡히며 걸핏하면 보좌관들이 개인적인 정보를 흘리고 대통령 본인들도 종국에는 회고록을 펴내는 시대에 생존해 있는 대통령이라 해도 제대로 심리 측정을 하는 것은 여전히 쉬운 일이 아니다. 다른 사람의 심리적인 비밀을 아는 사람은 아무도 없는데다 자신의 심리를 탐구하는 데 별 관심이 없어 보이는 대통령들도 있다. 아들 부시는 자신의 행동을 돌아보거나 의도를 분석하면서 시간을 보내는 일이 별로 없다는 사실을 분명히 밝혔다. 닉슨은 심리과학이나 심리학자, 정신과 의사들 자체를 공개적으로 경멸했다. 하지만 대통령이 내뱉는 모든 단어, 대통령이 제안하거나 서명하는 모든 계획이나 행정 명령은 그 기저에 자리잡고 있는 대통령의 생각을 어느 정도 드러낼 수밖에 없으며, 이를 바탕으로 최소한 대통령을 움직이는 심리의 대략적인 몽타주 정도는 그려낼 수 있다.

대통령의 성격을 가늠하기 위해 소위 역사 측정 방법을 도입한 초기 연구 중에서도 특히 인상적인 결과를 도출해낸 사례는 1988년 캘리포니아 대학 데이비스 캠퍼스의 심리학자 딘 사이먼턴Dean Simonton이 실시한 연구다. 사이먼턴이 연구를 진행한 당시는 레이건이 두번째 임기를 막 마치려던 참이었기 때문에 이 연구에는 부시 부자, 클린턴, 오바마가 빠져 있는데, 최소한 마지막 세 명은 그야말로 흥미로운 인물들이기 때문에 상당히 안타깝다. 그래도 사이먼턴은 나머지 39명의 대통령에 대한 기록을 취합했고, 이는 그 자체로 아주 방대한 작업이었다.

첫번째 단계는 역사적인 기록을 샅샅이 뒤져 교육, 출생 순위, 가족 규모, 부모의 죽음, 사회경제적인 지위 등 대통령의 신상에 대한 세부적인 자료를 모으는 것이었다. 그다음에는 승인한 법률, 행사하거나 기각한 거부권, 군사력 행사에 대한 성향, 제안한 제도, 경제 실적, 집권한 임기 수 등 대통령직을 수행하면서 남긴 기록을 추가했다. 가장 까다로운 마지막 단계에서는 평가단 패널을 구성해 앞에서 수집한 역사적 데이터를 바탕으로 유머 감각, 옹졸함, 침착함, 유연함, 온건함, 친근함, 지적 탁월함 등과 같은 14개의 성격 요소 및 업무 위임 능력, 타협하려는 의지, 참을성 부족 및 충동적인 성향, 언론을 편안하게 대하는 정도(대인관계 기술을 잘 나타내주는 척도다) 등 대통령 직무 수행에서 드러나는 82개의 서로 다른 능력에 관해 대통령의 프로필을 구성했다. 다음에는 이러한 모든 데이터를 분석해 다섯 가지의 대통령 유형으로 분류했으며, 사이먼턴은 여기에 각각 카리스마형, 대인관계형, 심사숙고형, 창의력형, 신경증형이라는 이름을 붙였다. 다른 모든 사람들과 마찬가지로 대통령들은 다섯 가지 유형이 뒤섞인 특징을 보였으며, 연구원들은 각 항목에 매겨진 점수를 통합해서 대통령 개개인의 성격을 파악했다.

사이먼턴과 그의 연구 팀이 내놓은 숫자들은 대통령에 따라서 놀라운 경우도, 그렇지 않은 경우도 있었다. 위에서 언급한 모든 다섯 가지 성격 유형에서 0점은 평균을 의미했다. 그 이상으로 올라갈수록 대통령이 해당 유형의 성향을 보다 많이 보유하고 있다는 뜻이며, 0 이하로 내려가면 적게 지니고 있는 것이다. 20세기 대통령 중 가장 카리스마 넘치는 사람은 평균보다 훨씬 높은 2.5점을 기록한 프랭클린 D. 루스벨트였다. 루스벨트의 뒤를 이은 것은 뜻밖에도 최소한 사람들 앞에서는 소탈한 모습을 보였던 존슨으로, 1.5였다. 케네디는 1.3, 레이건과 시어도어 루스벨트는 1.2로 동률을 기록했다. 카리스마 항목에서 부진을 면치 못한 대통령으로는 -2.2의 술고래 그랜트가 있으며, 20세기 역사가들로부터 질투가 심하고 고집스러우며 심지어 헌법

제정과 관련해 얼토당토않게 많은 공을 주장했다는 이유로 부정직하다는 평가까지 받았던 제임스 매디슨James Madison도 이 항목에서 -1.2점을 받았다.

린든 존슨이 신경증 항목에서 받은 1.5는 현대 대통령 중에서 단연 압도적인 점수였다. 대통령 역사 전체를 살펴보아도 그보다 높은 사람은 1.9를 기록한 그랜트와 한 번의 임기로 2.5라는 놀라운 점수를 받은 포크뿐이었다(이것은 아마도 열정적인 야심가였던 포크가 남부의 엄청난 영토 확장과 재무부의 재편, 영국과의 무역 분쟁 해결, 의회에 대한 강경하고도 효과적인 대처 등을 포함해 너무나 적극적이고 공격적인 대통령 임기를 보냈기 때문인지도 모른다). 미국 대통령 중에서 신경증 항목의 점수가 가장 낮고 차분한 사람은? 예상대로 -1.8을 기록한 레이건이었다.

다른 항목을 살펴보자. 조지 워싱턴은 심사숙고 항목에서 1.6으로 1위를 차지했는데, 아마도 신생 국가를 처음으로 지휘하게 된 대통령에게서는 그런 자질이 두드러지게 나타나는 모양이다. 최하위는 -2.6의 그랜트인데, 아마도 위스키 덕분일 가능성이 크다. 프랭클린 D. 루스벨트와 닉슨은 둘 다 창의력 면에서 1.4라는 높은 점수를 기록했다(뉴딜 정책, 사회보장제도, 대기오염방지법, 대 중국 문호 개방 등이 떠오른다). 하딩, 쿨리지Coolidge, 태프트Taft는 창의력 항목에서 각각 20세기 대통령 중 가장 낮은 점수인 -1.4, -1.4, -2.2를 기록했다. 역사상 대인관계에 가장 약한 대통령은 교수 출신의 윌슨Wilson과 많은 사람이 예상했던 심술궂은 닉슨으로, 둘 다 -2.3이었다. 대인관계 항목에서 1.3으로 가장 높은 점수를 기록한 사람도 두 명이었는데, 바로 워싱턴과 다크

호스인 제럴드 포드Gerald Ford였다. 포드는 선거 한 번 없이 부통령으로 백악관에 입성했으며, 워터게이트라는 끔찍한 헌법 위반 행위가 일어난 후 한 단계 승진하여 매력적인 대통령 역할을 멋지게 수행해냈다.

물론 모든 점수에 납득이 가는 것은 아니다. 아무리 느릿한 말투와 턱 아래 늘어진 살, 남부 사람다운 태도로 평범한 시민들의 환심을 샀다고는 해도 존슨의 카리스마 점수 1.5는 너무 높아 보인다. 0.9라는 닉슨의 신경증 점수는 대다수 대통령들보다 높지만, 수많은 백악관 대화를 녹음한 테이프에서 명백히 드러난 상스러운 인종차별주의, 반유대주의, 편집증을 포함해 지금 우리가 닉슨에 대해 아는 사실들을 고려해보면 이 항목에서 천장을 뚫는 점수가 나와야 마땅하다. 이렇게 예외가 있기는 하지만 전반적으로는 상당히 납득이 가는 점수들이다.

오늘날 사이먼턴은 이렇게 설명한다. "당시 연구에서 성격에 대한 분석은 대통령의 일생을 바탕으로 했습니다. 대다수 성격 특성에서 나타나는 각 대통령의 개별적인 차이는 상당히 긴 시간에 걸쳐 그다지 큰 변화가 없었습니다." 다른 말로 하면 대통령들은 백악관에 입성할 때 갖고 있던 성격적 특징을 사실상 임기 내내 그대로 가지고 있었다는 의미이며, 대통령에 따라 국가가 이러한 자질 때문에 희생을 치른 적도, 혜택을 입은 적도 있었다.

이후 사이먼턴은 연구를 더욱 확대해 원래 조사 대상이었던 39명의 대통령에 부시 부자와 클린턴까지 포함시킨 후 새로운 항목에 대한 평가를 실시했는데, 특히 새로운 아이디어에 대한 열린 사고, IQ, 그리고 무엇보다도 자신이 가지고 있는 지능지수로 창의적인 일을 해낼 수 있는 능력을 측정하는 지적 탁월함 등의 요소에 주목했다. 어휘와 학교 성적 등으로 추정한 IQ를 기준으로 할 때 가장 머리가 좋은 대통령들은 165의 존 퀸시 애덤스John Quincy Adams, 145의 토머스 제퍼슨, 138.9의 존 F. 케네디, 135.6의 클린턴, 130.2의 카터였다. 107.8의 하딩, 109의 제임스 먼로James Monroe, 110으로 동률을 기록한 그랜트와 앤드루 잭슨, 111.1의 아들 부시는 지능이 낮은 대통령들이었다. 대통령의 역사적인 기여도를 보다 정확하게 나타내는 척도라고 할 수 있는 지적 탁월함의 경우, 단순 지능지수와 전혀 다른 결과가 나오는 경우가 많았다. 카터의 높은 IQ는 그에게 아무런 도움이 되지 않았으며, 그의 탁월함 점수는 완벽한 0.0, 다시 말하면 딱 평균에 불과했다. 애덤스의 IQ는 제퍼슨보다 20이나 높았지만 탁월함에서는 제퍼슨이 3.1을 기록해 1.2인 애덤스보다 두 배 이상 높았다. 윌슨은 IQ가 133인 뛰어난 사람답게 1.3의 높은 탁월함 점수를 보였다. 마찬가지로 먼로도 탁월함 항목에서 자신의 낮은 IQ에 어울리는 -1.4를 기록했다.

로드아일랜드 주 브라이언트 대학의 심리학자 로널드 델루가Ronald Deluga는 1997년에 사이먼턴의 데이터 일부와 자신이 직접 수집한 데이터를 사용해 대통령의 성격 중에서도 카리스마와 나르시시즘이라는 부분을 더욱 집중적으로 조명했다. 다른 많은 역사 심리학자들과 마찬가지로 델루가는 나르시시스트 대통령이 많은 잠재적인 장점을 가지고 있다고 여긴다. 그가 강조하는 바에 따르면 우선 나르시시스트 리더를 따르는 사람들은 매우 열심히 일하는 경향이 있으며, 기한보다 빨리 업무를 마치고, 더 많은 시간을 일에 할애하며, 보통 요구받은 것보다 더 많은 성과를 내놓는 등, 평균 이상의 실적을 올리는 경우가 많다. 특히 수치로 환산할 수 없는 열정이라는 요소가 당락을 결정하는 대통령 선거운동에서는 이것이 더욱 중요한 역할을 한다. 오바마가 2008년의 민주당 예비선거에서 힐러리보다 앞서나갔던 가장 큰 이유는 젊고 열정이 넘치며, 대의에 공감하는 자원봉사자 부대가 주도한 오바마 진영의 뛰어난 현장 선거운동이었다. "우리는 할 수 있다Yes, we can"는 선거 구호라기보다는 기쁨의 함성이었다.

일단 대통령 자리에 오르면 대통령들은 나르시시스트다운 열정을 업무에 쏟으며 백악관 직원들의 동기부여를 고취시키는 한편 의회에 있는 535명의 까다로운 의원들을 이끌게 된다. 델루가는 이렇게 적었다. "미국 대통령들이 지고 있는 엄청난 책임을 생각할 때, 효과적이고 결단력 있는 리더십을 발휘하기 위해서는 상당한 수준의 나르시시즘 성향을 가지고 있는 사람이 필요할 수도 있다."

델루가는 사이먼턴이 연구한 39명의 대통령이 나르시시즘 척도에서 어느 정도에 위치하는지 파악하기 위해 그와 비슷한 역사 측정 데이터를 사용했으며, 더욱 직접적으로는 자기애 성격 평가NPI의 40가지 질문에 대한 이 39명의 대답을 상정해 점수를 매겼다. NPI는 원칙적으로 대상자가 직접 작성해야 하는 것이므로 이는 엄청난 월권행위지만, 샘플 집단의 과반수가 이미 세상을 떠난데다 살아 있는 사람들조차 얌전히 앉아서 설문조사를 끝까지 작성할 가능성이 희박한 상황이라면 어쩔 수 없다. 따라서 델루가와 평가단 패널은 엄청난 양의 역사 측정 자료를 바탕으로 대통령들이 어떤 대답을 했을지 파악한 뒤

대신 검사 용지를 채웠다. 매우 부정확한 방법인 것만은 분명하지만, 여기서도 상당히 그럴듯한 결과가 나왔다.

자부심이라는 것은 나이, 수입, 교육수준, 문화 등 무척 다양한 변수에 따라 달라지는 것이기 때문에 세계 평균 NPI 점수라는 것은 존재하지 않는다. 그러나 16이라는 점수는 일종의 수렴점 역할을 하며, 대다수 사람들은 몇 점 이상 또는 이하 정도의 차이일 뿐 16점에서 크게 벗어나지 않는다. 델루가의 연구에 따르면, 자아도취 점수 35를 기록해 미국에서 가장 나르시시스트 성향이 강한 대통령으로 판명난 사람은 존재감이 미미한 체스터 A. 아서Chester A. Arthur였다. 인기 대통령과는 거리가 멀었던 아서는 1881년부터 1885년까지 그다지 기억에 남지 않는 딱 한 번의 임기 동안만 백악관에 머물렀으며, 처리한 일들은 대부분 행정 조직 개혁, 해군 재건 및 무역 협상 타결 등과 같은 사소한 문제들이었다. 아서가 다룬 가장 심각한 정책 문제는 당시 1억 4,500만 달러라는 엄청난 수준이었던 미국의 예산 흑자를 가장 효율적으로 사용하는 방안 정도로, 오늘날의 대통령이라면 분명 쌍수를 들어 환영했을 문제다. 그러나 아서에게는 그보다 더 시급한 일들이 백악관 관저에서 그를 기다리고 있었다. 실내장식을 교체하는 백악관 접견실에 얼굴을 들이밀어야 했던 것이다. 아서는 유명한 천재 인테리어 디자이너 루이스 컴포트 티퍼니Louis Comfort Tiffany에게만 그 일을 맡겼다. 대통령의 마음에 들지 않는 오래된 가구가 무려 마차 20대분이나 실려 나가고, 훨씬 호사스러운 가구들이 그 자리를 채웠다. 아서는 옷이 많은 것으로도 유명해 일각에 따르면 바지가 80개나 되었으며, 그 화려한 옷들을 더욱 잘 보여주기 위해 하루에도 두세 번씩 옷을 갈아입는 버릇이 있었다.

당시 아서에게는 우아한 아서, 신사다운 보스, 심지어 백악관의 멋쟁이에 이르기까지 여러 가지 별명이 붙어 있었다. 1883년의 한 정치 풍자만화에는 말쑥하게 차려입은 아서의 모습 위에 이런 글귀가 적혔다. "옷차림을 보니 형편에 맞게 옷을 입으셨군요. 오, 백악관 제일의 멋쟁이님, 다음번에 대통령 후보를 선출할 때는 근사한 옷차림이 분명 표를 얻는 데 도움이 되겠지요."

NPI에서 아서에 약간 못 미치는 점수로 2위를 차지한 사람은 33.33을 기록한 프랭클린 D. 루스벨트로, 자신이 대통령직을 무려 네 번이나 역임할 자격이 있는 사람이라고 생각할 만한 자만심과 실제로 선거에 나가 전부 당선될 정도로 카리스마를 모두 갖춘 사람에 걸맞은 높은 나르시시스트 점수를 받았다. 괴짜로 알려진 린든 존슨의 점수는 루스벨트보다 딱 1점 낮은 32.33이었다. 그외에도 높은 점수를 기록한 사람들로는 31.00의 존 타일러John Tyler와 28.67을 기록한 타일러의 바로 전임 대통령 윌리엄 헨리 해리슨William Henry Harrison이 있다(이러한 자만심 때문에 그는 외투도 입지 않고 매서운 추위 속에서 90분간의 취임 연설을 할 수 있다고 생각했는지 모른다. 결국 해리슨은 심한 폐렴에 걸렸고 대통령에 취임한 지 고작 한 달 만에 세상을 떠나고 말았다). 미국 건국의 아버지들은 전반적으로 점수가 높아, 존 애덤스는 28.33, 조지 워싱턴은 27.67이었지만, 토머스 제퍼슨은 의외로 낮은 17.33으로 미국 평균보다 아주 약간 높은 수준이었다.

델루가의 연구에서 나르시시즘 성향이 가장 낮은 사람은 예상대로 캘빈 쿨리지로, 5.00에 불과했다. 조용한 캘Silent Cal로 널리 알려진 쿨리지는 과묵함을 적당히 유지하고 말과 글을 삼갔으며 대다수 정치인들이 장황하게 말을 늘어놓기 십상인 칵테일파티나 공식 만찬에서는 특히 더 말수가 줄어들었기 때문에 그런 별명을 얻었다. 쿨리지는 이렇게 말한 적도 있다. "미국 국민들이 원하는 대통령은 근엄한 사람이라고 생각하기 때문에 그 바람에 맞춰 행동하려 합니다." 그렇다고 해서 쿨리지가 유머 감각이 없는 것은 아니었다. 유명한 일화에 따르면, 한 만찬에서 쿨리지 옆에 앉아 있던 여성이 이렇게 말했다. "대통령 각하, 어떤 사람이 대통령 입에서 두 단어 이상을 이끌어내는 것이 불가능하다기에 제가 내기를 했습니다." 쿨리지는 이렇게 대답했다. "당신이 졌소." 출처조차 불분명한 이 이야기가 그토록 오랫동안 인구에 회자되는 데는 이유가 있다. 이 일화는 쿨리지라는 사람을 너무나 정확하게 묘사했던 것이다.

그외에 낮은 나르시시스트 점수를 기록한 사람으로는 6.67의 윌리엄 매킨리William McKinley가 있다(당시 부통령이었던 시어도어 루스벨트의 점수에는 한참 미치지 못한다. 루스벨트는 예상대로 무려 29점이라는 높은 점수를 받았다). 진중한 성격이었던 해리 트루먼Harry Truman, 드와이트 아이젠하워, 지미 카터는 각각 13.00, 14.33, 16.00이라는 평범한 점수를 받았는데, 가식 없는 성격이기는 했지만 완고하고 거만해 부하직원들이 고역을 치른 것으로 유명한 카터의 경우에는 예상보다 훨씬 점수가 낮았다. 존 F. 케네디는 그 눈부신 매력에도 불구하고 22.67점을 기록해 닉슨의 24.67보다 2점, 레이건의 27.67보다 5점 낮았다.

전반적으로 살펴보면 모든 대통령의 평균 점수는 19.53이었으며, 한 자리나 10점대 초반의 점수를 받은 몇몇 대통령 때문에 평균이 약간 낮아지기는 했지만 낮은 점수를 기록한 사람들보다는 20점 이상의 높은 점수를 기록한 사람들이 21대 9로 훨씬 많았다. 그러나 20에 가까운 이 평균 점수는 미국 전체의 평균값보다 고작 4점밖에 높지 않다. 나르시시즘의 관점에서 보면 이는 투수가 패스트볼의 구속을 고작 몇 킬로미터 올리는 것과 마찬가지로, 이 정도만 해도 평범한 사람의 집단에서 벗어나 엘리트 집단에 입성하기에 충분하다.

나르시시스트 성향 중에서 성공적인 대통령이 되기 위해 최소한으로 갖춰야 할 마지막 요소로는 예상과 달리 이상인격psychopathy을 꼽을 수 있다. 원칙적으로 이상인격자가 고위 공직에 있는 것은 바람직하지 않으며, 그 대전제에는 누구도 반박하기 어렵다. 그러나 이상인격에는 우리가 모르는 면이 많다. 이상인격의 특성으로는 위험을 무릅쓰고, 두려움을 모르며, 사회적 지배 성향을 보이고, 불안함을 느끼지 않는 것 등이 포함된다. 이 모든 요소는 적절히 행사하기만 하면 대통령이 군대를 전장으로 내보낼 때나 사회보장제도 또는 오바마의 건강보험 개혁과 같이 야심차고 전례가 없는 사회 프로그램을 추진할 때 필수불가결한 역할을 할 수도 있다. 심지어 이상인격의 또 한 가지 요소인 부정직함조차 긍정적으로 작용하기도 한다. 프랭클린 D. 루스벨트는 보좌관들이나 의회에 비밀스럽게 구는 것으로 악명이 높았으며, 항상 모든 의견에 동의하는 것 같은 태도를 취하면서 실제로 행동에 나설 때까지 본인의 진짜 입장을 숨겼다. 클린턴도 비슷한 성향이 있었다. 클린턴의 대통령 임기는 특별하다고까지는 할 수 없을지 몰라도 분명 성공적이었으며, 루스벨트는 전설적인 대통령이었다. "나르시시즘과 이상성격은 일종의 먼 친척 같은 관계입니다." 캠벨의 설명이다.

2012년에 에머리 대학, 조지아 대학을 비롯한 여러 기관의 학자들은 공동으로, 바로 그 먼 친척 사이의 관계가 얼마나 가까운지 탐구했다. 이 연구 팀은 오바마를 제외한 모든 대통령에 대해 이상성격의 여러 측면 중에서도 겁이 없고 지배적인 특성Fearlessness Dominance에 대한 점수를 매겼다. 이 연구에서도 역사 측정 방법을 사용했으며, 마찬가지로 0을 평균값으로 하여 가장 높은 시어도어 루스벨트의 1.462에서 가장 낮은 윌리엄 하워드 태프트의 -1.579까지 각 대통령의 점수를 산정했다. 평균에 근접한 대통령으로는 0.007이 나온 신중한 카터와 -0.032의 윌슨이 있었다. 겁이 없고 지배적인 특성에서 가장 높은 점수를 받은 대통령 10명에는 여러분의 예상대로 존 F. 케네디, 프랭클린 D. 루스벨트, 레이건, 클린턴, 앤드루 잭슨, 조지 W. 부시 등이 포함되었다. 후버, 윌리엄 매킨리, 쿨리지, 앤드루 존슨은 점수가 가장 낮은 편이었다.

여기서도 몇 가지 납득하기 어려운 결과가 있다. 해리 트루먼은 -0.668로 밑에서 아홉번째였지만, 일본에 원자폭탄을 투하하고 한국전쟁에 뛰어들었으며 더글러스 맥아더 장군을 파면하는가 하면 파업 때문에 군수품 공급이 중단되지 않도록 철강 산업의 통제권을 틀어쥐었다. 이것은 절대 소심한 사람이 할 행동이 아니다. 한 차례의 평범한 임기 동안 특기할 만한 일이라고는 1837년의 경제공황밖에 없던 마틴 밴뷰런은 별다른 이유도 없이 8위라는 높은 순위에 올랐다. 그러나 전반적으로 보면 겁이 없고 지배적인 특성의 점수가 대다수 대통령들에 대한 대중의 인식과 일치했으며, 대체로 백악관에 대담한 사람이 앉아 있을 때 국가도 많은 이익을 얻었다.

이 연구를 진행한 학자들은 이렇게 적었다. "이상성격으로 인한 대담함은 다양한 직업이나 사회적 역할에서 장점으로 작용할 수 있다. 이것은 지금까지 도외시되어왔지만 매우 중요한 대통령 직무 수행의 예측 변수다."

한 명의 나르시시스트가 백악관에 입성할 때마다 당선자만큼이나 대통령의 자리를 강렬하게 갈망했지만 미치지 못했던 다른 수많은 사람이 생겨난다. 사실 이 패배자들이 당선자보다 훨씬 더 흥미진진하고 재미있는 경우가 많다. 대통령 선거가 무척 지저분하기는 하지만, 몇 차례의 예외를 제외하면 괴짜나 별난 사람을 걸러내고 가장 냉철하고 진지한 사람들을 백악관 집무실에 입성시키는 데 꽤나 효과적이기 때문이다.

미 의회에서 가장 오랫동안 회자되는 농담 중 하나가 미국 상원은 아침에 일어나서 화장실 거울을 보며 그 안에 차기 미국 대통령이 있다고 생각하는 사람 100명으로 구성되어 있다는 것이다. 물론 예외도 있겠지만, 앨 고어, 빌 브래들리Bill Bradley, 존 매케인, 존 케리, 존 에드워즈, 조 바이든, 크리스 도드Chris Dodd, 힐러리 클린턴, 버락 오바마, 릭 샌토럼Rick Santorum, 댄 퀘일Dan Quayle, 오린 해치Orrin Hatch, 엘리자베스 돌Elizabeth Dole, 조 리버먼Joe Lieberman, 캐럴 모슬리 브라운Carol Moseley Braun, 밥 그레이엄Bob Graham, 마이크 그래블Mike Gravel, 에번 베이Evan Bayh 등 2000년대 들어 대선에 도전했던 상원의원과 전 상원의원들의 명단만 보더라도 미 상원에는 그야말로 자기 홍보에 여념이 없는 몽상가들이 우글거린다는 말에 반박하기 어렵다. 상당수의 의원은 당선 가능성이 없으며 본인들도 그 사실을 알고 있다. 하지만 '나를 바라봐'라는 약에 점점 취하게 되는 것이다.

"2008년 대선까지만 해도, 낮은 확률에도 불구하고 대선에 출마하는 것은 보통 도드나 바이든처럼 나이가 많은 정치인들이었습니다. 여러 가지 위원회의 의장직이 지겨워진 나머지 입후보를 선언하는 경우였지요." 『타임』지의 정치부 기자이자 조지 B. 부시 임기중 백악관 출입 기자였던 제이 뉴턴스몰Jay Newton-Small의 설명이다. "우연히 다른 후보자들이 비행기 사고로 전부 사망하거나 스캔들에 시달린 나머지 기댈 수 있는 사람은 자기 자신밖에 남지 않은 상황이 아닌 이상, 이들은 실질적인 당선 가능성이 없습니다. 하지만 위신을 세우고 이름을 알리며 환호하는 관중에게서 나르시시스트다운 만족을 얻기 위해 출마하는 것입니다. 아이오와 주에서 크리스 도드 팬으로 방 하나를 꽉 채우기는 놀랄 정도로 쉽습니다. 비록 그 사람들이 절대 도드에게 투표하지 않는다고 해도 말입니다."

아이오와 주나 뉴햄프셔 주의 불쌍한 주민들을 괴롭히는 과시주의자들은 상원의원뿐만이 아니다. 피자업계의 거물(허먼 케인), 억만장자기업가(로스 페로), 전 고위 공직자(전 아칸소 주지사인 마이크 허커비Mike Huckabee, 전 하원 의장인 뉴트 깅리치) 들도 있다. 이 가망 없는 후보들 중 일부는 어느 정도 금전적인 이익을 노리고 선거판에 뛰어든다.

제이 뉴턴스몰의 설명은 이어진다. "그러나 지난 대선에서는 이런 가망 없는 입후보의 동기가 확실히 물질적인 쪽으로 바뀌었습니다. 폭스 뉴스*와 계약을 하거나 책을 판매하기 위해 대선에 출마하는 것입니다. 물론 뉴트는 대선에 너무나 몰두한 나머지 스스로의 과장된 선전을 믿기 시작한 경우이고요."

때로는 목표 자체가 작고 가슴 아플 정도로 아무런 의미가 없는 경우도 있다. 후보자들이 표면적으로 내세우기는 하지만 사실은 거의 읽어본 적도 없는, 그야말로 아무 쓸모 없는 원칙에 대한 정당의 입장에 발언권을 행사하기 위해 출마하는 사례가 여기에 해당한다. 또한 전당대회 때 연단에 서서 당원들을 앞에 놓고 연설할 기회도 빼놓을 수 없다. 비록 당 의장의 연설과 전당대회를 주최하는 주의 주지사 연설 사이의, C-SPAN** 애청자들 외에는 아무도 보지 않는 시간에 하는 연설이라도 말이다. 이것이 세 차례의 예비선거에서 패배하고 진짜 후보 지명 가능성이 있는 사람들끼리 경쟁할 수 있도록 대선 경쟁에서 물러나겠다고 합의한 전 후보자가 '나를 바라봐'의 형태로 정당에서 받아내는 보상이다.

물론 여기서 세라 페일린을 빼놓을 수 없다. 대통령 선거에 출마한

* Fox News, 노골적인 우익 성향으로 유명한 미국의 케이블 뉴스 채널.

** 24시간 정부 활동과 공공 이슈를 전문적으로 다루는 미국의 케이블 채널.

적은 없지만 심리학자와 정치과학자들이 절대 무시할 수 없는 인물이다. 나르시시즘에는 성별의 구분이 없다지만 정치판은 전혀 다르다. 2013년에 미국 정치계는 상원에 입성한 여성 의원의 수가 역사상 처음으로 20명에 이르렀다는 사실에 박수를 보냈는데, 여성이 인구의 51퍼센트를 차지하고 있는데도 여자 상원의원의 비율이 고작 20퍼센트밖에 되지 않는다는 점을 감안하면 앞으로도 갈 길이 멀다. 미국 하원에는 78명의 여성 의원이 포진해 있지만 전체 여성 비율로 따져보면 상원보다도 낮은 17.9퍼센트에 불과하다. 대선 후보로 출마해 어느 정도 경쟁력이 있던 여성 정치인의 수는 그보다 더 적어 2000년 대선의 엘리자베스 돌, 2008년 대선의 힐러리 클린턴 정도를 꼽을 수 있을 뿐이다. 본인은 그렇게 생각하지 않았다고 하더라도 브라운의 2004년 대선 출마는 황당무계했으며 전혀 가능성이 없었다. 1972년 대선에 출마했던 여성 의원 셜리 치점Shirley Chisholm과 1964년의 마거릿 체이스 스미스Margaret Chase Smith 상원의원도 마찬가지다. 만약 자신은 지구 위의 그 어떤 사람보다 더 많은 권력을 휘두를 자격이 있다고 생각하는 남성이 나르시시스트일 수밖에 없다면, 대권에 도전하는 여성도 마찬가지로 진정한 나르시시스트여야 한다. 하지만 미국 대통령 정치에서는 아직까지 여성이 나르시시스트 성향을 크게 드러내지 않는 경향이 있다.

힐러리 클린턴은 시선을 사로잡는 매력이나 방 안에 있는 사람들을 매료시킬 수 있는 능력을 가장 큰 장점으로 내세운 적이 없다. 2008년 대선에서 당시 상원의원이었던 오바마는 힐러리와 토론을 하다가 말

실수를 하여 상당한 비난을 받았다. 힐러리가 자신이 별로 호감을 주는 사람이 아니라며 겸손한 발언을 하자 오바마는 "당신도 충분히 호감을 살 수 있는 사람이에요, 힐러리"라고 받아쳤던 것이다. 물론 예의 없는 발언이기는 했지만, 그렇다고 거짓말도 아니었다. 힐러리의 호감도는 그다지 높은 편이 아니지만, 그 정도만으로도 충분한 이유는 힐러리의 다른 능력이 다소 호감도가 떨어지는 성격을 상쇄하고도 남기 때문이다. 힐러리에게 투표를 하고 싶은 사람도 있고 그렇지 않은 사람도 있겠지만, 힐러리를 심하게 비방하는 사람들조차 그가 본인의 업무에 대해 잘 알고 있다는 사실을 부인할 수는 없다. 엘리자베스 돌 역시 자격이 충분했다. 대선에 출마하기 전에 노동부와 교통부 장관을 지냈으며, 대선 이후에는 노스캐롤라이나 상원의원으로 활약했다. 비록 돌의 선거운동은 후보 지명을 아깝게 놓친 힐러리만큼 멀리 가지는 못했지만, 돌은 힐러리보다 사람들의 비위를 잘 맞추는 편이었으며 남부 출신답게 친근하고 쉽게 다가갈 수 있는 매력으로 방 안에 있는 사람들의 호감을 샀다.

하지만 페일린은? 그가 알래스카 주지사이던 시절에 보여준 관중을 열광시키는 능력은 부인할 수 없으며, 페일린이 대통령 선거운동 과정에서 느끼는 순수한 기쁨은 2008년 공화당 전당대회에서 공화당의 부통령 후보 자격으로 무대에 처음 오른 순간부터 너무나 분명히 드러났다. 힐러리 클린턴은 그런 식으로 관중을 달아오르게 할 수 없으며, 오바마의 경우엔 가능하지만 그는 페일린만큼 그 과정에서 엄청난 즐거움을 느끼는 것처럼 보이지 않는다. 선거에 출마하는 것은 어디까지나 목적을 위한 수단일 뿐이며 진짜 목적은 통치하는 것이지만, 페일린은 분명 통치에 별 관심이 없었다.

마크 핼퍼린Mark Halperin과 존 하일먼John Heilemann의 베스트셀러 『게임 체인지Game Change』에 소개된 페일린의 2008년 부통령 선거운동에 대한 자세한 내용을 살펴보면 당혹스럽기 짝이 없다. 부분적으로는 페일린의 극단적인 나르시시즘 때문에 참패로 돌아간 당시 대선에서 페일린은 고향인 알래스카에서의 본인 지지율에 이상할 정도로 집착을 보였으며, 특권의식에 휩싸여 보좌관과 수행원들에게 성질을 부렸고, 수십만 달러에 달하는 의상 구입비를 지출했다. 페일린이 "구닥다리 주류 언론"이라는 말까지 사용하면서 언론에 끊임없는 불만을 가지고 있었다는 사실은 비판을 좀처럼 받아들이지 못하며 자신이 일으킨 문제를 두고 다른 사람을 비난하는 나르시시스트의 성향과 완벽하게 맞아떨어진다. TV로 중계된 인터뷰에서 케이티 커릭Katie Couric과 찰스 깁슨Charles Gibson은 실제로 아마 다른 후보자에게는 던지지 않았을, 페일린을 다소 무시하는 투의 질문을 던졌을지 모른다. "어떤 신문을 읽으십니까?" "부시 독트린이 무엇인지 아십니까?" 하지만 페일린이 부통령 후보라는 점과 그다지 진지한 모습을 보여주지 않았다는 사실을 감안하면 충분히 타당한 질문들이었고, 심지어 부시 독트린에 대한 질문은 다른 맥락에서 그 이야기가 나왔을 때 그가 진짜로 부시 독트린이 무엇인지 모르는 것 같은 인상을 주었기 때문에 나온 질문이었다. 페일린이 제대로 대답하지 못한 것은 다른 누구의 잘못도 아닌 본인의 잘못이었다. 나중에 페일린이 고작 2년 만에 4년 임기의 주지사직을 사임하고 TV 프로그램 및 책 출간 계약을 체결한 것 역시 가장 빛이 밝게 빛나는 곳으로 움직이고자 하는 나르시시스트의 욕구와 잘 맞아떨어진다.

"페일린에 대해서는 한 챕터를 다 할애해도 모자랍니다." 뉴턴스몰의 말이다. "2년간의 알래스카 주지사 생활과 2012년 대선에 잠깐 발을 담갔던 경험을 바탕으로 두 권의 베스트셀러와 폭스 뉴스 출연 계약, 리얼리티 TV 쇼를 손에 넣었고 딸인 브리스틀Bristol까지 〈댄싱 위드 더 스타Dancing with the Stars〉에 출연시켰지요."

2012년 대선에서 보인 그 아무 소용 없는 행보는 또 어떤가? 진지하게 출마를 생각하고 있던 공화당 후보들이 선거운동을 시작하던 시점에 페일린은 헌법의 상징이 그려진 버스를 타고 주요 예비선거와 당원대회가 벌어지는 사우스캐롤라이나, 뉴햄프셔, 아이오와 주를 포함한 전국 투어를 시작했다. 페일린이 실제로 출마할 계획이었다는 증거는 없으며, 진짜 후보들이 처음으로 치열한 경합이 벌어지는 주들을 방문하는 시점에 맞춰 페일린이 각 주에 모습을 드러냈다는 것은 가장 유치한 방식으로 주목을 끌어보려는 시도처럼 비쳤다. 본인은 가지고 놀 생각이 없더라도 타인이 대선이라는 장난감을 가지고 노는 것을 참을 수 없어하는 모습이었다.

페일린이 노린 것은 언론의 관심뿐이었다는 사실이 점점 더 분명해지자 열렬한 지지자들을 제외한 모든 사람의 지지도 떨어져나가기 시작했다. 페일린만큼 나르시시즘, 높은 인지도, 형편없는 능력이 조합된 정치인은 없었으며, 한때 그녀의 매력에 빠졌던 유권자들조차 극소수의 열렬한 팬을 제외하면 페일린을 떠올리기만 해도 진저리를 치게 되었다. 2011년에 공화당의 전략가인 마이크 머피Mike Murphy는 뉴턴 스몰에게 이렇게 말했다. 페일린이 실제로 2012년 대선에 출마한다면 "유권자들에게서는 우레와 같은 비난이, 백악관에서는 축하가, 공화당 지도부에서는 절망의 탄식이 터져나올 겁니다".

물론 극단적인 나르시시스트건 아니건 간에 적극적으로 대선에 도전했다가 낙선하거나, 심지어 대선 출마를 고려해보기만 하는 것도 절대 창피스러운 일은 아니다. 케인, 깅리치, 페일린마저 원칙에 맞게 행동했으며 자신들을 지지했던 사람들을 제외하면 실질적으로 아무에게도 피해를 끼치지 않았고, 낙선의 상처도 시간이 지나면 치유되기 마련이다. 진짜 위험한 이들은 권력을 손에 쥔 사람들이며, 이들은 얼마간 자신의 나르시시즘에 휩쓸려 행정부나 정당, 심지어 국가 전체를 무너뜨린다. 이렇게 되는 데는 엉성함과 방종(보드카를 물처럼 마셨던 보리스 옐친과 1990년대 러시아의 경제 몰락을 생각해보자), 정실 인사와 구제불능의 여성 편력(부패하고 여자를 밝히는 이탈리아의 실비오 베를루스코니가 떠오른다), 또는 단순히 고약한 성질이 작용하기도 한다.

진정으로 두려운 것은 나르시시즘이 무자비함, 가학증, 폭력 충동 등의 위험한 병적 성질과 결합될 때다. 그렇게 되면 히틀러나 마오쩌둥, 스탈린, 폴 포트Pol Pot, 최근으로 오면 시리아의 바샤르 알아사드Bashar al-Assad에 이르기까지 세계적으로 유명한 폭군이 탄생한다. 그러나 이들이 아무리 역사적으로 정당한 비난을 받는다 하더라도, 실제로 이러한 지도자들이 그 자리에 오르기까지는 절대 빼놓을 수 없는 또 하나의 요소가 필요했다. 바로 추종자들이다. 그런 점에서 나르시시스트 지도자들뿐만 아니라 이들을 둘러싼 추종자들 역시 비난에서 완전히 자유로울 수 없다.

인간 역학과 정치를 연구하는 노스캐롤라이나 대학 경영학 교수 아트 파디야Art Padilla에 따르면, 잔학한 지도자가 권력을 잡기 위해서는 매력적이면서도 파괴적인 인격, 우호적인 환경, 자발적인 추종자들이라는 세 가지 요소가 필요하다. 파디야가 '악의 삼각형'이라고 명명한 이 세 가지 힘이 합쳐지지 않으면 독재자는 탄생하지 못한다.

예상대로 히틀러는 유명하고, 사악하며, 이 주장을 잘 증명해주는 사례다. 전 세계를 제2차 세계대전으로 몰아넣었으며 홀로코스트를 저지른 히틀러도 열정적인 연설 능력(침이 자주 튀기는 했지만), 강력하고 중앙 집중적인 리더십에 익숙한 대중, 제1차 세계대전 및 베르사유 조약을 통해 독일에 부과된 제재 조치로 인해 침체된 경제라는 특수한 조합이 없었다면 그저 위험한 생각을 지니고 있는 왜소한 사람에 지나지 않았을 것이며, 사실 이런 부류는 거의 모든 문화에서 흔하게 발견된다. 『나의 투쟁Mein Kampf』에서 잘 드러나듯이 히틀러는 이 세 가지 중 마지막 두 가지를 이용하는 데 능숙했지만, 자신이 지도자의 위치에 오르기 위해 필요한 그 사악한 매력을 얼마나 잘 투영할 수 있을지에 대해서는 분명 의구심을 가지고 있었다.

1925년에 미수로 그친 맥주홀 폭동을 주도했다는 죄목으로 9개월간의 감옥 생활을 마치고 풀려난 히틀러는 사진작가 하인리히 호프만의 카메라 앞에서 녹음된 자신의 연설을 틀어놓고 마치 무대 공연을 하는 것 같은 연설 자세를 연습했다. 주먹 쥔 손을 높게 올리고 요점을 강조하거나, 발언을 하면서 몸을 뒤로 젖히거나, 점잖게 호소하면서 손바닥을 위로 올리는 자세가 이렇게 하여 탄생했다. 또한 눈앞에 펼쳐진 독일의 영광스러운 미래를 우러러보듯이 손을 들어올리고 하늘 쪽을 바라보는 우스꽝스럽기까지 한 무성영화 같은 동작도 이렇게 완성된 것이다. 머지않아 그 미치광이 같은 수신호들을 이용해 그토록 끔찍한 결과를 가져온 히틀러도 일단 사진에서 원하는 모습을 얻자 호프만에게 음화를 불태워달라고 요구할 정도의 지각은 갖고 있었다. 호프만은 그 요구를 거부했지만, 대신 히틀러가 세상을 떠날 때까지 그 사진들을 공개하지 않을 정도의 양식은 발휘했다.

파디야는, 더 가까운 현대의 일로는 피델 카스트로가 이 악의 삼각형을 잘 활용한 지도자의 완벽한 사례라고 본다. 파디야는 2007년 동료 연구진과 함께 작성한 논문에서 이렇게 밝혔다. "카스트로는 젊은 시절 명석하고, 카리스마 넘치고, 이상주의적이고, 용감하고, 대담하고, 무자비하고, 자기 홍보에 열심이었으며, 능력이 뛰어날 뿐만 아니라 자신만큼이나 무자비하고, 폭력을 개의치 않는 지지자들을 끌어모으는 역량을 가지고 있었다. 카스트로의 카리스마는 뉴스 영화를 발췌한 영상에서 분명하게 드러난다. 카스트로의 과시주의는 그를 빛내주는 긴 연설에서 확실하게 느낄 수 있다." 또한 카스트로는 훗날 정부 전체를 손아귀에 쥐고도 제 기능을 하는 현대적인 국가를 좀처럼 세우지 못하는 어려운 상황에서, 아프리카와 중앙아메리카에 군대를 파견하기도 했다. 파디야는 카스트로의 이러한 행보가 나르시시스트의 특징인 과시 성향과 과욕을 잘 보여준다고 주장했다.

쿠바 국민들 역시 쉽게 휩쓸리는 추종자의 역할을 충실히 수행했으며, 이들은 크게 세 집단으로 나뉘었는데 카스트로와 같은 혁명가들, 더 나은 삶을 약속하는 어떠한 말에도 귀가 솔깃했을 가난한 사람들, 정치에는 관심이 없지만 독재자 풀헨시오 바티스타Fulgencio Batista가 이끄는 기존 정권의 부패에 진저리를 치며 변화를 원하던 중산층이 바로 그들이었다. 여러 차례 쿠데타가 일어났던 쿠바의 역사와, 다른 크고 작은 국가들이 번영하고 있던 서반구에서 경제 위기를 겪고 있다는 사실 때문에 이 작은 섬 국가는 정치적 불쏘시개가 산더미처럼 쌓여 타오르기만을 기다리는 상태가 되었다. 이때 카리스마 넘치는 카스트로가 불꽃 역할을 했으며, 미 국무부는 이 점을 인식하고 있었지만 조치를 취할 시기를 놓쳐버렸다.

카스트로가 권력을 잡은 직후인 1959년에 미 국무부 분석가는 이런 글을 남겼다. "카스트로를 과소평가하는 것은 큰 실수를 저지르는 것이다. 카스트로는 분명 강인한 성격을 가진 타고난 지도자다."

이 정부 관계자의 경고에 담겨 있는 아이러니는 이 분석 자체가 그에 대한 아낌없는 찬사라는 점이다. 많은 사람을 죽음으로 몰아넣을 수 있는 끔찍한 아이디어를 설파하는 것과, 숭고하고 훌륭한 아이디어를 설파하는 것은 종이 한 장 차이다. 비록 메시지는 전혀 다를지 몰라도, 수백만 명의 사람이 메시지를 믿고 따를 수 있도록 설득하는 데 필요한 선동자로서의 역량은 불편할 정도로 비슷하다. 미국의 유명한 지도자들과 역사적으로 악명 높은 지도자를 비교하는 것은 끔찍하고 불쾌한 일이지만, 만약 과거 미국 역사상 어떤 인물이 카스트로나 히틀러처럼 국가를 벼랑 끝으로 몰고 갔다면 그 인물은 마틴 루서 킹 주니어, 로널드 레이건, 존 케네디, 빌 클린턴 같은 사람이었겠는가, 아니면 앨 고어, 지미 카터, 드와이트 아이젠하워, 밥 돌 같은 사람이었겠는가? 첫번째 집단은 대중을 설득하고 매혹시키는 역량을 타고났으며 고상하고 세련된 방식으로 그 역량을 활용한 사람들이다. 두번째 집단은 첫번째 집단만큼이나 현명하고 뛰어난 사람들로 이뤄져 있지만 대중이 무언가를 그토록 마음속 깊이 믿게 만드는 능력은 부족하다. 한 국가가 극단적인 행동을 취하기 위해서는 무엇보다 감정이 움직여야 한다.

"우리는 히틀러를 끔찍한 인물이라고 하는데, 그 이유 중 하나는 그의 나르시시즘입니다." 『나쁜 유전자Evil Genes』 『냉혹한 친절Cold-Blooded Kindness』 『병적인 이타주의Pathological Altruism』 등을 비롯해 인간 행동을 다룬 다수의 저서를 펴낸 바버라 오클리Barbara Oakley의 말이다. "하지만 처칠의 나르시시스트 성향이 그와 똑같은 정도는 아니라고 합니다. 사실 처칠과 아내가 그렇게 금슬이 좋았던 이유는 두 사람 모두 처칠을 사랑했기 때문이라는 말이 있을 정도입니다. 그러나 처칠은 히틀러에게는 없던 공감 능력과 타인에 대한 배려심이 있었습니다." 하지만 두 사람 모두 자아도취 클럽의 당당한 회원이었다.

또한 이러한 독재 국가의 지도자들은 가상의 외부 위협을 상정함으로써 사람들을 동원하고 열정을 불어넣는 데 상당한 효과를 본다. 북한과 이란은 미국을 자국의 존재에 대한 위협으로 규정하며 기존의 정권만이 미국으로부터 나라를 안전하게 지킬 수 있다고 주장한다. 히틀러는 유대인을 위험한 세력으로 여겼으며, 캄보디아의 폴 포트는 지식계급과 도시 거주자를, 르완다의 후투Hutu족은 투치족을, 보스니아의 세르비아인들은 보스니아의 이슬람교도를 적대 세력으로 규정했다.

"유고슬라비아는 현대 역사에서 부족 간의 감정을 교묘히 이용해 학살을 저지른 좋은 사례입니다." 뉴욕 대학 스턴 경영대학원의 심리학자이자 도덕을 중점적으로 연구하는 조너선 하이트Jonathan Haidt의 말이다. "대다수 집단 학살 사례에서 도덕적 메커니즘을 이용해 자기 부족을 결집시키고 다른 부족을 살해하도록 유도하는 인물이 존재했음을 확인할 수 있습니다."

여성 국가원수는 워낙 수가 적기 때문에 이들이 보다 성 중립적인 무대에서 어떻게 행동했을지 예측하기란 쉽지 않다. 골다 메이어Golda Meir는 이스라엘 총리를 지낸 5년 동안 누구에게도 얕보이지 않았으며, 15년간 영국 총리 자리를 지킨 마거릿 대처도 마찬가지다. 두 사람 모두 '철의 여인'이라는 별명으로 불렸으며 무력을 사용하는 데 주저하지 않았다. 특히 대처는 영국의 노동조합을 다루는 데 있어서도 많은 사람이 인정사정없다고 할 정도로 단호한 모습을 보였다. 각각 인도와 파키스탄의 총리직을 역임했던 인디라 간디Indira Gandhi와 베나지르 부토Benazir Bhutto 역시 강력한 지도자였으며, 두 사람 모두 핵무기 개발 계획을 추진했다. 또한 과감한 행보를 주저하지 않았고 자신이 불사신이라고 생각하는 사람들이나 가능할 정도로 심각한 위험에 스스로를 노출시킨 끝에 암살되고 말았다.

이러한 여성들이 보여준 모든 특징을 종합해볼 때, 그리고 이들이 애초에 그 정도의 권력을 잡을 수 있는 위치를 노렸다는 사실 자체만 보더라도 이들의 나르시시스트 성향이 상당하다는 점을 짐작할 수 있다. 그러나 지금보다 훨씬 더 평등한 세상이 되어 더 많은 여성 지도자가 탄생하기 전까지는 실제로 권력을 손에 넣은 몇 안 되는 여성 지도자들이 오래전에 남성들이 정해놓은 지정학적인 규범에 단순히 순응하고 있었는지, 아니면 리더십으로 인한 나르시시즘에는 진짜 성별의 구분이 없는지 파악하기 어렵다. 만약 나르시시즘에 성별의 차이가 없다면 언젠가 우리 중에서 여성 폴 포트나 스탈린, 카스트로가 탄생할지도 모른다.

미국의 경우엔 그 정도로 잔악한 사람이 지도자의 자리에 오른 적이 없다. 다른 나라들이 수천 년 동안이나 역사를 이어온 반면, 미국이 하나의 국가로서 존재한 것은 고작 240년밖에 되지 않기 때문일지도 모른다. 또한 팽팽한 세 개의 권력이 항상 서로를 검증하고 견제하는 미국 정부의 구조에서도 이유를 찾을 수 있다. 그러나 린든 B. 존슨과 닉슨은 절대권력과 비슷한 것을 제공해준 시스템 속에서 미치광이 같은 지도자로 돌변하기에 충분할 정도의 광기와 변덕스러운 기질을 가지고 있었다. 그러나 두 사람 모두 임기 중간에 강제로 대통령직에서 물러났다. 존슨은 베트남 전쟁과 전쟁을 일으킨 대통령을 비난한 대중에 의해, 닉슨은 의회의 탄핵 소송을 통해.

조지 W. 부시의 이라크 전쟁도 참담한 실패로 돌아갔고, 빌 클린턴은 공식적으로 탄핵에 직면했지만(닉슨은 탄핵 절차가 공식적으로 시작되기 전에 사임했다), 두 사람 모두 재기해 두 차례의 임기를 끝까지 마쳤다. 그것은 단순히 두 사람의 성격 때문만이 아니었다. 베트남 전쟁보다는 이라크 전쟁의 미국인 사상자가 훨씬 적었고, 그 사실이 어느 정도는 전쟁의 참상으로부터 미국을 보호해주는 역할을 했다. 또한 클린턴의 탄핵은 너무나 사소하고도 하찮은 잘못을 표면적으로 내세운 당파 싸움이자 닉슨의 탄핵에 대한 보복 조치였다. 실제로 탄핵 소동 이후 클린턴의 지지율은 오히려 올라간 반면 공화당의 지지율은 곤두박질쳤다. 사실 2013년 연방정부 폐쇄 사태 때문에 갤럽 조사에서 공화당의 지지율이 28퍼센트로 떨어지기 전까지, 공화당이 기록했던 최저 지지율은 바로 하원의 공화당원들이 클린턴의 탄핵 법안에 대해 토론하고 투표했던 1998년 12월 18일과 19일의 31퍼센트였다.

존슨과 닉슨이 대통령직을 잃고 클린턴과 부시가 대통령직을 유지한 데는 이러한 모든 변수가 복합적으로 작용했다. 그러나 클린턴과 부시가 기분좋은 성격을 지니고 있었음은 물론, 앞의 두 대통령과 달리 정서적으로 안정되어 있다는 인상을 주었음은 부인하기 어렵다.

다른 국가들은 독재자의 통치하에서 빠져나갈 다른 방법을 찾아야 했고, 다행히도 지도자들 본인이 그러한 빌미를 제공해주는 경우가 많았다. 실수를 통해 교훈을 얻지 못하고, 타인의 현명한 조언에 귀를 기울이지 못하며, 아무리 막대한 권력이라도 절대적인 한계가 있다는 사실을 깨닫지 못하는 나르시시스트의 성향이 몰락을 가져오는 사례도 적지 않다. 아무리 바보라 하더라도 이미 여러 곳에서 전쟁을 치르고 있는데다 미국마저 참전할 기미를 보이는 와중에 히틀러가 러시아를 침략해서는 안 된다는 사실을 알 수 있었을 것이다. 아무리 바보라 해도 사담 후세인이 형장의 이슬로 사라지기를 원하지 않는다면 전 세계와 우호적인 관계를 유지해야 한다는 사실 정도는 알고 있었을 테지만, 결국 후세인은 처형당하고 말았다. 아무리 바보라 해도 리비아 붕괴 당시 무아마르 카다피가 도망칠 수 있을 때 빠져나왔어야 했다는 것쯤은 파악할 수 있다. 그러나 나르시시스트는 바보보다 훨씬 큰 장애물을 안고 있다.

너대니얼 패스트는 이렇게 말한다. "저는 보좌관들의 말을 완전히 무시하고 겨울에 러시아 내륙 깊은 곳으로 진격했던 나폴레옹이 좋은 사례라고 생각합니다. 권력을 쥐게 되면 자아에 대해 긍정적인 환상을 가지게 되며, 통제력을 가지고 있다고 느끼게 됩니다. 권력이 곧 통제권을 갖는 것이라고 생각하게 되지요."

그러나 환상 속의 통제권은 통제권이 전혀 없는 것이나 다름없다. 나르시시스트 지도자가 가장 먼저 다스려야 할 것은 자기 자신이며, 자신의 고통받는 자아, 망가진 자부심, 스스로의 단점을 보지 못하는 성향을 먼저 구제해야 한다. 자신을 다스릴 줄 아는 사람은 역사에 남을 위대한 인물이 될 수 있다. 그렇지 못한 사람은 역사에 도덕적인 교훈을 남기는 악인이 되고 만다.

8장

집단의 자부심

나는 제식 훈련을 그다지 좋아하지 않는데, 그 이유는 얼마든지 댈 수 있다. 덥고 지루한데다, 각다귀와 모기들은 인간들이 땀을 뻘뻘 흘리며 줄을 맞춰 선 채 미동도 없이 가만히 있는 모습을 보고 이게 웬 포상이냐는 듯 시끄럽게 윙윙대며 달려든다. 게다가 아무런 의미가 없다는 점도 빼놓을 수 없다. 내가 생각하는 한 완벽하게 대열을 맞춰 행진하는 것, 쩌렁쩌렁 울리는 일련의 명령에 완벽하게 복종하는 것은 제식 훈련을 어떻게 하는지 배워서 얼른 그날의 일정을 마치고 최소한 내세울 수 있는 목적이 분명한 다른 일을 시작할 수 있게 하는 1차원적인 목적 외에는 그 어떤 효용도 없는 기술이다.

나는 사실 제식 훈련을 경험해볼 필요조차 없었다. 사관학교에 다닌 것도 아니고, 입대할 나이가 되자 마침 미국이 모병제로 전환되었기 때문이다. 그렇다면 행군 같은 것은 평생 배울 일이 없어야 하지만, 내가 한 가지 간과한 것이 여름 캠프였다.

내가 캠프에 참가할 연령대에 도달했을 때는 과학, 기술, 공학, 수학이 갑자기 하이킹, 카누 타기, 구기 경기 등의 전통적인 여름 캠프 커리큘럼만큼이나 중요한 과목으로 대접받기 시작하던 우주 시대 초기의 열정이 넘치던 무렵이었다(21세기에 들어와서는 이 중요한 네 과목을 합쳐 STEM이라는 근사한 이름으로 부르게 되었다). 나는 지지리도 운동을 못했고 공부벌레라는 사실도 별로 부끄러워하지 않았기 때문에 이런 변화를 환영했다. 심지어 내가 가게 된 캠프에는 나를 안심시키기라도 하듯 혜성 캠프Camp Comet라는 얌전한 이름이 붙어 있었고, 과학, 자연, 스포츠의 순서로 중점을 맞춘 커리큘럼을 갖추고 있다는 캠프 소개글에 나는 더욱 기뻐했다.

캠프는 그야말로 광고에 나온 프로그램을 그대로 제공했지만, 그 안내책자에는 캠프 참가자들이 플레인 중령Colonel Plaine이라고 불렀던 남자에 대한 언급이 빠져 있었다. 나는 그 남자의 친구, 친척, 심지어 손자들까지도 그를 플레인 중령이라고 불렀을 것이라고 생각했는데, 누군가 그 남자를 다른 이름으로 부른다는 사실을 상상조차 할 수 없었기 때문이다. 플레인 중령은 퇴역한 중령으로, 캠프가 없는 계절에는 사관학교의 교장으로 근무했다. 중령은 듬직한 체격에 머리는 은발이었고, 단체복으로 입는 혜성 캠프 티셔츠가 항상 늘어날 정도로 배가 불룩 나와 있었으며, 사람의 목소리라기보다는 대포 소리에 가까운 목청을 지니고 있었다. 예상대로 플레인 중령은 소총 사격을 가르쳤고, 사격장에서 혹독한 규율을 강요해 심지어 가장 재능이 없고 눈이 나쁜 캠프 참가자라 하더라도 어떻게든 명사수로 만들어내는 동시에 내가 캠프에 참가한 아홉 번의 여름 동안 단 한 차례도 사고가 발생하지 않도록 관리했다. 아침에 기상나팔을 불고 밤에 소등나팔을 불었으며, 하루 일정의 시작과 끝에 국기 게양과 하강 의식을 주재하는 것도 플레인 중령이었다. 또한 중령은 훈련 교관의 자격으로 일요일마다 한 시간씩 진행되는 지도 프로그램과 매일 저녁 실시하는 깃대까지의 행진도 감독했다.

성인이 된 뒤, 아니 대학생이 되어 더이상 캠프에 참가하지 않게 되면서부터 나는 비로소 플레인 중령의 천재성을 깨달았다. 그는 대부분의 시간 동안 잔소리를 하며 무뚝뚝한 태도를 취했지만 무방비 상태로 다른 어른들과 대화를 나눌 때는 환한 미소를 띠는 다가가기 쉬운 모습의 사람이었다. 그는 『파리 대왕』처럼 부모 품을 떠나 외딴곳 오두막집에서 살아가는 남자아이 250명의 질서를 유지했고, 심지어 그가 지휘하는 지긋지긋한 훈련조차 우리에게 팀워크, 자제력, 만족 지연 및 약간의 불편함을 받아들이고 인내하는 법을 가르쳐주었다. 또한 딱 두 경우만큼은 아무 의미 없는 그 훈련이 즐거워지기도 했다.

물론 그런 경우 중 첫번째는 가끔 한 번씩 여자아이들이 방문하는 날이었다. 남학생 전용 캠프가 있는 산에는 대략 비슷한 규모의 여학생 전용 캠프도 있었고, 호수와 골짜기가 양쪽 캠프 사이를 갈라놓고 있었다. 나는 캠프에 참가하기 시작한 처음 몇 년간, 즉 아홉 살 때부터 열한 살 때까지는 여자아이들에게 그다지 신경 쓰지 않았다. 그러나 열두세 살 즈음이 되자 두 캠프를 가르는 골짜기를 둘러싼 산등성이에서 손을 흔들 정도로 가까이 있는 여자아이들의 존재 자체가 나를 유혹하기 시작했다. 우리는 여자아이들에 대해 이야기하거나 생각했고, 나방처럼 페로몬 안테나를 발달시키기 시작했다. 여자아이의 분자 하나라도 바람에 날려오는 날에는 800미터 밖에서도 잡아낼 수 있을 정도였다. 대부분의 경우 그 800미터의 거리는 메울 수 없는 것이었지만, 부모들이 방문해 아이들의 이름을 부르고 양쪽 캠프에 남자 형제나 여자 형제가 있는 아이들이 서로 왕래하는 면회일에는 그 국경이 활짝 열렸다. 우리는 그날을 위해 온갖 게임과 활동을 준비했는데 그중 하나가 바로 훈련 시범이었다. 나는 여느 때처럼 훈련이 끔찍하게 싫었지만, 막상 시범이 시작되고 나자 여자아이들이 지켜보고 있다는 사실을 깨달았다. 바로 그 순간 나는 완전히 변했다.

난생처음으로 나는 명령에 따라 최대한 똑바로 기립하고 싶다는 생각이 들었다. 추호의 움직임도 없이 눈을 전면에 고정시키고 꼼지락거리는 몸짓을 전부 멈추고 싶었다. 깔끔하게 방향을 바꾸고 신속하게 정지하며 그토록 여러 해 동안 플레인 중령이 가르쳤던 모든 것을 해내고 싶었다. 왜냐하면 여자아이들이 보고 있었으니까. 그 단순한 사실은 내 몸속에서 원시적인 힘을 불러일으켰으며, 나는 스스로의 힘과 유전적인 적합성, 그리고 내 생식 능력에 대한 신호를 보내야 한다는 필요성을 느꼈다. 비록 당시의 나는 그런 원시적인 힘을 제대로 설명조차 할 수 없었고, 하물며 누가 나에게 설명해주었더라도 제대로 이해할 수 없었겠지만, 그러한 감정이 신선하며 강렬하고 흥분된다는 사실만은 인식하고 있었다. 또한 나와 함께 줄 맞춰 서 있는 다른 남자아이들도 그러한 개인적인 신호를 보내야겠다는 생각이 들었을 것이다. 아니, 사실은 여자아이들의 눈에 띄고 무의식적인 상상 속에서 선택받을 수 있도록 다른 누구보다도 강력하게 신호를 보내고 싶어했을 것이다. 그러나 이러한 각 개인이 보내는 신호와 동시에 우리는 하나의 집단으로도 분명 신호를 보내고 있었다. 여자아이의 눈길을 끌어보겠다며 혼자서 행진할 수는 없었다. 그랬다면 늠름해 보이기는커녕 우스꽝스럽게 보였을 테니까. 하지만 집단으로서의 우리는 전혀 다른, 심오한 메시지를 전달했다. 저 밖에는 위험하고 유혈이 낭자한 정글과도 같은 세상이 존재하며, 다른 집단, 야만적인 집단, 믿을 수 없는 집단이 우글거린다. 하나의 집단으로서 우리는 그들보다 더 낫다. 훨씬 가치 있는 존재이며 외모도 뛰어나고 더욱 매력적이다. 그리고 그 집단의 구성원인 나는 그중에서도 가장 뛰어난 사람일지 모른다.

훈련을 마치자 그 느낌은 사라져 잠시 동안 유전자의 줄기 속으로 다시 숨어들어갔다. 그러나 그것은 잊을 수 없는 경험이었고 나에게 행복감과 함께 약간의 취기 비슷한 것을 남겨주었으며, 아마 모든 남자아이들이 그런 느낌을 받았을 것이다. 그로부터 몇 주가 지난 후 캠프에서 매년 벌어지는 색깔별 팀 대항 대회가 시작되자 그와 비슷하지만 훨씬 더 강력한 감정이 물밀듯이 다시 밀려왔다.

대부분의 캠프에서 색깔별 팀 대항 대회를 하는데, 여자아이들의 캠프에서는 여기에 좀더 평화로운 이름을 붙여 '팀 위크Team Week'라 명명한다. 그러나 어디서나 개념은 같다. 그때까지 나이와 침상이라는 수평적인 계층으로 나뉘어 있던 모든 캠프 참가자들을 뭉뚱그려 합친 다음 다짜고짜 수직적인 계층으로 나누는 것이다. 여섯 살부터 열여섯 살까지의 남자아이들 무리를 임의로 갈라 청팀과 백팀으로 나눈다. 누가 어떤 팀에 소속될지는 캠프 지도자들이 비공개로 정하며, 아이들을 적당히 나누어 비슷한 능력을 지닌 두 팀으로 꾸린다. 처음에는 서로 경쟁하는 양쪽 팀의 이름을 단순히 A팀과 B팀으로 정했으며 만약 그 이름이 그대로 붙어 있었다면 대회에 임하는 열정도 어느 정도 사라졌을 것이다. 그러나 알파벳 대신 색상이 지정되자 모든 것이 바뀌었다.

일단 팀 배정 결과가 발표되면 캠프 참가자들에게 작은 흰색 리본 또는 파란색 리본을 배부해 대회 기간 내내 티셔츠에 핀으로 고정시키도록 한다. 리본을 달고 있지 않은 상태로 발견되면 유니폼을 벗은 것으로 간주되어 소속 팀에 벌점이 부과된다. 리본을 배부한 직후에는 각 오두막에서 논쟁과 자랑이 시작된다. 여름 내내 별로 가까이 지내지 않았지만 똑같은 리본을 달고 있다는 이유만으로, 조금 전까지는 가장 친한 친구였지만 갑자기 지금은 다른 색깔 편에 서 있는 아이들과 맞서야 한다는 공통의 목적이 생긴 것이다. 아이들 수가 짝수이고 양쪽 팀 인원이 균등하게 나뉜 침상에서는 대체로 분위기가 어느 한 쪽으로 치우치지 않았다. 그러나 예를 들어 백팀 팀원 네 명이 1주일 동안 청팀 팀원 다섯 명의 위협을 견뎌내야 하는 홀수 침상의 경우에는 소수파 아이들의 걱정이 이만저만 아니었다.

이러한 동료들 간의 적대감이 극명하게 드러나는 것은 단체 훈련에서였다. 예전에는 같은 침상을 사용하는 아이들이 8~9명씩 일렬로 서서 차례차례 깃대를 향해 행진했지만, 이제는 이들이 125명의 강력한 두 부대로 나뉘게 된 것이다. 매일 저녁에 우리는 각각 상대편이 잘 보이지 않는 연병장 양쪽 끝에 모여서 우리끼리 가장 키가 작은 아이에서 가장 키가 큰 아이까지 순서를 정하고, 오른팔을 앞사람의 어깨

쪽으로 뻗어 적절한 거리를 확보함으로써 대열을 정돈하며, 절도 있는 차렷 자세를 다시 한 번 확인했다. 양 팀의 주장이 커다란 흰색 또는 파란색의 팀 깃발을 몸 앞쪽으로 들고 줄의 맨 앞에 서서 행진하기 시작했다.

양쪽 팀이 서서히 접근해가기 시작하면 8월 저녁의 서늘한 공기가 산에서 뿜어내는 한낮의 열기와 만나면서 일어나는 바람에 깃발이 부러질 것처럼 휘청거렸다. 여름 내내 행진한 덕분에 잔디가 일렬로 길게 닳아버려 흙바닥이 된 연병장에서는 250쌍의 발이 힘차게 움직이면서 풀썩풀썩 먼지가 일어났다. 그리고 250명이 동시에 일정한 간격으로 내는 우렁찬 발소리는 그 소리만큼이나 강렬한 신체적인 감각을 불러일으켰다.

우리는 이러한 규칙적인 소리가 우리의 뇌에 어떤 영향을 미치는지 전혀 알지 못했다. 발걸음의 리듬이 어떻게 드럼의 리듬처럼 청각 피질로 쏟아져 들어와 두려움과 분노, 공격성과 같은 기본적인 감정을 처리하는 편도체뿐만 아니라 소속감 등의 감정을 처리하는 뇌의 우반구를 깨웠는지. 우리는 지난 천 년간 장군들이 어떻게 이와 같은 집단적 드럼을 두드리면서 군인들로 하여금 목숨을 잃을지도 모르는 전쟁터로 행군하게 하며, 살아 돌아오지 못한다 해도 나라를 위해 싸우다가 전우들과 함께 죽는다면 그것도 나쁘지 않다고 생각하도록 만드는 방법을 배웠는지 전혀 알지 못했다.

물론 우리는 전부 어린아이들이었고 우리의 행진에 놀이 이상의 의미는 담겨 있지 않았다. 그럼에도 불구하고 우리는 그와 똑같은 감정을 느꼈고, 그 감정을 사랑했다. 집단의 나르시시즘은 놀랍고, 멋지고, 사랑스럽고, 근사하고, 생기를 불어넣어주고, 생명을 앗아가는 것이며, 때로는 이 모든 일이 한꺼번에 찾아온다. 슈퍼볼이나 월드컵에서 얼굴에 물감을 칠하고 피켓을 흔드는 팬들의 악의 없는 과시주의에서도 이 집단적 나르시시즘을 볼 수 있다. 이는 올림픽 하키 팀이 승리했을 때(아주 좋은 일)나 잘못된 계획으로 이라크를 침략했을 때(아주 나쁜 일) 터져나오는, 보다 의도가 명백하며 국가의 힘을 과시하는 듯한 "U.S.A! U.S.A!"라는 외침에서도 찾아볼 수 있다. 또한 이는 기술 팀 대 영업 팀, 금융 팀 대 투자 팀, 편집 팀 대 광고 팀 등으로 나뉘어 벌어지는 모든 기업의 소프트볼 경기에도 존재하며, 이제까지 민주당을 지지하는 주와 공화당을 지지하는 주 사이에 벌어진 모든 논쟁에서도 존재해왔다. 영국의 휘그당 대 토리당, 머그웜프* 대 공화당원, 볼셰비키 대 멘셰비키**, 공산주의자 대 자본주의자, 남북 전쟁 당시의 북부연방 대 남부연합 등에서도 찾아볼 수 있었다. 십자포화를 피하며 목숨을 걸고 전장에 뛰어들어 부상당한 전우를 구한 뒤, 그 임무를 마치자마자 다시 밖으로 총부리를 돌려 방금 동료의 목숨을 구했을 때와 똑같은 결의와 자부심으로 타인의 생명을 앗아가는 군인들에게서도 집단적 나르시시즘을 엿볼 수 있다.

인간은 사회적 동물이며, 이는 우리처럼 피부가 부드럽고 속도가 느리며 송곳니나 발톱도 없이 땅에서 살아가는 동물이 생존하는 데

* Mugwump. 당파적 입장을 취하지 않고 독자적으로 투표하는 정치가.
** 러시아 사회민주노동당의 다수파 대 소수파.

매우 중요한 요소다. 그러나 사회적이라는 것은 집단을 이룬다는 뜻이며, 일단 집단을 이루면 다른 집단보다 자신이 소속된 집단을 소중히 여기게 된다. 또한 인간은 이성적인 동물이므로 스스로에 대해 자부심을 느끼고 싶어하고, 우리가 땅과 자원과 배우자를 손에 넣은 이유는 단순히 탐욕스러워서가 아니라고 생각하고 싶어한다. 그래서 우리 집단의 구성원들은 열등한 사람들로 가득한 세상에서 살아가는 더 똑똑하고, 더 예쁘고, 더 뛰어나고, 더 도덕적이고, 더 배려심 있고, 더 우월한 사람들이기 때문에 우리 집단을 선호할 수밖에 없다고 스스로에게 되뇌는 것이다.

"집단 내의 한 구성원이 무언가 좋은 일을 하면 우리는 그 일을 그 사람의 덕으로 돌립니다." 예일 대학의 심리학자로, 집단관계와 편견, 고정관념을 연구하는 존 도비디오John Dovidio의 말이다. "반면 무언가 나쁜 일을 하면 상황 때문에 발생한 예외적 사례로 치부하지요. 소속 집단 밖의 사람들에게는 완전히 반대 태도를 취합니다. 일단 사람들을 분류하기 시작하면 자동으로 자신과 같은 집단의 구성원에게는 좀더 긍정적인 감정을, 외부 사람들에게는 어느 정도 불신을 품게 됩니다."

인간뿐만 아니라 다른 집단과 전쟁을 벌이는 유인원들, 영역 싸움을 벌이는 사자들의 무리를 비롯해 수많은 다른 종도 이러한 성향을 보인다. UCLA의 생물학자이자 『비열한 유전자Mean Genes』의 공동 저자인 제이 펠런Jay Phelan은 이렇게 말한다. "심지어 올챙이조차 이런 행동을 보입니다. 올챙이들도 자신과 가까운 관계의 올챙이들과 어울리는 것을 선호합니다."

이러한 감정은 우리가 선천적으로 가지고 있으며 피할 수 없는 것이지만, 동시에 국가, 구호, 작은 리본 조각만으로도 무서울 정도로 쉽게 조작할 수 있는 것이기도 하다. 개인의 나르시시즘은 한 사람의 내면에서 자라나 단 한 사람의 마음과 성격을 좌우하는 개인적인 것이다. 그런데 집단의 나르시시즘은 마치 중력과 같아서 점점 더 많은 개인을 중심점으로 모으며 그 크기와 규모가 불어날수록 끌어당기는 힘은 더욱 커진다. 독재자와 폭군은 전쟁을 일으키고 나라를 무너뜨릴지 모르지만, 사실 이들은 집단의 힘을 빌리는 것에 지나지 않는다. 독재자나 폭군은 100톤 기관차의 운전석에 앉아 있는 기술자일 뿐이다. 여러 사람들로 구성된 집단이 바로 기관차 역할을 하며, 이들은 너무나 쉽게 궤도를 이탈할 수 있는 집단적인 힘을 뿜어낸다.

내집단*과 외집단**을 구분하는 데는 옷, 언어, 관습, 음악, 머리 모양, 키, 눈의 모양, 코의 길이 등 헤아릴 수 없이 많은 요소가 작용한다. 그러나 피부색만큼 확실하게 구별되는 요소는 없다.

그러한 개념이 생물학적으로 존재한다는 가정하에, 인종은 인간 게놈에서 나중에 추가된 요소에 불과하며 이주한 종이 새로운 땅에서 생존하기 위해 기후적, 지리적으로 적응했음을 나타내는 몇 개의 염기서열일 뿐이다. 열대 위도의 태양으로부터 피부를 보호하기 위해 진한 색소가 형성되었고, 춥고 눅눅한 북쪽 지방에서는 최대한 햇빛을 흡수

* 개인이 규범, 가치, 습관, 태도 등에서 공통점을 느껴 동지의식을 가지고 있는 집단.
** 규범, 가치, 습관, 태도 등이 자기와 공통성이 없는 타인들로 이루어진 집단.

하기 위해 피부색이 밝아졌다. 뉴욕 대학의 학습·의사결정 및 영향 심리과학 연구실에서 책임자를 맡고 있는 심리학자 리즈 펠프스Liz Phelps는 이렇게 말한다. "인간이 처음 탄생했을 때는 인종이 없었습니다. 인간이 여러 지역으로 흩어졌기 때문에 인종이 생긴 것뿐입니다."

피부색이나 머리카락의 질감보다는 신진대사나 질병에 걸릴 위험, 기질, 수명 등과 관련된 유전자가 훨씬 많은데도 유당 불내증, 글루텐 알레르기, 심장병 위험군 등을 기준으로 집단을 분류하지 않는 이유는 이러한 변수가 눈에 보이지 않기 때문이다. 반면 그다지 중요하지 않아야 마땅한 인종이라는 특징은 눈에 잘 띄며 누가 보아도 그 차이가 확연하다.

시카고 대학의 심리학자 조슈아 코렐Joshua Correll은 두뇌를 "의미를 만들어내는 기계"라고 설명한다. 우리는 태어나면서부터 사물과 사람을 큰 것과 작은 것, 오래된 것과 새 것, 시끄러운 것과 조용한 것, 익숙한 것과 생소한 것으로 분류하기 시작한다. 일단 분류가 끝나고 나면 각 집단에 가치를 부여하게 된다. 시끄러운 것은 무섭고 조용한 것은 안전하다. 익숙한 것은 편안하고 생소한 것은 위협적이다. 색깔의 경우 이러한 구별이 영원히 굳어지기도 한다.

뮌헨에 있는 막스 플랑크 연구소Max Planck Institute에서 실시한 실험에서는 발달심리학자들이 실험 참가자 여럿을 두 집단으로 나눈 다음 각 집단에 여러 장의 과일과 채소 사진을 보여주었는데, 그중 일부는 컬러 사진이었고 일부는 흑백 사진이었다. 다음날 두 집단에 사진에 대한 질문을 하자 컬러 사진을 보았던 사람들은 내용을 정확하게 기억했지만 흑백 사진을 본 사람들은 기억하지 못하는 경우가 많았으며, 평소에 흔히 보는 것과 똑같은 채소와 과일을 보았다고 믿고 있었다. 두뇌에서 바나나는 항상 노란색, 오렌지는 항상 주황색이어야 한다고 믿고 있는 것이다.

과일과 채소의 경우라면 색상에 대한 이 고집스러운 집착이 그다지 문제가 되지 않을뿐더러 생존에 어느 정도 중요한 역할을 할 수도 있다. 녹색 오렌지나 검은색 바나나를 먹으려 할 때는 다시 한 번 생각해보게 되는데, 녹색 오렌지는 설익은 것이고 검은색 바나나는 상한 것이며, 양쪽 모두 몸에 좋지 않기 때문이다. 음식의 올바른 색상에 대한 타협할 수 없는 선입견 덕분에 여러분이 아직까지 살아 있는지도 모른다. 최소한 먼 옛날에는 사람의 색상에 대해서도 똑같은 원리가 성립했다. 좋든 싫든 여러분이 아는 부족, 즉 같은 유전자를 공유하며 그 유전자가 다음 세대에 전달될 수 있도록 여러분이 최대한 오래 살아남기를 바라는 그 부족은 여러분을 보호해주거나 모르는 부족으로부터 지켜줄 가능성이 훨씬 크다. 반면 모르는 부족은 여러분을 기껏해야 외부 사람, 최악의 경우에는 같은 자원을 노리는 경쟁자로 보기 마련이다. 따라서 아이들은 아장아장 걸어서 모닥불 주변을 벗어날 수 있는 나이에 도달하자마자 '다름'에 대한 날카로운 안테나를 발달시키며, 전에는 깨닫지 못했던 차이점을 인식하게 된다.

처음에 아이들은 낯선 사람이 자신과 다른 외양을 하고 있다는 단순한 사실에 별다른 의미를 부여하지 않는다. 다른 외양을 알아채고 잠시 멈칫한다고 해도, 그것은 경멸이나 반감 때문이라기보다는 불확실성 때문이다. 도비디오는 이렇게 설명한다. "다른 집단에 대한 미움 없이도 내집단에 대한 사랑이 생겨날 수 있습니다." 실제로 소속 집단에 대한 애정과 함께 다른 집단에 대한 일종의 동정심, 즉 부적절하기는 하지만 상냥하게 걱정해주는 마음이 생기기도 한다. "만약 자신과 다른 외양을 하고 있는 사람을 본다면 다르다는 점 때문에 안쓰러움을 느끼게 됩니다."

큰딸이 막 네 살이 되어 아직 여러 가지 인종과 피부색에 대해 직접적으로 이야기하거나 질문하지는 않았지만 이전과 달리 눈을 동그랗게 뜨고 사람들을 바라보기 시작했을 때, 나 역시 이런 현상을 경험하게 되었다. 어느 날 오후 우리는 북적거리는 베드 배스 앤 비욘드Bed Bath & Beyond 매장에서 줄서 있었는데, 나는 딸아이가 계산대에 서 있는 젊은 흑인 여성을 뚫어지게 바라보고 있다는 사실을 알아챘다. 나는 딸이 머릿속으로 무슨 생각을 하고 있을지 상상하며 딸에게 조용히 아무 말도 하지 않도록 일렀다. 그러나 우리가 계산대에 다다르자마자 딸아이가 불쑥 입을 열었다.

"피부가 하얗지 않아서 속상한가요?" 딸이 흑인 여성에게 물었다. 나는 움찔하고 놀라 꾸중하는 어조로 딸아이의 이름을 불렀지만 그 이상의 조치를 취하지는 않았다. 이 말에 응수할 수 있는 방식은 수도 없이 많았을 것이고, 그 방법 중에는 좋은 쪽보다 나쁜 쪽이 훨씬 많았을 텐데도 그 점원은 지혜롭고 온화한 대응 방식을 선택했다.

"아니란다. 너는 피부가 검지 않아서 속상하니?" 내 딸은 아니라는 듯이 고개를 옆으로 저었다. "자, 그것 보렴. 우리 둘 다 자기 모습에 만족하고 있구나."

이렇게 순수하고 아무런 가치 판단이 들어 있지 않은 어린 시절은 오래 지속되지 않으며, 아이들을 그 순수한 시기에서 몰아내는 방법은 충격적일 만큼 간단하다. 현재 예일 대학에 몸담고 있는 심리학자 야로 더넘Yarrow Dunham은 몇 년 전 캘리포니아 대학에 있을 때 초등학생들을 모은 다음 티셔츠 색깔을 기준으로 하여 두 집단으로 분류했다. 그다음에는 양쪽 집단에 속해 있는 아이들에 대한 이야기를 읽어주면서 좋은 일과 나쁜 일을 구분하지 않고 등장인물들이 한 모든 행동을 알려주었다. 나중에 아이들과 이야기를 나누어보니 자신과 같은 색 티셔츠를 입고 있는 아이의 행동에 대해서는 좋은 일을 더 많이 기억하고, 다른 색 티셔츠를 입고 있는 아이에 대해서는 나쁜 일을 더 많이 기억했다.

더넘의 설명이다. "여기에는 선택적인 기억력이 작용하고 있습니다. 아이들은 실험실에서 즉시 그러한 선호도를 보이기 시작합니다. 단순히 선호도에 그치는 것이 아니라 편견을 학습하는 것이지요. 실제로 아이들은 내그룹과 외그룹을 서로 구분해서 학습합니다. 이렇게 되면 눈덩이 효과가 일어나고, 사소한 편견으로 시작된 인식이 금세 더욱 강한 편견으로 단단히 자리잡게 됩니다."

미국의 짧은 역사에서는 상황이 인종에 대한 심각한 편견을 더욱 부추겼다. 미국은 항상 모든 종류의 인종과 민족이 섞이는 다문화 국가였다. 하지만 원래는 두 인종, 그다음에는 세 인종으로 구성된 곳이었으며, 순식간에 추악하고 유혈이 낭자한 상황이 벌어지면서 계급이 생겨나기 시작했다. 유럽인들은 총과 대포, 그리고 영토 확장에 대한 열망이라는 위험한 조합을 앞세워 다른 사람들의 대륙에 상륙했다. 유목과 농경을 주업으로 삼으며 생존하는 데 별다른 무기가 필요하지 않았던 아메리카 원주민들은 기술적으로 유럽인들의 상대가 되지 못해, 결국 학살되고 말았다. 유럽인들은 오히려 잘된 일이라고 합리화했다. 아메리카 인디언들은 원래부터 땅을 제대로 관리하지 못했으며 그것은 그들의 원시성을 입증하는 증거라고 믿었다. 그리고 인디언들이 자신들과 달리 짙은 피부색을 가지고 있다는 단순한 사실이 그러한 모든 가정을 더욱 공고하게 뒷받침해주었다.

유럽인들이 피부가 더 짙은 또다른 인종을 쇠사슬에 묶어 신대륙에 유입시키고 영원히 노예로 살아가야 하는 상태로 몰아넣자 문제는 더욱 심각해졌다. 다시 한 번 지배계급은 아프리카인들의 기술 수준이 낮은 것은 지능이 부족하기 때문이라며 의도적으로 잘못된 해석을 내렸고, 흑인은 아메리카 인디언보다 백인과 피부색이 훨씬 많이 차이 나기 때문에 그만큼 인종적 우월성도 더욱 큰 차이가 난다고 생각했다.

"흑인들이 집단으로 아메리카 대륙에 모습을 드러내기 시작한 것은 1619년 노예무역 때부터였습니다." 뉴욕 시립대학의 사회학자 후안 배틀Juan Battle의 말이다. "그와 거의 동시에 계층이 나뉘었습니다. 그전에는 백인들이 계약을 맺고 하인이나 노예로 일하고 있었는데, 그것이 피부색에 따라 나뉘게 된 것입니다. 전 세계에 피부색이 다른 인종들이 존재하는 것은 지극히 정상입니다. 문제는 피부색에 따른 계급화, 즉 피부색에 가치를 부여하는 것입니다.

이러한 가치 부여는 두 가지 방향으로 진행되었다. 다른 인종을 한 단계 평가절하하면 자기 자신이 한 단계 평가절상되기 마련이므로 인종차별주의에 당당함, 자기본위주의, 자아도취라는 측면이 추가된 것이다. 이는 한마디로 외집단을 비하함으로써 나르시시즘을 얻는 행위다. 러디어드 키플링이 1899년에 발표한 시, 「백인의 의무The White Man's Burden」가 역사적으로 그토록 비난을 받는 데는 그만한 이유가 있다. 사실 이 시는 표면적으로는 예술성을 갖추고 있는 작품 같지만, 시간이 지날수록 점점 더 추악하게 읽히는 작품의 좋은 예다.

백인의 의무를 다하라
너희 자식 중 가장 뛰어난 자들을 떠나보내라
너희 아들들을 유배지로 보내라
너희 포로들의 어려움을 돌보아주기 위해
무거운 갑옷을 걸쳐라
거칠고 야만스러운 자들을 감시하기 위해
새롭게 잡아들인 불만 가득한 사람들은
반은 악마고, 반은 사람의 아이다.

시는 이런 식으로 이어지며 관리자 역할을 하는 백인들에게 "너희가 더 잘살게 해주는 자들의 비난, / 너희가 보호해주는 자들의 증오"에 대해 경고하고 있지만, 사실 그렇게 구구절절 설명할 필요도 없었을 것이다. 메시지는 분명했다. 백인이라는 인종은 위대하며, 그에는 책임이 따른다.

여러 세대에 걸쳐서든 일평생에 걸쳐서든 간에, 일단 이러한 편견이 세계관 속에 자리잡게 되면 아무리 좋은 의도를 가지고 있다고 해도 이러한 편견을 완전히 없애기는 힘들다. 1998년에 하버드 대학의 심리학자이자 사회과학자인 마자린 바나지Mahzarin Banaji는 동료들과 함께 소위 내재적 연관성 검사Implicit Association Test, IAT라는 것을 개발했다. 화면을 통해 쉽게 진행할 수 있으며 불편한 결과를 내놓는 이 IAT는 처음 소개된 이후 인종이나 다른 종류의 편견을 다룬 거의 모든 진지한 담론에 단골로 등장한다. IAT에 참여하는 사람들에게는 특별한 순서 없이 백인의 얼굴이나 흑인의 얼굴을 잠깐씩 보여주면서 백인의 사진이 나올 때는 기쁨, 사랑, 평화, 행복 등과 같은 단어를 누르고, 흑인의 사진이 나올 때는 고통, 악, 상처, 실패 등과 같은 단어를 누르게 했다. 실험은 어이없을 만큼 쉽고 빠르게 진행됐다. 화면에 등장하는 얼굴에 따라 좋은 단어를 나타내는 버튼을 누르거나 나쁜 단어를 나타내는 버튼을 누르면 끝이었다. 그러나 이 연관관계를 바꿔서 백인의 얼굴이 나올 때 슬프거나 비극적인 단어를 누르고 흑인이 나올 때 행복한 단어를 누르게 하자 검사는 훨씬 더 어려워졌다. 참가자들이 스스로의 평등주의적인 성향에 대해 어떻게 생각하건 간에, 속도는 눈에 띄게 느려졌다.

바나지가 교육용 툴로 활용하는 한편 데이터베이스를 확장하기 위해 현재 온라인(implicit.harvard.edu)에 공개하고 있는 IAT는 나이, 종교, 신체적인 장애, 체중 등 모든 유형의 편견을 측정하지만, 가장 극명한 효과가 나타나는 것은 역시 인종이다. 나는 몇 년 전에 이 검사를 했을 때 형편없는 점수를 받았고, 그때까지 나 자신을 꽤나 높이 평가하고 있었음에도 불구하고 중간 정도의 인종차별주의자라는 결과를 받은 경험이 있다. 최근에 다시 검사해보니 이제는 점수가 좀더 세분화되어 흑인 남성, 흑인 여성, 백인 남성, 백인 여성에 대해 참가자가 각각 어느 정도 호감을 가지고 있는지 순위가 매겨졌다. 테스트 결과 나는 백인 여성에게 가장 편안함을 느꼈으며, 백인 남성이 근소한 차로 그 뒤를 따르고, 그다음은 흑인 여성이었다. 흑인 남성은 순위가 가장 낮았다. 그것도 상당한 점수 차로. 만족스러운 결과는 아니었지만, 내면의 어두운 자아를 들여다본 이 경험에서 얻은 약간의 위안이 있다면 그런 사람이 절대 나뿐만은 아니었다는 점이다. IAT에 참여한 흑인과 백인 모두 같은 인종보다 다른 인종의 사진에 덜 호의적인 반응을 보였다.

"IAT를 통해 우리는 일부러 연관성을 맺으려고 하는 것이 정신적으로 얼마나 어려운 일인지 직접 경험할 수 있습니다." 인도에서 태어나고 자란 바나지의 설명이다. 그리고 그런 연관성을 맺고 싶다는 의도를 가지고 있다면 분명 도움이 되지만, 그렇다고 해서 연관 작업이 쉬워지는 것은 아니다. 바나지는 널리 알려진 스트룹Stroop 검사를 언급하는데, 이것은 사람들에게 해당 색상으로 쓰인 색깔의 이름을 보여준 다음(예를 들어 빨간색으로 쓴 빨강이라는 단어) 그것이 무슨 색인지 말하거나 그 색을 나타내는 버튼을 누르게 하는 검사다. 누워서 떡 먹기다. 하지만 색깔과 단어의 의미가 어긋나기 시작하고(예를 들어 파란색으로 쓴 빨강이라는 단어) 사람들에게 단어의 의미는 무시하고 그 단어가 무슨 색으로 쓰여 있는지만 대답하도록 요청하면, IAT의 경우처럼 예상대로 속도가 눈에 띄게 줄어든다.

바나지의 말이다. "저는 직장인들을 대상으로 스트룹 검사를 진행한 다음 직장인들에게 이 검사를 제대로 못해내면 바보 같다는 생각은 들겠지만 난처한 기분이나 죄책감은 들지 않을 거라고 설명했습니다. 인종도 마찬가지라는 점을 사람들이 알아주기를 바랍니다."

또한 이렇게 연관성 맺기를 어려워하는 현상은 백인과 흑인 모두에게서 다르지 않게 나타나며, 심지어 일생을 바쳐 인종에 대한 편견에 맞서 싸운 흑인들조차 어려워하기는 마찬가지다. 제시 잭슨Jesse Jackson은 이런 유명한 말을 남겼다. "지금까지도 거리를 걸어가면서 발소리를 들으면 강도가 아닐까 생각하게 되는 것만큼 저에게 고통스러운 일은 없습니다. 그러다가 주위를 둘러보고 그게 백인이라는 것을 깨닫게 되면 안도감이 들지요." 흑인도 백인과 마찬가지로 본인이 소망하는 것보다 낮은 IAT 점수를 기록하는 경우가 흔하다. 역설적이게도 문화적 편견의 유산은 너무나 공평하게, 모든 인종에게 똑같은 영향을 미친 것이다.

그렇다고 해서 두뇌가 그런 식으로 작동한다는 이유를 내세워 불쾌한 편견을 받아들이는 게 옳다거나 '우리 집단이 최고이고 너희 집단은 형편없다'는 사고방식을 찬양하는 것이 용납된다는 뜻은 아니다. 사실 이러한 편견은 고약하기는 하지만 충분히 고칠 수 있으며, 생각보다 쉽게 영향을 받는다. 뉴욕 대학의 펠프스는 백인과 흑인 참가자에게 백인과 흑인의 얼굴 사진을 보여주면서 이들의 두뇌를 기능성 자기공명영상fMRI으로 스캔하는 연구를 실시했다. 두 인종 모두 같은 인종보다 다른 인종의 얼굴을 보았을 때 편도체의 공포 및 분노 중추가 더욱 활발하게 움직였다. 그러나 다른 인종의 얼굴이 친근하거나 익숙한 얼굴일 경우, 예를 들어 백인들이 윌 스미스를 보거나 흑인들이 해리슨 포드를 보았을 때는 편도체의 움직임이 눈에 띄게 줄어들었다. 보다 고무적인 것은 펠프스가 유명하지 않은 사람들의 얼굴을 보다 천천히 보여주어 두뇌에 처리할 시간을 주자, 편도체가 똑같은 수준으로 활성화된 후 보다 고차원적이고 이성적인 영역을 다루는 배측면 전전두엽 피질과 전방 대상 피질이 활성화되어 편도체의 원시적인 감정을 다스렸다는 점이다.

펠프스는 이렇게 설명한다. "편도체는 공포 조건화*에 매우 중요한 역할을 합니다. 무서운 대상을 보고 조심하는 것은 생존에 꼭 필요한 반응입니다. 그러다가 두뇌의 다른 영역이 개입하면서 스스로의 반응을 통제하고 생각과 감정을 조절하게 됩니다."

물론 본인이 그럴 생각이 없다면 이야기가 달라지는데, 바로 이 경우가 문제다. 심리학자이자 컬럼비아 대학의 강사이며 『도적적인 아이로 키우기Bringing Up a Moral Child』의 공동 저자인 마이클 슐먼Michael Schulman은 한 거주형 치료시설에서 비행 청소년들을 치료하고 있는데, 어느 날 남자아이 세 명이 나이 많은 여성에게 강도짓을 했다는 소문

* 공포와 아무런 관련이 없는 자극을 공포를 일으키는 자극과 반복해서 같이 주면, 나중에는 공포와 아무런 관련이 없는 자극만 주어져도 공포 반응이 나타나는 현상.

이 돌자 치료시설에 있는 아이들이 크게 분노하는 모습에 깊은 인상을 받았다. "나라면 절대 할머니에게 강도짓을 하지 않을 거야. 피해자가 우리 할머니였을지도 모르잖아." 한 소년이 말했다. 슐먼은 그럼 강도짓을 해도 괜찮은 사람은 누구냐고 물어보았다. 그 소년의 대답은 "중국집 배달원요"였다. 슐먼은 이렇게 설명한다. "할머니는 이들이 공감할 수 있는 존재인 반면, 중국집 배달원은 액면 그대로 보나 상징적으로 보나 이들에게 이방인인 겁니다."

내부인과 외부인을 구분하는, 때로는 잔인하며 생사를 좌우하기까지 하는 이 차이는 어디서나 찾아볼 수 있으며 꼭 인종이 다를 필요도 없다. 마구잡이로 사람을 죽이면서도 열렬하게 '가족'을 외치는 조직 폭력배, 자기 구성원과 영역을 맹렬하게 보호하면서도 다른 파벌 갱들에게는 달리는 차에서 자동화기를 난사해대는 길거리 갱단에게서도 내부인과 외부인을 구별하는 현상을 쉽게 발견할 수 있다. 그러나 이러한 현상이 가장 끔찍한 형태로 모습을 드러내는 것은 뭐니뭐니해도 대량 학살을 일으키기 위해 외부인의 인간성을 말살할 수밖에 없는 전쟁터다.

홀로코스트의 참담함을 가장 극명하게 일깨워주는 사진은 시체가 쌓여 있는 사진이나 사람이 가득 실려 있는 가축 운반차 사진이 아니라, 유대인 거주 지역에서 일어난 보다 개인적인 순간을 담은 사진이다. 전통적인 검은색 양복 차림에 테가 넓은 검은색 모자를 쓰고 수염과 구레나룻을 길게 길러 독실한 유대교 신자처럼 보이는 한 남자가 시선을 정면에 고정한 채 서 있고, 그 주변을 둘러싼 나치 군인 서너 명 중 한 명이 남자의 머리카락을 자르고 있다. 이것은 이슬람교도나 시크교도의 수염을 강제로 면도하는 것처럼 근본적인 종교 박해 행위다. 나치 군인들은 별달리 화가 난 것 같지도, 복수심을 불태우고 있는 것 같지도 않다. 행복하고 즐거워 보이며 웃음마저 터뜨리고 있는 그 군인들은 남자의 머리카락을 자르는 일에서 진정으로 재미를 느끼는 모습이다.

이들 두뇌의 어딘가에 자리잡고 있는 기쁨을 느끼는 중추가 활성화되어 있는 것이다. 이 영역은 술집에서 팔씨름을 할 때나 여자에게 술을 사겠다고 제안했다가 푸대접을 받은 친구를 놀릴 때처럼 진짜 아무런 해가 없는 놀이에 반응하여 활발해지는 바로 그 영역이다. 그리고 그 군인들은 틀림없이 악의 없는 거친 장난을 함께한 사람들이 느끼는 것과 똑같은 동지애를 품고 그날 밤 막사로 돌아갔을 것이다. 꿈에도 자신들이 다른 인간을 모욕하고 공포에 떨게 했다는 생각은 하지 않은 채. 핵심은 이들이 어느 시점부터 희생자를 인간으로 생각하지 않게 되었다는 점이다. 유대인과 비교하면 독일인들은 단순히 우월한 '인종race'일 뿐만 아니라 우월한 '종species'이었다. 나치가 정치선전 영화에서 유대인을 하수구에서 떼를 지어 기어올라오는 쥐로 묘사하고, 르완다의 후투족이 1994년의 대량 학살에서 투치족을 바퀴벌레로 지칭하고, 제2차 세계대전 중 배포된 미국의 선전 포스터에서 일본인들이 송곳니가 튀어나오고 발톱이 달린 노란 얼굴의 원숭이로 묘사된 데는 그만한 이유가 있다. 이들은 짐승이며, 그 행태를 보건대 나쁜 짐

승임이 틀림없다는 메시지였다.

물론 이것은 나르시시즘의 범주를 확대해서 적용한 것이지만, 나르시시즘에서 벗어난다고 할 수는 없다. 자신의 집단을 더욱 인간답게 만드는 것은 불가능할지 모르지만 다른 집단을 덜 인간적이라고 비난하는 것은 언제나 가능하며, 그 간극이 커질수록 상대적으로 자신이 속한 그룹의 위상은 올라간다. 미국 흑인들이 인간이 아닌 유인원이나 원숭이로 묘사되어온 추악한 전통을 생각해보자. 2008년 버락 오바마가 대통령으로 선출된 후 이런 과거가 슬그머니 다시 고개를 들더니 악의적인 인터넷 사이트에서는 불쾌한 티셔츠와 그림, 포토샵으로 합성된 사진들이 모습을 드러냈다. 하지만 이렇게 인간을 동물로 취급하고자 하는 충동이 최고조에 달하는 것은 한 국가가 전쟁을 치를 때다.

"어떤 교전 지역에서든, 상대편 사람들은 사람이 아닙니다." 『도덕적인 마음Moral Minds』과 『사악한 달콤함Evilicious』이라는 기발한 책을 펴낸 심리학자 마크 하우저Marc Hauser의 말이다. "지도자들은 적군을 역겨운 대상으로 바꿔놓기 시작합니다. 그러면 기생충이나 해충을 박멸할 때와 비슷한 혐오 반응이 일어나게 됩니다. 일단 그 상태가 되면 준비가 끝난 것입니다."

그렇다고 해서 그 지점에 도달하는 것이 쉽다는 의미는 아니다. 두비디오는 지배 집단의 구성원들이 학살을 할 정도의 마음 상태에 도달하려면 세 단계를 거쳐야 한다고 한다. 첫번째는 다른 집단에 대한 비인간화, 두번째는 하우저가 언급한 혐오감 형성, 그리고 마지막은 극도의 공포나 분노 형성이다. 특히 분노는 외집단을 실존적 위협으로 취급하면서 부추겨 형성되는 경우가 많다. 여기서 위협이란 반드시 의도적이고 계산된 것이어야 한다. 자신도 모르는 사이 내그룹에 치명적인 해를 미칠 수 있는 바이러스를 보유하게 된 외그룹은 분명 배척하고 경우에 따라서는 죽여야 하는 대상이지만, 그 구성원까지 경멸할 수는 없다. 그러나 어떤 해를 미치는지 알면서도 의도적으로 위협을 가하는 외집단은 전혀 다른 문제다. 세계 정복을 위한 유대인들의 비밀 지침서라고 알려진 1903년의 「시온 장로 의정서The Protocols of the Elders of Zion」라는 가짜 성명서가 그런 생각을 불어넣은 대표적 사례다. 또한 아돌프 히틀러도 1939년에 한 연설에서 비슷한 요지를 분명히 선언했다. "오늘 저는 또 한 번 예언자가 될 것입니다. 유럽 내외에 있는 전 세계 유대인 자본가들이 다시 한 번 여러 나라를 세계대전의 구렁텅이로 빠뜨린다면, 지구의 적화赤化, 즉 유대인들의 승리가 아니라 유럽에서 유대인이라는 인종의 전멸을 가져오게 될 것입니다." 다른 말로 하면 유대인들을 전멸시키려는 전쟁은 유대인들이 시작한 것이라는 의미다.

미국에서는 이렇게 악의적인 의도로 책임을 전가하는 것이 공식적인 정부 정책의 수준까지 도달한 경우는 거의 없으나, 그래도 몇 가지 정책의 시발점이 된 것은 사실이다. 음탕한 아메리카 원주민과 흑인들이 백인 여성들에게 가할지 모르는 상상 속의 위험을 생각해보자. 아내와 딸들을 보호하기 위해서라면 때로 집단 폭행을 가하거나 전쟁을 벌이는 것도 당연하지 않을까? 일부 백인 우월주의자들은 아직까지도 다른 인종 간 출산이 백인의 유전자를 희석하고 파괴하려는 목적으로 의도된 행위이며, 이것이 광범위하고 실존적인 위험을 야기한다고 목소리를 높인다. 심지어 21세기가 시작된 지 십수 년이 지난 지금까지도 노스다코타 주 리스Leith라는 마을에는 방대한 부동산을 지역 정부로부터 매입하여 자치권을 빼앗고 미국 유일의 공식적인 백인 공동체를 세우고자 하는 노골적인 백인 우월주의자들이 있으며, 이 마을 사람들은 이들을 저지하기 위해 싸우고 있다.

이 백인 우월주의 집단의 지도자는 CNN닷컴과의 인터뷰에서 이렇게 말했다. "우리는 우리가 사랑하는 것을 위협하는 존재를 미워합니다. 그리고 우리는 우리나라에서 집단 학살을 당하고 있습니다. 당신은 그 점이 괴롭지 않습니까?"

이렇게 자기방어의 탈을 쓴 노골적인 인종 간 증오는 오래전부터 주류 정치판에서 환영받지 못했지만, 이 정치판에서조차 반대파를 악마로 묘사하는 성향은 조금도 수그러들지 않고 있다. 극우파는 좌파를 단순히 자신과 다른 정책이나 생각을 지지하는 사람들이라기보다는 UN이나 사회주의자, 또는 누군지도 모르는 세력이 지배하는 세계 정부를 수립하려는 책략을 꾸미고 있는 사람들로 여긴다. 극좌파는 또 그들 나름대로의 광기로 이에 응수하며, 모노폴리Monopoly 카드에 그려져 있는 백만장자가 걸친 듯한 옷을 입은 금권 정치가들이 월 가나 국제 은행들과 공모해 전 세계의 부를 축적하는 광경을 상상한다. 좌파를 변호하자면, 극우 정치 성향의 사람들이 공화당 내에서 상당한 지분을 차지하고 있는 반면, 극좌 정치 성향 사람들은 민주당 내부로 그다지 많이 진출하지 않았다. 그러나 쟁점 사안의 원칙이 복잡하거나 미묘한 경우, 양쪽 극단주의자들 모두 상대편 집단을 괴물처럼 묘사하기가 어렵다는 생각을 갖고 있다. 그래서 무조건 상대방을 사악한 의도를 가진 사람들로 만들어놓고 혐오 경쟁에 돌입하게 되는 것이다.

심리학자인 로버트 스턴버그Robert Sternberg는 단순한 적대감이 죽이고 싶을 정도의 혐오로 바뀌기까지 세 가지 단계가 필요하다고 본다. 우선 친밀함을 부정하는 것, 즉 대상 집단을 비인간화하는 것이 그 시작이다. 이 과정을 통해 대상 집단은 보편적인 공감과 예의 갖춘 대우를 받을 수 있는 자격이 박탈된다. 다음 단계에는 분노라는 요소를 더해주는 강렬한 감정, 즉 열정이 필요하다. "열정은 열렬한 증오입니다." 스턴버그는 2008년에 『타임』지에 게재된 인종차별주의 관련 기사 인터뷰에서 이렇게 말했다. "운전할 때 느끼는 분노나 집에 돌아갔더니 배우자가 다른 사람과 함께 침대에 누워 있는 장면을 목격할 때 느끼는 분노도 이러한 종류지요."

가장 충격적인 마지막 단계는 의지로, 냉정한 논리와 합리적인 선택에 따라 살인을 저지르는 것이다. 소수민족에 화학 무기를 사용하거나, 베트남의 한 마을 전체를 불태워버리거나, 제2차 세계대전중에 바비야르*에서 사람들을 총살하겠다는 결정을 내린 것도 이 의지 때문이다. 1942년 1월 20일 베를린 외곽의 한 빌라에서 열린 악명 높은 반제 회의Wannsee Conference에서 나치당 지도자들이 유대인 문제에 대한 '최종 해결책'을 획책하게 된 것도 이 의지 때문이었다. 스턴버그는 이

* Babi Yar. 1941년 독일군에 의해 유대인이 학살된 곳.

렇게 말한다. "의지는 냉정한 증오에 가깝습니다. 그리고 학습을 통해 습득하는 것이지요. 이 세 가지 요소를 더 많이 가지고 더 강하게 느낄수록 대량 유혈 사태와 집단 학살이 일어날 가능성이 커집니다."

'냉정한 증오'와 같은 감정을 하나의 행동 유형으로 발현시킬 수 있는 종 앞에서 무슨 말을 할 수 있을까 싶지만, 한 가지 위안이 있다면 이런 감정 상태에 쉽게 도달하기는 어렵다는 점이다. 또한 이런 모든 추악한 요소를 일반적인 나르시시즘, 또는 심각한 임상적 나르시시즘 탓으로 돌릴 수는 없지만, 여기에 오만함, 자만심, 타인에 대한 비하, 공감 능력의 결여와 후회를 모르는 성향, 자신의 목표를 달성하기 위해서는 어떤 행동이라도 감수하려는 의지 등 나르시시즘의 중요한 요소들이 어느 정도 작용하지 않는다고 말하기는 어렵다. 파키스탄의 위험한 부족 지역까지 걸어들어가서 아이들에게 소아마비 예방주사를 놓아주는 현장 활동가들이나, 지진 또는 쓰나미로 황폐해진 지역에 속속 투입되는 긴급구조원들의 사례처럼 개인의 선행이 모두 모여 세계적 또는 국가적 선행이 되는 경우가 있다. 이와 비슷하게 개인의 악행도 국가적 규모로 확대될 수 있다. 자만심과 무자비함으로 무장한 수천 명, 수백만 명의 사람이 힘을 합쳐 혼자서는 절대 일으킬 수 없는 대규모 참상을 만들어내기도 하는 것이다.

집단 중심주의는 경이로운 동시에 끔찍한 것이지만, 가끔씩 터무니없는 형태로 발현되기는 한다. 가장 대표적인 것이 무엇이든 의미를 부여하거나 자랑하고 싶어하는 성향이다. 알래스카가 미국 연방에 가입하면서 텍사스가 가장 넓은 주에서 한 단계 내려가 두번째로 넓은 주가 된 것이 별다른 문제가 될까? 그러나 텍사스 사람들에게는 문제가 된다. 현재 세계에서 가장 높은 건물은 두바이에 있으며 한때는 말레이시아가, 그전에는 미국이 그 위상을 누렸지만 지금은 둘 다 그 영광을 잃었다. 이 사실에 진지하게 신경을 쓰는 사람이 있을까? 물론이다. 두바이에 살고 있는 사람이라면. 이런 일들은 수많은 방식으로 수많은 사람에게 중요한 의미를 가지며, 이들이 잠시 멈추고 그 이유를 진지하게 생각해보지 않는 한 그 의미는 지속된다. 그러나 가부키 의식과도 같이 무의미한 집단 사이의 경쟁과 그것이 불러일으키는 심오한 감정을 가장 잘 보여주는 것은 뭐니뭐니해도 조직화된 스포츠다.

또한 스포츠만큼 집단적인 나르시시즘을 잘 보여주는 것도 없다. 주마다 서로 드넓은 면적을 자랑하고, 도시 또한 가장 높은 고층건물을 자랑하지만, 실제로 이를 부르짖는 구호와 상품이 존재하는 것은 스포츠뿐이다. 거대한 스펀지 고무 손가락을 낀 5만 명의 팬이 리듬에 맞춰 "우리는 최고다!"라는 응원의 함성을 외치는 광경을 생각해보자. 미국의 팀(댈러스 카우보이스), 미드웨이의 괴물들(시카고 베어스), 오렌지 크러시(덴버 브롱코스) 등 스포츠 팀들의 유명한 별명은 어떤가. 어느 이름도 "우리는 2등이다!"를 외치지 않는다. 물론 예전의 브루클린 다저스*는 '외곽의 게으름뱅이들'이라는 좋지 않은 별명을 애정을 담아 사용했지만, 이 경우에도 충성심, 정체성, 그리고 우리 대 상대방이

* Brooklyn Dodgers. 현재 LA 다저스의 전신.

라는 우월감을 기른다는 의미가 담겨 있었다. 오합지졸 같은 외곽의 거친 선수들이 맨해튼의 멋쟁이들(자이언츠)과 브롱크스의 왕자들(양키스)에 대항한다는 뜻이었기 때문이다. 이러한 행보는 나르시시스트 행동의 거의 모든 정의에 정확히 맞아떨어지며, 특히 스스로를 찬양하는 특성에 부합한다. 이러한 행동은 비교적 악의가 없는 것이기는 하지만, 그 뿌리는 훨씬 더 어둡고 깊은 곳에 자리잡고 있다.

전쟁이 형태를 달리한 정치라면, 스포츠 경기는 또다른 형태의 전쟁이라는 시각은 오래전부터 존재해왔다. 스포츠에서도 깃발과 의상, 행군 악대, 노래, (종종 일어나는) 유혈 사태, (항상 넘치는) 열정, 팀의 본거지와 이름, 상징 색에 대한 감정적인 유대가 존재하며, 스포츠에서의 상징 색은 미국 국기의 적, 백, 청에 해당한다. 1996년에 클리블랜드의 미식축구 팀 브라운스Browns가 다른 도시로 본거지를 옮겼을 때, 민권운동 이래 최대 규모의 행진과 시위가 도시를 휩쓸었으며 "정의가 없으면, 평화도 없다!"라는 뜻깊은 구호를 변형한 "팀이 없으면, 평화도 없다!"라는 구호가 울려퍼졌다. NFL 사무국은 3년 내에 새로운 팀이 생길 것이라고 신속히 팬들에게 약속했지만, 지역 축구 팬들은 팀의 이름과 유니폼, 상징적인 주황색 헬멧까지 함께 돌아올 것이라는 약속을 받아내기 전까지는 좀처럼 진정할 기미를 보이지 않았다. 브라운스 팀을 훔쳐간 것은 1984년에 콜츠Colts를 인디애나폴리스에 빼앗긴 볼티모어였으며, 볼티모어의 팬들은 마침내 다시 미식축구 리그에 복귀하게 되어 무척 기뻐하는 와중에도 클리블랜드와 달리 새로운 이름과 상징 색을 선택해야 한다는 데 여전히 불만을 터뜨렸다. 콜츠가 볼티모어를 떠날 때 말발굽 로고를 포함해 모든 것을 가져갔기 때문이다. 그래서 볼티모어는 교활한 책략을 세우고 도둑질을 한 인디애나폴리스를 미워하며, 클리블랜드 역시 똑같은 이유로 볼티모어를 미워한다. 이들 팀이 경기에서 맞붙을 때면 관중석에서 그 증오심을 느낄 수 있으며, 이는 어떤 의미에서 이해할 만한 일이다. 레드삭스Red Sox와 양키스 팬들도 서로를 미워하며 레이커스Lakers가 셀틱스Celtics와 경기를 하거나 필라델피아 팀이 거의 모든 다른 팀과 경기를 할 때도 분위기가 험악하기는 마찬가지지만, 이들 중에 사랑받던 다른 팀을 도둑질한 팀은 하나도 없다.

때로는 도시나 팀들 사이의 악감정이 관중석에서의 진짜 유혈 사태로 이어지기도 한다. 영국의 축구 팬들은 말싸움을 벌이고 심한 경우 폭동을 일으키기로 악명이 높다. 14세기로 거슬러 올라가면, 에드워드 2세는 폭력 사태나 거리 패싸움이 일어날 것을 우려해 시골 마을에서 초기 형태의 축구를 하지 못하도록 금지하기도 했다. 1885년에 영국의 프레스턴 노스엔드Preston North End 팀이 애스턴 빌라Aston Villa를 5 대 0으로 이기자, 선수들은 관중석에서 날아온 돌들을 피하기 위해 몸을 수그려야 했고 경기장을 떠날 때 신체적 공격을 받기도 했다. 이로부터 정확히 100년 후, 관중 문화가 충분히 성숙할 만한 시간이 지났다고 판단되는 1985년에도 이탈리아와의 경기에서 리버풀 팬들이 시작한 말싸움 때문에 영국 팀들이 유러피언컵 대회에 5년간 출전 금지 조치를 받기도 했다.

물론 영국인들만 그런 것은 아니다. 말싸움은 유럽 전역의 축구 경기장에서 흔하게 볼 수 있으며, 미국 경기장에서도 상황은 별로 다르지 않다. 메이저 리그에서는 이제 7이닝 이후에 관중석에서 맥주를 판매하지 않는데, 이는 절대 매상을 올리고 싶지 않아서가 아니다. 또한 폭력이 경기장 내에서만 일어나는 것도 아니다. 2011년에는 두 명의 LA 다저스 팬이 다저스 경기장 밖 주차장에서 샌프란시스코 자이언츠 팬에게 말을 건 다음 구타해서 혼수상태에 빠뜨렸다. 1938년부터 2007년까지 이어진 다저스와 자이언츠 사이의 오랜 라이벌 역사에서는 경기가 끝난 후 한쪽 팀의 팬이 상대 팀 팬의 손에 살해된 사건이 최소한 두 번은 일어났다.

팬들의 열정이 반드시 사람의 목숨을 앗아갈 필요는 없으며, 이 열정이 '우리가 최고다'라는 감정을 안전하게 분출할 수 있도록 해주는 축하 의식으로 치환되는 경우도 많다. 축구 경기를 시작하기 전에 양쪽 팀을 공식적으로 소개하고 선수들이 폼폼을 흔들며 나란히 늘어선 치어리더들 사이를 지나 로커룸과 경기장을 잇는 터널을 달려가는 행위가 최소한 홈 팀의 팬들에게는 이러한 기능을 하며, 마찬가지로 상대 팀 팬들은 자유롭게 야유를 할 수 있다. 올림픽이 벌어질 때마다 엄청난 비용을 들여서 꾸미는 개막식 행사 역시 갖가지 색의 깃발을 들고 행진하는 팀 선수단을 만족시키는 기능을 하며, 특히 소규모 선수단을 파견해서 시상대에 오를 기회가 별로 많지 않은 나라들의 경우에는 개막식이 더욱 의미 있다. 물론 팬들이 자발적으로 자신의 열정을 표현하면서도 이를 적당한 수준으로 유지하며 안전한 균형을 찾는 경우도 있다.

오래전에 나는 일본 오사카에서 열린 홈 팀 한신 타이거스와 방문 팀 주니치 드래건스의 야구 경기를 관람한 적이 있다. 한신은 거의 시즌 내내 센트럴 리그의 선두 자리를 지켰고, 가을에 열리는 일본 시리즈에서도 승리를 거두게 된다. 주니치는 고전을 면치 못했으며 시즌이 끝날 때 야쿠르트 스왈로스에 이어 간신히 꼴찌에서 두번째 성적을 거두었다. 그래도 두 팀 간의 라이벌 감정은 험악했으며, 한 경기의 결과가 타이거스의 뛰어난 성적이나 드래건스의 형편없는 성적에 아무런 영향을 미치지 않는데도 불구하고 경기장은 관중으로 꽉 찼다.

경기가 시작되기 전, 관중석 위쪽은 타이거스의 상징인 노란색 옷이나 드래건스의 상징인 파란색 옷을 입은 팬들이 마치 점묘 화가가 그려놓은 그림처럼 마구 섞여 있었으며, 다른 색 옷을 입은 사람들은 거의 한 명도 눈에 띄지 않았다. 그러나 선수들이 경기장에 입장하기 시작하자마자 질서정연한 분류가 시작되었다. 드래건스 팬들은 모두 오른쪽 필드가 내려다보이는 관중석에 자리를 잡았고 타이거스 팬들은 모두 왼쪽에 자리를 잡고 앉음으로써 관중석은 노란색과 파란색으로 완벽하게 나뉘었다. 그리고 경기가 진행되는 내내 처음에는 한쪽에서, 그다음에는 반대쪽에서 관중이 조직적으로 구호를 외치고 응원가를 불렀다. 관중이 항상 질서정연한 응원을 보여주는 것은 아니었고, 그냥 경기를 지켜보면서 각자 마음대로 환성을 지르는 때도 많았다. 그러나 관중이 완전히 몰입해서 경기를 지켜보고 있다는 것만은 분명했고, 어떤 신호에 맞추어 하는 건지도 모르게 때가 되면 단체 응원을 시작했다. 그날 어떤 팀이 승리했는지는 생각나지 않지만, 타이거스 팬들이 최소한 체계적인 응원을 펼치는 면에서는 드래건스 팬들보다 뛰어났다는 기억은 난다. 완벽하게 연출된 응원가가 끝나면서 노란색 옷을 입은 관중이 바람을 넣은 노란 풍선을 쥐고 있던 손을 놓자 풍선은 일제히 나선형을 그리며 위쪽으로 올라갔고 바람이 빠지면서 다시 아래로 떨어졌다.

이 모든 것과 관련된 문제는 왜 우리가 신경 쓰느냐가 아니다. 스포츠는 재미있고, 화려한 행사는 아름다우며, 뛰어난 재능을 지닌 선수들이 활약하는 모습을 지켜보는 것은 뛰어난 무용수들의 춤을 지켜보는 것만큼이나 흥미진진하다. 문제는 왜 우리가 그토록 '많이' 신경을 쓰느냐는 것이다. 사실 슈퍼볼 대회에서 우승 트로피를 들어올리는 것은 여러분이 아니니까 말이다. 그 트로피를 들어올리는 사람은 한 번도 만나본 적 없는 타인이다. 그리고 수십억 달러짜리 광고 계약이나 수백억 달러에 달하는 연장 계약에 서명하는 사람도 분명 여러분이 아니다. 여러분은 경기에서 아무런 역할을 하지 않으며, 따라서 응원하는 팀이 이긴다고 해서 뛸 듯이 기쁜 감정을 느낄 권리도, 진다고 해서 절망감을 느낄 이유도 전혀 없다. 여러분 역시 이성적으로는 그 사실을 알고 있지만, 감정적인 자아가 전혀 다른 식으로 움직인다.

애리조나 주립대학 교수로 재직하고 있는 심리학자 로버트 치알디니Robert Cialdini는 1976년에 BIRG라고 부르는 현상에 대한 유명한 연구를 발표했다. BIRG는 '반사된 영광 누리기basking in reflected glory'라는 말의 약자로, 이 현상은 스포츠팬에게 적용된다. 대학 미식축구 시즌 동안 치알디니는 애리조나 주립대학을 포함한 일곱 개의 대형 대학 캠퍼스에서 학생들을 관찰했으며, 특히 소속 학교 팀의 주말 경기 승패 결과에 따라 이어지는 월요일에 학생들이 어떤 옷을 입는지, 그리고 무엇보다 이 학생들이 어떻게 경기를 묘사했는지 조사했다.

치알디니는 전반적으로 팀이 패배했을 때보다 승리한 이후에 학생들이 학교의 이름이나 로고, 상징 색이 선명하게 드러나는 옷을 입을 가능성이 크다는 사실을 발견했다. 몇몇 캠퍼스에서는 그 차이가 겨우 몇 퍼센트 정도로 별로 크지 않았지만, 일부 캠퍼스에서는 놀라울 정도의 차이가 나타났다. 루이지애나 주립대학 학생들은 팀이 승리를 거둔 뒤 보라색 옷이나 금색 옷을 입을 확률이 2.4배나 높았다. 오하이오 대학 학생들은 2.3배였다. 피츠버그 대학 학생들은 소속 팀이 승리했을 때 피츠버그 대학의 로고나 색을 나타내는 옷을 입을 가능성이 3배 정도까지나 높았다. 치알디니의 설명에 따르면 팀의 우승과 학생들 사이에는 "유의미한 인과관계가 없었으며" 이는 다른 말로 하면 학생들이 승리에 전혀 기여한 바가 없었다는 의미다. 하지만 그래도 학생들은 더욱 커다란 대학이라는 집단에 자부심을 가져다준 팀과의 '긍정적인 단위 관계'를 알리고 싶어했다. 또한 이러한 집단 소속감과 집단의 우월성에 대한 긍정적인 감정은 팀을 넘어서 학교 자체로까지 확대되었다. 치알디니는 이렇게 썼다. "미식축구에서 거둔 승리 덕분에 학생들이 학교를 더욱 좋아하게 되었을 가능성이 있으며, 이들이 한층 더 깊이 느끼게 된 애정은 학교와 관련된 옷을 입는 경향을 통해 드러났다."

학생들이 왜 월요일 아침에 학교와 관련된 옷을 입었는지 그 이유는 자각하지 못한다 해도, 최소한 그런 옷을 입었다는 사실은 알고 있다. 결국 옷장에서 그런 옷을 선택해 꺼내 입은 사람은 본인이니까 말이다. 하지만 승리나 패배에 대한 학생들의 반응을 보다 미묘하고 강력하게 나타내주는 인자는 무의식적으로 나타날 가능성이 크다. 치알디니는 연구의 두번째 과제로 동료 연구원들이 지역 설문조사 센터 상담원을 가장해 이 일곱 개 대학 학생들에게 학교와 근처 지역 사회에 대한 질문을 던지게 했다. 질문 중에는 학교의 미식축구 팀이 지난 주말에 얼마나 잘했는지 물어보는 문항도 있었다. 이 조사 결과, 학교 팀이 이긴 후에는 학생들이 "우리가 이겼습니다" "우리가 상대방을 물리쳤습니다" "우리가 연장전에서 결승 터치다운을 성공시켰어요"와 같은 표현으로 경기 결과를 1인칭으로 묘사할 가능성이 두 배쯤 높았다고 치알디니는 밝혔다. 그러나 패배한 다음에는 팀과 거리를 두고 결과를 3인칭으로 언급하거나("팀이 졌어요") 단순히 결과를 인용하고 상대편을 칭찬했다("점수가 14 대 6이었어요. 미주리가 이겼죠"). 다른 심리학자와 스포츠 해설가들은 치알디니가 제시한 BIRG라는 용어에서 아이디어를 얻어 이 거리 두기를 CORF라고 부르는데, 이는 '반사된 패배 단절하기cutting off reflected failure' 또는 '패배에 대한 책임 차단하기cutting off responsibility for failure'라는 말의 약자다.

뿐만 아니라 치알디니는 가공의 설문조사 센터 상담원들이 본인의 신분을 어떻게 밝히느냐에 따라 연구 결과를 조작할 수 있다는 중요한 사실도 발견했다. 전화하는 상담원들이 캠퍼스 외부 기관에 소속되어 있으며 학교와 전혀 관계없다고 말하는 경우, 학생들은 승리 이후에 1인칭을 사용하고 패배 이후에 3인칭을 사용하는 경향이 더욱 강해졌다. 강력한 집단의 일원임을 홍보함으로써 외부인의 눈에 비치는 자신의 위상을 높이거나, 집단의 취약함에 대한 모든 책임을 부인함으로써 자신까지 폄하되는 것을 막는 편이 낫기 때문이다. 반면 상담원이 학교에 소속되어 있다고 밝히는 경우, 수화기의 양쪽에 있는 두 사람의 위상이 함께 올라가거나 내려가기 때문에 학생들 입장에서는 이해관계가 크게 달라지지 않았다. 따라서 1인칭과 3인칭을 사용하는 성향이 덜 두드러지게 나타났다.

치알디니는 몇 년 후 뉴욕타임스와의 인터뷰에서 이렇게 말했다. "(스포츠 경기는) 그 자체에 내재된 품위와 조화를 즐길 수 있는 가벼운 오락거리가 아닙니다. 자아가 경기 결과에 중점적으로 관련되어 있습니다. 응원하는 팀이나 선수가 자신을 대표하게 되는 것이지요."

진짜 열렬한 충성심을 가지고 있는 일부 팬의 경우 BIRG의 성향을 보이기는 쉽지만 CORF로 전환하기는 쉽지 않다. 패커스Packers를 1인칭 복수형 이외의 다른 명칭으로 부르는 사람은 그린 베이Green Bay 팬이라고 부를 수 없다는 논지다. 그러나 반사된 패배를 단절시킬 수 있는 또하나의 방법이 있다. 치알디니가 '맹렬한 비난'이라고 부르는 이 방법은 상대 팀을 비하해 그들이 손에 넣은 승리의 가치를 떨어뜨리는 것이다. 레드 삭스가 뉴욕에 와서 양키스를 이겼다고? 좋아. 개네들이 도시라고 부르는 매사추세츠의 그 작은 마을까지 즐겁게 버스를 타고 돌아가길 바란다. 인디애나폴리스 콜츠가 슈퍼볼에서 시카고 베어스를 이겼다고? 최소한 베어스는 처음이자 유일한 연고지인 시카고에 충실했지. 상대 팀을 비하할 수 없다면 심판을 비난하라. 심판을 비난할 수 없다면, 날씨 탓을 하면 된다. 4회에 비가 내리기 시작했을 때 경기를 취소해야 했어.

맹렬한 비난은 개인의 나르시시즘과 집단적 나르시시즘에서 똑같은 역할을 한다. 상대방을 비하함으로써 스스로를 높이는 것이다. 또한 이는 프로젝트가 실패로 돌아가거나 프로젝트 마감 기한을 맞추지 못했을 경우에는 다른 사람을 비난하면서, 일이 잘 풀릴 때는 자신의 공을 주장하는 나르시시스트 직원들의 행동 방식과도 닮아 있다. 아이들이 보이는 나르시시즘마저 연상될 정도다. 아이들은 자신이 원하는 것을 가질 자격이 있다고 생각하기 때문에 한계에 부딪히거나 실망을 느낄 수도 있다는 사실을 절대로, 전혀 받아들이지 못한다. 원하는 것을 손에 넣지 못하면 "말도 안 돼!"라는 외침이 울려퍼진다. 낯설지 않은 말이다. 스포츠팬들은 아직까지도 그 무능한 심판이 패스 인터피어런스*를 선언하지 않았기 때문에 결과를 뒤바꿔놓을 수 있는 기회를 빼앗겼다고 진심으로 생각하는 1년 전 슈퍼볼 경기에 대해 속을 끓이니까 말이다.

남성과 여성 모두 스포츠와 관련해 집단 중심주의의 성향을 보이지만, 아무래도 더욱 강력하게 이를 경험하는 쪽은 남성이다. 실제 부족 생활에서도 일반적으로 집단을 안전하게 보호하거나 식량을 공급하기 위해 싸움에 나서는 쪽은 남성이기 때문에 어쩌면 당연한 일이고,

* pass-interference. 미식축구에서 포워드 패스를 잡으려고 하는 상대편을 방해하는 반칙.

실제로 부족 생활과 스포츠에서 모두 테스토스테론이 중요한 역할을 한다. 실제로 전투와 공격에 나서야 할 때는 테스토스테론 분비가 활발해지는데, 소파에 앉아 있는 전투적인 스포츠 팬도 테스토스테론 수치가 올라가기는 마찬가지다. 1998년에 유타 대학에서 진행한 연구에서는 월드컵이나 대학 농구 게임에서 남성들이 응원하는 팀의 경기를 지켜보는 와중에 분비하는 침의 표본을 경기 전과 경기 후로 나누어 추출했다. 그 결과 경기 후의 테스토스테론 수치를 경기 전의 테스토스테론 수치와 비교할 때 승리했을 경우에는 그 수치가 높았고 패배했을 경우에는 수치가 낮았다.

이러한 양쪽 호르몬 상태는 모든 수컷 동물에게 매우 중요한 역할을 한다. 전투는 지배 구조를 확립하는 것이며, 그것이 팀의 상징 색을 입고 경기를 관람하는 가짜 전투라도 마찬가지다. 싸움이 끝난 후에는 승자의 테스토스테론 수치가 한동안 높게 유지되는데, 자신의 위상을 굳히고 부족에서는 동맹들이 충성을 유지하도록 하기 위해서다. 마찬가지로 패자의 호르몬 수치가 떨어지는 것은 전략적인 후퇴를 할 수 있게 도와주는데, 이렇게 됨으로써 자존심이나 분노 때문에 섣불리 나섰다가 더욱 처참한 패배를 당하는 사태를 피할 수 있기 때문에 유용하다. 그렇다고 해서 패배가 기분좋다거나 패자가 패배에 대해 곱씹지 않는다는 의미는 아니다. 100년 전 다른 나라가 점령한 땅을 다시 빼앗아오기 위해 벌어진 모든 전쟁을 보더라도 집단의 굴욕은 어지간해서 사라지지 않는다는 것을 알 수 있으며, 월드시리즈에서는 지난번에 패배했던 팀을 상대로 승리를 거두었을 때가 항상 더 달콤한 법이다.

그러나 원한을 갚는다고 해서 멍청하다고는 할 수 없고, 무기력하거나 패배감을 느끼는 것도 때로는 다시 싸움에 나서기 전에 충분한 시간을 가질 수 있게 해주는 역할을 한다.

집단적인 나르시시즘이 가장 떠들썩한 볼거리로 드러나는 것은 스포츠이고 가장 치명적인 형태로 발현되는 것은 전쟁이지만, 가장 이익이 되는 형태로 드러나는 곳은 시장, 그중에서도 광고다. 자신이 만들고, 세우고, 판매하는 상품이 다른 누구의 상품보다 더 낫다고 주장하는 이 자아도취적인 단일 예술은 하나의 거대한 산업으로 발전했으며, 기업들은 신문이나 TV 프로그램에 그 사실을 알리기 위해 기꺼이 수만, 수십만 달러를 쏟아붓는다. 2013년 슈퍼볼 경기에서는 30초짜리 광고 하나의 가격이 무려 41억 원가량에 해당하는 350만 달러였다. 고작 내가 잘났다는 말을 하는 데 쓰기에는 어마어마한 비용이다.

물론 단순히 허영심을 드러내기 위해 광고를 하는 것만은 아니다. 대부분의 경우 광고는 업계에서 밀려나지 않기 위해 필수불가결하게 진행하게 되며, 이는 "나를 바라봐!"라고 외치는 과시주의가 모델이나 연예인에게 꼭 필요한 요소인 것과 마찬가지다. 근사한 카메라나 자동차, 스마트폰처럼 상품에 대한 홍보가 있는가 하면 제조 기업에 대한 홍보도 있다. 우리는 업계에서 가장 뛰어난 기업이며, 결과적으로 우리가 만드는 상품도 가장 뛰어나다는 식이다. 이것 역시 성공의 핵심 요소가 될 수 있다. 경쟁이 치열한 시장에서 소비자들이 기업의 이름을 보는 순간 더이상 의심하지 않게 되는 것보다 매출을 확보하는

데 더 좋은 방법은 없다. 마트에는 너무나 많은 요구르트가 진열되어 있지만 다농Dannon이 눈에 들어오면 그것으로 충분하다. TV 브랜드도 헤아릴 수 없지만 이건 샤프니까, 도시바니까, 소니니까 사양은 신경 쓰지 않고 그 브랜드를 구입한다. 영화 〈파고Fargo〉에서는 한 등장인물이 "에이, 래디슨Radisson이잖아, 그러니까 당연히 좋지"*라고 말하는데, 대다수 관객들은 그 시골뜨기 같은 발언에 웃음을 터뜨린다. 하지만 바로 그 관객들도 현실에서는 매일매일 그와 똑같은 구매 관련 의사 결정을 한다. 그러나 쉽게 인식하기 어려우면서도 서서히 스며들어 기업 자체의 구성원들 사이에 만연되는 조직적 나르시시즘이 존재한다. 이러한 조직적 나르시시즘은 시간이 흐르면서 오만함으로 이어질 뿐 아니라 집단이 본질적으로 찬양하는 바로 그 장점을 무너뜨리거나 최소한 잠식하는 결과를 낳을 수도 있다.

스티브 잡스는 소비자들이 사족을 못 쓰는 제품을 만드는 동시에 소비자들의 생각에 그다지 개의치 않는 것으로 유명했다. 잡스는 심지어 이런 말을 남기기도 했다. "사람들은 우리가 눈앞에 제품을 보여줄 때까지 자신이 무엇을 원하는지 알지 못합니다." 이 말은 어느 정도 사실이기도 하다. 10년 전에 여러분은 아이패드라는 것을 상상조차 하지 못했겠지만 일단 아이패드가 눈에 들어오는 순간 무슨 수를 써서라도 손에 넣어야 한다고 생각했을 것이다. 그러나 그러한 조직적인 오만함 때문에 잡스와 애플은 '우리가 소비자보다 더 잘 안다'는 판

* 여주인공 마지가 고등학교 동창인 마이크를 호텔 바에서 만나는 장면에서, 마이크는 장소가 래디슨 호텔이므로 당연히 분위기가 좋다며 허세를 부린다.

단하에 장기적인 측면에서 독이 되는 결정을 내렸다. 아이폰과 아이패의 케이스를 고정시켜 배터리를 교체할 수 없게 한 것, 아이폰이 출시된 후 처음 몇 년간 소비자들이 AT&T를 의무적으로 사용하도록 한 것, 업그레이드를 하면서 호된 비판을 받았던 애플 맵 앱을 억지로 사용하게 탑재하고 훨씬 뛰어난 구글 맵을 삭제한 것 등을 예로 꼽을 수 있다. 전자책의 가격 담합과 관련해 2013년 연방법원이 선고한 유죄 판결은 치열한 경쟁이 벌어지고 있는 전자책 시장에서 애플의 입지를 약화시키고 아마존의 입지를 강화시키는 결과를 가져왔으며, 이것은 애플이 보다 겸손한 기업이었다면 저지르지 않았을 실수였다.

미 법무부 소속 변호사인 로런스 뷰터먼Lawrence Buterman은 판결 후에 이렇게 말했다. "애플은 출판사들에 애플이, 오직 애플만이 업계에서 가격을 올릴 수 있다고 말했습니다." 나중에는 사실상 전자책 제조업체 중에서 오직 애플만이 그에 대한 대가를 치렀다.

1985년 뉴 코크New Coke의 처참한 실패나 마이크로소프트 워드의 연이은 개악 역시 다른 의견에는 귀를 기울이지 않는 어리석음이 낳은 결과였다. 소비자들이 아무도 원하지 않는데 기존의 코크를 대체하겠다고 출시한 뉴 코크는 모든 사람에게서 외면받았다. 마이크로소프트 워드 프로그램은 널리 사용되기는 하지만 필요하지도 않은 업그레이드를 할 때마다 더 혼란스럽고, 덜 직관적이고, 미심쩍은 기능이 잔뜩 생겨난다. 쿼티QWERTY 키보드 역시 마이크로소프트 워드와 마찬가지로 유감스럽게 시장을 지배하게 된 형편없는 시스템이기는 하지만, 최소한 쿼티 키보드는 1873년에 처음 선을 보인 이래 똑같은 형태를 유지하고 있다. 마이크로소프트 워드는 해가 거듭될수록 점점 더 심각해진다.

'나는 마이크로소프트 워드가 싫어요' 포럼과 같은 제목의 게시판, 그리고 '나는 마이크로소프트 워드가 싫어요' 페이스북 페이지도 있다. 한 기술 관련 웹 사이트에서는 어떤 필자가 '역사상 가장 미움을 받는 프로그램 10가지'라는 글을 게재하며 이렇게 적었다. "어떤 사람은 '너무 복잡해서', 어떤 사람은 '클리피Clippy라는 그 망할 오피스 어시스턴트가 등장하기 때문에', 또 어떤 사람은 '.docx 파일을 보내면 지구상에서 딱 세 명 빼고는 아무도 파일을 열 수 없기 때문에' '마이크로소프트 워드가 싫어요!'라고 외친다. 우리는 촉구한다. 사용자들이여! 모두 집결하라! 그 모든 이유가 있으니 마이크로소프트 워드를 싫어하자!"

뉴욕타임스보다 허영심을 잘 보여주는 기업은 없을지도 모르지만, 사실 애플의 경우와 마찬가지로 뉴욕타임스에서 일하는 사람은 충분히 거들먹거릴 자격이 있다는 점을 인정해야 한다. 오래전 뉴욕타임스는 '그레이 레이디Gray Lady'라는 별명을 얻었는데, 이는 사진이나 그림보다는 빽빽한 활자로 지면을 채우기 때문에 멀리서 보면 회색으로 보인다는 이유였다. 그런 지면 구성은 뉴스에 대한 뉴욕타임스의 진지한 접근 방식을 잘 보여주는 면모였다. 뿐만 아니라 뉴욕타임스는 그보다 더 고상한 '기록의 신문'이란 별명도 갖고 있었는데, 이것은 논란의 여지가 있는 사실을 확인할 때 도서관 사서들이 뉴욕타임스를 믿을 수 있는 최종 참고자료로 사용하면서 붙여준 별명이라고 한다. 지난 수십 년간 뉴욕타임스는 이 두 가지 별명에 걸맞은 모습을 보여왔으며, 그러한 역할은 종이 신문이 줄어들고 독자들이 믿을 수 있는 언론이 점점 자취를 감추고 있으며 엉터리 블로거와 자극적인 헤드라인을 뽑아내는 케이블 뉴스가 득세하는 오늘날 그 어느 때보다 중요해지고 있다.

그러나 뉴욕타임스는 거드름을 피우며 근엄한 분위기를 풍기는 바람에 오히려 우스꽝스러운 모양새가 되기도 한다. 뉴스를 훑어보려고 아침에 신문을 펼쳐드는 사람보다는 훨씬 먼 미래를 바라보고 기사를 쓰는 것 같은 문체를 사용하기 때문이다. 산업부 기자들은 기사에 명칭이 처음 등장할 때 콘솔리데이티드 에디슨*이나 인터내셔널 비즈니스 머신International Business Machines과 같은 말을 사용하지만, 콘 에드Con Ed나 IBM이라는 말에 익숙한 전 세계 99퍼센트의 사람들에게 이는 알쏭달쏭한 용어가 아닐 수 없다. 빌 게이츠가 기사에 처음 등장하면 윌리엄 H. 게이츠라고 표기하고, 그 이후에는 게이츠 씨라고 쓴다. 마찬가지로 문화면에서도 P. 디디P. Diddy를 "랩 제작자 숀 컴스Sean Combs"라고 표기하는데, 이렇게 공식적인 명칭을 쓰면 그를 단순히 래퍼로만 알고 있는 사람들은 도대체 누구를 지칭하는지 알 도리가 없다.

"이러한 내용은 모두 뉴욕타임스의 문체 지침에 수록되어 있습니다." 과거에 뉴욕타임스의 시민 편집인을 역임했으며 근래에는 타임사와 산하 23개 출판물의 편집 자문위원으로 일한 바 있는 대니얼 오

* Consolidated Edison. 뉴욕에 전기를 공급하는 전기 회사.

크렌트Daniel Okrent의 말이다. 시민 편집인이란 일종의 옴부즈맨 역할을 하는 자리로, 이 직책은 2003년에 해고된 뉴욕타임스의 기자 제이슨 블레어 때문에 만들어졌다. 그는 이름과 사실을 조작한 허위 기사를 작성해 그레이 레이디의 얼굴에 먹칠을 했다. "뉴욕타임스의 표기 원칙은 뉴욕타임스의 DNA 안에 뿌리깊이 자리잡은 관행입니다. 그리니치빌리지를 절대 '빌리지'라고 부르지 않는다거나, 유죄 판결을 받은 범죄자나 고인을 제외한 모든 사람에게 '~씨'나 '~양' 등의 경칭을 붙이는 것이 여기에 해당하지요. 이러한 장치는 시간이 지나면서 문체 지침에서 사라지기 마련입니다. 제가 젊었을 때는 뉴욕타임스 헤드라인에서 '가솔린'의 줄임말인 '가스'라는 단어에 인용 표시를 달았던 것으로 기억합니다. '윌리엄 H. 게이츠'도 결국 똑같은 변화를 겪을지 모른다고 생각합니다."

뉴욕타임스는 세계 언론계에서 독특한 위상을 점유하기 때문에 다른 신문들보다도 그러한 가식적인 문체를 버리기가 더 어려울지 모른다. 아이비리그의 학교와 덕망 있는 기업들이 더 높은 기대치 때문에 전통에 그다지 구애받지 않는 다른 기관보다 과거의 관례를 더 오래 고수하는 성향을 보이는 것처럼 말이다. 뿐만 아니라 이렇게 독특한 문체 지침을 고수한다고 해서 누구에게 피해를 입히는 것은 아니다. 그러나 블레어 스캔들의 경우에는 뉴욕타임스 내부에 훨씬 깊숙이 자리잡고 있던 조직적 거만함이 드러나고 말았다.

뉴욕타임스의 에디터들이 처음 블레어가 저지른 일을 알아냈을 때, 이들은 제대로 된 신문사답게 대응했다. 블레어를 즉시 해고하는 한

편 그가 신문에 게재한 모든 오류를 철회하고 수정했다. 그러나 뉴욕타임스는 여기서 그치지 않았다. 2003년 5월 11일 일요일판에 블레어에 대한 7,249단어 분량의 기사를 실었는데, 세계적으로 가장 중요한 사건조차 이 정도 장문의 기사로 보도되는 경우는 없었다. 1969년 7월 21일 자 1면에 실린 아폴로 11호의 달 착륙 기사는 겨우 3,151단어 분량에 불과했으며, 이 기사가 차지한 공간은 역사적 중요도로 따지면 비교조차 되지 않는 블레어 이야기에 에디터들이 할애한 기사 공간의 채 절반도 되지 않았다. 심지어 여기에는 가장 중요한 기사 철회에 대한 부분은 포함되지도 않았으며, 정정 보도는 같은 지면에 몇천 단어나 되는 별도 기사로 실렸다.

이 일을 본질적으로 살펴보면 좋은 신문사가 나쁜 기자 때문에 곤혹을 치른 사건에 지나지 않으며, 사실 오랫동안 신문을 발행해온 신문사라면 이러한 일을 겪기 마련이다. 그러나 어떻게 보면 특별할 것 없는 이 사건을 뉴욕타임스가 얼마나 문화적으로 중요하고 심각하게 여겼는지는 이 기사 본문의 마지막 문단에 극명하게 드러난다. "현재 보도국에는 소원한 친척의 장례식에서 밤을 새우며 오랫동안 자리를 지키는 것과 같은 분위기가 팽배해 있다. 직원들은 방문객들의 애도를 받아들인다. 뭔가 다른 식으로 조치를 취할 수 없을까 논의한다. 빈정대는 농담에서 위안을 찾는다." 이것은 우주왕복선 챌린저호가 폭발한 이후의 NASA나 항공기 추락 사고가 발생한 항공사의 분위기를 묘사하기에 더욱 적합한 표현이다.

오크렌트는 여기서도 뉴욕타임스에 관용적인 입장을 취한다. "방어적인 태도나 자신들이 비평가들보다 뛰어나다는 사실을 보여주어야 한다는 생각이 자리잡고 있을 수도 있지요. 하지만 나르시시즘과 자의식 사이에는 분명한 차이가 있다고 생각합니다. 뉴욕타임스는 항상 자신의 그림자를 살핍니다. 신문사 내부에서는 뉴욕타임스가 세계 최고의 신문이자 가장 중요한 언론이라고 생각하는 경향이 있으며, 이 감정이 나르시시즘 형태로 드러나거나 거들먹거리는 형태로 나타날 수도 있습니다. 그러나 여기에는 엄청난 부담감 역시 작용하고 있지요. 오른쪽에서, 왼쪽에서, 집요하게 뉴욕타임스를 추격하는 다른 신문이 얼마나 많은지 생각해보세요. 이런 입장에 처해 있는 신문은 그 어디에도 없습니다."

물론 맞는 말이지만, 시간이 흐르면 더욱 균형적인 관점을 갖추기 마련이고 훗날이 되면 자연스럽게 블레어 사건과 같은 폭풍우의 한복판보다는 훨씬 명확한 시각을 확보하게 된다. 그러나 뉴욕타임스는 무려 10년이라는 시간을 심사숙고했는데 아직도 그 오래전의 사건에서 한 발자국 물러나 생각하는 법을 터득하지 못한 듯하다. 현재 시민 편집인으로 활동하고 있는 마거릿 설리번Margaret Sullivan은 2013년 5월 4일자 칼럼에 이렇게 썼다. "지난주를 기준으로 10년 전에 일어난 스캔들은 정말 엄청난 일이었으며, 사건의 무대가 된 신문만큼이나 세계적인 사건이었다."

뉴욕타임스가 세계적인 신문이라는 설리번의 말은 분명 사실이며 견실하고 상세한 보도를 중시하는 사람이라면 아마 뉴욕타임스가 없을 때 상당히 아쉬움을 느낄 것이다. 그러나 그 스캔들이 엄청난 사건이었다거나 뉴욕타임스 보도국을 제외한 다른 곳에서도 폭발적인 여파를 미쳤다는 주장은 사실이 아니다. 다른 곳에서는 창문 정도가 약간 흔들렸을 뿐, 그 이상은 아니었다.

집단적 나르시시즘은 단순히 인간이라는 종의 생존뿐만 아니라 인간이라는 종이 지구를 압도적으로 지배하게 되는 데 핵심적인 역할을 했다. 공룡은 한때 지구를 주름잡았지만, 포유류처럼 하나의 분기군* 이었던 공룡은 현재 전부 멸종됐다. 호모 사피엔스는 그 분기군 안에서도 하나의 종에 해당하며 지구를 누비기 시작한 지 고작 20만 년밖에 되지 않았다. 그 한 종류의 동물이 얼마나 강력해졌는가? 일부 과학자들이 지구의 지질학적 연대를 명시할 때 홍적세 및 최신세라는 말과 함께 현시대를 인류세Anthropocene라고 지칭하는 빈도가 늘어나고 있다는 점을 생각해보자. 빙하나 판 구조는 신경 쓸 필요가 없다. 오늘날 지구의 모양을 만들어가는 가장 강력한 힘은 바로 인간에게서 나온다.

이 두려운 사실은 숫자로 분명하게 드러난다. 인구가 10억 명에서 20억 명으로 늘어나는 데에는 1818년에서 1927년까지 109년이 걸렸다. 20억 명에서 30억 명이 되기까지는 1927년에서 1960년까지 33년이 걸렸다. 1999년에 세계 인구는 60억 명에 도달했고, 2011년에는 70억 명을 기록했다. 국자로 바닷물을 한 번만 떠내도 그 안에 지금까지

* 分岐群. 공통의 조상으로부터 진화된 생물 분류군.

알려지지 않은 무수한 미생물 종이 들어 있을 수 있기 때문에 지구상에 얼마나 많은 다른 종이 존재하는지 파악하기는 어려우며, 지구상에는 300만 종이 존재한다는 설부터 1,000만 종이 존재한다는 의견까지 지금껏 다양한 주장이 제기되어왔다. 하와이 대학의 해양생물학자인 카밀로 모라Camilo Mora가 이끄는 연구 팀이 2011년에 발표한 최신 연구에서는 지구상에 존재하는 종의 수를 870만으로 추산한다. 모라는 식물계와 동물계에 존재하는 분류군의 수에서 세부적인 수치를 계산해내는 새로운 알고리즘을 바탕으로 하여 이런 결론을 내렸다. 이를 계산하는 공식이 복잡하고 결과로 나온 추정치가 매우 방대한 범위의 상당히 아래쪽에 위치하기는 하지만, 그래도 870만 종은 엄청난 숫자다. 그러나 인간은 빠른 속도로 그것을 잠식해나가고 있다.

'종-면적 관계species-area relationship'라는 자연 법칙이 있다. 이는 샘플을 수집하는 면적이 넓을수록 그 안에서 더 많은 수의 종을 찾게 된다는 매우 간단한 전제를 기반으로 한다. 이 광범위한 법칙에는 지역 계수라는 것이 있다. 특정 지역의 정해진 영역에서 발견되는 종의 개수는 다른 지역에서 찾을 수 있는 종의 개수와 다르기 때문에 극도로 건조한 오스트레일리아 내륙과 아마존 우림처럼 수많은 생명체가 우글거리는 지역을 비교하는 것이 매우 중요하다는 논리다. 이러한 모든 숫자를 종합적으로 고려하면 생명체가 어떻게 분포되어 있는지, 그리고 인간의 활동 때문에 어떻게 생명체가 하나씩 소멸되어가는지 어느 정도 파악할 수 있다. 인간은 평균적으로 매년 약 100제곱킬로미터의 숲을 파괴하고 있으며, 새로운 알고리즘에 따르면 이러한 행위는 같은 기간 동안 2만 7천 개의 종을 멸종시키는 결과를 낳는다. 이 속도대로라면 870만 종을 전부 없애버리는 데 고작 325년도 걸리지 않을 것이다. 이 같은 예측도 서식지 유실만을 감안한 것이다. 그보다 더 심각한 생태계 파괴를 초래하는 기후 변화나, 인간의 영향으로 환경적으로 균형 잡혀 있던 지역에 침입해 한때 평화롭게 공생했던 기존 생명체들을 몰아내는 외래종 문제를 감안하면 문제는 더 심각해진다.

모라는 이렇게 설명한다. "대멸종 시기를 제외하면, 현재 지구상에서 종이 사라지는 속도는 유례가 없는 수준입니다. 지구 역사 전반을 통틀어 생명체의 멸종 속도를 살펴봤을 때 현시대의 속도는 상위 6위에 들 정도입니다. 이것은 인간 때문이며 지나치게 우리만 생각한 나머지 이 상황에 대해 아무런 조치도 취하지 않고 있습니다." 모라는 이것을 주저 없이 '자아도취 나르시시즘'이라고 명명하며, 이것은 개인이나 집단이 아니라 인간이라는 종 전체의 나르시시즘이라고 지적한다. 또한 모라는 이것이 거의 모든 생명체의 특징임을 인정하며 다음과 같이 설명한다. "만약 다른 종이 인간과 같은 능력을 가지고 있었다 해도 인간과 마찬가지로 모든 자원을 독점했을 가능성이 매우 높습니다. 그러나 보통 자연에는 자원의 남획을 막아주는 자동 통제 메커니즘이 있습니다. 안타깝게도 인간은 너무나 머리가 좋아 이런 것까지 전부 극복하고 있는 겁니다."

나를 최우선으로 여기고 스스로를 찬미하고자 하는 충동이 궁극적인 승리를 거두는 것은 오직 인간이라는 종種이 보여주는 나르시시즘의 형태 안에서만 가능할지도 모른다. 회사 사람이든, 연인이든, 독재

자든, 이들 나르시시스트는 언젠가는 힘을 잃고 사라진다. 그러나 인류라는 종 전체의 이기심을 억누를 수 있는 것은 거의 존재하지 않는다. 우리는 실제로 다른 모든 종을 희생시켜가면서 모든 나르시시스트가 꿈꾸는 완전한 지배를 손에 넣게 될지도 모른다. 그렇게 해서 지배하게 된 지구에 남아 있고 싶을지 아닐지는 전혀 다른 문제겠지만.

9장

사형수와 할리우드 스타

The Narcissist Next Door

그는 사실 매우 착한 소년이었다. 최소한 그를 담당한 치료사는 그렇게 생각했으며, 충분히 그런 판단을 내릴 수 있는 입장이었다. 그 치료사는 소년이 체포된 직후부터 진짜 도움이 필요한 다른 아이들에게 집중하기 위해 다른 상담사에게 담당을 넘겨줄 때까지 몇 달 동안이나 소년을 치료해왔기 때문이다.

치료사는 소년의 상담 차트에 "매우 상냥한 소년Muy facile hombre"이라고 적었다. 이 표현 자체가 소년을 잘 설명해주는 말 같았다. 소년은 너무나도 매력적이었다. 재치 있고, 똑똑했고, 아주 말이 많았지만 자아도취에 빠진 고등학생의 주절거림과는 분명 달랐다. 소년은 그럴듯한 말을 늘어놓았으며 자신이 이해하는 바를 공유했다. 치료사의 판단에 더 중요한 영향을 미친 것은 소년이 자신이 저지른 사소한 범죄에 대해 얼마나 후회하고 있는가 하는 점이었다. 사실 애초에 소년이 치료사 앞에 앉게 된 이유는 밴을 뜯고 들어가 400달러짜리 스테레오 장비를 훔치는 범죄를 저질렀기 때문이다.

"저는 사건 직후에 무슨 짓을 저질렀는지, 그것이 얼마나 멍청한 행동이었는지 깨달았습니다." 소년은 그 밴의 소유주에게 제출해야 하는 사과문에서 이렇게 인정했다. "바보 같은 생각에 그만 지고 말았습니다."

물론 국선 변호인이 어깨 너머로 지켜보는 상황이라면 어떤 소년이라도 이렇게 말할 것이며, 비행 청소년들을 적지 않게 다루어본 사람들이라면 누가 쓴 것이든 이런 흔해빠진 사과문은 그다지 큰 의미가 없다는 사실을 알고 있을 것이다. 그러나 소년은 거기서 그치지 않았다. "만약 침입당한 것이 제 차였다면 저는 엄청난 분노와 좌절, 그리고 침해당했다는 기분을 느꼈을 것입니다." 그의 사과문은 이어졌다. "누군가가 제 허락 없이 안에 들어왔었다는 사실을 알고 있는 상태에서는 다시 차를 운전하기가 정말 힘들 것 같습니다. 그 점에 대해 진심으로 죄송하게 생각합니다."

이 몇 개의 문장이 모든 것을 바꾸어놓았다. 이 말들은 너무나 진심어린 공감으로 보였고, 치료사들은 일단 이러한 아이들이 피해자의 입장에 공감하게 되면 치료가 성공을 거둔 것이나 다름없다는 사실을 잘 알고 있다.

그러나 그가 자신이 저지른 범죄에 대해 쓴 글은 이 사과문만이 아니었다. 소년은 집에 있는 일기장에도 자신의 생각을 적어내려갔는데, 거기에는 전혀 다른 관점이 드러나 있었다.

"미국은 자유의 나라 아닌가? 내가 자유로운 사람이라면 도대체 병신 같은 자식이 빌어먹을 금요일에 아무 데나 세워둔 거지 같은 밴 앞자리 뻔히 보이는 곳에 놓아둔 물건을 빼앗지 못할 이유가 뭐야. 당연한 거라고! 거지 같은 자식, 총이나 맞아라."

다행히 그 밴의 소유주는 총에 맞지 않았지만, 다른 수많은 사람들이 총에 맞았다. 그로부터 1년 이상이 흐른 1999년 4월 20일, 에릭 해리스Eric Harris라는 이 소년은 콜로라도 리틀턴에 위치한 콜럼바인Columbine 고등학교에서 친구인 딜런 클리볼드Dylan Klebold와 함께 방아쇠를 당겨 본인들을 포함해 15명의 목숨을 빼앗았고 21명에게 부상을 입혔다. 이것은 이후 2012년에 코네티컷 뉴타운에서 총기 사건이 일어나 수많은 초등학교 1학년생들이 목숨을 잃기 전까지 미국 역사상 가장 많은 사상자를 낸 총기 난사 사건이었다. 그리고 이러한 일을 예상한 사람은 거의 없었다.

그의 상냥한 매력과 겸손한 표정에 속아넘어간 사람은 해리스의 첫 번째 치료사뿐만이 아니었다. 주 정부의 승인을 받은 청소년 프로그램의 감독관도 해리스를 평가했으며, 그의 행동을 액면 그대로 받아들인 나머지 밝은 미래를 예상한다고 적었다. "에릭은 매우 뛰어난 젊은 청년이며 앞으로 성공할 가능성이 높다." 클리볼드는 좀더 조용하고 비밀스러운 성격에 매력도 훨씬 덜했기에 그에 대한 평가는 해리스에 대한 평가보다 다소 조심스러웠지만, 사실 변덕스러운 10대들은 대개 다 그런 모습을 보이는데다 클리볼드는 대부분의 10대들보다 많은 장점을 가지고 있었다. 카운슬링 프로그램의 수석 치료사는 클리볼드에 대해 "꿈을 실현할 수 있을 만큼 똑똑한 소년이지만 그러기 위해서는 노력이 필요하다는 사실을 이해해야 한다"고 평가했다.

'똑똑한 소년'과 '뛰어난 젊은 청년'은 실제로 열심히 노력했지만, 그것이 어떤 노력이었는지는 아무도 상상조차 하지 못했다. 두 사람은 머리를 맞대고 계획을 세우며 천천히 무기고를 채워나갔다. 총을 구입하고 파이프 폭탄과 프로판 탱크 폭탄 만드는 방법을 배워서 무기를 조립하고 심혈을 기울여 테스트를 했다. 두 사람은 그 와중에 자신들의 분노를 배출하기도 했다. 처음에는 해리스가 자기 일기장에, 그다음에는 AOL 페이지에, 나중에는 두 명이 함께 카메라 렌즈 앞에서 자신들이 죽은 다음에 어떤 모습으로 비치고 싶은지 기록을 남겼다.

해리스는 이렇게 적었다. "나는 곧 모든 사람을 겨냥할 것이다. 제대로 무장한 다음 총을 쏘아 살인을 할 것이다. 어서 빨리 사람들을 죽이고 싶다. 후회도, 부끄러움도 느끼지 않는다. 내가 원하는 것은 최대한 많은 사람을 죽이고 다치게 하는 것뿐이다."

물론 두 사람에게는 적이 있었다. 그것도 많이. 이들은 "껌둥이들, 스페인어를 쓰는 병신들, 유대인들, 동성애자들, 빌어먹을 백인들"이라며 적을 열거했다. 운동 실력이 뛰어난 아이들도 눈엣가시였다. 두 사람은 근사한 고등학교에 다니는 잘생기고 인기 많은 아이들을 진심으로, 마음속 깊이 증오했다. "너희 같은 애들을 250명 죽였으면 좋겠어." 클리볼드의 말이다.

두 사람은 당연히 자신들이 저지른 일을 소재로 한 영화가 제작될 것이라 예상했고, 어떤 유명한 할리우드 감독이 그 영화의 메가폰을 잡을 것인지에 대해 상상의 나래를 펼쳤다. 감독이 누구든, 자신들이 계획하고 있는 아수라장은 영화로 만들기에 충분한 극적인 장면을 제공할 것임이 분명했다. "빌어먹을 둠Doom과 같은 광경이 벌어질 거야." 해리스는 제일 좋아하는 게임을 언급하며 이렇게 말했다. "째깍,

째깍, 째깍, 째깍, 쾅!"

프로판 탱크 폭탄은 터지지 않았고 파이프 폭탄의 효력은 보잘것없었기 때문에 결국 해리스와 클리볼드는 총과 분노로만 무장하고 살인을 저질러야 했다. 그러나 무기 조립에 서툴렀다고 해서 이들의 극악무도함이 줄어드는 것은 아니다. 해리스는 사건이 한창 벌어지고 있던 와중에 에밀리 와이언트Emily Wyant와 캐시 버놀Cassie Bernall이 숨어 있던 콜럼바인 도서관의 탁자를 손으로 내리치며 "까꿍"이라고 놀렸다. 그런 다음 상체를 구부려 탁자 아래에 총을 밀어 넣고는 캐시의 머리에 방아쇠를 당겼다.

"다음은 누구지? 누가 죽을래?" 도서관을 활보하면서 둘 중 한 명이 말했다. 생존자들은 최대한 몸을 숨기고 감히 올려다볼 생각을 하지 못했기 때문에 누가 그 말을 했는지 알 수 없었다. "운동하는 놈들은 다 일어나! 전부 다 죽일 거야!" 둘 중 한 명이 명령했다. 두 사람은 학교 잔디밭에서 점심을 먹고 있던 몇몇 학생을 총으로 쏘았다. 담배를 피우러 건물 밖으로 나온 남자아이 세 명에게도 총을 발사했다. "완전 끝내준다!" 해리스는 계단 맨 위에 서서 아래쪽에 모여 있는 학생들을 향해 총을 난사하며 이렇게 소리질렀다.

하지만 이 학살의 중심 무대로 영원히 기억될 곳은 두 사람의 총기 난사로 22명의 희생자와 부상자가 발생한 도서관일 것이다. 또한 마침내 분노를 다 쏟아부은 해리스와 클리볼드가 산더미 같은 증거와 산더미 같은 수수께끼를 남긴 채 스스로 목숨을 끊은 장소도 바로 도서관이었다.

"콜럼바인 고등학교의 총기 난사 사건을 계기로 이 두 소년의 마음이 독으로 물들게 된 이유가 무엇인지에 대해 전국적으로 안타까운 논의가 시작되었다." 『타임』의 낸시 기브스Nancy Gibbs는 사건이 벌어진 다음주에 이렇게 기고했다. "왜 똑똑하고 능력 있는 아이들의 마음이 이렇게 썩어들어갔는지에 대해 공식적, 비공식적으로 길고 고통스러운 논쟁이 이어질 것이 분명하다."

당시 이 말은 사실이었고, 15년이 지난 지금까지도 마찬가지다. 딜런 클리볼드와 에릭 해리스가 사이코패스였다고 해도 의문은 풀리지 않는다. 세상에는 그 정도로 심각한 증상을 가지고 있는 사람이 많지만, 그렇다고 해서 전부 이런 범죄를 저지르지는 않는다. 두 사람이 고등학교의 사회적 계층 제도에 반감을 가졌고, 폭력적인 비디오 게임 때문에 폭력적인 성향을 띠게 되었으며, 범죄를 계획할 만큼 정신 나간 사람들이 너무나 쉽게 총기를 구할 수 있는 나라에 살고 있었던 게 이유라고 설명해도 의문은 남는다. 사실 비슷한 상황에 처한 사람은 수도 없이 많기 때문이다. 또한 소년들이 무자비함, 자만심, 자신은 잘못이 없다는 태도, 책임감의 부재 등을 통해 나르시시스트였다는 사실을 분명하게 드러내기는 했지만, 두 소년이 나르시시스트였다는 것만으로 총기 사건을 설명할 수 없음은 물론이다. 클리볼드는 가족을 향해 이렇게 비난했다. "당신들이 나를 이렇게 만들었어. 화를 더 부추겼다고."

또한 이들은 나르시시스트의 특징인 매력적인 태도를 보이기도 했으며, 이들은 심리학자와 교사, 부모를 자기편으로 만드는 힘을 가지고 있었을 뿐만 아니라 그 힘을 인식하고 흡족하게 생각하기까지 했다. 해리스는 이렇게 말했다. "내가 에베레스트 산을 오른다 해도, 심지어 등에서 쌍둥이 동생이 자라나고 있다고 해도 사람들은 내 말을 믿을 거야. 나는 누구라도 설득할 수 있다고."

해리스와 클리볼드는 분명 나르시시스트가 아니었다 해도 비참한 기분을 느끼고 분노에 휩싸였겠지만, 그것을 표현하는 양상은 전혀 달랐을지 모른다. 물론 그래도 두 사람이 살인을 저질렀을 가능성이 아예 없었을 거라고는 할 수 없지만, 마음속의 증오로 분노와 무기력함, 철저한 외로움을 느끼며 스스로 무너져버렸을 수도 있다. 이들의 심리 속에 잠재되어 있는 모든 요소를 하나로 합치는 데 결정적인 역할을 한 것은 불만과 당당함, 과도한 특권의식으로 대표되는 이들의 나르시시즘이었다. 나르시시즘이 이들을 움직였고, 무장시켰으며, 결국 폭발하도록 만들었던 것이다.

인류가 약육강식의 야생에서 탈출할 수 있었던 데는 다른 손가락과 마주보는 형태의 엄지손가락 위치, 사회적 속성, 무언가를 계획하고 만들며 구축할 수 있는 독특한 능력 등 여러 가지 원인이 있다. 또한 뇌도腦島도 빼놓을 수 없다. 인간 두뇌의 모든 놀라운 구조 중에서 이 뇌도는 간과되는 경우가 많다. 뇌도는 분명 뇌의 이성적인 영역만큼 화려하지도, 본능적인 영역만큼 강렬한 감정적 힘을 가지고 있지도 않다. 심지어 시각 정보를 처리하는 후두엽이나 냄새를 감지하는 후각 신경구처럼 명확한 기능을 가진 것도 아니다. 그러나 이 뇌도는 특히 공감 능력과 관련해 중요한 역할을 한다. 이것은 상당 부분 거울 뉴런 mirror neuron으로 알려진 신경세포 때문이다.

약 30년 전만 해도 거울 뉴런이 존재한다는 사실을 아는 사람은 아무도 없었지만 그것이 어떤 역할을 하는지는 누구나 알고 있었다. 누군가 하품하는 모습을 보면 여러분도 하품이 난다. 극심한 통증에 시달리는 사람을 보면 자신도 몸이 움츠러든다. 누군가 우는 모습을 보았을 때, 심지어 배우의 눈물을 보고 그의 슬픈 표정이 전적으로 연기에 불과하다는 사실을 알고 있다고 해도 여러분의 눈에는 눈물이 글썽인다. 누군가 정신없이 웃어대는 모습, 예컨대 생방송 TV 프로그램에 출연한 사람이 진정하려고 안간힘을 써도 도저히 어쩔 수 없어서 배꼽을 잡고 웃는 광경을 보면 자신도 웃음을 터뜨리게 된다.

이탈리아 파르마 대학의 신경생리학자들이 짧은 꼬리 원숭이의 모방 성향에 착안해 처음으로 이런 행동의 근원을 찾기 시작한 것은 1980년대와 1990년대였다. 짧은 꼬리 원숭이는 다른 원숭이나 인간의 행동을 쉽게 모방하며, 이 모방 행위는 생산적일 때(관찰을 한 다음 본 대로 따라 하면서 물건 다루는 법을 배우는 경우)도 있고, 아무런 의미가 없을 때(다른 객체의 행동을 보고 입을 벌린다거나 혀를 내미는 경우)도 있다. 이탈리아의 학자들은 처음에 몇몇 원숭이의 두뇌에 전극을 이식한 다음, 먹이에 손을 뻗고 잡을 수 있는 능력을 통제하는 신경 회로가 무엇인지 파악했다. 그다음에는 전극을 부착한 원숭이들이 그들과 똑같이 손을 뻗고 쥐는 동작을 사용해 음식을 먹는 인간의 모습을 지켜보게 했다. 동작을 실제로 하는 것이 아니라 관찰만 하고 있었는데도 원숭이들의 두뇌에는 이전과 똑같은 회로가 활성화되었다. 전운동 피질 premotor cortex에는 이렇게 행동을 모방해 신경 회로를 활성화시키는 뉴런이 자리잡고 있으며, 이 전운동 피질은 이름 그대로 운동의 계획과 실행을 통제하는 영역이다.

거울 뉴런의 존재를 통해 원숭이의 행동뿐만 아니라 인간의 여러 가지 행동을 설명할 수 있다. 예를 들어 비즈니스 회의에 참석한 사람들이 미묘하게 비슷한 자세를 취하며, 특히 가장 직위가 높은 사람이 제일 먼저 자세를 바꿀 경우 다른 사람들도 무의식적으로 비슷하게 연쇄적으로 자세를 바꾸는 것도 거울 뉴런 때문이다. 또한 거울 속의 자기 모습을 한 번도 본 적이 없는 신생아가 자신의 얼굴이 눈앞에 있는 얼굴과 똑같은 구성 요소로 이루어져 있다는 사실은 물론, 자신에게 얼굴이 있다는 사실조차 아직 의식적으로 인지하지 못할 텐데도 원숭이처럼 입을 벌리거나 혀를 내미는 행동을 흉내 내는 것도 거울 뉴런을 통해 설명할 수 있다.

UCLA의 정신의학 및 생물행동과학 교수로, 1999년부터 거울 뉴런을 연구해온 마르코 야코보니Marco Iacoboni는 이렇게 설명했다. 거울 뉴런은 놀라운 시각적 특성을 가지고 있습니다. "거울 뉴런은 단순히 보기만 해도 활성화되어 노골적이지 않게 은근히 행동과 자세를 모방하도록 만듭니다. 사회과학자들은 이것을 카멜레온 효과라고 부릅니다. 어떤 사람들은 다른 사람들보다 강한 카멜레온 성향을 가지고 있습니다. 물론 성향이 덜한 사람들도 있지요." 또한 이것은 모두 전운동 피질 부분에 있는 거울 뉴런의 작용만을 대상으로 말한 것이다. 후속 연구를 통해 감정을 통제하는 영역을 포함해 두뇌 전체에 흩어져 있는 모든 뉴런 중 약 10퍼센트가 어느 정도 모방하는 성질을 가지고 있음이 밝혀졌는데, 사실 이것은 좋은 쪽으로도, 나쁜 쪽으로도 작용할 수 있다.

1999년에 야코보니와 동료들은 기능적 자기공명영상을 사용해 두뇌가 웃음에 어떻게 반응하는지, 그리고 결국 그것이 감정에 어떤 영향을 미치는지 연구하기 시작했다. 우리는 아기 때부터 웃음에는 웃음으로 응수해야 한다고 배우며 나이가 들면 별다른 생각도 하지 않고 반사적으로 그런 행동을 하게 되는 경우가 많다. 이는 사무실에서 지나가다 마주친 사람에게 가볍게 목례를 하는 것과 비슷한 사회적 예의다. 하지만 목례는 대부분 신체적인 동작을 교환하는 것이며 분명 의미를 전달하기는 하지만 감정은 거의 들어 있지 않다. 이와 달리 웃음은 강력하고 전염성이 강한 감정적 신호를 전달한다. 완강하게 의견이 충돌하는 상황에서도 누군가 살짝 웃음을 지으며 주장을 펼치면 분위기가 상당히 부드러워지는 경우가 많다. 상대방의 웃음을 보면 자신도 모르게 방어막을 약간 내려놓게 되는 것이다.

야코보니는 실험 참가자들이 다른 사람의 웃는 모습을 지켜보게 하면 어떤 반응이 일어나는지 참가자들의 두뇌를 관찰했다. 그 결과, 얼굴 근육을 조절하는 전운동 피질의 거울 뉴런이 반응해 타인의 웃음에 응수하는 웃음을 만들어내는 회로를 활성화시킨다는 사실을 발견했다. 이런 반응은 아직 실험 참가자의 얼굴에 웃음이 드러나기도 전에 일어났다. 야코보니가 발견한 더욱 중요한 사실은 그 신호가 두뇌

양쪽의 대뇌 피질 안에 숨겨져 있는 작은 영역인 뇌도에까지 전달되었다는 점이다. 뇌도는 행복, 슬픔, 두려움 등을 포함한 여러 가지 감정이 자리잡고 있는 곳이다. 뇌도는 이에 반응해 특히 불안과 분노를 비롯한 다른 감정들을 일으키는 편도체와 신호를 주고받는다.

이렇게 번쩍이는 신호들은 여러 가지 사회적 교류뿐만 아니라 수많은 보상까지 조절하는 역할을 한다. 나는 당신이 웃었으면 좋겠다. 단순히 웃음이 좋은 것이고 싸움을 끝내는 데 도움이 되기 때문만이 아니라, 당신이 웃음을 지으면 내 거울 뉴런이 활성화되어 나도 약간이나마 반사된 행복을 느낄 수 있기 때문이다. 타인을 웃겼을 때 마치 자신이 농담을 한 것이 아니라 들은 것처럼 기분좋은 즐거움을 느끼게 되는 것도 마찬가지 원리다. 또는 누군가에게 선물을 하거나 칭찬을 건넨 뒤 따뜻한 감사의 마음을 나누면서 훈훈함을 느끼는 것도 같은 맥락이다. 이것은 훌륭한 적응 전략이다. 친절하게 굴거나 배려심을 발휘하거나 너그러운 행동을 하려면 시간과 에너지, 때로는 돈까지 필요하다. 따라서 그런 행동을 한 사람은 그 대가를 치른 대신 다소 신경화학적인 보상을 받게 되고, 인간 사회를 움직이는 바퀴에는 약간의 기름칠이 더해지는 것이다.

이렇게 좋은 행동을 장려하는 긍정적 강화에만 거울과도 같은 감정이 작용하는 것은 아니다. 다른 사람의 고통을 지켜볼 때 경험하는 슬픔이나 불안감을 야기하는 부정적인 강화에도 분명 감정의 모방이 관여되어 있다. 이것은 근본적으로 공감 능력이며, 행동과학자들은 오랜 시간 동안 공감 능력의 강력한 사회적 가치에 대해 연구해왔다. 만약 남을 도와줌으로써 단순히 그들을 보기만 해도 느껴지는 반사된 고통을 완화시킬 수 있다면 우리는 기꺼이 길을 잃고 울고 있는 어린아이를 도와주거나 인생에서 큰 위기를 맞은 동료를 위로해줄 가능성이 크다. 또한 타인이 고통을 느낄 때 자신도 고통을 느낀다면, 다른 사람을 괴롭히거나 신체적, 감정적 고통을 가하지 않도록 조심할 가능성이 훨씬 더 높다.

샌디에이고 주립대학의 심리학자 진 트웬지는 이렇게 말한다. "심지어 신생아들도 공감 능력을 가지고 있다는 증거가 있습니다. 아기들은 다른 아기들이 울 때 같이 울음을 터뜨립니다. 갓 태어났을 때부터 이런 행동을 보입니다."

그러나 만약 아기들에게 공감 능력이 없다면? 어른이 된 뒤에도 타인의 감정에 공감하지 않는다면 어떤 일이 일어날까? 고통은 오직 당사자만 느끼는 것이며, 나의 고통은 온전히 나의 몫이고 상대방의 고통은 미안하지만 오직 상대방의 몫일 뿐이라면? 이런 사람은 내면의 브레이크가 없는 사람이고, 나쁜 행동을 했을 때 큰 대가를 요구하며 좋은 행동을 할 때까지 여러 차례 반복해서 대가를 치르도록 하는 처벌 시스템이 내장되지 않은 사람이다. 이런 사람을 사이코패스라고 부르는 경우가 많다. 사이코패스는 공감 능력이 없어 아무것도 느끼지 않으므로 전혀 감정적인 대가를 치를 필요 없이 어떠한 형태의 잔학한 행위도 저지를 수 있다. 만약 이런 사람이 존재한다면(물론 실제로 존재하기도 한다), 그리고 fMRI를 통해 정상적인 심리 상태에서 공감이 어떻게 작용하는지 관찰하는 것이 가능하다면, 공감 능력이 결여되어 있는 상태도 관찰할 수 있어야 한다.

이 점을 확인하기 위해 네덜란드 흐로닝언Groningen 대학 신경영상센터 소장인 크리스티앙 카이저스Christian Keysers는 공식적으로 심각한 사이코패스라는 진단을 받은 죄수들의 두뇌를 스캔했다. 헤어 사이코패스 진단법 개정판Hare Psychopathy Checklist-Revised, PCL-R에서 40점 만점 중 최소 30점 이상을 받은 죄수만을 이 연구에 참여시켰다. PCL-R는 나르시시즘 연구에 사용되는 NPI처럼 사이코패스 연구에 사용되는 지표다. 양쪽 모두 40점 만점에 30점이라면 명예의 전당에 입성할 수준이다.

이렇게 자랑스럽지 않은 높은 기준을 통과한 죄수들은 경비가 삼엄한 수용시설 밖으로 나갈 수 있는 드문 기회를 얻기 위해 기꺼이 연구에 참여하겠다고 동의하는 경우가 많았으며, 이들은 여러 경관의 호위하에 교도소 밖으로 이송됐다. 죄수들에게는 비금속 물질로 된 수갑을 채웠는데, fMRI 기계 내부에는 높은 자성이 흐르고 있어 어떠한 형태의 금속을 소지하는 것도 위험하며 때로는 생명까지 위협할 수 있기 때문이다. 추가적인 예방 조치로 한쪽 바지통에 비금속으로 된 막대기를 넣어 다른 쪽 다리에 묶음으로써 뛰는 것 자체가 불가능하도록 만들었다. 문신을 한 죄수들의 경우 언제 잉크를 삽입했는지 정확한 시기를 파악했다. 오래된 문신 안료에는 금속 성분이 들어 있어 스캐너에 들어갔을 때 위험할 수 있기 때문이다.

몸에서 금속성 물질을 전부 제거하고 fMRI 기계 속으로 들어간 사이코패스들에게는 한 사람이 다른 사람에게 고통을 주는 간단한 동영상을 보여주었는데, 영상은 세심하게 선별된 것이었다. 카이저스는 처음부터 죄수들에게 얼굴이 드러나는 영상을 보여줄 생각이 없었다. 사이코패스든 아니든, 사람은 누구나 얼굴 표정을 해석하는 데 엄청난 비율의 뉴런을 사용하기 때문에 공감을 처리하는 두뇌 영역이 소소하게 활성화된다 해도 이 압도적인 뉴런 회로에 가려 보이지 않을 수 있다. 케이서스는 그 대신 죄수들에게 사람들이 손동작만 주고받는 동영상을 보여주었다. 첫번째 영상에서는 한 사람의 손이 다른 사람의 손을 쓰다듬었다. 두번째에서는 한 손이 다른 손의 손가락을 비틀었다. 세번째 영상에서는 한 손이 막대기로 다른 손을 때렸다. 네 번째 동영상은 중립적인 관점에서 악수하는 모습을 보여주는 것으로, 일종의 기준점으로 사용하기 위한 것이었다.

카이저스의 연구를 포함해 기존의 두뇌 연구를 통해 사람이 손을 쓰다듬거나 때리거나 비트는 행위를 직접 경험할 때 뇌의 어느 영역에서 기쁨과 불쾌함이라는 감각을 처리하는지는 이미 정확하게 밝혀져 있었다. 관찰자, 최소한 공감 능력을 가지고 있는 관찰자라면 그와 똑같은 영역의 거울 뉴런이 활성화되어야 한다. 공감 능력이 없는 사람이라면 거의 아무런 변화가 없을 것이다.

카이저스가 죄수들의 뇌를 스캔한 것은 2007년이었지만 이 연구 결과가 마침내 『브레인Brain』지에 발표된 것은 2013년 여름이 되어서였다. 카이저스의 말에 따르면 예상한 대로 범죄자들의 거울 뉴런은 누군가 기쁨이나 고통을 경험하는 광경을 보았을 때 거의 꿈쩍도 하지 않았다. 하지만 이 연구에서는 또 한 가지 사실을 발견해냈는데, 그 사실이 약간의 희망을 제시해주었다. 뉴런 공감 능력의 부재는 죄수들에게 눈앞에서 펼쳐지는 광경을 바라보라는 말 외에는 아무런 지시사항도 없이 동영상을 보여주었을 때만 나타났다. 그다음에는 동영상 속의 사람이 어떤 감정을 느끼고 있을지 상상해보라는 구체적인 지시사항을 죄수들에게 전달했다. 이 말을 들은 다음에는 죄수들의 두뇌가 정상인들로 구성된 대조군의 두뇌와 똑같은 방식으로 반응했다. 카이저스 다음으로 논문에 이름을 올린 발레리아 가졸라Valeria Gazzola는 논문 공개와 함께 발표한 성명서에서 건강한 사람의 두뇌와 사이코패스 두뇌의 차이가 "거의 완전히 사라졌다"고 언급했다.

이것은 사이코패스의 마음이 어떻게 작동하는지에 대한 우리의 생각 자체를 상당히 바꿔놓을 수 있는 매우 중요한 발견이다. 가졸라는 이렇게 말한다. "사이코패스는 공감 능력이 없는 것이 아니라 공감하려는 성향이 낮을 뿐, 필요한 경우에는 공감할 수 있는 능력을 갖추고 있는 것일지도 모릅니다."

『브레인』에 이 연구가 발표되기 불과 몇 달 전에 뉴멕시코 대학의 심리학자 켄트 키엘Kent Kiehl은 『JAMA 정신의학JAMA Psychiatry』지 온라인판에 관련된 연구를 발표했다. 키엘은 케이서스와 달리 휴대용 fMRI를 가지고 경비가 삼엄한 교도소에 수감된 실험 대상자들을 방문했기 때문에 죄수들을 이리저리 이송하는 위험을 무릅쓸 필요가 없었다. 키엘 역시 죄수들에게 동영상과 사진을 보여주었지만 여기에는 단순히 손의 모양만 포함된 것이 아니었다. 예를 들어 어떤 사진에는 한 사람이 야구 방망이로 다른 사람을 때리는 광경이 담겨 있었다. 물론 사람들이 아무런 해가 되지 않는 행동을 하는 사진들도 있었다. 사이코패스들에게 누군가 고통을 느끼고 있을 가능성이 큰 사진을 선별하라는 매우 쉬운 작업을 요청하자 이들은 다른 사람들과 마찬가지로 올바른 사진을 골라냈다. 그러나 이들의 두뇌는 대조군의 두뇌와 다른 방식으로 반응했는데, 감각의 통합, 의사 결정 및 보상과 처벌 사이의 관계를 관장하는 안와 전두 회로orbital frontal circuit의 활성화 수준이 현저히 낮았던 것이다.

2013년에 실시된 연구에서는 상상력을 활용한 색다른 방법을 통해 두뇌의 공감 능력이 얼마나 유연한지 탐구했다. 이탈리아, 스위스, 독일 학자들로 구성된 다국적 연구 팀은 지원자들에게 구더기와 생간 등과 같이 불쾌한 느낌을 주는 사진을 보여주는 동시에 장난감 벌레나 끈적끈적한 장난감 등을 주어 마치 사진 속의 대상을 만지는 것 같은 촉감을 재현했다. 동시에 다른 지원자들에게는 토끼나 백조처럼 예쁜 사진을 보여주고 털이나 깃털을 만지게 했다. 모든 지원자들은 두 명씩 짝을 지어 실험에 참여했다. 어떤 경우에는 두 명에게 모두 기분 좋은 자극을, 어떤 경우에는 두 명에게 모두 불쾌한 자극을 주었다. 또한 한 명에게는 즐거운 자극을, 나머지 한 명에게는 혐오스러운 자극을 준 경우도 있었다. 어떤 경우든 모든 실험 참가자들은 화면을 통해 자신에게 제시된 사진뿐만 아니라 자신의 파트너에게 제시된 사진도 볼 수 있었다.

이렇게 자극에 노출된 후, 모든 참가자들은 어떤 기분을 느꼈는지 -10에서 +10까지의 숫자로 점수를 매겼다. -10은 너무나 끔찍했음을 나타내며, 0은 중간, +10은 사랑스러워서 꼭 껴안고 싶었음을 의미했다. 마지막으로 모든 참가자들에게 자신의 파트너는 몇 점을 주었을 것 같은지 물었다. 두 명이 똑같이 좋은 경험이나 나쁜 경험을 할 경우 파트너의 기분을 상당히 정확하게 예측하는 현상이 일관되게 나타났다. 그러나 좋은 사진을 본 사람은 불쾌한 사진을 본 사람이 얼마나 기분 나빴는지에 대해 과소평가하는 경향이 있었다. 마찬가지로 나쁜 사진을 본 사람은 좋은 사진을 본 사람이 얼마나 즐거웠는지에 대해 상당히 낮은 수준의 예측을 했다.

이것은 충분히 예상할 수 있는 내용일지 모르지만, 이 연구가 획기적이었던 이유는 모든 참가자의 두뇌를 fMRI로 스캔한 결과 때문이었다. 두뇌의 어느 영역이 크게 활성화되거나 덜 활성화되었을 때 이런 공감 능력의 실수가 일어나는지 정확히 찾아낼 수 있었던 것이다. 해당 두뇌 영역에 인체에 무해하며 약간의 떨림만 줄 뿐 통증을 일으키지 않는 비침습성의 경두개 자기 자극을 가하자 공감 점수는 개선되었다.

이 논문과 함께 발표된 보도자료에서 연구자들 중 한 명은 이렇게 말했다. "이 연구 결과는 타인의 감정 상태를 정확하게 평가하기 위해 스스로의 감정 상태를 억누르는 능력 등과 같이 매우 적응력이 뛰어난 사회적 메커니즘의 생리적 지표를 처음으로 보여주었습니다."

그렇다고 해서 인위적으로 공감 능력을 개선시키는 현실적인 방법이나 바람직한 방법이 있다는 의미는 아니지만, 적어도 이 연구 결과는 타인의 고통을 느끼는 인간의 능력이 생각보다 적응력이 뛰어나다는 사실을 보여준다. 실제로 아무런 감정 없이 사람을 죽이는 냉혹한 살인자라 할지라도 사랑하는 사람의 죽음에는 진정한 슬픔을 느낀다. 또한 폭력적인 범죄를 저지른 중죄인조차 나이가 들면서 범죄를 뉘우치고 인내심과 자제심을 기르며 약간이나마 양심을 발휘하는 모습을 보여주는 경우가 많다는 사실을 생각하면, 최소한 일부 사례에서는 공감 능력의 부재가 평생 이어지지는 않는다는 것을 알 수 있다.

나르시시즘이 이상인격이라는 보다 폭넓은 질환과 어느 정도 깊이 연관되어 있는지에 대해서는 아직 제대로 결론이 내려진 바 없다. 아무리 극도로 심각한 자기애성 성격장애를 가지고 있는 사람이라 할지라도 수갑과 족쇄를 채운 상태로 이송해야만 하는 끔찍한 범죄자들과 비교할 수는 없다. 그러나 두 경우 모두 타인의 감정을 느낄 수 있는 능력이 둔화되거나 완전히 마비되어 있다는 점만은 부인할 수 없으며, 그렇기 때문에 마음대로 행동하고 타인에게 고통을 주게 된다. 어떤 심리학자들은 상대적으로 새로운 진단 항목인 악성 나르시시즘을 들어 이를 통해 사이코패스와 나르시시스트의 심리가 비슷하게 나타나는 양상을 선명하게 이해할 수 있다고 주장하기도 한다.

모든 심리학자가 악성 나르시시즘이 실제로 존재한다는 의견에 동의하는 것은 아니며, 이것이 공식적인 질환으로 인정받아야 한다고 생각하지도 않는다. 그러나 어느 정도 일리가 있다고 생각하는 사람들은 악성 나르시시즘을 주저 없이 타인에게 상처를 줄 뿐만 아니라 그렇게 하는 과정에서 기쁨을 느끼는 나르시시즘의 한 유형으로 정의한다. 따라서 악성 나르시시즘은 타인을 모두 배제하고 스스로의 자존심을 세우는 것이라기보다는 사실상 악惡의 정의에 가깝다.

"악성 나르시시즘은 나르시시즘의 폭넓은 스펙트럼 중에서도 가장 고약한 끝부분에 해당합니다." 빙엄턴에 있는 뉴욕 주립대학의 심리학자 마크 렌젠위거Mark Lenzenweger는 이렇게 말한다. "여기에는 편집증, 공격성, 타인에게 미치는 피해에 대한 냉담할 정도의 무관심이 상당 부분 작용하고 있습니다. 이런 성향이 있는 사람은 과대망상과 자아도취 성향을 가지고 있을 뿐만 아니라 단순히 본인의 좋은 기분을 유지하기 위해 타인에게 해를 끼치는 것도 서슴지 않습니다." 여기에 딱 들어맞는 끔찍한 사례로, 클리볼드와 해리스는 대량 학살을 저지르면 얼마나 재미있을지 기대하는 심경을 여러 차례 말하거나 쓴 적이 있다.

렌젠위거는 악성 나르시시스트를 전부 다 감옥에 가두어야 한다고는 생각하지 않으며, 부하들을 극도로 못살게 굴고 피곤하게 하는 최악의 상사들을 비롯해 세상에는 상당히 많은 악성 나르시시스트가 활개를 치고 다닌다고 믿는다. 그러나 대다수 다른 학자들은 악성 나르시시스트를 청부 살인자, 연쇄 살인범, 히틀러와 같은 독재자의 범주로 분류한다. 이들은 나치 의사인 요제프 멩겔레Josef Mengele가 의식이 멀쩡한 강제 수용소 수용자들의 사지를 절단하거나 장기를 꺼내고 여느 평범한 일을 하듯이 생체를 해부할 수 있었던 것도 악성 나르시시즘을 가지고 있었기 때문일지 모른다고 생각한다. 로마의 콜로세움에서 희생자나 심지어 관중까지 사자의 먹이로 던졌던 폭군 칼리굴라Caligula가 보인 피에 대한 굶주림도 악성 나르시시즘의 발현일 가능성이 있다. 또한 화려한 궁전과 고문실, 질서정연한 공식 퍼레이드와 정부가 묵인한 조직적 강간 등에서 드러나는 사담 후세인 정권의 기괴한 양면성도 사담 후세인의 악성 나르시시즘에 기인했는지 모른다.

악성 나르시시즘이 존재할 수도 있다는 가능성이 처음 제기된 것은 1978년으로, 당시 이러한 주장을 펼친 사람은 지금까지 성격장애, 특히 나르시시즘과 경계선 성격장애의 세계적인 권위자로 인정받고 있는 와일코넬 의과대학Weill-Cornell Medical College의 정신의학 교수 오토 컨버그Otto Kernberg다. 컨버그는 악성 나르시시즘을 "즐거운 잔인함과 가학증"이라는 해로운 측면이 포함된 나르시시즘의 일종이라고 정의했다. 최근에는 1980년대 후반에 이르러서야 현재와 같은 40개의 문항으로 완성된 NPI를 활용해 컨버그의 초기 정의에 몇 가지 구체적인 수치 증거를 제시한 연구도 등장했다.

심리학자 브래드 부시먼은 폭력적인 범죄자들로 구성한 샘플 집단에 NPI를 실시했는데, 특히 살인, 가중 폭행, 강도, 강간, 또는 이러한 범죄를 두 가지 이상 저질러 유죄 판결을 받은 매사추세츠와 캘리포니아의 죄수들을 대상으로 삼았다. 대조 집단으로는 보디빌더, 치과의사, 그리고 학문과 운동 분야에서 모두 명문으로 꼽혀 경쟁이 치열한 미시간 대학의 학생들을 선택했다. 이 일반인들 중 누구도 범죄자 집단만큼 반사회적 또는 폭력적 성향을 보이지는 않았다. 그러나 이들은 자아도취와 자존심 항목에서 높은 수치를 기록하는 경향이 있는 직업군이었기 때문에 유의미한 대조군 역할을 할 수 있었다.

평균적으로 캘리포니아의 범죄자들은 NPI에서 21.4를 기록했으며 매사추세츠 범죄자들은 23을 기록했다. 만점이 40점이라는 점을 고려하면 그다지 높아 보이지 않지만 일반인의 점수와 비교하면 매우 높은 수치다. 일반 대중을 대상으로 나르시시즘 수준을 측정한 대규모 조사 중 하나인 2003년 연구에서는 6대륙에 걸쳐 무려 3,445명을 대상으로 삼았다. 이것은 지리학적인 다양성을 확보한 엄청난 규모의 샘플 집단이었지만 딱 한 가지 제약 요소가 바로 나이였다. 조사 참가자들이 전부 젊어서 평균 나이가 24.5세였던 것이다. 이러한 단점은 사실상 오히려 장점으로 작용했는데, 시간이 흐르고 인생에서 우월한 자아(우리는 자신이 생각하는 것만큼 중요한 사람이 아니다)와 엄청난 재능(우리는 그렇게까지 특별하지도 않다)에 대한 뼈아픈 교훈을 얻으면서 나르시시즘이 변화를 맞이할 수도 있기 때문이다. 뿐만 아니라 24.5세라는 나이는 부시먼 연구의 세 가지 대조군 집단 중 학생과 보디빌더라는 두 집단의 평균 연령과 비교적 잘 맞아떨어졌다. 그렇다면 어쨌든 여러 대륙에 걸쳐 진행한 이 조사에서는 자부심이 가장 높은 연령대의 사람들을 대상으로 삼았다는 의미인데, 그래도 평균 NPI 점수는 15.2에 불과했다. 미국은 이 평균보다 약간 높은 15.3이었다. 따라서 캘리포니아와 매사추세츠의 재소자들은 세계 평균보다 각각 41퍼센트와 51퍼센트씩 높은 점수를 기록한 셈이다. 부시먼의 연구에 참여한 치과 의사, 보디빌더, 미시간 대학 학생들은 일반 대중보다 높은 점수를 기록했으며 그중에서도 학생들의 점수가 19.2점으로 가장 높았지만, 이들의 점수조차 캘리포니아와 매사추세츠의 죄수들보다는 각각 11퍼센트와 20퍼센트 낮았다.

물론 이러한 결과의 의미를 섣불리 단정지을 수는 없다. 일단 죄수들이 나르시시즘 때문에 범죄를 저지르게 되었는지, 아니면 법을 어기고 감옥에 갇히면서 분노와 불만, 이를 보상하고자 하는 과대망상이 폭발하게 되었는지, 아니면 그 두 가지 현상이 혼합되어 일어났는지 쉽사리 판단할 수 없다. 부시먼도 그 점을 인정한다. "우리는 죄수들의 높은 나르시시즘 점수가 그들이 처한 상황의 원인인지 결과인지 알지 못합니다." 이러한 의문에 대한 해답을 얻기 위해서는 법을 어기기 전과 후를 전부 아우르는 장기적인 연구가 필요한데, 실제로 범죄가 발생하기 전까지는 누가 폭력적인 범죄자가 될지 알 도리가 없기 때문에 그런 샘플 집단을 모집하는 것조차 쉽지 않다. 하지만 부시먼은 나르시시즘과 공격성 사이의 강한 연관성을 감안할 때 과대망상과 자아도취 성향이 먼저 형성된 다음 범죄 행위로 이어질 가능성이 크다고 믿는다.

나르시시즘의 다른 요소들도 범죄자들의 마음에 영향을 미치며, 때로는 이런 요소들이 단순한 성격장애를 지닌 사람이 진정한 사이코패스로 변모하기까지 그 선을 넘는 데 결정적인 역할을 하기도 한다. PCL-R에서는 두 가지 주요 측면에서 사이코패스 성향을 측정하는데, 생활방식과 반사회성을 측정하는 한 가지 측면은 특히 범죄 또는 위험한 행동과 관련 있는 것으로, 공감 능력 부재 등의 특징이 여기에 해당된다. 다른 한 가지 측면은 대인관계와 정서에 관한 것으로, NPI에서 드러난 요소 중에서도 뛰어난 언변과 피상적인 매력 등과 같이 위험성은 덜하지만 바람직하지 않은 특징들에 초점을 맞춘다. 하지만 사이코패스가 그토록 위험한 인물이 되는 데 특히 큰 역할을 하는 것은 바로 카리스마다.

이를 보여주는 좋은 사례가 사담 후세인이다. 후세인은 1990년 첫 번째 걸프전이 일어나기 직전에 서방 세계 인질들과 나란히 포즈를 취하면서 이들을 협상 카드이자 인간 방패로 사용했지만, 동시에 이들을 잘 돌봐주는 보호자 같은 이미지를 투영하고자 했다. "우리는 여러분이 이곳에 손님으로 머무는 기간이 너무 길지 않기를 바랍니다. 여러분이 이곳과 다른 곳에 계시는 이유는 전쟁이라는 끔찍한 일을 막기 위함입니다." 그런 다음 후세인은 두려움에 떨고 있는 영국 석유 엔지니어의 다섯 살짜리 아들을 앞으로 불러내 머리를 헝클어뜨리며 우유는 잘 먹고 있느냐고 물었다. 나중에 이 다정한 보호자는 쿠웨이트 영토의 대부분을 초토화시켰다.

사이코패스의 매력을 잘 보여준 이보다 훨씬 더 끔찍한 사례로는 수백만 명의 목숨을 빼앗은 이오시프 스탈린이 있다. 스탈린이 보여준 '조 아저씨'로서의 모습 역시 그가 가지고 있는 힘의 일부였다. 사이먼 시백 몬티피오리Simon Sebag Montefiore는 2005년에 펴낸 『스탈린―붉은 황제의 궁전Stalin: Court of the Red Tsar』에서 믿기 어려울 만큼 모순된 면모를 지닌 사람을 그려냈다. 스탈린은 프랭클린 루스벨트와 윈스턴 처칠처럼 자신에 대해 속속들이 알지 못하는 사람이나, 자신의 마음을 꿰뚫어볼 수 없는 사람을 상대로 카리스마를 발휘했다. 몬티피오리는 베리아Beria라는 지방 관리가 모스크바를 방문했다가 스탈린을 비롯해 여러 관료들이 참석하는 공식 만찬에 초대받은 일화를 인용한다. 스탈린은 베리아의 어린 아들과 친해져서 저녁 내내 아이를 무릎 위에 앉혀놓았으며, 아이가 추워하자 자신의 털 코트를 둘러주는가 하면 함께 만화를 보다가 침대에 뉘어주기까지 했다. 다행히 이 어린아이는 아무런 피해를 입지 않았지만, 스탈린은 가끔씩 다른 정치가들이나 최측근에게도 이런 식으로 관심을 기울여 경계심을 늦추는 경우가 있었다. 다정한 편지를 쓴다든가, 전화를 하면 직접 받는다든가, 자택을 방문해 품위 있고 편안한 삶을 누리고 있는지 살폈다. 그런 다음 그들을 죽이라는 명령을 내렸다. "스탈린이 누군가의 마음을 사로잡겠다고 마음먹으면 당해낼 재간이 없었습니다." 몬티피오리는 책 출간 이후에 한 인터뷰에서 이렇게 말했다.

야만적이고 사악한 연쇄 살인범 테드 번디Ted Bundy도 빼놓을 수 없다. 잘생기고 언변이 뛰어나며 한때 변호사로 일하기도 했던 번디는 카리스마를 발휘해 서른 명이 넘는 여성을 유혹한 다음 강간하고 살해했다. 번디의 1979년 재판을 주재한 에드워드 코워트Edward Cowart 판사는 번디에게 사형 선고를 내린 뒤 최종 판결문에서 이 사이코패스 나르시시스트의 매력과 그가 저지른 범죄 사이의 괴이한 부조화를 인상적으로 표현했다.

"자기 자신을 잘 돌보기 바랍니다, 젊은이. 진심을 담아서 말합니다. 제발 자기 자신을 잘 돌보세요. 본 법정에서 내가 경험한 바와 같이 한 인간이 그토록 완전히 망가지는 모습을 보는 것은 너무나도 비극적인 일입니다. 당신은 뛰어난 청년이에요. 좋은 변호사가 되었을 것이고 내 앞에서 변론을 펼치는 모습도 보고 싶었지만 안타깝게 다른 길을 택하고 말았습니다." 계속해서 코워트는 번디에 대해 악감정은 없다고 말했는데, 이 피고가 어떤 범죄로 사형선고를 받았는지 감안하면 상당히 이례적인 발언이었다. 그러나 이것은 나르시시스트 범죄자가 타인을 사로잡는 능력을 너무나 잘 보여주는 발언이기도 하다. 때로는 말 그대로 죽음에 이를 때까지 매료시키는 그 힘을.

이렇게 사회는 범죄자를 혐오하지만 유명 연예인은 사랑해마지않는다. 또한 우리의 사랑을 받는 것은 유명인에게 지극히 다행스러운 일이다. 그렇지 않았다면 인사불성이 될 때까지 그들을 때리고 싶은 생각이 들지도 모르니까. 분야에 관계없이 연예인이라면 누구나 어느 정도 오만하고, 특권의식을 느끼며, 버릇없고, 까다롭고, 과시하려는 성향이 큰데다 구제불능일 정도로 자아도취에 빠져 있다. 이들은 수백만 달러를 벌면서도 수백만 달러를 더 달라고 요구한다. 영화 촬영장에 오기로 약속해놓고는 메이크업이나 함께 출연하는 다른 배우, 수정된 극본이 마음에 들지 않으면 촬영장을 박차고 떠나버린다. 온갖 폼을 잡으며 돌아다니고, 호텔 방을 엉망으로 만들어놓으며, 속도위반, 소매치기, 음주 운전, 불법 성매매 이용 혐의로 체포된다. 그리고 머지않아 다시 레드카펫으로 돌아가 그 모든 행동을 반복한다.

한때 신동 취급을 받았던 저스틴 비버는 이제 건들거리는 청년이 되어 여기저기서 사고를 치고 다닌다. 2013년에 비버가 안네 프랑크의 집을 방문해 방명록에 적은 말을 보고 전 세계의 수많은 사람이 경악을 금치 못했다. "이곳을 방문해 진정한 영감을 얻었습니다. 안네는 뛰어난 소녀였습니다. 제 팬이었다면 참 좋았을 텐데요." 홀로코스트의 비극을 상징하는 인물의 인생을 되돌아보면서 머리에 떠오른 가장 중요한 일이라는 것이 고작 그 소녀도 본인의 음악을 좋아하지 않았을까 하는 생각이었기 때문이다. 하지만 뚱하고 성질을 부려대는 악동 비버가 이미 스스로 보여준 바와 같이, 비버의 발언에 대한 대중의 혐오감에는 체념과 함께 다음에는 그가 무슨 일을 저지를지 궁금해하며 눈을 떼지 못하는 흥미진진함이 섞여 있기 마련이다.

유명 연예인 나르시시스트들은 숀 펜과 러셀 크로처럼 사진기자에게 주먹을 날리거나 호텔 직원에게 전화기를 던진다. 앨릭 볼드윈Alec Baldwin은 카메라 앞에만 서면 기가 막히게 재미있는 사람이지만 카메라만 없으면 사춘기 십대처럼 신경질을 부린다. 열한 살짜리 자기 딸을 '버르장머리없고 머리 나쁜 돼지새끼'라고 한 음성 메시지가 널리 화제가 되기도 했고, 휴대전화를 끄지 않겠다고 버티다가 아메리칸 에어라인 항공기에서 쫓겨나기도 했으며, 어퍼웨스트사이드의 스타벅스에서 "도도한 여왕Uptight Queen 같은 바리스타 제이JAY는 태도가 형편없다"는 글을 트위터에 올려 느린 서비스에 대해 공개적으로 불만을 터뜨리기도 했다. 짐작건대 Q를 대문자로 쓴 것은 손가락을 잘못 놀렸을 뿐이고, 이 단어는 전설적인 밴드 퀸을 지칭했다기보다는 스타벅스 점원의 성적 취향을 나타내려 했던 것으로 보인다. 또한 출처가 불분명한 일화에 따르면, 어떤 나르시시스트 록스타는 임의로 선택한 한 가지 색깔의 M&M으로만 채워진 초콜릿 한 그릇이 분장실에 놓여 있지 않을 경우 공연을 하지 않는다.

종종 들어본 이 이야기는 사실이 아니지만 아주 근거가 없는 것은 아니다. 밴 헤일런의 계약서에는 무대 뒤편에 M&M을 놓아둘 때 갈색 초콜릿을 전부 빼두도록 요구하는 조항이 있다. 그러나 이것은 유치한 특권의식 때문에 넣은 조항이 아니라 주최 측이 계약서의 모든 조항을 읽고 준수했는지 확인하기 위해 집어넣은 현명한 조항이었다. 공연을 위한 무대 구성은 무척이나 복잡한데다 수많은 전기 장비를 트럭에 실어 한 장소에서 다음 공연 장소로 이동해야 하므로, 공연장 기술자가 계약서를 주의 깊게 읽고 모든 장비를 명시된 대로 정확히 설치하지 않으면 합선이 되거나 발판이 무너질 수 있다. 그래서 리드 보컬인 데이비드 리 로스David Lee Roth가 자서전에서도 말했듯이, 모든 계약서의 126번 조항은 이렇게 되어 있었다. "무대 뒤쪽에 갈색 M&M 초콜릿을 비치해서는 안 되며, 이를 위반하면 공연을 취소하고 모든 비용을 보상한다." 로스는 이렇게 말했다. "그래서 무대 뒤쪽으로 걸어들어가면서 그릇에 갈색 M&M 초콜릿이 담긴 모습을 보게 되면…… 무대 설비를 전체적으로 다 점검했지요. 계약서를 제대로 읽지 않았다는 의미니까요. 틀림없이 문제가 발생하겠지요." 동시에 이 일화가 그토록 그럴싸하게 들렸다는 사실은 대다수 유명 연예인들의 평판이 얼마나 형편없는지를 잘 보여준다.

물론 모든 연예인이 버릇없는 나르시시스트는 아니다. 주목받는 것은 좋아할지 몰라도 악동들이 득실거리는 록 음악계의 최고 스타로 50년 이상 군림하면서 일본에서 마리화나 소지죄로 체포된 당혹스러운 사건을 제외하면 흠 하나 없이 평생 신사적인 이미지를 유지하고 있는 폴 매카트니 같은 사람도 있다. 헬렌 미렌Helen Mirren, 매기 스미스Maggie Smith처럼 우아한 여배우들이나 이들보다는 젊고 당돌하지만 뛰어난 품위를 자랑하는 케이트 윈즐릿도 있다. 물론 톰 행크스도 빼놓을 수 없다.

나는 영화 〈아폴로 13〉에서 함께 작업하면서 행크스를 알게 되었고, 그 이후에도 가끔씩 연락을 하면서 지냈다. 행크스에 대해서는 오랫동안 그가 지미 스튜어트Jimmy Stewart, 게리 쿠퍼Gary Cooper, 헨리 폰다Henry Fonda를 합쳐놓은 것 같은 좋은 사람이라는 말을 들어왔다. 행크스의 좋은 사람 이미지에 배치되는 일화가 있다면 이 지면을 빌려서 공개할 것이다. 하지만 나쁜 이야기 자체가 존재하지 않는다. 내가 행크스와 처음 접촉한 것은 그가 만날 시간을 정하고 〈아폴로 13〉 이야기와 관련해 몇 가지 세부사항을 논의하기 위해 내 사무실 전화에 음성 메시지를 남겼을 때였다. 그가 녹음한 메시지는 이렇게 시작했다. "안녕하세요, 제프 클루거 씨. 저는 톰 행크스입니다. 저는 배우인데……" 그다음에는 용건을 이야기했다.

나중에 나는 그 메시지를 들으면서 '아니, 당신은 발병 전문가 행크스인데'라는 생각을 했다며 농담을 했다. 그러나 행스크의 발언은 짧지만 그에 대해 많은 것을 드러내주었다. 사실 행크스는 내가 자신에 대해 알고 있으리라고 100퍼센트 확신할 수 없었다. 때로는 나조차 대중문화에 대한 형편없는 내 지식에 놀라는데, 다른 수많은 사람도 마찬가지일 것이다. 나는 2013년 아카데미상 시상식 TV 중계 채널에서 채닝 테이텀Channing Tatum을 처음 보고 비로소 그가 남자라는 사실을 깨달았다. 테이텀이 출연한 영화를 본 적은 없어도 스치듯 이름은 들어보았지만, 막연히 캐럴 채닝Carol Channing과 테이텀 오닐Tatum O'Neal이 적당히 합쳐진 여성이라고 생각했던 것이다. 행스크는 자신도 그러한 대중문화의 사각지대에 존재할 수 있다고 생각했나보다. 나르시시스트 연예인들은 상대방이 자신을 모를 수도 있다는 생각을 도저히 견디지 못하며 아예 고려하려고 하지도 않지만, 행크스는 사전에 그 점을 예상했다. 또한 행크스는 당시 아직 출판되지 않았던 '아폴로 13호' 미션에 대한 내 책의 원고를 에이전트가 건네주어 읽고 있다면서, "작가분의 허락 없이 읽고 있다는 사실을 깨달았다"고 덧붙였다. 덕분에 나는 처음부터 좋은 인상을 받았고 훗날 너그럽고 비교적 쉽게 다가갈 수 있는 행크스의 이미지가 수많은 연예인의 그것처럼 허상이 아니라 실제 모습이라는 사실을 깨닫고는 무척 기뻤다.

그러나 행크스와 같은 부류의 연예인은 분명 소수에 불과하며, 닥터 드루Dr. Drew라는 친근한 이름으로 TV와 라디오에서 프로그램을 진행하고 있는 내과 전문의이자 심리학자인 드루 핀스키Drew Pinsky는 이 지극히 상식적인 생각에 몇 가지 객관적인 수치를 증거로 제시하기도 했다. 드루 핀스키는 20개월에 걸쳐 라디오 프로그램에 출연한 유명인들에게 자신이 진행하고 있는 연구에 사용할 수 있도록 익명으로 NPI 검사에 참여해줄 의향이 있는지 물었다. 무려 142명의 남성과 58명의 여성, 모두 합해 200명의 유명인이 검사에 동의했다. 또한 핀스키는 공동으로 연구를 진행하던 서던캘리포니아 대학의 회계, 경영, 커뮤니케이션 교수인 S. 마크 영S. Mark Young과 함께 200명의 경영학 석사과정 학생들을 대조군으로 삼아 NPI 검사를 실시했는데, 이들은 다른 연구를 통해 나르시시즘 수치가 높게 나오는 경향이 있다는 사실이 증명된 집단이었다.

NPI에서 경영학 석사과정 학생들은 그 명성에 걸맞게 세계 평균보다 1점 정도나 높은 평균 16.18점을 기록했다. 그러나 연예인들의 점수는 이들보다 훨씬 높았으며 연예인들이 몸담고 있는 분야에 따라 큰 차이가 나타났다. NPI에서 가장 높은 점수를 받은 인물군은 평균 19.45점을 기록한 리얼리티 스타들로, 이것은 캘리포니아 교도소의 폭력적인 범죄자들보다 고작 1.95점 낮을 뿐이었다. 18.89점을 기록한 코미디언들과 18.45점을 기록한 배우들이 그 뒤를 이었다. 가장 점수가 낮은 직업군은 16.67점을 기록한 뮤지션들로, 경영학 석사 학생들과 비교할 때 0.5점도 차이가 나지 않았다. 여성 연예인들의 평균은 19.26점으로 17.27점을 기록한 남성 연예인들보다 거의 2점이나 높았고, 이것은 남성이 여성보다 높은 점수를 기록했던 일반 대중의 양상과 정반대 결과였다(경영학 석사 학생들의 경우에도 남성이 여성보다 점수가 높았다).

뿐만 아니라 영과 핀스키는 이 조사에 연예인들이 연예계에 몸담고 있던 햇수라는 한 가지 변수를 추가했다. 연예계 경력이라는 데이터 요소를 추가한 이유는 연예인으로 살아온 세월이 이들의 NPI 점수를 높였는지(유명세에 취하게 된 것인지) 아니면 떨어뜨렸는지(유명세에 면역이 된 것인지) 알아보기 위해서였다. 하지만 연예계에서 보낸 시간은 점수에 아무런 영향을 미치지 않았다. 따라서 연예인들은 연예인

생활을 시작할 때부터 이미 나르시시스트 성향을 가지고 있으며, 사실 그것이 처음부터 연예인의 길을 선택한 이유 중 하나일지도 모른다는 결론이 도출된다. 영과 핀스키는 논문을 발표하면서 이를 "자발적 선택을 통한 연예계 입문"이라고 표현했으며 이런 말을 덧붙였다. "나르시시스트는 뛰어난 능력을 펼칠 수 있는 기회를 통해 우월감을 느낄 수 있는 연예계의 환경적 특징에 이끌렸는지도 모른다."

연예인이 원래부터 가지고 있는 나르시시즘의 정도에 따라 그들이 왜 특정 분야를 선택했는지 파악해보는 것도 가능하다. 리얼리티 프로그램은 출연자의 과시주의와 팬들의 관음증을 기반으로 하기 때문에 핀스키와 영의 연구에서 리얼리티 스타들의 NPI 점수가 그토록 높게 나왔을 수도 있다. 뿐만 아니라 〈프로젝트 런웨이〉 〈탑 셰프Top Chef〉 〈댄싱 위드 더 스타〉 등을 비롯한 일부 리얼리티 프로그램 출연자들은 진짜 기술과 증명된 재능을 가지고 있는 반면, 〈4차원 가족 카다시안 따라잡기Keeping up with the Kardashinas〉의 카다시안 가족이나 〈저지 쇼어Jersey Shore〉의 출연자들 같은 리얼리티 스타들이 유명해진 것은 단순히 카메라 앞에서 터무니없는 행동을 서슴지 않고 하기 때문이다. '나를 바라봐'라는 나르시시즘의 요소가 없었다면 이러한 리얼리티 스타들 중 누구도 1화 이상은 출연하지 못했을 것이다.

코미디언들이 높은 점수를 기록한 데도 그럴 만한 이유가 있다. 본인들도 인정하듯이, 코미디언을 그토록 매혹시키는 것은 말 몇 마디로 실내를 가득 채운 낯선 사람들로부터 무의식적인 신체 반응을 이끌어내고, 때로는 관객들을 일종의 기분좋은 무기력 상태에 빠지게 함으로써 느끼는 우월감이다. 코미디언들은 "오늘 죽여줬어"라든가 "관객들을 완전히 보내버렸지"와 같은 말을 자주 쓰는데, 권력을 손에 넣는 일에 관심이 없는 사람이라면 쉽게 쓰지 않을 표현이다.

배우들은 그보다 복합적인 양상을 보인다. 톰 크루즈 같은 꽃미남이나 짐 캐리 같은 과시형, 니콜 키드먼처럼 잔뜩 멋을 부리는 사람은 NPI에서 높은 점수를 받을 것이다. 행크스의 점수는 아마 그다지 높지 않을 것이다. 화면 속에서는 근사하지만 대중 앞에서는 비교적 가식 없는 모습을 보여주는 조지 클루니도 높은 점수를 받지는 않을 것으로 예상한다. 조지아 대학의 키스 캠벨은 엄청나게 유명하면서도 나르시시즘에 휘둘리지 않는 균형을 기가 막히게 유지하고 있는 또 한 명의 사례로 메릴 스트리프를 꼽는다. "메릴 스트리프는 뛰어난 연기력을 갈고닦은 장인이자 이야기꾼인 듯합니다. 실력을 연마하는 데 집중하다보면 자만심은 수그러들기 마련이거든요."

뮤지션들이 상대적으로 NPI에서 낮은 점수를 기록했다는 것은 사실 그다지 놀라운 일이 아닌데, 이들의 일은 엄밀히 말해 공동 작업이기 때문이다. 캠벨은 간단히 이렇게 표현한다. "만약 여러분이 뮤지션이라면 밴드 안에서 연주를 해야 합니다." 자기 자신을 잠시 접어두거나 최소한 더욱 큰 집단적 자아에 자신을 통합시키는 것은 좋은 공연을 하는 데 필수적이며, 사실 그렇게 하지 않으면 공연 자체가 불가능하다. 또한 길고 복잡하더라도 구성원의 이름을 전부 다 넣어 밴드 이름으로 삼는 경우도 있다(크로스비 스틸스 내시 앤드 영Crosby, Stills, Nash and Young이나 에머슨, 레이크 앤드 파머Emerson, Lake and Palmer). 하지만 이런 식으로 구성원의 이름을 늘어놓는 것은 보통 2인조인 경우가 많다(사이먼 앤드 가펑클Simon and Garfunkel, 홀 앤드 오츠Hall and Oates). 대부분의 경우 뮤지션들은 밴드를 대표하는 하나의 이름으로 활동하며, 일반적으로 밴드를 이끄는 사람(예를 들어 재거Jagger나 리처즈Richards)만이 대중적인 인지도를 쌓게 된다(비틀스의 존, 폴, 조지, 링고, 당신들은 이 규칙에서 제외합니다).

그렇다고 해서 로커들이 관중의 관심을 갈구하지 않는다거나, 일부러 무언가 볼거리를 제시하지 않는다는 뜻은 아니다. 더 후The Who의 기타리스트인 피트 톤젠드Pete Townshend는 벌써 수십 년 동안 풍차처럼 팔을 돌리는 퍼포먼스를 하고 있으며, 심지어 일흔 살이 된 지금까지도 여전히 셔츠를 풀어 헤치고 무대에 오르는 보컬리스트 로저 돌트리Roger Daltrey(물론 70대 노인이라는 점을 감안하여 그의 몸매에 대해서는 너그러운 기준을 적용하는 것이 좋다) 역시 여건만 마련되면 펄쩍펄쩍 뛰고 마이크를 빙글빙글 돌리면서 그럭저럭 근사하게 공연을 해낸다는 것이 그 증거다. 그러나 롤링 스톤스가 여전히 믹 재거보다 큰 존재이고 그레이트풀 데드Grateful Dead가 항상 리더인 제리 가르시아Jerry Garcia보다 큰 존재였던 것처럼, 더 후도 각 구성원을 합친 것보다 훨씬 더 큰 이름이다. 그렇지 않았다면 이 밴드들이 그토록 오래 지속되지 못했을 것이다. 수많은 자아가 충돌하는 집단은 오래가지 못한다. 자아도취에 빠진 사람들은 각자 한가운데에 서려고 하기 때문에 서로 충돌하여 버티지 못하고 흩어지는 것이다.

솔로 가수들은 이렇게 자아를 억누를 필요가 없기 때문에 대체로 가장 노골적인 나르시시스트 경향을 보이는 경우가 많다. 우선 앞에서 언급했던 비버가 있다. 마돈나는 말할 것도 없다. 레이디 가가도 가끔 그런 모습을 보인다. 카녜이 웨스트도 둘째가라면 서럽다. 카녜이가 2009년 MTV 시상식에서 테일러 스위프트의 수상 소감을 가로채면서 스위프트가 받은 상은 사실 비욘세에게 갔어야 했다고 주장한 일화는 유명하다. 또한 카녜이는 『엔터테인먼트 위클리Entertainment Weekly』지가 그의 콘서트에 매긴 B+라는 평점을 보고 자신의 블로그에 이렇게 맹렬한 비난을 퍼부었다. "B+가 도대체 무슨 뜻이지? 나는 극단주의자야, 통과 아니면 탈락이라고! A+ 아니면 F-라니까! 야, 엿이나 먹어, 너랑 너희 직원들 전부!" 그리고 카녜이 웨스트는 스스로에 대해 이렇게 말하기도 했다(당연히 3인칭을 사용해서). "저는 카녜이 웨스트라는 이름이 스티브 잡스와 비슷한 의미로 사용될 것이라고 생각합니다. 저는 누가 봐도, 아시잖아요, 인터넷, 다운타운, 패션, 문화의 스티브죠. 두말할 필요 있나요. 분명하니까요."

잡스를 필두로 하여 경기에는 최선을 다하지만 항상 카메라의 위치를 파악하고 있는 운동선수, 건설비용을 지원하는 모든 미술관이나 병원 병동에 자신의 이름을 붙이는 자선가, 자신이 동원한 관중의 모습을 보고 황홀감을 느끼는 인권 지도자 등 수많은 유명한 나르시시스트들처럼, 나르시시스트 성향이 있는 연예인들은 더 좋은 세상을 만드는 데 공헌하는 경우가 많다. 이들의 내면에는 자아도취의 악마가 분노하고 있음에도 불구하고, 아니 어쩌면 그것 때문에 이들은 관객에게 감동을 주고 잊을 수 없는 경험을 선사한다. 정말 악마라고 할 수 있는 것은 번디나 후세인 같은 악성 나르시시스트나 전 세계의 교도소에 삼엄한 경계를 받으며 수감되어 있는 냉혹한 살인자들이다. 연예인이나 이런 범죄자들 모두 자신이 원해서 마음의 병을 가지게 된 것이 아닌데다 양쪽 모두 그러한 병 때문에 자기 자신마저 고통을 겪는다. 그러나 아무리 골칫거리 연예인이라 하더라도 스스로를 무너뜨리기 전까지는 좋은 일들을 하기 마련이다. 가장 끔찍한 부류의 괴물들만 오직 파괴적인 행동을 하며, 자기 자신을 포함해 수많은 희생자를 양산한다.

10장

내일의 주인은 나

The Narcissist Next Door

누구든 나르시시즘을 잘 알아보고 나르시시즘을 제대로 다루는 법을 연습하는 편이 좋다. 지나치게 깊은 관계가 되기 전에 나르시시스트 성향이 있는 연인을 알아보고, 입사를 결정하기 전에 나르시시스트 상사를 간파하며, 고위 공직자를 선출하기 전에 나르시시스트 정치인을 꿰뚫어보아야 한다. 그리고 만약 너무 늦어버렸다면, 즉 문제가 발생하기 시작하고 나서야 과대망상증이 있는 괴물 같은 사람과 엮이게 되었다는 사실을 깨닫게 된다면, 마찬가지로 능숙하게 곤경에서 빠져나오는 법을 익혀야 한다. 나르시시스트 상사를 상대해야 하는 일자리를 그만둔다거나, 나르시시스트 동료를 차단하거나, 나르시시스트 연인과 헤어지거나, 투표를 통해 나르시시스트 정치인을 물러나게 하는 식으로 말이다.

그러나 어떤 조치를 취하든 나르시시즘이 사라질 가능성은 없다. 이 질환은 우울증, 집착, 공포증, 편집증, 중독, 망상, 치매 등을 비롯해 지금까지, 그리고 앞으로도 우리를 괴롭힐 모든 인류의 정신적 문제들 중 하나로 영원히 남아 있을 것이다. 이러한 정신 질환 중 일부는 어느 정도 순기능을 하기도 한다. 우울증을 겪고 있을 때 깨달음과 통찰력을 얻을 수도 있다. 집착은 집중력이 되기도 한다. 편집증은 신중한 태도로 이어지기도 하며, 격렬한 분노에 힘입어 자기주장을 펼치는 경우도 있다. 이러한 요소가 약간씩만 존재한다면 인격을 형성하고 강화하며 담금질하는 데 도움이 된다. 그러나 너무 많으면 인격이 망가진다.

나르시시즘도 마찬가지다. 스스로에 대한 자신감이 걱정과 자기 불신을 차단해주는 곁눈 가리개 역할을 하여 위험하고 해내기 힘든 일을 성공적으로 해낼 수 있게 도와준다면 이것이 반드시 나쁜 것만은 아니다. 그러나 이 가리개는 떼낼 수 있어야 한다. 마찬가지로 매력 넘치는 사람에게는 친구와 추종자들이 따르지만, 막상 실체가 없다면 다가왔다가 금세 멀어지고 만다. 자기혐오에 빠진 사람들의 슬픈 인생이 보여주듯이 자기 자신에 대한 변치 않는 사랑은 필수적이다. 다만 타인을 배제하고 오로지 자신만을 사랑한다면 그 나름대로의 슬픈 결과를 낳게 된다.

따라서 나르시시즘은 인간의 심리적 지도에 영원히 붙박이처럼 자리잡고 있어야 마땅하다. 하지만 이상하게도 2013년에 이 나르시시즘이라는 것이 거의 사라질 뻔했으며, 마치 천연두가 자취를 감췄듯이 인간 질병의 목록에서 증발할 위기에 처했다. 물론 천연두는 백신을 통해 퇴치되었다. 반대로 나르시시즘은 '정의상으로' 사라질 뻔했다. 『정신장애 진단 및 통계 편람』 5차 개정판DSM-V의 발간을 준비하며 4차 개정판DSM-IV을 수정하는 과정에서, 14년간이나 진행된 긴 토론의 결과에 따라 명목상으로 나르시시즘이란 정의가 소멸될 수도 있었던 것이다.

DSM이 처음 발간된 것은 50년도 더 전인 1952년이었으며, 그 이후에도 끊임없이 수정과 보완이 이루어져왔다. 물론 이것은 다른 어떤 의학 분야도 마찬가지겠지만, 역사적으로 보더라도 마음의 병이 신체의 병보다 훨씬 이해하거나 정의하기 어려웠던 것이 사실이다. 병이란 일단 질병을 일으키는 박테리아나 바이러스, 또는 구조적인 기형이 발견되면 치료에 크게 한 발짝 다가선 것이라 해도 과언이 아니다. 그러나 정신적인 질환은? 그렇지 않다. 편집증이나 우울증을 일으키는 병균은 없다. 공포증은 어딘가가 고장 나서 발생하는 것이 아니며, 수술로 바로잡을 수도 없다.

물론 심리학자들과 뇌 전문가들은 뇌를 구성하는 여러 엽葉과 영역의 기능을 더욱 정확히 파악할 수 있게 되었다. 또한 PET 스캔, CT 스캔, fMRI 스캔을 통해 두뇌가 건강하게 작동할 때와 그렇지 않을 때 어떤 영역이 활성화되고 활성화되지 않는지 밝혀진 것도 사실이다. 생물학자들은 심지어 도파민, 세로토닌, 노르에피네프린 등의 신경화학물질을 구성하는 분자들까지 식별해낼 정도로 심층적인 연구를 실시했으며, 그 결과 이러한 물질을 방해하거나 효과를 증대시키며 그 과정에서 두뇌의 작용 자체를 바꾸어놓는 완전히 새로운 유형의 약물까지 등장했다.

그러나 이런 모든 정밀한 분석의 상당 부분은 사실상 환상에 불과하다. 약을 복용하고 상담 치료를 받는다 해도 자신이 치료되었음을 어떻게 알 수 있겠는가? 항레트로바이러스 약품의 효과는 혈액 샘플에서 바이러스 입자의 개수를 세어서 측정한다. 항고혈압성 약의 효능은 혈압을 재어서 판단한다. 그러나 상담 치료나 향정신성 약물의 효과는 그보다 훨씬 주관적인 검사를 통해 판단해야 한다.

담당 의사: 기분 어떠세요?

환자: 괜찮은 것 같습니다.

담당 의사: 지난주보다 나은가요?

환자: 잘 모르겠는데요.

따라서 정확성은 떨어질 수밖에 없다.

사람들이 앓고 있는 질환에 대한 정의 자체도 마치 고대의 마법 같은 분위기를 풍긴다. 나르시시즘은 열 가지 성격장애 중 하나에 속하며 이 열 가지 성격장애는 다시 세 종류로 분류되는데, 이상한 장애(편집성, 분열형, 분열성), 극적인 장애(반사회성, 경계성, 연극성, 자기애성), 두려워하는 장애(회피성, 의존성, 강박성)와 같이 과학과는 전혀 관계없는 명칭이 붙어 있다. 세상은 네 가지 요소(불, 흙, 공기, 물)로 이루어져 있으며, 사람에게는 네 가지 체질(다혈질, 담즙질, 우울질, 점액질)이 있다고 여기던 시대에나 어울릴 법한 이름이 21세기 의학에 사용되고 있는 것이다.

심리학과 정신과학만 그런 것은 아니다. 분자물리학자들은 양자 상태와 전자볼트에 대해 이야기할 때는 기가 막히게 머리가 좋아 보이지만 쿼크양성자, 중성자와 같은 소립자를 구성하고 있다고 여겨지는 기본적인 입자에 대한 이야기를 해보라고 하면 쿼크에는 위, 아래, 기묘, 맵시, 바닥, 꼭대기의 여섯 가지 향(flavor, 진짜 향이라는 말을 사용한다)이 있다는 등, 어리둥절한 말을 해댈 것이다. 그래도 이런 내용은 모두 수십억 달러짜리 입자 가속기를 사용해 실험이 가능하며 자신의 이론이 맞는지 확인해볼 수 있다. 그러나 아직 두뇌에 사용할 수 있는 초대형 입자가속기는 등장하지 않았다.

이 모든 것에 체계를 마련하기 위해 DSM이 탄생했다. 첫번째로 발간된 DSM에서는 106개의 정신 질환과 장애에 대한 정의를 내렸으며, 이 정도면 사람이 미칠 수 있는 방법의 가짓수로는 꽤나 적당한 것처럼 보였다. 그러나 이 정도로는 충분하지 않았던 모양이다. 1968년에 출간된 두번째 개정판에서는 정신 질환의 숫자가 182개로 늘었다. 1980년에 나온 DSM-III에서는 더욱 상태가 심각해져서 그 숫자가 265개가 되었으며 1994년판 DSM-IV에서는 급기야 297개에 도달했다. 이런 식으로 질환을 정의하면 자주 변경이 필요할뿐더러 심각한 오류가 발생할 가능성이 있다. 성적으로 계몽되지 않았던 1950년대에 발간된 DSM-I에는 동성애가 '반사회적 성격장애'로 정의되어 있었다. 1974년에 개정된 DSM-II에서는 잘못된 정의를 바로잡아 동성애를 정신 질환 목록에서 제외했으며, 당시의 동성애자들은 이를 풍자하여 순식간에 2,100만 명의 미국인이 완쾌되었다고 표현하기도 했다. 이렇게 1974년 개정판에서 오류가 수정되기는 했지만 동성애자들은 그때까지 22년간 심각한 환자 취급을 받았던 것이다.

DSM-IV는 엄청난 양의 질병 목록을 단순하고 명료하게 정의하기 위한 노력의 일환으로 모든 질환을 다섯 개의 축으로 분류했다(예를 들어 성격장애는 축2 질환이며 공포증과 같은 불안 장애는 축1 질환이다). 또한 모든 질환에 숫자 코드를 할당하여 보다 쉽고 간단하게 보험 청구를 할 수 있게 되었다. 강박증은 300.3번이고 말더듬은 307.0이며 아스퍼거 장애는 299.80, 선택적 함구증은 313.23, (환각을 동반한) 대마초로 인한 정신장애는 292.11이다.

특정한 환자에게 이중 한 가지 진단을 내리는 것은 상당 부분 해석상의 문제다. DSM은 특정 질환의 몇 가지 증상을 나열하고 어떤 사람이 그중 몇 가지 이상의 증상을 보이는 경우(예를 들어 일곱 가지 증상 중 다섯 개, 아홉 가지 증상 중 여섯 개) 공식적으로 해당 질환의 진단을 내릴 수 있다고 규정한다. 올바른 진단을 내리는 것은 결코 쉬운 일이 아니며, 환자의 특징과 질환의 본질을 잘 알고 있는 의사가 양쪽 모두를 매우 주의 깊게 고려해야 한다. 모든 의사가 그렇게 신중한 판단을 내리는 것은 아니지만, 설령 의사들이 전부 신중하다고 해도 여전히 오진 가능성은 남아 있다. 빈혈과 같은 신체적 질병을 진단하는 것은 올림픽 400미터 경주에서 가장 빨리 달린 사람이 누구인지 판단하는 것과 비슷하다. 양쪽 모두 객관적으로 증명할 수 있는데다 혈액 검사와 스톱워치는 거짓말을 하지 않기 때문이다. 정신 질환을 진단하는 것은 아이스 댄싱 경기에서 심판을 보는 것과 같다. 뛰어난 재능을 가진 수많은 선수가 멋진 경기를 펼치지만, 주관성과 개인적인 판단, 명백한 오류를 피할 수는 없다. 그러나 대다수 의사와 환자에게는 이것이 최선이자 가장 현실적인 방법이다.

"제 진료실에서는 뇌신경 촬영을 할 수 없습니다." 피츠버그 대학의 정신의학자인 데이비드 쿠퍼David Kupfer는 타임닷컴Time.com의 DSM 관련 기사 인터뷰에서 이렇게 탄식했다. "진단 방법에 대한 검증 장치가 절대적으로 부족합니다. 이런 진단 기준은 유용하기는 하지만 결정적인 것은 아니니까요."

DSM의 최신 개정판인 DSM-V의 2013년 5월 발간을 앞두고 개정판의 초안 작업을 관장하는 위원회의 회장으로 선출된 쿠퍼는 이 진단 방식의 실태를 개선하는, 아무도 부러워하지 않는 책임을 떠맡았다. 쿠퍼와 위원회가 내놓은 가장 혁신적인 아이디어 중 하나는 다양한 성격장애 사이의 공식적인 구분을 완전히 없애고 한쪽 끝은 완전한 정상, 반대쪽 끝은 가장 심각한 증상으로 구성된 일종의 연속체 안에 모든 질환을 통합하는 것이다.

열 가지 성격장애들은 전반적으로 증상이 상당히 많이 중복되기 때문에 이런 제안도 어느 정도 일리 있다. 예를 들어 오만함과 변덕스러움은 나르시시즘, 경계선 성격장애, 연극성 성격장애, 강박성 성격장애(강박성 성격장애OCPD라는 혼동하기 쉬운 명칭이 붙어 있는 이 질환은 일반적인 강박 장애OCD와 거의 관련이 없으며 경직성, 엄격한 규칙 준수 등을 특징으로 한다)의 증상으로 간주된다. 망상에 의한 행동과 지나친 상상은 편집성 성격장애뿐만 아니라 분열형, 분열성 장애에서도 나타난다. 또한 나르시시즘을 필두로 하여 성격장애 스펙트럼에 속하는 모든 질환은 환자가 자신에게 문제가 있다는 사실을 좀처럼 인정하지 않는다는 특징을 가지고 있다. 개정 위원회가 제안한 새로운 계획하에서는 성격장애의 열 가지 분류를 완전히 삭제해버리고, 이것을 일종의 질병 체온표 같은 것으로 대체해 증상의 심각성에 따라 권장 치료법을 결정하게 된다.

그러나 DSM 개정 위원회가 이러한 계획을 발표하자마자 엄청난 비난이 쇄도했으며, 그중 상당수는 나르시시즘과 관련된 것이었다. 최근의 예를 들자면 경계선 성격장애나 강박성 성격장애 등의 사례는 크게 증가하지 않은 반면 나르시시즘은 문화 전반에 걸쳐 일종의 유행병처럼 번져가고 있다. 하필 이런 시점에 나르시시즘이라는 진단 자체를 폐지한다는 것이 너무나 말도 안 되는 조치로 보였던 것이다.

켄터키 대학의 심리학자이자 DSM-V 개정 위원회에 참여했던 토머스 위디거Thomas Widiger는 이 계획이 통과되었다면 나르시시즘이 "연구나 진단과 관련해 많은 관심을 받기 어려운 변두리"로 밀려날 수 있었을 것임을 인정했다.

로드아일랜드 병원의 외래 정신의학과 과장인 마크 짐머먼Mark Zimmerman은 나에게 이렇게 말했다. "성격장애를 다루기가 워낙 까다롭기 때문에 전부 백지화하고 DSM에서 처음부터 다시 정리하자는 논의가 일어났습니다. 하지만 단순히 문제가 있다고 해서 명칭을 바꿔야 한다는 주장은 말이 되지 않습니다. 무언가를 변경하고자 한다면 왜 변경하는 편이 더 좋은지를 먼저 보여주어야 합니다."

결국 DSM 위원회는 그 점을 증명하지 못한 채 한 걸음 물러났으며, 원래의 열 가지 성격장애는 그대로 두고 성격장애 분류를 없애자는 권장사항을 부록에 수록해 추가적인 연구가 필요한 주제들 중 하나로 소개했다. 이렇게 하여 좋든 싫든 기존 진단 항목은 계속 유지되었다.

또한 좋든 싫든, 자기애성 성격장애의 치료 방법 역시 본질적으로 변하지 않았다.

일반적으로 자기애성 성격장애를 가지고 있는 사람들의 치료율이 낮은 것은 이들이 자신에게 문제가 있다는 사실 자체를 좀처럼 인정하지 않기 때문이다. 따라서 보통 이들이 참아낼 수 있는 범위는 고작 상담 치료 정도며, 그것도 의사가 순전히 바보인데다 자신은 원래부터 치료를 받을 이유가 없었다는 생각이 들기 전까지만 유효하다. 일단 그런 판단이 서면 상담실을 박차고 나가 예전과 같은 삶으로 돌아가며 치료를 받기 전보다 나아지거나 스스로에 대해 자각하는 모습을 보이지 않는다.

캠벨은 이렇게 설명한다. "사랑이나 일에서 실패한 이후 나르시시스트들이 상당 기간에 걸쳐 우울증을 경험하는 임상 사례를 보면 나르시시스트도 어느 정도 학습을 한다는 사실을 알 수 있습니다. 일부는 실제로 치료를 받기 시작하지만 금세 그만둡니다. 저는 집이나 직장에서 나르시시스트 때문에 상처받은 사람들을 수백 명 넘게 봐왔습니다. 그러나 그 모든 사례 중에서 진정으로 스스로를 변화시키고 싶어하는 나르시시스트는 아마 세 명 정도 되었을 겁니다. '제 친구를 보니 그 친구는 가족과 아주 좋은 관계를 유지하고 있는데 저는 그렇지 않습니다. 뭔가 저에게 문제가 있는 것 같아요'라고 말하는 사람들이었지요. 따라서 가능하기는 하지만 흔한 일은 아닙니다."

그보다는 우울증에 빠져 치료를 받으러 오지만 단지 사라지지 않는 울적한 기분만 치료받고자 할 뿐, 일단 증상이 사라졌다는 생각이 들면 다시 이전과 똑같은 삶을 살아가는 나르시시스트가 훨씬 많다. "환자는 여러 종류의 약물 치료를 받지만 그다지 성공을 거두지 못하는 경우가 많습니다." 짐머먼의 설명이다.

그러나 나르시시스트를 포함해 성격장애를 가지고 있는 모든 사람의 미래는 한때 생각했던 것보다 더 밝을지도 모른다. 과거에는 성격장애가 있는 사람은 자신에게 문제가 있다는 사실을 인정하지 않기 때문에 영원히 치료 가능성이 없다는 사고방식이 지배적이었다. 윌리엄 제임스William James는 1890년에 펴낸 『심리학 원리Principles of Psychology』에서 "서른 살이 되면 성격이 석고 반죽처럼 굳어지고 다시는 부드러워지지 않는다"고 기술했다. 또한 캠벨과 같은 학자들이 실시한 연구가 보여주듯이, 이 말에는 많은 진실이 담겨 있다.

그러나 1990년에 미국 국립정신보건연구원National Institute of Mental Health의 지원을 받아 16년에 걸친 종단 연구에 착수한 렌젠위거는 전혀 치료를 받지 않아도 시간이 지나면 나르시시즘을 포함한 대다수 성격장애의 증상이 다소 개선된다는 사실을 발견했다. 어떤 기제가 작용하는지는 분명하지 않으며, 그렇다고 해서 문제가 완전히 사라지는 것도 아니다. 그러나 수많은 인생사와 마찬가지로 이 문제에 관해서도 세월은 대상을 성숙시키고 부드럽게 만드는 역할을 하는 것으로 보인다.

렌젠위거는 이렇게 말한다. "수백 년에 걸친 교육 이론과 정신의학 이론에서 주장하는 바와 달리 성격장애는 비교적 쉽게 고칠 수 있는 것으로 보입니다. 샘플 집단 중에는 치료를 받고 있는 사람들도 있었지만, 우리는 그 점을 감안하여 치료와 무관해 보이는 개선 사항만을 가려냈습니다. 또한 자연스러운 치유라기보다는 인격의 성숙으로 보아야 할 부분들도 발견되었습니다. 어떤 사람들의 경우에는 증상이 어느 정도 사라지더군요."

이러한 결과는 여러 가지 측면, 특히 나이와 관련해서 제약이 있었다. 이 연구는 대상이 35세가 될 때까지 증상이 개선된 것만 추적했으며, 이것은 두뇌의 전두엽이 30년에 걸친 수초 형성 과정을 마친 후 약 5년이 지난 시점이다. 수초 형성이란 신경 연결 부위에 수초라는 지방질의 절연물질이 축적되어 전반적인 뇌 시스템의 작동을 향상시키는 것을 말한다. 수초 형성이 끝날 때까지 두뇌의 집행 기능은 완전히 제 기능을 다하지 못한다. 따라서 이 연구는 실험 대상의 나이라는 측면에서 어느 정도 한계가 있었다 해도, 최소한 계속 성장하는 두뇌가 아니라 완전히 성숙한 두뇌를 조사 대상으로 삼았기 때문에 실질적인 신뢰성은 확보했다고 할 수 있다.

"경계선 장애 및 사이코패스 성향을 가지고 있는 사람도 40대 이상이 되면 젊었을 때만큼 노골적인 증상을 보이지 않습니다." 렌젠위거의 말이다. "30대까지 활발한 증세를 보이다가 안정세에 접어들기 시작하지요. 이것은 단순히 주변 환경으로부터 받은 피드백 때문일까요, 아니면 발달적, 신체적 변화로 인한 것일까요? 아마 두 가지 모두 작용하고 있을 겁니다." 이러한 유형의 점진적인 개선이 대다수 나르시시스트를 괴롭히는 질환을 고치기에는 충분하지 않을지 몰라도, 최소한 상담 치료를 통해 장애의 근원을 파악하고 인지 행동 치료법을 동원해 겸손함과 인내심, 충동 억제력을 기르는 등의 진짜 해결책을 모색할 수 있도록 치료에 대한 거부감을 낮춰줄 수는 있다. 향정신성 약물이 도움이 되기도 한다. 프로작Prozac, 졸로프트Zoloft, 셀렉사Celexa 등과 같은 항우울제와 기분 개선제는 질환 자체를 완치하기에 부족할지 모르지만, 심각한 증상을 다소 완화시켜 치료사가 실질적인 조치를 취할 수 있는 여건을 만들어주는 역할은 충분히 할 수 있다.

그러나 어떤 나르시시스트들의 경우 증상이 평생 지속되며 나이가 들어 노쇠하고 추해지면 오히려 증상이 더욱 악화되기도 한다. 평생 과장되고 거만한 행동을 하며 살아온 수많은 노쇠한 나르시시스트들은, 한때 가깝게 지냈던 친구들도 오래전에 떠나버리고 남아 있는 가족들은 장례식이나 추수감사절처럼 도저히 피할 수 없는 경우에만 자신을 참아줄 뿐, 그외에는 자신을 가까이하려 하지 않는다는 사실을 깨닫는다. 수많은 나르시시스트들은 언젠가 위대한 사람이 되면 유명세와 부를 누리며 복수도 하겠다는 꿈에 부풀어 살아가지만, 지금까지 살아온 날보다 앞으로 살아갈 날이 적다는 사실은 이들을 지탱해주는 이 장밋빛 환상 역시 더이상 실현 가능성이 없다는 의미이기도 하다. 따라서 이제는 과거의 영광과 과거에 대한 불만, 그리고 성취하지 못한 목표를 곱씹을 수밖에 없다. 신체적 능력이 약해지면 겸손하게 타인에게 의지해야 하는 경우도 발생하며, 나이를 먹어가며 외모가 더이상 매력적이지 않은 모습으로 변해갈 때면 나르시시스트의 허영심이 결정적인 타격을 입기도 한다.

하지만 이런 상황에서도 자아도취 성향이 지속되는 경우가 있다. 한 연구에서 23점이라는 높은 NPI 점수를 기록한 85세 여성은 남편이

제2차 세계대전 당시 군에 입대하면서 종지부를 찍은 불행한 첫번째 결혼을 생각하며 자신의 과거를 되돌아보았다. 그 여성은 전쟁의 목적이 "히틀러를 그 자리에 올리기 위한 것이었을까, 아니면 나를 해방시키기 위한 것이었을까"라고 소리 내어 중얼거렸다. 5,600만 명이 목숨을 잃은 세계적 전쟁을 개인의 행운이라는 관점에서 생각하는 것은 보통 사람이라면 절대 할 수 없는 일이지만, 실제로 그런 생각을 하는 사람들이 존재한다.

평범한 사람의 경우 자아도취와 과대망상으로 가득 찬 삶을 살았다면 그 대가는 본인이 개인적으로 치르게 되며, 빛바랜 나르시시스트의 몰락을 지켜보는 사람은 가족과 한때 친구였던 사람들뿐이다. 그러나 유명한 사람들의 경우에는 추락하는 모습이 더욱 서글프다. 리처드 닉슨은 말년에 아내를 잃고 홀로 살았으며 자신이 그토록 원하던 권력의 중심에서 밀려나, 변두리에서 젊은 클린턴 대통령에게 부탁하지도 않은 충고를 날리는가 하면, 클린턴의 답례 전화를 고대하다가 결국 전화가 울리지 않자 딱 한 명 남은 보좌관에게 불만을 터뜨렸다. 혜성처럼 등장했다가 불륜 스캔들이라는 이상한 불꽃에 타버린 정치인 존 에드워즈는 대통령 자리를 노렸지만 놀림감이 되고 말았고, 소년 같은 외모는 점점 사라지고 표면적인 매력은 가식에 불과하다는 것이 오래 전에 탄로 난 채 남부 지방에서 변호사로 일하며 늙어가고 있다. 한때 경기장의 전광판을 화려하게 장식하던 O. J. 심슨은 이제 이런저런 공판 때문에 수갑을 차고 죄수복을 입은 채 점점 더 비대해지는 몸집으로 경찰차를 들락거리는 모습으로만 신문에 등장한다. 뉴욕포스트는 심슨이 2013년 가석방 심리 때문에 모습을 드러냈을 때 "법정에 선 뚱뚱한 노인에 불과해"라는 헤드라인을 달았다. 이는 분명 품위 있고 너그러우며 뜻있는 삶을 살았던 다른 뚱뚱한 노인들을 모욕하는 말이지만, 동시에 심슨이 한때 차지했던 위상에 비해 지금은 어떤 존재로 전락했는지를 연상시키는 절묘한 표현이기도 하다.

또 한 번 음주운전으로 체포되어 퉁명스럽고 초췌해 보이는 모습으로 다시 범인 식별용 사진을 찍은 기소된 변호사, 감옥에 갇힌 주식 중개인, 체포된 유명인들 역시 언젠가 그렇게 수치스러운 위치로 전락할 수 있다. 다른 사람들도 모두 마찬가지다. 자신감, 야망, 매력, 자기애는 전부 인간의 정체성을 구성하는 복잡한 교향곡에서 꼭 필요한 화음들이다. 제대로 연주하기만 한다면 이러한 화음은 풍부하고 아름다운 소리를 내며 곡에서 중요한 역할을 한다. 그러나 제대로 연주하지 못하면 그저 시끄러운 소리를 내는 자아의 북소리에 지나게 않게 된다.

후기

The Narcissist Next Door

나는 나르시시즘에 대한 조사를 시작하면서 나르시시스트들에게 상당한 동정심을 느끼게 될 것이라고는 생각지 않았으며, 그들에게 일말의 애정을 갖게 되리라고는 상상조차 하지 못했다. 나르시시스트는 어떤 의미에서 감정의 강도나 마찬가지다. 속임수를 동원해 은밀하게 희생자를 공격하고, 희생자들이 안전하다고 여기는 때, 안전하다고 여기는 상황에 불쑥 나타나 원하는 것을 앗아간다. 진짜 강도사건을 당한 사람이라면, 어쩌면 희생자는 한 인간을 거리에서 잡다한 범죄나 저지르는 인생으로 몰아간 궁핍하고 절망적인 삶에 대해 생각해보는 너그러움을 발휘할지도 모른다. 사실 좋아서 거리의 삶을 선택한 사람은 없을 테니까 말이다. 그러나 문명사회의 기반이 되는 사회 계약 따위는 조금도 개의치 않는 사람이 기본적인 규칙을 위반하며 여러분을 공격하고, 무언가를 갈취하고, 심지어 신체적인 부상까지 입힌다면 그러한 감정적 관용을 발휘하기 어렵다.

나르시시스트와 그들이 남기는 피해도 마찬가지다. 내가 이 책의 최종 교정 작업을 하고 있던 2013년 말에 매사추세츠 주는 무려 4만 323건의 마약 관련 기소 사건에서 증거를 조작하거나 부정한 방법으로 이를 처리한 혐의로 법화학자 애니 두칸Annie Dookhan에게 3년에서 5년형을 선고했다. 이 모든 사건에서 두칸은 샘플에서 양성 반응이 나왔다고 보고했으며, 그중에는 분명 제대로 검사했더라도 양성 결과가 나왔을 샘플도 있겠지만 의도적으로 잘못 처리했거나 아예 검사 자체를 하지 않은 샘플도 헤아릴 수 없었다. 두칸이 유죄 판결을 받으면서 300명 이상의 피고인이 매사추세츠 감옥에서 풀려났고, 두칸의 범죄 때문에 공정성에 의문이 생긴 수만 건의 다른 사건들을 조사하기 위해 무려 3천만 달러의 주 예산이 편성되었다. 검찰 측은 짧은 시간 내에 더 많은 샘플을 처리해 검사실의 그 누구보다도 많은 유죄 판결을 받아냄으로써 경력을 쌓고 자신의 위상을 높이려는 단순한 야심이 두칸의 범죄 동기였다는 결론을 내렸다.

보다 엄격하게 최소한 10년 이상의 형을 선고해야 하는 범죄가 있다면, 두칸이 저지른 범죄는 분명 거기에 해당한다. 그런데도 카운티 상급 법원의 판사는 비교적 관대한 처벌로 이어지는 양형 거래*를 받아들이면서 놀라울 정도의 동정심을 발휘했다. 판사는 두칸에 대해 이렇게 적었다. "자신의 야심 때문에 실수를 저질러 만신창이가 된 비극적인 사람의 모습을 보여준다." 판사가 이러한 결론에 도달했다는 사실 자체도 놀라울뿐더러, 아마도 고의는 아니었겠지만 '모습을 보여준다'라는 표현을 사용했다는 점이 더욱 주목할 만하다. 이 말은 '환자는 조기 발병 고혈압과 당뇨병 전증前症을 가지고 있는 35세 여성의 모습

* 유죄를 인정하는 대신 협상을 통해 형량을 경감하거나 조정하는 제도.

을 보여준다'처럼 의사가 환자를 진단할 때 사용하는 표현과 정확히 일치하기 때문이다. 판사는 혈압 문제와 나르시시스트의 야심이 똑같이 임상적인 질병이며, 양쪽 모두 건강한 사람들에게 어느 정도 동정심을 불러일으킨다는 의도를 전달하려 했던 것으로 보인다.

두칸에게 그런 너그러움을 발휘할 사람이 또 있을지는 알 수 없으며, 두칸이 저지른 범죄 때문에 그토록 오랜 시간 동안 억울하게 감옥에 갇혀 있었던 피고들은 당연히 그럴 리가 없다. 그러나 일부 나르시시스트들은 주변 사람들의 너그러움, 아니 최소한 이해하는 마음을 얻게 된다. 야심 넘치고 성공 가도를 달리던 사람이 추락하여 비극적인 상황에 빠지면 우리는 누구나 많은 관심을 가지며 어느 정도 동정심도 느낀다. 대통령직을 사임하면서 백악관 직원들 앞에서 눈물을 흘리고, 그로부터 얼마 지나지 않아 치명적인 혈전 때문에 캘리포니아의 한 병원에서 생사를 넘나들었던 리처드 닉슨의 모습에서 털끝만큼도 슬픔을 느끼지 않았다면 여러분은 좀처럼 감동을 받지 않는 사람이거나 닉슨에 대해 완전히 마음을 닫아버린 사람이라는 의미인데, 사실 대다수 사람들은 쉽사리 그런 상태에 도달하지 않는다. 여러분이 터무니없는 짓을 저질러 하루아침에 하원의원에서 웃음거리로 전락한 앤서니 위너를 측은하게 여기지 않는다면, '저 사람의 입장이라면 어떤 기분일까'라는 생각을 진지하게 해보지 않았기 때문이다.

닉슨은 세상을 떠나기 전 마지막 몇십 년 동안 여러 가지 의미에서 그가 그토록 원했던 구원을 거부하며 살았다. 딱 한 번만이라도 진심을 담아 회개했다면, 자신이 죄를 저질렀으며 부하들이 자신의 이름을 빌려 저지른 범죄의 궁극적인 책임은 본인에게 있음을 시인했다면, 많은 가능성과 여러 사람의 마음이 그를 향해 열렸을 것이다. 그러나 닉슨은 절대 그렇게 하지 못했고, 그 결과 외롭게 세상을 떠났다. 위너는 실제로 온라인상에 신체를 노출한 행위를 후회하고 그 일에서 교훈을 얻은 것처럼 보였으며, 복귀 후 출마한 뉴욕 시장 선거의 지지율 조사에서 잠시나마 1위를 달리기도 했다. 그러나 의원직을 사임하고 몇 달 후에 공유한 섹스팅 사진이 추가적으로 공개되자 대부분의 사람들은 그에 대한 모든 기대를 접어버렸다.

나르시시즘의 중요한 특징 중 하나가 둔감함이기 때문에 대다수 나르시시스트들은 좀처럼 교훈을 얻지 못하지만, 그렇다고 해서 깨달음을 얻는 경우가 전혀 없는 것은 아니다. 툭하면 성질을 부리고 사무실을 가로질러 내 쪽으로 접안렌즈를 던지기도 했던 변덕스러운 나르시시스트 상사와 나의 업무상 관계는 좋게 끝나지 않았다. 몇 년 후, 나는 비교적 젊은 나이에 상대적으로 높은 직책을 맡게 되어 다른 에디터 두 명과 함께 그 상사와 면담을 하게 되었다. 두 사람은 나와 함께 소속된 잡지사의 다른 직원들을 관리하는 일을 돕고 있었다. 우리 세 사람은 혹사당하고, 제대로 인정받지 못하며, 일에 비해 받는 급여가 형편없다고 느꼈고, 그러한 불만 사항을 상사에게 이야기하고자 했다.

대화는 점잖게 시작되었지만 이야기를 계속할수록 격렬한 분노가 차오르면서 나는 일종의 쾌감을 느끼기 시작했다. 점점 목소리를 높이고 화를 냈으며 태도도 불손해지기 시작했다. 만약 그때 다른 두 동료가 이상하게 침묵을 지키고 있다는 사실을 깨달았다 하더라도 분명 그들이 소심한데다 나처럼 과감한 태도를 취할 생각이 없는 탓이라고 치부했을 것이다. 나는 동료들이 눈으로 보내는 그만 하라는 신호를 전혀 알아채지 못했다.

다음날 아침 상사의 비서가 전화를 걸어 상사가 나를 보자고 한다고 전해주었다. 나는 마땅히 그럴 자격이 있으며 이제는 공공연하게 기대하고 있던 승진 이야기가 드디어 나올 것이라 예상하며 뿌듯해했다. 그러나 내 기대는 보기 좋게 빗나갔다. 상사는 그 자리에서 나를 약식 해고했고, 바로 그것이 내 평생 유일무이하게 해고당한 순간이었다. 나는 망연자실했지만 사실 그럴 권리가 전혀 없었다. 약 1년 동안 나는 모든 부당한 일에 대한 억울함을 잘 다스려왔건만 순간적으로 넘지 말아야 할 선을 넘어버린 것이다. 나는 엄청난 당혹감을 느끼면서 서서히 그 사실을 받아들이기 시작했다. 나의 행동은 특권의식과 나르시시스트다운 거만함이 가득한 것이었지만, 당시에는 완전히 눈이 먼 나머지 그 사실을 보지 못했다.

다행히도 해고당한 시점은 그다지 나쁘지 않았다. 당시 나는 그 행동에서 교훈을 얻어 실질적이고 유익한 방향으로 내 커리어의 궤적을 바꿀 수 있을 정도로 성숙한 나이였지만, 동시에 너무 어렵지 않게 다시 일어설 수 있을 만큼 젊기도 했다. 그로부터 몇 년이 지나 운좋게도 『아폴로 13호』라는 책이 큰 성공을 거둔 후, 나는 예전 그 잡지사 시절의 친구와 이야기하게 되었다. 그 친구는 예전 상사를 우연히 만났는데 그에게 내 책이 영화화된다는 이야기를 들었느냐고 물어봤다고 했다. 그랬더니 그 상사는 이렇게 대답했다고 한다. "들었지. 지금쯤은 내가 해고한 걸 고맙게 생각하겠지."

그 친구는 나에게 그 이야기를 하면서 '사람이 어쩌면 그렇게 무례할 수 있지?' 하는 표정을 지었다. 하지만 상사의 말이 맞았다. 나는 그에게 고맙게 생각하고 있었다. 그는 변덕스러운데다 내가 만나본 사람 중 가장 카리스마 넘치고 화를 잘 내는 나르시시스트였지만, 나 역시 그 사람을 닮아갈 징조를 보이고 있었다. 의도적이건 아니건, 그 상사는 나에게 충격을 주어 다른 방향으로 나아가게 해주었던 것이다. 초기 증세를 보였던 나의 나르시시즘은 소위 의사들이 말하는 난치성은 아니었다. 나는 경험에서 교훈을 얻었고 행동을 다스리게 됐으며 꼭 모든 일에서 중심이 되지는 않더라도 세상에서 의미 있는 역할을 하는 사람이 될 수 있다고 생각하게 됐다. 아마도 그렇기 때문에 그날 사무실에서 내 행동을 목격했던 동료들도 그 일을 쉽게 잊어버릴 수 있었을 것이고, 무엇보다 나 자신도 그 일에 대해 스스로를 용서할 수 있었다.

살아가면서 어쩔 수 없이 마주치는 주변의 나르시시스트와 거울 속에서 우리를 바라보고 있을지도 모르는 매우 특별한 나르시시스트 모두를 상대할 때 유용한 교훈이 있다. 두 경우 모두 징후에 촉각을 곤두세우면 큰 도움이 된다. 파티나 사무실에서 만난 똑똑하고 매력적인 사람은 실제로 그냥 머리 좋고 근사한 사람일 수도 있다. 회의에서 눈부신 활약을 하거나, 만찬에서 장황하게 이야기를 늘어놓거나, 가게 창문에 비친 자신의 모습을 슬쩍 보고는 놀라울 정도로 근사한 자태에 감탄을 금치 못할 때도 마찬가지다. 좋다, 마음껏 즐겨라, 하지만 조심해야 한다는 것을 잊지 마라!

나르시시즘은 도수가 높은 술처럼 어울리는 장소와 목적이 있으며, 우리를 긴장시키고 용기를 북돋우며 놀라울 정도로 원시적인 기쁨을 준다. 그러나 지나치게 탐닉하면 후회감이 몰려오고 몸이 쑤시는데다 '적당히 자제했으면 좋았을 텐데'라는 마음이 들기 마련이다. 다양한 종류의 술이 없다면 세상 살아가는 즐거움이 하나 줄어들 테고, 마찬가지로 인간 심리에 여러 가지 요소가 없다면 허전하기 짝이 없을 것이다. 그러나 양쪽 모두 휘발성이라는 사실을 잊지 말자. 부글부글 거품을 내며 생기를 띨 수도 있고, 타버리거나 델 수도 있다. 그 차이는 다른 많은 것과 마찬가지로 통제하는 방법을 아느냐에 달려 있다.

: 자기애적 성격 검사NPI

로버트 래스킨Robert Raskin, 하워드 테리Howard Terry 개발

NPI는 '강제 선택' 검사로, 양쪽 응답 모두 해당되지 않는다고 생각하는 경우에도 자신에 대한 설명과 더 가까운 쪽을 반드시 선택해야 합니다. 지나치게 심사숙고하지 마십시오. 몇 분 안에 검사를 전부 마치는 것이 좋습니다.

이 검사에서 받을 수 있는 가장 낮은 점수는 0점, 가장 높은 점수는 40입니다.

1. A. 나는 사람들에게 영향을 미치는 데 타고난 재능이 있다.
   B. 나는 사람들에게 영향을 미치는 데 별 소질이 없다.
2. A. 겸손함은 나에게 어울리지 않는다.
   B. 나는 본질적으로 겸손한 사람이다.
3. A. 나는 어떤 일이라도 과감하게 한다.
   B. 나는 상당히 조심스러운 사람이다.
4. A. 사람들이 나를 칭찬하면 가끔씩 당황스러움을 느낀다.
   B. 모든 사람의 끊임없는 칭찬 덕에 나는 스스로가 뛰어나다는 사실을 알고 있다.

5. A. 내가 세상을 지배한다는 생각만 해도 소스라칠 만큼 두렵다.

B. 내가 세상을 지배한다면 세상은 더 좋은 곳이 될 것이다.

6. A. 나는 보통 어떤 상황에 처해도 언변으로 빠져나올 수 있다.

B. 나는 내 행동에 대한 결과를 수용하려고 노력한다.

7. A. 나는 무리들 가운데 섞여 있는 것을 좋아한다.

B. 나는 관심이 집중되는 것을 좋아한다.

8. A. 나는 성공할 것이다.

B. 나는 성공에 대해 지나치게 신경 쓰지 않는다.

9. A. 나는 대부분의 사람보다 낫지도, 못하지도 않다.

B. 나는 내가 특별하다고 생각한다.

10. A. 나는 좋은 리더가 될지 잘 모르겠다.

B. 나는 스스로가 좋은 리더라고 생각한다.

11. A. 나는 적극적이다.

B. 성격이 좀더 적극적이었으면 좋겠다.

12. A. 나는 다른 사람들을 지휘하는 것이 좋다.

B. 나는 지시를 따르는 것에 별 불만이 없다.

13. A. 다른 사람들을 조종하기는 쉽다.

B. 다른 사람들을 조종하게 되면 기분이 좋지 않다.

14. A. 나는 응당 받아야 할 존중을 요구하는 편이다.

B. 나는 보통 마땅히 받아야 할 존경을 받는다.

15. A. 나는 내 몸을 자랑하는 것을 특별히 좋아하지 않는다.

B. 나는 내 몸을 자랑하는 것을 좋아한다.

16. A. 나는 마치 책처럼 사람들을 읽을 수 있다.

B. 가끔 사람들을 이해하기 어려울 때가 있다.

17. A. 나에게 역량이 있다고 판단되면 기꺼이 의사 결정의 책임을 질 생각이 있다.

B. 나는 의사 결정의 책임을 지는 것을 좋아한다.

18. A. 나는 그냥 적당한 수준으로 행복하기를 바란다.

B. 세계적인 수준의 무언가에 도달하고 싶다.

19. A. 내 몸은 그다지 특별할 것이 없다.

B. 나는 내 몸을 바라보기를 좋아한다.

20. A. 나는 과시하는 사람이 되지 않으려고 노력한다.

B. 나는 보통 기회만 있으면 과시하려고 한다.

21. A. 나는 항상 내가 무엇을 하고 있는지 알고 있다.

B. 때로는 내가 무엇을 하고 있는지 확신하지 못한다.

22. A. 때로는 일을 처리할 때 다른 사람들에게 의지한다.

B. 일을 처리할 때 다른 사람에게 의지하는 일이 드물다.

23. A. 나는 가끔 재미있는 이야기를 할 때도 있다.

B. 누구나 내 이야기 듣는 것을 좋아한다.

24. A. 나는 다른 사람들에게서 많은 것을 기대한다.

B. 나는 다른 사람들을 위해 무언가를 하는 것을 좋아한다.

25. A. 나는 마땅히 받아야 할 것을 전부 손에 넣기 전에는 절대 만족하지 않는다.

B. 나는 그때그때 만족을 느낀다.

26. A. 칭찬을 받으면 당황스럽다.

B. 칭찬받는 것을 좋아한다.

27. A. 나는 권력에 대한 강한 의지가 있다.

B. 권력 그 자체를 위한 권력에는 별로 관심이 없다.

28. A. 나는 새로운 유행과 패션에는 관심이 없다.

B. 나는 새로운 유행과 패션을 이끌고 싶다.

29. A. 나는 거울 속 내 모습을 바라보는 것을 좋아한다.

B. 나는 거울 속 내 모습을 바라보는 것에 특별히 관심이 없다.

30. A. 나는 관심이 나에게 쏠리는 것을 진심으로 좋아한다.

B. 관심이 나에게 쏠리면 불편하다.

31. A. 나는 내가 원하는 대로 인생을 살 수 있다.

B. 사람들이 항상 자신이 원하는 대로 인생을 살 수 있는 것은 아니다.

32. A. 권한을 쥐는 것은 나에게 그다지 큰 의미가 없다.

B. 사람들은 항상 나의 권한을 인식하는 것처럼 보인다.

33. A. 나는 리더가 되는 편이 좋다.

B. 리더든 아니든 나에게는 별다른 차이가 없다.

34. A. 나는 위대한 사람이 될 것이다.

B. 나는 성공했으면 좋겠다.

35. A. 사람들은 때때로 내가 하는 말을 믿는다.

B. 내가 원한다면 누구든, 무엇이든, 믿도록 만들 수 있다.

36. A. 나는 타고난 리더이다.

B. 리더십은 오랜 시간을 들여 연마해야 갖출 수 있는 자질이다.

37. A. 언젠가는 누가 내 전기를 써주었으면 좋겠다.

B. 사람들이 어떤 이유로든 내 인생을 파고드는 것이 싫다.

38. A. 공공장소에서 사람들이 내 모습에 시선을 주지 않으면 화가 난다.

B. 공공장소에서 군중 속으로 섞여들어가도 아무렇지 않다.

39. A. 나는 다른 사람들보다 능력이 뛰어나다.

B. 다른 사람들에게서 배울 점이 많다.

40. A. 나는 다른 사람들과 비슷하다.

B. 나는 특별한 사람이다.

점수표

각 문항에 다음과 같이 답했을 때 1점씩 부여합니다.

1, 2, 3: A

4, 5: B

6: A

7: B

8: A

9, 10: B

11, 12, 13, 14: A

15: B

16: A

17, 18, 19, 20: B

21: A

22, 23: B

24, 25: A

26: B

27: A

28: B

29, 30, 31: A

32: B

33, 34: A

35: B

36, 37, 38, 39: A

40: B

- 미국인들의 NPI 평균 점수는 나이와 기타 요인에 따라 15.2~16이다.
- 배우들의 NPI 평균 점수는 18.45다.
- 리얼리티 프로그램 스타들의 평균 점수는 19.45다.
- 폭력적인 범죄를 저지른 죄수들의 평균 점수는 23이다.
- 점수가 17 이상이면 나르시시스트 성향이 있는 것이다.
- 점수가 15 이하라면 자부심과 관련해 심리적 문제를 안고 있을 가능성이 있다.

옆집의 나르시시스트

1판 1쇄 2016년 3월 21일
1판 3쇄 2023년 2월 22일

지은이 제프리 클루거
옮긴이 구계원

기획·책임편집 구민정 | 편집 이현미
디자인 윤종윤 이주영 | 저작권 박지영 형소진 이영은
마케팅 정민호 이숙재 김도윤 한민아 이민경 안남영 김수현 왕지경 황승현 김혜원
브랜딩 함유지 함근아 박민재 김희숙 고보미 정승민
제작 강신은 김동욱 임현식 | 제작처 한영문화사

펴낸곳 (주)문학동네 | 펴낸이 김소영
출판등록 1993년 10월 22일 제2003-000045호
주소 10881 경기도 파주시 회동길 210
전자우편 editor@munhak.com | 대표전화 031) 955-8888 | 팩스 031) 955-8855
문의전화 031) 955-2696(마케팅), 031) 955-2671(편집)
문학동네카페 http://cafe.naver.com/mhdn
인스타그램 @munhakdongne | 트위터 @munhakdongne
북클럽문학동네 http://bookclubmunhak.com

ISBN 978-89-546-3988-0 03180

잘못된 책은 구입하신 서점에서 교환해드립니다.
기타 교환 문의 031-955-2661, 3580

www.munhak.com